Newcastle
SYDNEY
ALIEN
Wollongong
Nowra
Canberra
36° S
Merimbula
Twofold
Bay
Eden
Melbourne
Mallacoota
Gabo
Island
Wilsons Promontory
Bass-Straße
and
Flinders Island
Cape Barren
Island
Tasmansee
Launceston
TASMANIEN
Kurs
HOBART
38° S
Storm Bay
146° E
152° E

DELIUS KLASING

Rob Mundle

Tödlicher Sturm

Yachten im Sydney-Hobart-Rennen

Delius Klasing Verlag

Titel der englischen Originalausgabe:
FATAL STORM – The 54th SYDNEY TO HOBART YACHT RACE,
veröffentlicht 1999 bei HarperCollins Publishers, Sydney.

Die Deutsche Bibliothek – CIP-Einheitsaufnahme

Mundle, Rob:
Tödlicher Sturm: Yachten im Sydney-Hobart-Rennen / Rob Mundle.
(Aus dem Austral. von Klaus Berger.)
– 1. Aufl. – Bielefeld: Delius Klasing, 2000
Einheitssacht.: Fatal storm <dt.>
ISBN 3-7688-1230-8

1. Auflage
ISBN 3-7688-1230-8

Fotos (fortlaufende Nummerierung im Bildteil):
Alice Bennett 27, 28, 30, 31, 33, 35; Australian Maritime Safety Authority 19;
Crew photo 2, 22; Cruising Yacht Club of Australia 1; Ian Mainsbridge 7, 14, 15-17, 21, 23, 67, 68; Justin Dock 5, 53; Landfile Consultancy Pty Ltd. 18;
Modern Boating 11, 12 (alle); Navy Photographic Unit 47, 48;
New Limited 3, 4, 6, 8, 9, 10, 13, 49-51, 55-59, 61-63, 65, 66, 69-76, 78;
Peter Meikle 64; Peter Sinclair 24, 60; Richard Bennett 25, 26, 29, 32, 34, 36-46, 54, 77; Rod Hunter 52.
Schutzumschlaggestaltung: Ekkehard Schonart
Gesamtherstellung: Clausen & Bosse, Leck
Printed in Germany 2000

Delius Klasing Verlag, Siekerwall 21, D - 33602 Bielefeld
Tel.: 0521/559-0, Fax: 0521/559-113
e-mail: info@delius-klasing.de
http://www.delius-klasing.de

Inhalt

Ich widme dieses Buch
dem Andenken der sechs umgekommenen Segler
und der Rettungsmannschaften,
ohne deren tapferen Einsatz sicherlich viel mehr Menschen
ums Leben gekommen wären.

Vorwort

Ich erinnere mich noch deutlich an Rob Mundles ernste Mitteilungen während seines Fernsehberichts über den aktuellen Stand des Sydney-Hobart-Rennens am späten Abend des 26. Dezember 1998. Er sagte, dass er mit dem Meteorologen Roger Badham gesprochen habe, und berichtete, dass das zurzeit an der Küste von Neusüdwales hinunterjagende Regattafeld möglicherweise in ein sich in der Bass-Straße bildendes, ausgeprägtes Tief hineinlaufen würde. Es hatte das Zeug zum Sturmtief. Noch schlimmer aber war, dass der vom Tief hervorgebrachte Westwind der Richtung des kräftigen Stroms entgegengesetzt sein würde.

Ich wusste, das konnte nichts anderes als gewaltigen Seegang und entsetzliche Segelbedingungen bedeuten. Ich dachte sofort zurück an den August 1979, als ich bei dem in Cowes in England gestarteten katastrophalen Fastnet-Rennen die australische Admiral's Cup-Yacht IMPETUOUS steuerte. Jene Wettfahrt kostete 15 Segler das Leben. Als wir damals Lands End, die Südwestspitze Englands, passiert hatten, empfingen wir einen Wetterbericht, der vorhersagte, dass wir mit »Winddrehung auf Nordwest mit Böen von 30 bis 40 kn« rechnen müssten. Die ersten Böen kamen gegen 22.00 Uhr und hatten 60 kn. Später wurden es 80 kn.

Anscheinend geschah in der Sydney-Hobart-Regatta 1998 etwas ähnliches: Auf der Landspitze Wilsons Promontory, einem Punkt genau westlich der Yachten, wurden Böen von etwa 92 kn Windgeschwindigkeit gemessen.

Das dadurch verursachte Gemetzel schien mir unglaublich, aber im Rückblick begreiflich, nachdem wir im Fernsehen gesehen hatten, wie heftig Wind und Seegang waren. Die Rettungsaktion war beeindruckend, und ich sage ohne Zögern, dass unser Land tief in der Schuld derjenigen steht, die daran teilnahmen. Zugleich empfinde ich tiefstes Mitgefühl für die Familien und Freunde derjenigen, die während dieser tragischen Veranstaltung starben. Hoffentlich zieht man daraus in ruhiger Überlegung Lehren und wendet sie auf alle zukünftigen Hochseewettfahrten an.

Australien ist ein Inselkontinent, das Land wurde von Seefahrern gegründet und ist bis heute weitgehend vom Seehandel abhängig. Weil unser Sport die Eigenschaften fördert, die unsere Vorfahren besaßen – Wagemut, Kameradschaft, Beharrlichkeit und die Bereitschaft, die Gefahren des Ozeans zu bezwingen – haben so viele Australier Freude am Hochseesegeln.

Für mich stammen die besten Worte zu dieser Tragödie von dem großen australischen Dichter Adam Lindsay Gordon:

Kein Spiel noch Sport
war dem vernünft'gen Menschen
einen Pfifferling je wert,
bei dem es niemals möglich,
dass ihm ein Unglück widerfährt.

Sir James Hardy

Einleitung

Jedem war klar, dass der Sturm aller Stürme eines Tages die Hochseeregatta von Sydney nach Hobart erwischen würde. Genau das passierte, als dieser Klassiker zum vierundfünfzigsten Mal aufgeführt wurde.

Seit ihrer Einführung 1945 war diese Wettfahrt für Australien ein sportliches Heiligtum gewesen. Jedes Jahr haben die Australier vom Start der Regatta am 26. Dezember, dem zweiten Weihnachtstag, bis zum 630 Seemeilen entfernten Ziel die Fernseh-, Zeitungs- und Rundfunknachrichten über den Verlauf des Rennens verschlungen.

Wie bei vielen anderen Risikosportarten hat auch beim Hochseerennsegeln eine gewisse Gefahr immer dazugehört. Das macht einen Teil des Reizes aus, besonders in der Welt von heute, in der immer mehr Gesetze, Regeln und Vorschriften unserer Gesellschaft viel von ihrem Unternehmungsgeist und ihrer Abenteuerlust geraubt haben. Die Tatsache, dass der Wettbewerb auch durch die berüchtigten Gewässer der Tasmansee und der Bass-Straße führt, steigert den Reiz und die Spannung für Teilnehmer und Zuschauer noch.

Da ich mein Leben lang gesegelt hatte und gerade zum dreißigsten Mal über diese klassische Veranstaltung berichtete, war mir schon bald nach dem Start klar, dass es gefährlich werden konnte. Das bestätigte sich am nächsten Morgen, als eine Wetterstation auf Wilsons Promontory, einem Landvorsprung, der in die Bass-Straße ragt, westlichen Wind von über 90 kn verzeichnete.

Dieses Buch berichtet im Einzelnen über den Strudel der Ereignisse, der sich daraus ergab – über der Wettfahrtflotte explodierte eine echte Wetterbombe. Sie führte zu der größten Such- und Rettungsaktion, die Australien in Friedenszeiten je gesehen hat. Aus dem Feld von 115 Yachten kamen nur 44 in Hobart an, 55 Segler wurden durch Hubschrauber abgeborgen und in Sicherheit gebracht, 5 Yachten sanken, 6 Segler starben.

Ich habe mich absichtlich aus den Auseinandersetzungen herausgehalten, die für manche mit der Wettfahrt verbunden waren.

Stattdessen habe ich berichtet, was geschehen ist, in der Hoffnung, dass andere Fragen stellen, wenn es nötig ist. Es muss hervorgehoben werden, dass diese Regatta 1135 Teilnehmer hatte. Selbstverständlich kann jeder dieser Segler seine eigene einzigartige Geschichte erzählen. »Tödlicher Sturm« befasst sich jedoch mit den hauptsächlichen Ereignissen. Das Buch ist das Ergebnis von 124 Interviews. Meine Recherchen lassen mir keinen Zweifel, dass es für mindestens 40 Teilnehmer nicht weniger als ein Wunder war, dass sie das Rennen überlebten. Heroische Rettungen, vorzügliche Seemannschaft, die Lage des Sturms, die Luft- und Wassertemperatur und – vielleicht – göttliches Eingreifen, das alles beeinflusste die Zahl der Opfer.

Erster Teil

Segelst du dieses Jahr das Hobart-Rennen mit?

Weihnachten 1998 rückte rasch näher, und ein eisiger Winter bekam die nördliche Hälfte der Vereinigten Staaten immer fester in den Griff. Während die Familien mit den Vorbereitungen für die Festtage beschäftigt waren, dachte John Campbell an die Wärme, die er nach einer Reise um die halbe Welt bald erleben würde. Es würde ihm schwer fallen, Weihnachten nicht mit seinen Lieben zu verbringen; zum Glück verstanden sie aber alle, warum er nicht zu Hause sein konnte.

Campbell sollte am 23. Dezember aus Seattle im Staate Washington abfliegen, zuerst einen Katzensprung nach Vancouver, dann über Honolulu nach Sydney. Dass er beim Überfliegen der Datumsgrenze einen Tag verlieren würde, bedeutete, dass er in Sydney erst am Weihnachtstag kurz nach Sonnenaufgang eintreffen würde. Doch darauf kam es nicht an, weit wichtiger war der 26. Dezember.

Viel Zeug konnte Campbell nicht mitnehmen, denn an Bord der Yacht, zu deren Mannschaft er gehören sollte, würde einfach kein Platz für übermäßig viel Gepäck sein. Er wusste aber, dass er seine Seestiefel mitnehmen musste. Sie nahmen zwar viel Platz weg, waren aber unerlässlich, um warme Füße zu behalten, falls das Regattafeld bei der Annäherung an die Tasmanische Küste kaltes Wetter bekommen sollte. Er dachte an seine alten gelben Stiefel, doch sie waren zu eng. Über die Jahre hatte Campbell gelernt, dass bei der persönlichen Ausrüstung für Hochseeregatten übergroße Stiefel ein Sicherheitsfaktor waren. Wenn sie Übergröße haben, kann man sie einigermaßen leicht abstreifen, falls man über Bord fällt. Wenn sie so eng sind, dass man sie nicht ausziehen kann, könnte man auch gleich mit einem

Ziegelstein an jedem Fuß zu schwimmen versuchen. Nein, für das bevorstehende Abenteuer brauchte er unbedingt neue Stiefel. Beim Schiffsausrüster in der Innenstadt von Seattle kaufte er sich welche in Größe 12, anderthalb Größen mehr, als er normalerweise trug.

Obwohl er erst 32 Jahre alt war, hatte John Campbell schon zweimal zuvor versucht, die Sydney-Hobart-Regatta bis zum Ziel mitzusegeln, beide Male hatte es aber nicht geklappt. Auf dem Weg zum Flughafen grübelten John und sein Vater darüber, dass dies der dritte Anlauf war. Peter Meikle, Johns Segelfreund aus Melbourne, hatte ihm versichert, dass die Yacht, mit der sie teilnehmen würden, die 42 Fuß* lange Slup KINGURRA, zu den robusteren unter den 115 gemeldeten Schiffen gehöre. Der Eigner der KINGURRA, Peter Joubert, hatte sie entworfen, und die Yacht hatte in ihrer langen Wettfahrtkarriere an nicht weniger als 14 Hobart-Rennen teilgenommen.

Als Campbell nach fast 20-stündiger Reise aus dem Flughafen von Sydney herauskam, war er verschlafen und litt unter dem Jetlag, der Zeitverschiebung. Der Himmel war klar und der junge Tag schon warm. Die Fahrt zum Cruising Yacht Club of Australia (C.Y.C.) am Ostrand des Innenstadt-Geschäftsviertels erinnerte John daran, dass Weihnachten auf der Südhalbkugel eine andere Sache war als in der nördlichen Hemisphäre. Ein Tag mit 28 °Celsius passte einfach nicht so recht zu dem künstlichen Schnee und den auf Schaufensterscheiben gemalten winterlichen Weihnachtsszenen. Einen vertrauten Anblick aber gab es: lächelnde Kinder, die freudig erregt ihre neuen Spielzeuge festhielten. Der Hafen des C.Y.C. gehörte an diesem frühen Weihnachtsmorgen zu den belebtesten Teilen Sydneys. Die Atmosphäre war karnevalsähnlich. Rennyachten, auf denen farbenprächtige Banner wehten, schaukelten wie angebundene ungeduldige Vollblutpferde an den Stegen. Zwischen den Rennyachten und den Duschen im Clubhaus war ein Kommen und Gehen von Seglern aus der Stadt, die an Bord übernachteten. Auf der Tagesordnung stand auch das Frühstück auf der hölzernen Plattform über dem Hafenwasser. Für die meisten war es eine herzhafte Mahlzeit mit Schinken und Eiern. Manchen half es dabei, den Flüssigkeitsüberschuss von den Weihnachtsfeierlichkeiten im Club unschädlich zu machen.

---

* Besonders im englischsprachigen Raum wird die Schiffslänge in Fuß gemessen, wobei 1 Fuß etwa 30,5 cm entspricht. (Anm. d. Übers.).

John Campbell fühlte sich wie zu Hause, als er den schmalen Holzsteg entlangging, an dem die KINGURRA festgemacht war. Er wurde herzlich Willkommen geheißen. Alte wie neue Freunde wussten es zu schätzen, dass er extra für das große Rennen zu ihnen kam. Als er an Bord trat, wurde ihm schnell klar, warum Meikle sicher war, dass dieses Boot sie nach Hobart bringen würde: Die Inneneinrichtung aus dunklem Holz signalisierte genau wie das Äußere der Yacht: »solide«. Das war ein Seeschiff. Er bemerkte die stabilen Kojen, den ausreichend großen Navigationsbereich und die ganze kompakte Einrichtung. Überall war etwas in Reichweite, um sich bei grobem Wetter daran festzuhalten. Selbst die Bordtoilette war ebenso bequem wie zweckmäßig.

Für den 74-jährigen Peter Joubert aus Melbourne war es die 27. Teilnahme am Sydney-Hobart-Rennen. Im Laufe des Vormittags hatte er mit der KINGURRA den Liegeplatz verlassen und eine abgeschiedene Bucht in der Nähe angesteuert. Sobald das Boot vor Anker lag, verschwand Joubert unter Deck in der Kombüse und begann den Braten für das Essen vorzubereiten, das er während der letzten zwei Tage geplant hatte. Während sich die Crew an Deck entspannte und die idyllische Umgebung auf sich wirken ließ – eine von Bäumen gesäumte Bucht, in der die Tonziegeldächer eindrucksvoller Villen fröhliche Farbtupfer setzten –, sprachen die Männer über die große Wettfahrt, die schon in gut vierundzwanzig Stunden beginnen sollte. Nach der Vorhersage würde es in der ersten Nacht auf See etwas rau werden, aber das war nicht ungewöhnlich.

Aus der Pantry zogen wundervolle Düfte herauf und gaben der Mannschaft die Gewissheit, dass wieder einmal ein denkwürdiges Weihnachtsfestessen bevorstand. John Campbell wusste, dass es unvergleichlich besser schmecken würde als die Flugverpflegung.

***

Wenige Meilen von der Stelle, wo die Besatzung der KINGURRA sich das Weihnachtsessen schmecken ließ und ihren Küchenchef lobte, genoss die Mannschaft einer anderen für die Hobart-Regatta gemeldeten Yacht einen ähnlichen Tag auf dem Wasser. Bruce Guys BUSINESS POST NAIAD, ein 14 Jahre altes, von Bruce Farr konstruiertes

40-Fuß-Schiff vom Port Dalrymple Yacht Club in Nordtasmanien, gehörte zu den zahlreichen Yachten, die in der von Gebüsch umgebenen Quarantine Bay, direkt innerhalb von North Head an der Einfahrt zur Hafenbucht von Sydney vor Anker lagen. Das Boot war einige Tage zuvor angekommen, und Guy hatte Rob Matthews, Phil Skeggs, Peter Keats und Jim Rogers, seine übliche Crew, an Bord genommen. Den Törn über die Bass-Straße und hinauf nach Sydney hatte außerdem Greg Sherriff mitgemacht.

»Auf dem Weg hierher hatten wir einen Southerly Buster*, es war phantastisches Segeln«, schwärmt Matthews. »Ein paar Mal kamen wir auf 20 kn. Einmal machten wir so viel Fahrt, dass Bruce, der vorn im Toilettenraum war, einen regelrechten Springbrunnen abbekam. Das Wasser war durch den Abfluss des Waschbeckens hochgedrückt worden. Im ersten Moment konnte er sich gar nicht zusammenreimen, woher es kam.«

Für den 34-jährigen Phil Skeggs, einen durchtrainierten ehemaligen Fußballer, der in Launceston als Schlosser arbeitete, war es die erste Reise nach Sydney. Seine Frau Stephanie und er wohnten zu Hause Zaun an Zaun mit Bruce und Ros Guy. Die Skeggs waren seit 14 Jahren verheiratet und hatten zwei Kinder, den 6-jährigen Joshua und die 9-jährige Kirsty. Skeggs segelte erst seit fünf Jahren, seine Fitness und Sportlichkeit machten ihn aber zu einem wertvollen Mitglied der erfahrenen Mannschaft auf der BUSINESS POST NAIAD. In den örtlichen Medien von Launceston las und hörte man überall die Neuigkeit, dass »einer von uns« am Sydney-Hobart teilnehme. Die Berichte darüber erschienen mit Fotos, die die Crew an Deck zeigten und Bruce und Ros Guy zu Hause vor dem Weihnachtsbaum bei der Vorbereitung des Abenteuers.

»Phil war begeistert, in eine so große Stadt zu kommen«, erzählt Matthews weiter. »Er erlebte einige wirklich großartige Tage. Er ging herum und machte Schnappschüsse, wie er es nannte, von der Hafenbrücke, den Fähren und von Darling Harbour. Wir setzten ihn einfach in den Zug und ließen ihn den ganzen Tag allein zum Sightseeing fahren. Es brachte ihm solchen Spaß.«

Der Weihnachtstag gab einigen der Tasmanier Gelegenheit zu Familientreffen. Bruce Guy hatte seinen Neffen, seine Frau und seine

* Heftiger Sommer- oder Herbststurm vor der Süd- und Südostküste Australiens. Beginnt meist mit Wind aus Nord bis West, springt dann um und wird kalt und stürmisch. (Anm. d. Übers.).

Kinder an Bord. Der Mitsegler Peter Keats, dessen Kinder Karen und David in Sydney lebten, ergriff die Gelegenheit, um ihnen etwas Besonderes zu bieten.

»Es war ein wunderbarer Tag«, so Keats. »Es gab so viel zu lachen. Wir hatten alle unseren Spaß. Wir sprangen alle ins Wasser und schwammen. Es war schön warm – schon etwas anderes als zu Hause. Wir schrubbten sogar das Unterwasserschiff der Yacht noch einmal sauber. Als aber jemand aus Jux meinte, dass Haie in der Nähe sein könnten, kamen alle schnell wieder aus dem Wasser. Es war Zeit zum Mittagessen und für einen guten Schluck.« Als die BUSINESS POST NAIAD am Abend wieder sicher am Steg des C.Y.C. lag, steuerte die Mannschaft auf die überfüllte Freiluftbar zu, um sich bei einigen Bierchen zu entspannen. Die Stimmung war gehoben und doch ahnungsvoll. Unvermeidlich drehte sich das Gespräch um die Wettervorhersage.

***

Wer das Kreuzen nicht liebt, sollte sich beim Weihnachtsessen zurückhalten. Das war schon früh, am 17. Dezember 1998, der Rat des führenden Segelmeteorologen Roger Badham, genannt »Clouds« in *The Australian. Es hängt alles von einem Tief ab, das sich anscheinend Ende nächster Woche vor der Küste von Neusüdwales entwickeln wird.*

Badham stützte seine Vorhersage auf das aktuelle »Amerikanische Modell«, eine langfristige Wetterprognose, die aus Computeranalysen der auf der Welt vorhandenen Wettersysteme und -abläufe entwickelt wird.

Jede Vorhersage dieser Vorgänge über sechs Tage hinaus kann man bestenfalls als »verschwommen« bezeichnen, beschwichtigte der Meteorologe. *Während der letzten sechs Wochen haben jedoch ausgeprägte Tiefs, zum Teil Sturmtiefs, das Wetter der Tasmansee beeinflusst.*

***

Es war Mitte November 1998, als der bekannte australische Segler David Witt nach Rarotonga reiste. Diese Hauptinsel der Cook-Inseln sollte seine neue Heimat werden. Witt hatte einen Vertrag als Trainer der einheimischen jungen Segler. Dafür würde er diesen pazifischen Inselstaat bei den Olympischen Spielen in Sydney vertreten können. Er hatte auch einen Sponsor für die Teilnahme am Sydney-Hobart-Rennen gwinnen können. Mit dessen Maxiyacht wollte er für die Cook-Inseln segeln. Witt und sein Olympia-Vorschotmann Rod Howell suchten das Haus von »Papa Tom« auf, der ihnen den Weg zur Olympiateilnahme geebnet hatte. Der Mann heißt in Wirklichkeit Sir Thomas Davis und war ab 1978 zehn Jahre lang Premierminister des Inselstaats gewesen. Er behauptet noch heute, nicht zu wissen, warum die Königin ihn zum Ritter geschlagen hat.

Papa Tom, ein stämmiger, grauhaariger Mann, ist gelinde gesagt eine schillernde Persönlichkeit. Er hat zwei Leidenschaften, Segeln und Motorradfahren auf seiner Harley Davidson. Jeder kennt ihn und jeder winkt ihm zu, wenn er die staubigen Straßen entlangdonnert. Wenn er nicht auf seiner Harley sitzt, fährt er einen alten Jaguar, den einzigen auf der Insel. Sein Haus steht an den Ausläufern der Berge in einer Gegend, die die Einwohner »die Rückseite der Insel« nennen. Es ist im Landhausstil mit steilem Dach gebaut und steht auf einem großen üppigen Rasen, auf dem verstreut hohe Palmen voller Kokosnüsse wachsen. Das Haus ist innen geräumig und offen, außen wird es von einer breiten Veranda umgeben. Beides macht die Wohnung besonders luftig und kühl.

Am Tag ihres Besuches wurden Witt und Howell von Papa Tom herzlich willkommen geheißen und auf die große Veranda eingeladen. Das Trio ließ sich auf den bequemen Stühlen nieder, und schon nach wenigen Sekunden rückte der redselige Witt mit seinem Plan heraus. Die Idee gefiel Papa Tom.

Dann ging Witt zum nächsten Schritt über: »Witt kam zu mir und sagte: ›Werden Sie mit uns segeln, wenn der Plan gelingt?‹ Ich war verblüfft«, erinnert sich Papa Tom. »Ich antwortete: ›Mensch, ich bin 81 Jahre alt. Ich würde nur im Weg sein. Ich kann an keiner Strippe ziehen.‹ Aber der Segler in mir schrie: ›Tu es!‹ Wenn einem das Segeln und der Ozean im Blut stecken, kann man die Einladung zu einer großen Regatta wie Sydney-Hobart nicht ablehnen – auch nicht mit 81. Für mich war es die Erfüllung eines Traums.«

Papa Tom hatte seine Ausbildung in Neuseeland und Australien absolviert. Im Winter 1952 segelte er mit seiner Frau, zwei Kindern und zwei weiteren Mitseglern auf einer Yacht von Neuseeland über den Pazifik nach Südamerika. Er war unterwegs nach Boston, wo er Dozent und Forscher an der Harvard-Universität werden sollte.

»Das war eine fürchterliche Reise. Wir waren mitten im Winter mit einer Ketsch von 44 Fuß unterwegs – die erste kleinere Yacht, die jemals um diese Jahreszeit in den Brüllenden Vierzigern von Westen nach Osten gesegelt ist. Es war ein Siebentausend-Meilen-Törn und 14 Tage davon waren die Hölle.«

Die folgenden 20 Jahre verbrachte er in Amerika, wurde während dieser Zeit ziviler Militärforscher und hatte dabei sehr eng mit dem amerikanischen Raumfahrtprogramm zu tun. Bei der wissenschaftlichen Entwicklung der Überlebenssysteme für Amerikas erste Astronauten leistete er einen großen Teil der Pionierarbeit.

»Anfang der Siebziger baten mich die Häuptlinge der Cook-Inseln, zurück nach Hause zu kommen und dort Ordnung zu schaffen, denn sie hatten jede Menge Schwierigkeiten. Es gab ungeheure soziale und wirtschaftliche Probleme. Nachdem ich die Schwierigkeiten gesehen hatte, beschloss ich, dass ich unbedingt etwas dagegen tun musste. Danach wurde ich Premierminister und blieb es von 1978 bis 1987.

Ich sage nicht ohne Stolz, dass ich das Land, das unter den unabhängigen Staaten im Pazifik beinahe das Schlusslicht gewesen war, bis an die Spitze gebracht habe. Dann wurde entschieden, dass die Bewohner alles selbst machen könnten. Also ging ich. Jetzt sind sie wieder genau dort, wo sie angefangen haben. So ist das Leben.«

Zwischen 1992 und 1995 baute Papa Tom zwei große polynesische Segelkanus und unternahm damit ausgedehnte Fahrten auf dem Pazifik. Die Reisen sollten seine Theorien über die vor Jahrhunderten benutzten Wanderwege und Handelsrouten seiner Vorfahren beweisen.

Am 18. Dezember 1998 flog Papa Tom nach Sydney und begann mit der Vorbereitung seines neuesten Abenteuers, der Wettfahrt von Sydney nach Hobart.

***

Nachdem Glyn Charles und sein Vorschoter Mark Covell Großbritannien bei den Olympischen Spielen von Atlanta 1996 in der

Starbootklasse (ein Zweimannkielboot) vertreten hatten, richteten sie ihr Augenmerk auf Olympia 2000 in Sydney. Sie waren stolz auf ihren 11. Platz in der Gesamtwertung auf der olympischen Bahn vor Savannah, einer historisch interessanten und sehr schönen Stadt an der Atlantikküste von Georgia. In zwei der Einzelwettbewerbe hatten sie gegen einige der weltbesten Segler einen 3. und einen 4. Platz errungen und waren für die Vorbereitungen auf das Jahr 2000 genügend motiviert.

Charles hatte sich schon als Segeltrainer bewährt und träumte davon, eines Tages eine Olympiamedaille zu gewinnen. Sein Leben verlief genau nach Wunsch. Er gehörte zu den wenigen Glücklichen, die ihren geliebten Sport zum Beruf machen können. Geboren war er 1965 im Binnenland, in Winchester, und seine Segelkarriere begann auf dem Wasser von Chichester Harbour, südwestlich von London. Sein Talent als Rennsegler zeigte sich, als er in die Jugendabteilung der Royal Yachting Association eintrat. In der Welt des Regattasegelns galt Charles, der erst im Alter von 13 Jahren mit der Segelei begonnen hatte, als Späteinsteiger.

Obwohl er zu den Besten gehörte, scheiterte sein Wunsch, in die britische Auswahl für die Jugendweltmeisterschaft aufgenommen zu werden, an anderen talentierten Seglern. Ohne sich dadurch entmutigen zu lassen, strengte Charles sich noch mehr an und gewann schließlich die nationale Meisterschaft in einer der olympischen Klassen mit der schärfsten Konkurrenz, der gut vier Meter langen Einmannjolle Laser. Das war sein erster größerer Schritt nach oben auf der Leiter des internationalen Segelsports.

Sein Ziel waren die Olympischen Spiele, aber 1988 und 1992 wurden seine Bemühungen, Großbritannien im Dreimannkielboot Soling zu vertreten, durch die Begabung seines Erzrivalen Lawrie Smith durchkreuzt. 1996 war diese Hürde endlich überwunden, als Charles anstelle von Smith für die Starbootklasse die Fahrkarte nach Olympia bekam.

Weil Charles die Fähigkeit hatte, in den unterschiedlichsten Klassen zu siegen – von Jollen über offene Kielboote bis hin zu Hochseerennyachten –, wurden die Yachteigner auf ihn aufmerksam. Er hatte eine Begabung, nach der sie händeringend suchten. Charles hatte jedoch nichts dafür übrig, irgendein x-beliebiges Boot zu segeln, denn beim Regattasegeln hielt er sich an die altehrwürdige Weisheit, dass ein 2. Platz in der Wettfahrt nicht besser sei als ein 2. Platz beim

Boxen. »Es bringt nichts, irgendeinen alten Scheißkahn zu segeln«, erklärte er dem britischen Journalisten Bob Fisher 1998 in klaren Worten, »das führt zu nichts.« Charles wollte Schiffe, in denen etwas steckt und aus denen man noch mehr herausholen kann.

Das Segeln in den olympischen Klassen und auf Hochseerennyachten wurde bald zum Hauptinhalt seines Lebens. Viermal nahm er für Großbritannien am Admiral's Cup teil, der inoffiziellen Mannschaftsmeisterschaft im Hochseesegeln. 1997 jedoch wechselte er das Lager und ging für Australien ins Rennen.

Steve Kulmar, Skipper der zur australischen Admiral's Cup-Mannschaft gehörenden SEA (Mumm 36-Klasse), ein alter Hase, der sechzehnmal erfolgreich am Sydney-Hobart-Rennen und fünfmal an der englischen Fastnet-Wettfahrt teilgenommen hatte, lernte Charles durch Grant Simmer, einen prominenten Segelmacher und Segler aus Sydney, kennen.

»Ich wusste, dass wir als Mitglieder der australischen Mannschaft etwas Ortskenntnis brauchen würden, um auf den Gewässern des Solent und vor der englischen Küste zu segeln«, sagte Kulmar. »Ideal wäre gewesen, wenn wir einen Einheimischen als Navigator und einen weiteren als Taktiker gehabt hätten. Uns wurde aber klar, dass das Gewicht zweier zusätzlicher Leute die Leistung des Bootes verschlechtert hätte. Deshalb suchten wir schließlich jemanden, der navigieren können und außerdem wirklich gute Ortskenntnis und großes taktisches Geschick haben sollte.

Grant erwähnte Glyn Charles und gab mir seine Telefonnummer. Ich rief ihn an. Das war ungefähr zwei Monate vor der Wettfahrtserie. Nachdem er sich etwas geziert hatte, entschloss er sich, mit uns zu segeln. Es war absolut toll, ihn an Bord zu haben, denn er zerbrach sich ununterbrochen den Kopf, wie wir das Boot schneller machen könnten, und war ständig mit Leib und Seele dabei. Wir hatten eine tolle Serie. An Bord war er sehr tatkräftig, an Land dagegen fast so entspannt wie ein Australier.«

Glyn Charles' Partnerin Annie Goodman war ebenso segelbegeistert. Das bequeme Landhaus in Bosham am Ufer des Naturhafens Chichester Harbour, das sie gemeinsam bewohnten, verkörperte einen eng mit der See verbundenen Lebensstil. Es war für beide der ideale Stützpunkt, denn es hatte für viele seglerische Aktivitäten in England eine zentrale Lage.

Als Charles eines Tages seine E-Mails durchging, sah er eine von Steve Kulmar. Kulmar hatte sich verpflichtet, 1998 im Sydney-Hobart-Rennen mit der SWORD OF ORION zu segeln. Während einiger Zubringerwettfahrten war deutlich geworden, dass die Crew qualifizierte Verstärkung brauchte: jemanden, der mühelos in die Rolle des Taktikers oder Bordtrainers schlüpfen konnte.

»Es war paradox, ich sprach wieder mit Grant Simmer und er sagte, Glyn plane nach Sydney zu kommen, um Andy Beadsworth, den britischen Soling-Olympiateilnehmer, zur Vorbereitung auf die Weltmeisterschaft zu trainieren«, erinnerte sich Kulmar. »Also schickte ich Glyn sofort eine E-Mail mit der Frage: ›Bist Du daran interessiert, das Hobart-Rennen mitzumachen?‹ Er sagte, dass er es sich überlegen wolle. Informationen gingen hin und her. Schließlich mailte er: ›Einverstanden, unter Vorbehalt endgültiger Besprechung in Sydney‹.«

Sofort als er aus London ankam – am 10. Dezember – traf Charles sich mit Kulmar und Rob Kothe, dem Eigner der SWORD OF ORION, im C.Y.C. Sie unterhielten sich ausführlich und umrissen ihre Pläne für die Wettfahrt. Zwei Tage später erklärte Charles sich bereit, mitzusegeln, aber nur in der Hobart-Regatta, weil das Soling-Olympia-Trainingsprogramm für die Zeit zwischen dem 11. und 22. Dezember angesetzt war.

Glyn Charles konnte schon auf vier Fastnet-Rennen zurückblicken. Jetzt hatte er die Teilnahme an seiner ersten Hobart-Regatta zugesagt.

***

Der im australischen Segelsport bekannte John »Steamer« Stanley hatte alles schon einmal gemacht: Er war 51 Jahre alt und Spitzensegler auf den 16-Fuß- und 18-Fuß-Skiffs* gewesen, mit denen in der Hafenbucht von Sydney Wettfahrten gesegelt werden. Erfahrungen mit Rennkielbooten hatten ihn dann zum Admiral's Cup, der Hochseesegelmeisterschaft in England, geführt, zu 16 Sydney-Hobart-Rennen und zum America's Cup, der ältesten Trophäe in der Geschichte des Segelsports. Er hatte sich auch eine

* Diese Skiffs sind keine Ruder-Renneiner, sondern ein in Australien entwickelter Segeljollentyp. (Anm. d. Übers.).

Freude gegönnt, von der viele andere Segler träumen: eine Weltumsegelung.

Auf dem Wasser wie an Land war Steamer ein beeindruckender Kämpfer. Es hatte einen Hauch von Ironie, dass sein Spitzname von der legendären »Stanley Steamer« abgeleitet war, einer Dampfmaschine, die für ihre Robustheit und Zuverlässigkeit bekannt war. Er hatte von Geburt an zwei missgebildete Hüftgelenke, sodass er während vieler Jahre seines Lebens stark humpelte. Nachdem er beidseitig künstliche Hüftgelenke bekommen hatte, besserte sich sein Zustand sehr, aber er hinkte immer noch erkennbar. Später wurde seine linke Niere entfernt, nachdem darin eine Krebsgeschwulst entdeckt worden war. Danach wurde ein bösartiges Melanom aus seinem Arm operiert. Das hätte für die meisten Menschen schon gereicht, um sie zum Kürzertreten zu bringen, aber gerade, als die Dinge sich zum Besseren zu wenden schienen, genauer gesagt nur wenige Monate vor der 1998er Hobart-Regatta, wurde bei Steamer an einer Lunge Asbestose festgestellt – eine direkte Folge der Jahre, die er als Bauhandwerker gearbeitet hatte. »Ich kann bloß sagen, dass das Leben nur besser werden kann«, erklärte er, nachdem er von seinem neuesten Befund erfahren hatte.

Trotz allem hatte er vor, ein weiteres Hobart-Rennen mitzumachen, wieder einmal mit der klassischen 55 Fuß langen kuttergetakelten Yacht WINSTON CHURCHILL, die der legendäre Percy Coverdale 1942 in Hobart gebaut hatte. Das Boot hatte den Namen des großen Mannes erst bekommen, als Coverdale an Churchill geschrieben und seine schriftliche Zustimmung dazu erhalten hatte. Nachdem die Yacht während des Zweiten Weltkriegs als Versorger für tasmanische Leuchttürme eingesetzt worden war, nahm sie 1945 an der ersten Sydney-Hobart-Wettfahrt teil.

1959 hätte ein Sturm in der Bass-Straße der WINSTON CHURCHILL beinahe den Garaus gemacht. Als die Yacht von einer großen Welle herunterkrachte, sprang der Mast aus seiner Spur und durchstieß die Bodenplanken des Rumpfes. Der Eigner Arthur Warner, ein Minister der Provinz Victoria, rettete das Schiff, indem er Segel um den beschädigten Rumpf zog und es in der Nähe von Wonthaggi auf einen Strand setzte, der sinnigerweise Wreck Beach heißt.

Steamer ist eine australische Segelautorität, und in der Geschichte des Segelsports, von der er so gern erzählt, nahm der Oldtimer

WINSTON CHURCHILL einen besonderen Platz ein. Steamers Bindung an das Schiff wurde noch enger, als er 1997 in Sydney, nachdem Richard Winning die Yacht erworben hatte, sechs Monate an ihrer Restaurierung arbeitete. Der konventionell geplankte Holzrumpf wurde wieder in erstklassigen Zustand gebracht, das Huonpine-Holz vollständig von alter Farbe befreit und dann neu lackiert, der schwere Holzmast durch einen leichteren und etwas längeren Aluminiummast ersetzt – eine mühevolle Liebhaberarbeit. Als die elegante Yacht wieder zu Wasser kam, legte sie für den Segelsport und die Bootsbauer einer vergangenen Epoche ein großartiges Zeugnis ab. Steamer betrachtete die WINSTON CHURCHILL als »echtes Schiff, eine klassische, eine für die hohe See entworfene Yacht«. Mit diesem Bootstyp brachte ihm das Rennsegeln Spaß: »An sich interessieren mich Hochseeregatten als solche eigentlich nicht. Ich habe nichts mehr dafür übrig, auf der Kante zu sitzen – aus dem Alter bin ich heraus. Mir bringt es einfach Spaß, mit ein paar guten Freunden zu segeln.« Dennoch beschloss Richard Winning, mit seiner lackschimmernden, penibel restaurierten Yacht an der Sydney-Hobart-Wettfahrt teilzunehmen – einfach wegen des Nervenkitzels. »Wir sehen es als Erholung an«, erklärte er der *Business Review Weekly*. Dabei fügte er hinzu, dass die WINSTON CHURCHILL »uns alle überdauern wird«. John »Steamer« Stanley stand in der Reihe der Crewbewerber an erster Stelle. Winnning zögerte nicht, ihn an Bord zu nehmen. Immerhin war er Regattasegler, Seemann und Bootsbauer.

In jenem Jahr war die Mannschaft zu Recht stolz auf ihr Abschneiden, wenn man bedenkt, dass sie mit nur einem einzigen großen Vorsegel ins Rennen gingen, das wie eine Jalousie eingerollt werden musste, wenn der Wind zu stark wurde. In einem Feld von 110 Yachten, unter denen zahlreiche Erzrivalen ähnlicher Baujahre waren, ging die WINSTON CHURCHILL als 79. Schiff über die Ziellinie. Als die Yacht 1998 mit neuen Segeln an den Start ging, hatten sich ihre Segeleigenschaften noch erheblich verbessert. Steamer stellte die neue Mannschaft zusammen, und Winning bestätigte in letzter Minute, dass er das Rennen mitsegeln wolle.

»Ich habe wieder einfach aus Spaß an der Freude mitgemacht. Wir hatten vor, jedes Jahr dabeizusein, bis wir zu alt wären«, erzählte Winning später. Steamer holte eine Gruppe Segler mit ansehnlicher Hochseeerfahrung zusammen. Zu der Mannschaft gehörten Jim

Lawler, Bruce Gould und auch ein begeisterter Neunzehnjähriger, der »Beaver« genannte Michael Rynan, der an Wochenenden als Bootsführer beim Middle Harbour Yacht Club in Sydney arbeitete, wo er Segler zu ihren dort an Bojen liegenden Yachten brachte. Auf der WINSTON CHURCHILL mit Männern wie John Stanley das Rennen nach Hobart mitzusegeln war, wie Beaver seinen Freunden erzählte, »eine einmalige Gelegenheit«.

Und wieder einmal wurde die prächtige alte Yacht äußerst sorgfältig vorbereitet, sodass am Heiligabend nur noch der Proviant eingekauft und an Bord verstaut werden musste. Winning und Steamer trafen sich am Yachthafen im nördlichen Vorort Woolwich, borgten sich ein kleines offenes Motorboot und fuhren damit zu dem am Wasser gelegenen Supermarkt. Ein Einkaufswagen nach dem anderen wurde mit der für die neunköpfige Besatzung benötigten Verpflegung beladen. Als das kleine Motorboot mit seiner Fracht zurück über die Bucht tuckerte, plauderten die beiden Männer zwanglos über die Regatta und was sie Weihnachten vorhatten. Beide wollten das Fest mit Familie und Freunden verbringen. Winning sagte, dass er am späten Nachmittag zum Boot wolle, um den Lack an ein paar Stellen auszubessern, damit die Yacht am Start wirklich blitzte.

Über 20 Plastikbeutel mit Proviant und den nötigen Küchenutensilien wurden in der Pantry der WINSTON CHURCHILL verstaut. Als das erledigt war, motorte die prächtige alte Dame sachte zum Yachthafen des C.Y.C. hinüber und erregte unterwegs viel Aufmerksamkeit. Es war schließlich ein berühmtes Boot, und der Glanz ihrer cremefarbenen Bordwände, das schimmernde, naturlackierte Holz und das perfekt getrimmte Rigg waren wirklich eine Augenweide.

Nach dem Festmachen strebten Winning und Steamer zur Bar im unteren Geschoss des Clubs. Sie war vollgestopft mit Familienangehörigen, Freunden und natürlich den aufgeregten, erwartungsvollen Seglern. Viele trugen Mützen mit Aufschriften, die zeigten, dass die Träger schon an Regatten in Übersee oder an der Hobart-Wettfahrt teilgenommen hatten oder einfach nur, dass hinter ihrer Yacht ein bedeutender Sponsor stand. Es gab auch eine Menge von Zaungästen, die nur gekommen waren, um die Teilnehmer zu beäugen, und eine Reihe junger Damen – weibliche Fans, die darauf aus waren, sich einen Rennteilnehmer zu angeln.

Winning und Steamer trafen ihren Segelkonkurrenten Don Mickleborough mit einem Teil seiner Mannschaft und amüsierten sich bei einigen Bieren und viel Gelächter. Später machten die beiden sich auf den Weg zu Winnings Haus im Vorort Vaucluse, um dort mit Winnings Frau Stephanie und den Kindern das Weihnachtsessen zu genießen.

Nach dem Essen begab sich Steamer zur Yacht, um an Bord zu schlafen. Am nächsten Morgen würde er mit einem Taxi nach Hause fahren, dann bei Richard Hammond, genannt »Sightie«, zusammen mit Mickleborough und anderen Regattateilnehmern einen Weihnachtsschoppen nehmen und anschließend mit seiner Mutter Eve und der ganzen Meute zu Mittag essen.

***

Julie Hodder wollte eine Hochseerennyacht haben, während Kerry, ihr Ehemann, einen Porsche bevorzugte. Das Ergebnis war, dass Julie am zweiten Weihnachtstag 1998 im 54. Rennen von Sydney nach Hobart als eine von drei Miteignern der gut 15 m langen FOXTEL-TITAN-FORD Segel setzte, während ihr Ehemann auch weiterhin eine Familienlimousine kutschierte.

»Er duldet das Boot«, bemerkte die dunkelhaarige 45-Jährige. »Ich glaube, er sorgt gern dafür, dass ich glücklich bin. Als wir über die Wahl zwischen der Yacht und dem Porsche sprachen, überlegten wir uns, dass der Wagen eigentlich nicht in Frage käme, weil man nicht allzu viel damit anstellen kann. Inzwischen beginnt er durchaus schon, sich die Sache mit dem Boot zu überlegen. Die erste Hochseeregatta, die er mit uns gesegelt hat, war die Wettfahrt von Brisbane nach Melbourne, kurz nachdem wir das Schiff gekauft hatten. Wir wären beinahe abgesoffen. Danach wäre das Boot fast zum Wrack geworden, als wir zwischen den Whitsunday-Inseln auf ein Riff liefen.«

Das Paar war einige Jahre zuvor im Anschluss an ein geschäftlich erfolgreiches Intermezzo in Hongkong nach Australien zurückgekehrt und hatte sich in Clontarf im Norden Sydneys ein komfortables Haus mit verlockendem Seeblick gekauft. Es dauerte nicht lange, da war Julie schon wieder eines der freundschaftlich vertrauten Gesichter im örtlichen Middle Harbour Yacht Club, voller Ungeduld wieder aufs

Wasser zu kommen, denn sie stammte aus einer Seglerfamilie. Zu ihren kostbarsten Besitztümern gehörte ein allmählich verbleichendes Schwarzweiß-Foto, das sie mit ihrem Vater bei einem Segeltörn über den Ärmelkanal zeigt, als sie erst sechs Monate alt war. Bald nachdem dieses Foto aufgenommen worden war, wanderte die Familie nach Australien aus und ließ sich am Ufer des Macquarie-Sees nördlich von Sydney nieder. Es gab nur ganz wenige Frauen, die im Hochseerennsegeln aktiv waren, als Julie damit begann. Schon bald wuchs sie über das Jollensegeln auf dem Lake Macquarie hinaus und ergriff die Gelegenheit, als Besatzungsmitglied auf einer kleinen Hochseerennyacht der Junior Offshore Group mitzusegeln.*

Jahre später sollte Julie Hodder wieder in England segeln, und das in großem Stil – als einzige Frau in einer 29-köpfigen Mannschaft an Bord der Maxiyacht CONDOR im Fastnet-Rennen. Das war 1981, zwei Jahre nach der Katastrophenwettfahrt von 1979, in der ein Sturm in der Irischen See 15 Segler das Leben gekostet hatte.

»Das Leben auf dieser Maxiyacht war wunderbar, zwei herrliche Jahre. Es gefiel mir wirklich. Und dabei war es ganz schön schwer, während einer Regatta für 28 Kerle zu kochen. Die langen Überführungsfahrten brachten mir mehr Spaß als die eigentlichen Regatten. Zwei Monate auf See – etwas Besseres gibt es für mich nicht. Man findet seinen eigenen Lebensrhythmus, tolle Kameradschaft, kein Ärger im Straßenverkehr, keine genervten Menschen, keine Nachrichten.« Die langen Törns erlaubten es Julie auch, ihre Navigationskenntnisse zu erweitern und zu festigen. In ihren Träumen stellte sie sich vor, eines Tages Navigatorin auf einer Ozeanyacht zu werden und vielleicht sogar Eignerin einer Hochseerennyacht zu sein.

Wieder in Australien, machte Julie ihre Lehrzeit als Aushilfsnavigatorin und gewöhnliches Besatzungsmitglied auf der DIAMOND CUTTER durch, einer der erfolgreicheren Yachten aus dem Middle Harbour Yacht Club. Siege in der Hochseemeisterschaft des Clubs und in einer Brisbane-Gladstone-Wettfahrt waren der Lohn.

»Das Navigieren war für mich das Richtige«, sagt Julie. »Ich liebe das Hochseerennsegeln, aber ich hasse es, an Deck zu sitzen und nass

* Die Junior Offshore Group organisierte ab 1954 Hochseeregatten für Yachten von 16 Fuß bis 24 Fuß Wasserlinienlänge, die wegen ihrer geringen Größe bis dahin kaum an Hochseewettfahrten teilnehmen durften. (Anm. d. Übers.).

zu werden. Ich mache gern alles Mögliche an Bord, wenn ich mich dabei wirklich bewegen kann. Selbst das Kochen gefällt mir. Zum Navigieren braucht man keine Muskelpakete. Ich habe noch zwei weitere Pluspunkte: Ich werde nicht seekrank, und ich finde es aufregend, mit Computern und Elektronik herumzuspielen. Also ist die Navigation die ideale Aufgabe für mich.«

Es war so gut wie unvermeidlich, dass Sydney-Hobart einen Platz in ihrem seglerischen Terminkalender bekam. 1998 hatte sie immerhin schon fünf dieser Rennen auf dem Buckel.

Nach ihrer Rückkehr aus Hongkong segelte Julie auf einer Reihe von Yachten hauptsächlich Langstreckenwettfahrten. Außerdem nahm sie zusammen mit Hunderten anderer Segler an den regelmäßig in der Wochenmitte veranstalteten Abendwettfahrten oder »Dosenbierregatten« teil. Während einer dieser Mittwochabend-Wettfahrten sprach sie mit dem ehemaligen Weltmeister im 18-Fuß-Skiff, Peter Sorensen, über die Möglichkeit, eine Hochseerennyacht zu kaufen.

»Ich wollte schon immer ein Boot, konnte aber nie begreifen, warum Leute ein Boot allein besitzen wollen. Es ist besser, sich die Kosten und den Spaß zu teilen.

Pete und ich sind immer gut miteinander ausgekommen. Es gefiel mir, wie er sein Boot benutzte – wie er ständig damit segelte, mittwochs, donnerstags und an den Wochenenden – Pete war immer auf dem Wasser. Ich dachte irgendwie an ein 40-Fuß-Schiff. Ich glaubte, das würden wir finanziell und körperlich bewältigen können. Dann merkte ich, dass er eher an 50 oder 60 Fuß dachte. Mit diesen Gedanken konnte ich mich erst etwas leichter anfreunden, als er Stan Zemanek ins Spiel brachte.«

Zemanek, Australiens höchst erfolgreicher Moderator einer abendlichen Rundfunktalkshow mit Hörerbeteiligung, kannte Sorensen schon, seit beide Jahrzehnte früher vor Sydney Skiffs gesegelt hatten. Hodder, Sorensen und Zemanek schlossen sich zur Eignergemeinschaft zusammen und erwarben 1998 die 50 Fuß lange MORNING MIST III aus Melbourne. Was sie wollten, war eigentlich ganz einfach: Hartes Rennsegeln und Spaß dabei. Zuerst hatten sie es auf die exklusive Wettfahrtserie für große Yachten abgesehen, die im August vor Hayman Island im Whitsunday-Gebiet (Queensland) nur für eingeladene Teilnehmer stattfindet. Die MORNING MIST III errang den ersten Preis in ihrer Gruppe. Nun besaß das Trio ein Siegerboot. Natürlich hofften die drei, dass das Glück sie auch in der darauf folgenden Woche bei der Hamilton Island Race Week nicht verlassen würde, doch acht Meilen vor Hayman kam die Niederlage: Die MORNING MIST III donnerte mit 8 kn auf ein Riff. Die Schäden an Rumpf und Kiel waren so erheblich, dass die Versicherung das Schiff beinahe als Totalschaden betrachtet hätte. Hodder, Sorensen und Zemanek hatten einen Dämpfer bekommen, gaben sich aber nicht geschlagen. Sie beschlossen, sich mit dem Hobart-Rennen zu befassen. Die Yacht wurde rechtzeitig per Tieflader nach Sydney gebracht, wo ein größerer »chirurgischer Eingriff« stattfand.

»Der Schaden war gewaltig«, berichtet Julie. »Aus dem Rumpf musste alles ausgebaut werden, um die leere Schale dann in einem Schuppen der Bootswerft von McConaghy kieloben aufzustellen. Nahezu das gesamte Unterwasserschiff musste herausgeschnitten und neu aufgebaut werden.«

Die Arbeiten dauerten länger als gedacht. Der Plan, die MORNING MIST III, die jetzt FOXTEL-TITAN FORD hieß, Ende Dezember in Zubringerregatten zu testen, verflüchtigte sich. Erst wenige Tage vor dem Start wurde der Kiel wieder unter den Rumpf gebolzt und die Yacht zu Wasser gebracht.

Das Hobart-Rennen 1998 sollte die erste Seeerprobung nach der Reparatur werden.

***

Im August 1979 war Paul »Tanzi« Lea einer von zahlreichen Menschen, die als Helden bejubelt wurden. Drei Tage lang flog er einen Sea-King-Hubschrauber der Royal Navy bei heftigem Sturm über der Irischen See, suchte havarierte und sinkende Yachten und barg Überlebende von der dezimierten Flotte der Fastnet-Regatta. In jenem Jahr starben 15 Teilnehmer und zwei weitere Segler, die das Feld mit einer Fahrtenyacht begleiteten.

»Ich hatte eigentlich Urlaub. Sommerurlaub, denn es war August. Ich saß zu Hause im Garten und sprach mit ein paar Freunden, als der Anruf kam. Es hieß: ›Also, es gibt Schwierigkeiten mit der Fastnet-Regatta. Können Sie herkommen und mithelfen?‹ Schon war ich unterwegs, und ich glaube, wir waren ungefähr der dritte Sea King, der auf dem Flugstützpunkt Culdrose abhob.«

Dieser Rettungseinsatz war der bedrückende und doch prägende Höhepunkt einer beeindruckenden Laufbahn, die für Lea mit 17 Jahren begonnen hatte. Er war 1964 in die Royal Navy eingetreten, obwohl das Fliegen ihn stärker reizte als die See. Acht Jahre später ging sein Traum in Erfüllung, denn er wurde zur Ausbildung bei der Sea-King-Staffel kommandiert. 1981 kam er mit seiner Frau Gill und den beiden kleinen Kindern Daniel und Joanne nach Australien.

»Ich kam für etwas über zwei Jahre auf einen Austauschposten. Es war eine Chance, die wir freudig ergriffen. Ich diente 10 Monate bei den Sea Kings und anschließend 15 Monate als Ausbilder bei der Staffel 723. Es war eine sehr angenehme Zeit in unserem Leben, und zwar so sehr, dass ich die in Australien kennen gelernte Lebensart schmerzlich zu vermissen begann, als wir wieder in Großbritannien waren. Am Ende wurde es so schlimm, dass ich mich einfach mit meiner Frau und den Kindern zusammensetzen und über einen Umzug nach Australien reden musste.« Im Anschluss daran nahm Lea wieder Verbindung mit der australischen Marine auf, und nach zweijährigen Verhandlungen bot man ihm eine Dauerstellung bei der hauptsächlich landgestützten Sea-King-Staffel auf dem Stützpunkt Albatross in Nowra, südlich von Sydney, an. Er sollte dort Chefpilot und Kommandeur werden.

Als Lea und seine Frau Mitte 1990 in Australien eintrafen, sahen sie ihrem weiteren Leben zuversichtlich entgegen. Die Kinder waren da nicht so sicher. »Aber nach einigen Monaten sagte mein ältester Sohn Daniel: ›Papa, ich will jetzt hier bleiben.‹ – Australien war für ihn zur Heimat geworden.«

Schon drei Jahre nach der Ankunft in Australien wurde Lea dazu eingesetzt, in dem furchtbar rauen Sydney-Hobart-Rennen von 1993 das Regattafeld zu überwachen. Bei Lea, der über die Jahre eine ganze Menge Segelerfahrung auf Jollen gesammelt hatte, erwachte das Interesse am Segeln wieder, sodass er anfing, das Rennen jedes Jahr zu verfolgen. Als 1998 die Zeit für den Start kam, hatte Lea keinen Bereitschaftsdienst, sondern Urlaub von der Staffel.

»Ich erinnere mich, gehört zu haben, dass das Wetter für die Yachten etwas haarig sein würde, dachte aber: Ach, uns kann nichts passieren, obwohl wir im Notfall nur 12 Stunden Vorwarnzeit hatten. Sonntag war für mich ein ganz normaler Tag. Vormittags fuhr ich auf dem nahegelegenen Fluss Kajak, wie so oft. Nachmittags dann die übliche Gartenarbeit und so. Gegen 19.00 Uhr läutete das Telefon. Es hieß einfach ›Kommen Sie schnell her.‹ Zum Glück hatte ich nichts getrunken... Und so war ich um 19.30 Uhr auf dem Stützpunkt.«

Korvettenkapitän Tanzi Lea war auf dem besten Wege, erneut zum Helden zu werden.

***

Rob Kothe war auf der Grand-Prix-Ebene des Hochseerennsegelns ein ziemlicher Neuling, was seinen Siegeswillen aber keinesfalls schmälerte.

»Ich habe mich schon immer für das Segeln interessiert, so sehr, dass ich in den fünfziger und sechziger Jahren zu den Kindern gehörte, die im Radio möglichst alles hörten, was es übers Segeln gab. Immer habe ich den America's Cup im Rundfunk verfolgt. Dazu muss man ganz schön verrückt sein. Das Problem war, dass ich mitten im Busch wohnte, in Tumbarumba auf der anderen Seite der Australischen Kordilleren, da unten Richtung Canberra. In den Siebzigern konnte ich nicht Segeln gehen, darum wurde ich Segelflugsportler. Als ich nach Sydney kam, wurde mir klar, dass ich statt Segelfliegen jetzt endlich meinen Traum verwirklichen konnte.«

Später, als Kothe sich im C.Y.C. weiter profilierte, erfuhr er, dass er und sein Clubkamerad George Snow, Eigner der Maxiyacht BRINDABELLA, im selben Luftraum über den Brindabella-Bergen in der Nähe von Canberra Segelflieger gewesen waren.

Nach einjähriger Pause hatte Steve Kulmar beschlossen, dass es an der Zeit sei, mit dem Hochseerennsegeln weiterzumachen.

»Nachdem ich 1997 in England am Admiral's Cup teilgenommen hatte, brauchte ich ein Jahr ohne den Segelsport«, erzählt er. »Ich habe seit ich acht bin jahrein jahraus gesegelt. In der Zeit, die mir zur Verfügung stand und in meinen sozialen Bindungen hatte es kaum etwas anderes gegeben. Ich brauchte eine Auszeit. Ich erzählte Ron Jacobs, einem Freund, dass ich daran dachte, ungezwungen wieder ein wenig zu segeln. Er ermutigte mich und lud mich für Ende September zu einem Treffen mit Rob Kothe und ihm selbst im Oaks Hotel in Neutral Bay ein. Kothe schien wirklich ein netter Kerl zu sein und war Feuer und Flamme. Ich dachte: Na gut, ich will ein paar Wettfahrten mit den beiden segeln und dann weitersehen. Ich machte deutlich, dass ich nicht immer zur Verfügung stehen würde, denn ich wollte nicht in die heiße Regattaszene hineingeraten, um nicht sofort wieder dort zu enden, wo ich ein Jahr vorher schon einmal war. Wenn wir miteinander auskommen würden, gut, dann würde ich mich für ein Hobart-Rennen entscheiden. Das war eine ziemlich lockere Verabredung.«

Doch Kothe, Kulmar und die Mannschaft der SWORD OF ORION kamen wirklich gut miteinander klar, und so verpflichtete sich Kulmar, auf der Yacht als erster Rudergänger mitzusegeln.

Kulmar und seine Frau Libby waren schon befreundet, seit sie ihre Kindheit in dem am Wasser gelegenen Sydneyer Vorort Hunters Hill verbracht hatten. Beide segelten im örtlichen Segelverein. Aus Freundschaft wurde Liebe und 1983 heirateten die beiden – aber vorher segelte Steve noch den Admiral's Cup jenes Jahres mit. Libby wusste, dass sie einen Mann und seinen Sport heiratete.

»Ich hatte niemals Bedenken dagegen, dass Steve Hochseeregatten mitmachte«, sagt sie, »nie. Nicht einmal 1984, als ich mit Pip schwanger war und das Rennen sehr rau war, habe ich mir Sorgen gemacht. Ich lag nachts im Bett, hörte auf den Sturm draußen und sagte mir: ›Ganz schön windig‹, aber sonst nichts. (Steve war an Bord der INDIAN PACIFIC, die das damalige Rennen schließlich gewann.) Ich machte mir noch nicht einmal Sorgen wegen dieser Wettfahrt, als wir hörten, was bevorstand.«

In diesem Jahr war die Familie Kulmar an der Reihe, in ihrem modernen Flachdachhaus mit Blick über Manly und den Nordteil des Hafens von Sydney das Weihnachtsessen auszurichten. Die riesigen, vom Boden bis zur Decke reichenden Fenster boten einen fantastischen Ausblick, und durch die großen Türen brachte der sommerliche Seewind den Bewohnern Kühlung. Ein großer Swimmingpool bot in der Sommerhitze nicht nur sofortige Abkühlung, sondern kam auch den Töchtern Pip, 13, und Madeline, 10, die sportliche Schwimmerinnen waren, sehr zugute.

»Wir hatten 33 Gäste zum Essen; Familie, Freunde und einige Segler«, erinnert sich Libby. »Es war herrlich. Die Kinder waren den ganzen Tag im Pool und hatten viel Spaß. Alle sprachen über die Regatta und wollten sie unbedingt verfolgen, besonders weil Steve wieder dabei war.«

Mit Rücksicht darauf, dass er in den darauffolgenden Tagen kaum viel Schlaf bekommen würde, verließ Steve Kulmar die Weihnachtsfeierlichkeiten im Laufe des Nachmittags in aller Stille und ging ins Bett. Als er nach seinem »Energieschlaf« zurückkam, waren nur noch wenige Gäste anwesend. Der Tag klang locker und gesellig aus, und bald ging der ganze Kulmar-Clan einschließlich Libbys Eltern, die zu Besuch waren, schlafen.

Nur 48 Stunden später sollte Kulmar ohne es zu wissen inmitten einer der größten Such- und Rettungsaktionen stecken, die Australien in Friedenszeiten je erlebt hatte.

Die große Regatta

In den letzten Tagen des Zweiten Weltkriegs beschloss eine kleine Gruppe begeisterter Hochseesegler, sich zu einem Abendessen in Ushers Hotel in Sydney zu treffen. Gut 12 Monate vorher hatten sie den Cruising Yacht Club of New South Wales gegründet, aus dem später der Cruising Yacht Club of Australia werden sollte. Während des Zweiten Weltkrieges und davor gehörte das Usher zu den besten Hotels in der geschäftigen Innenstadt Sydneys. Dort entspannten sich erfolgreiche Geschäftsleute nach einem anstrengenden Tag bei einem gekühlten Bier, und in der plüschigen Gemütlichkeit des Speisesaals im Erdgeschoss ließen sich Damen bei Wein und gutem Essen verwöhnen. Das fünfstöckige Gebäude aus dunklem Backstein hatte klassische Proportionen und lag an einer der belebten Durchfahrtsstraßen der Stadt, der Castlereagh Street. Seine robuste Architektur mit stark betonten Fenstern, Türen und Markisen war typisch für den Kolonialstil der Zeit.

Peter Luke, einer der Gründer des C.Y.C., wusste, dass Captain John Illingworth, der Leitende Ingenieur des Stützpunktes, den die Royal Navy während des Krieges in Woolloomooloo am Hafen von Sydney hatte, ein hervorragender englischer Hochseerennsegler war. In einer namhaften in Sydney erscheinenden Zeitschrift hieß es damals über Illingworth sogar: »Er war vielleicht der bedeutendste Vertreter des Segel- und Hochseeregattasports, der Australien je besucht hat, und seine kenntnisreichen Vorträge, untermauert durch Siege in maßgeblichen Hochsee- und Dreiecksregatten, haben die australischen Segler außerordentlich beeindruckt.« Kein Wunder, dass Luke ihn als Gastredner zu dem Dinner einlud.

In den Anfangstagen des C.Y.C. hielten seine Mitglieder, wie sie es nannten, »sehr zwanglose und bescheidene« Vereinsversammlungen in einem Fotoatelier ab, das Peter Lukes Vater Monty gehörte. Es lag neben dem Hotel Usher. Wenn sich die Notwendigkeit ergab, zum Abendessen zusammenzukommen, geschah das eigentlich in einem kleinen Lokal in der Nähe der Bahn- und Busstation Wynyard in der

Stadtmitte. »Es hieß Sue's Café«, erzähl Peter Luke, »aber das Essen, das dort aufgetischt wurde, war schlecht genug, sodass wir die Wirtschaft bald nur noch ›Zum schmierigen Löffel‹ nannten.«

Das Dinner im Usher war also offensichtlich ein ganz besonderes Ereignis. Illingworths lebhafte Erzählungen von Hochseewettfahrten in England fesselten die kleine Zuhörergruppe. Später, als man es sich bei Portwein und guten Zigarren gemütlich machte, erwähnte Bert Walker, der Gründungsvorsitzende des Clubs, Illingworth gegenüber eher beiläufig: »Jack Earl und ich segeln nach Weihnachten nach Hobart. Wollen Sie sich nicht anschließen?« Illingworth hielt das für eine glänzende Idee und nahm die Einladung an. Es folgte eine begeisterte Unterhaltung darüber, bis einer der Anwesenden plötzlich ausrief: »Lasst uns eine Regatta daraus machen!« – Die Idee zu dem großen Rennen war geboren.

Bevor der Vorschlag zur Wettfahrt nach Hobart aufkam, waren die meisten Segelveranstaltungen des C.Y.C. nur kurze Sprünge von Sydney aus entlang der Küste gewesen. In der Zeit zwischen Weihnachten und Neujahr 1944 hatten sich Earl, Luke und einige andere auf einem Törn zu der schönen kleinen Küstenstadt Eden, die nahe der Grenze zwischen Neusüdwales und Victoria liegt, 200 Meilen nach Süden gewagt. Begeistert von dem Erfolg dieses Abenteuers begannen Earl und seine Familie über eine zwanglose Segeltour zu reden, die im folgenden Jahr zu Weihnachten noch weiter nach Süden führen sollte. Sie wollten die Reise mit ihrer kräftig gebauten Ketsch KATHLEEN GILLETT, einem wahren schwimmenden Heim, unternehmen.

Es war reiner Zufall, dass Earl, australischer Weltumsegler und später international anerkannter Marinemaler, und Walker – beide Gründungsmitglieder des C.Y.C. – planten, gemeinsam nach Tasmanien zu segeln: An einem Wochenende, als Earl mit seiner Familie auf der KATHLEEN GILLETT vor einem abgelegenen Strand an der Hafenbucht von Sydney ankerte, entdeckte er Bert Walkers Yacht SALTAIR, die ebenfalls vor Anker lag. Earl wusste, dass der Tasmanier Walker Karten der tasmanischen Küste an Bord haben musste. Deshalb ruderte er mit seinem Beiboot zur SALTAIR hinüber und bat um Erlaubnis, an Bord zu kommen. »Ich dachte, ich sollte ihn mal über Tasmanien und den Fluss Derwent ausfragen. Das Thema faszinierte ihn, und er wollte gern mit uns zusammen dorthin segeln.« In der folgenden Stunde tranken die beiden zusammen etwas, sahen sich die Seekarten von Tasmanien an und planten ihre Reise. Danach ruderte Jack zurück zu seinem Schiff und verriet seiner Familie die aufregenden neuen Entwicklungen. Schon bald hörte Peter Luke von den Törnplanungen und fragte, ob er sich mit seiner Yacht WAYFARER anschließen könne.

Sobald die Entscheidung in Ushers Hotel gefallen war, war die Sache nicht mehr aufzuhalten. Start sollte am 26. Dezember, dem zweiten Weihnachtstag, sein. Dieser Termin erschien ideal, denn er lag im Hochsommer und würde den Teilnehmern und ihren Familien erlauben, den ersten Weihnachtstag zu Hause zu genießen. Bei Earls Familie aber wich die Begeisterung für den Hobarttörn bald der Erkenntnis, dass es sich nunmehr um eine Wettfahrt handelte – kein Spaß für Frau und Kinder.

Die Öffentlichkeit wurde auf das Sportereignis erstmals durch einen in der Oktoberausgabe 1945 abgedruckten Zusatz zu einem kurzen Artikel der Zeitschrift *Australian Power Boat and Yachting Monthly Magazine* aufmerksam. Die Notiz war so klein, dass man sie leicht hätte übersehen können:

> *Regatta nach Tasmanien: Es wird erwartet, dass eine Hochsee-Segelregatta von Sydney nach Hobart stattfinden könnte, Start voraussichtlich am 26.12.1945. Segler, die den Wunsch haben, daran teilzunehmen, sollten sich wegen näherer Auskünfte an den 2. Vorsitzenden, Herrn P. Luke, Castlereagh Street 62, Sydney, wenden. Meldeschluss ist am 1. Dezember 1945.*

Der Artikel vor dieser Notiz gab die Ergebnisse einer Wettfahrt bekannt, die der »Cruising Yacht Club of NSW« über eine Strecke von 17 Seemeilen vom Hafen Sydney nach Palm Beach ausgerichtet hatte. Gewonnen hatte die seetüchtige 35 Fuß lange kuttergetakelte MAHARANI (später zu RANI abgekürzt) unter ihrem Skipper Captain J. Illingworth.

Bald darauf wurde die Ausschreibung für die Sydney-Hobart-Regatta veröffentlicht. Sie erinnerte die Interessenten daran, dass »das Führen von Spinnakern nicht erlaubt« sei – ganz im Sinne der fahrtenseglerischen Einstellung jener ersten Teilnehmer. Für die Yachten wurde ein Vermessungs- und Ausgleichsverfahren entwickelt und die

Startlinie festgelegt: »...in einer Länge von 200 Yards ab Flagstaff Point vor Quarantine Bay; das Startschiff ist durch eine weiße C.Y.C.-Flagge gekennzeichnet«. Die Verwendung der weißen C.Y.C.-Flagge ist bis heute Clubtradition geblieben. Der Start lag knapp innerhalb der Einfahrt des Hafens von Sydney – an der Nordseite. In späteren Jahren wurde das Rennen an der Südseite gestartet, näher am innerstädtischen Geschäftsviertel.

Der Royal Yacht Club of Tasmania in Hobart erklärte sich bereit, für die Ziellinie zu sorgen, während die australische Luftwaffe zusagte, für Catalina-Wasserflugzeuge Flugübungen über dem Regattakurs anzusetzen, um die Position jeder gesichteten Yacht zu melden.

Die Neuigkeiten über das Rennen wurden von der Tagespresse enthusiastisch aufgenommen. Die nach fünf Kriegsjahren noch immer erschöpfte australische Öffentlichkeit brauchte neue Reize und Abenteuer. Hier war genau das Richtige – das Allheilmittel in Form einer wagemutigen 630-Meilen-Überfahrt von Neusüdwales nach Tasmanien. Tapfere Männer und mindestens eine Frau würden auf kleinen Booten mit einem unberechenbaren und oft stürmischen Seegebiet kämpfen, und das alles nur zum Vergnügen.

Als der Starttag näherrückte, waren 10 Yachten gemeldet. In letzter Minute teilten die Gebrüder Livingston mit, dass ihre Yacht WARRANA nicht rechtzeitig aus Melbourne auslaufen könne, um den Start in Sydney zu erreichen. In späteren Jahren jedoch sollten die Livingstons der Geschichte dieser klassischen Wettfahrt einen unauslöschlichen Stempel aufdrücken. Sie gingen mit berühmten Yachten, die alle KURREWA hießen, mit beachtlichen Erfolgen ins Rennen und stifteten außerdem den F. & J. Livingston-Preis, einen prächtigen Wanderpokal für die erste Yacht, die am Eingang der tasmanischen Storm Bay südlich der Insel Tasman Island steht.

Das erste Rennen verschaffte den australischen Zeitungslesern und Rundfunkhörern all die Dramatik und den Nervenkitzel, den sie brauchten. Schlagzeilen berichteten, dass das Feld direkt in einen schnell aufziehenden Südsturm hineinstieß und dass dieser möglicherweise die RANI mit Captain Illingworth und seiner Mannschaft auf dem Gewissen hätte. Die Catalina-Wasserflugzeuge konnten nur die 55 Fuß lange WINSTON CHURCHILL an der Spitze des Feldes ausmachen. Von der RANI hingegen war nichts zu sehen. Die Flieger wussten nicht, dass Illingworth sein Boot weitergeknüppelt hatte, genau in den Rachen des Sturms hinein, während seine Konkurrenten langsamer gesegelt waren oder sogar beigedreht hatten. Illingworth und seine Mitsegler, die sich mit Leinen am Mast sicherten, wenn sie an Deck waren, bolzten weiter voran und tauchten an der Einfahrt zur Storm Bay, 44 Meilen vor der Ziellinie, wie aus dem Nichts auf. Wohlbehalten erreichten sie Hobart, wo sie von der Bevölkerung begeistert empfangen wurden. Die RANI hatte nach gesegelter wie berechneter Zeit gesiegt.

In seiner Biografie beschreibt Jack Earl diese erste Regatta: »Die Küste hinunter war es herrliches Segeln, bis wir zur Insel Montagu kamen, wo uns ein Southerly Buster packte. Wie wir später hörten, hatte Illingworth gerefft und in dem Sturm alle abgehängt. Er weigerte sich ganz einfach, irgendein Segel zu bergen. Seine Einstellung lautete schlicht: ›Wir müssen das Zeug später doch wieder setzen.‹ Wir aber refften ein und segelten unser Schiff sehr zurückhaltend; während des Sturms drehten wir bei. Einige der Yachten liefen sogar in Häfen an der Südküste ein. Die Mannschaften der SALTAIR und der ABERMERLE sollen sogar einige Zeit an Land verbracht, Kaninchen geschossen und ins Kino gegangen sein.

Illingworth hingegen kämpfte sich stur weiter voran. Mehrere Tage lang gab es keine Funkverbindung mit ihm, bis wir irgendwann alle annahmen, dass er umgekommen sei. Na ja, der Rest ist natürlich Geschichte. Illingworth siegte mit einem vollen Tag Vorsprung. Wir lungerten immer noch an der tasmanischen Küste herum, als wir hörten, dass er plötzlich in der Storm Bay aufgetaucht sei.

Als wir ganz in den Derwent hineinkamen, hatten wir einen fürchterlichen Nordweststurm. Es wehte mit 74 kn, und das Feld wurde ziemlich durchgeschüttelt. Wir führten das dreifach gereffte Großsegel, ein Vorsegel und den Besan. Weniger als eine Viertelmeile vor dem Ziel blieb der Wind aber schlagartig weg, und der Derwent wurde so glatt wie ein Mühlenteich. Es lohnte nicht, das ganze Tuch wieder zu setzen, also konzentrierten wir uns nur darauf, durchs Ziel zu kommen. Wir wurden Dritte, knapp hinter der WINSTON CHURCHILL. In diesem ersten Rennen hatten wir ein paar Kniffe gelernt. Als ich dann im folgenden Jahr als zweiter Mann auf Bob Bulls CHRISTINA nach Hobart segelte, legten wir uns richtig ins Zeug und gewannen.«

Illingworths beeindruckende Leistung, auch im schlimmsten Teil des Sturms weiterzuknüppeln und seine Konkurrenten in Grund und

Boden zu segeln, erregte eine enorme Welle öffentlichen Interesses für die Zukunft der Wettfahrt. Die Zeitschrift *Australian Power Boat and Yachting Monthly* bemerkte in ihrem Bericht über das Rennen: »Bei einem städtischen Empfang, den der Oberbürgermeister am 8. Januar 1946 im Rathaus von Hobart gab, wurde die Hoffnung ausgedrückt, dass jedes Jahr eine Hochseeregatta stattfinden möge.«

In seiner Erwiderung auf eine Rede des Gouverneurs von Tasmanien, Admiral Sir Hugh Binney, sagte Captain Illingworth, er und seine Mannschaft seien »tief beeindruckt von dem herzlichen Empfang in Hobart, dem idealen Zielort für eine Hochseeregatta«.

Der Wettfahrtbericht fuhr fort: »Der Cruising Yacht Club in Sydney und der Royal Yacht Club in Tasmanien hatten den jungen Hochseerennsport auf eine feste Grundlage gestellt. Als nächster Schritt sollte eine australische Yacht Großbritannien besuchen und die Schlappe ausbügeln. Jede andere Sparte des australischen Sports ist schon bei Wettbewerben in Großbritannien vertreten gewesen. Der Vorsitzende des C.Y.C., Herr Walker, der die SALTAIR segelte, betonte, dass nirgendwo ein herzlicherer Empfang der Segler denkbar gewesen wäre.«

Nur zu gerne zitierte man Walkers Prognose, dass die nächste Wettfahrt vermutlich 30 bis 40 Boote anlocken würde. »In nicht allzu ferner Zeit sollte Australien die USA herausfordern«, sagte er. »Die Männer, die ein Boot so gut – und besser! – wie Mr. Vanderbilt (der berühmte Verteidiger des America's Cup) steuern können, haben wir jetzt hier in Hobart.«

***

Schnell wurde das Sydney-Hobart-Rennen zur alljährlichen Veranstaltung, und schon nach wenigen Jahren galt es als eine der drei wichtigsten Hochseewettfahrten der Welt. Die anderen beiden waren das englische Fastnet-Rennen und die amerikanische Regatta von Newport nach Bermuda. Alle drei Veranstaltungen verlangen bei allen Wetterbedingungen ein Höchstmaß an Können und Ausdauer.

In vieler Hinsicht jedoch ist das Sydney-Hobart vielleicht am großartigsten. Vom farbenfrohen Start in dem natürlichen Amphitheater, das Sydneys wundervollen Naturhafen umgibt, bis zum Ziel am Hafenviertel der schönen und geschichtsträchtigen Stadt Hobart ist es ein Rennen voller Durchhaltevermögen, Entschlossenheit, Erhabenheit und Glanz.

Bei dem 630-Meilen-Kurs unterscheidet man vier einzelne, jedes Mal wieder schwierige Abschnitte. Da gibt es die unberechenbare und oft tobende Tasmansee vor der Küste von Neusüdwales; die berüchtigte Überquerung der Bass-Straße zwischen dem australischen Festland und der Inselprovinz Tasmanien, wo sich der Seegang durch rasenden Wind über flachem Wasser zu ungeheuer mächtigen, haushohen tosenden Wellenbergen auftürmen kann; das schwierige Stück entlang der tasmanischen Küste und über die Storm Bay, die ihrem Namen oft genug Ehre macht, wo bitterkalte Winde aus dem Antarktisgebiet heranfegen und selbst im Hochsommer winterliche Kälte mitbringen können. Und dann die schwere Prüfung durch das letzte Stück, die 11 Meilen den Derwent hinauf, bis zum Ziel. Überall auf dem Kurs können einem die Launen der Windgötter nach einer Flaute im Handumdrehen Unheil bescheren, selbst auf dem Fluss.

Das Sydney-Hobart-Rennen ist unberechenbar, mal heiter, mal schreckenerregend. Ein ruhiger Spinnakerschlag entlang der Küste, wobei die Sonne einem den Rücken wärmt, gleicht einer Schlittenfahrt über glatten Neuschnee. Wenn die rabenschwarze Nacht unendlich langsam dem ersten Tageslicht und dem Morgengrauen mit seiner Palette von Pastelltönen weicht, ist das ein Erlebnis, das kaum jemand vergessen kann.

Der Hochseerennsegler Roger Hickman, ein alter Hase mit großer Erfahrung, sieht den Reiz von Seeregatten im Allgemeinen und des Hobart-Rennens im Besonderen so: »Hochseerennen finden im Stadion des Lebens statt, nicht in einer geheizten und künstlich beleuchteten Halle. Das Ganze hat etwas von ›warum klettert jemand auf den Mount Everest?‹ Man muss es einfach tun. Es gibt diese wundervolle Herausforderung, unversehrt ans Ziel zu kommen und als Zugabe die malerischste Umgebung, die man sich denken kann. Der Wind, die See, die Sonne, der Mond, die Sterne und das Schauspiel der Meeresfauna geben einem so viel. Das alles ist in einen sportlichen Wettkampf verpackt. Das ist die ganz und gar klassische Situation, in der man (oder frau) den Elementen gegenübersteht.

Es ist sicher ein Risikosport wie Skydiving (Fallschirmspringen mit sehr langem Freifall), Autorennen und viele andere Sportarten. Man sollte sich nicht vormachen, dass es immer gefahrlos ist. Wie jede andere Risikosportart kann das Hochseerennsegeln äußerst gefährlich sein. Das ist etwas, was wir alle hinnehmen. Ungezähmte Gefahren haben schon immer untrennbar zum Leben gehört. Das Hochseewettsegeln bietet diese Gefahren und dazu Augenblicke der Schönheit, die man nie vergisst.«

Während Mutter Natur immer die Spielregeln vorgeben und das Ergebnis bestimmen wird, machen die Teilnehmer, ihre Kameradschaft, ihr Teamwork und ihr Durchhaltevermögen die Wettfahrt zu dem, was sie ist. Einige Segler, wie Richard »Sightie« Hammond aus Sydney, können vom Sydney-Hobart-Rennen nie genug bekommen. 1998 startete er zum vierzigsten Mal in dieser Regatta – ein Rekord. Für ihn und viele andere ist Weihnachten nicht so wichtig, sondern als Vorabend des zweiten Weihnachtstages und damit des Starts nach Hobart anzusehen. Hammond kann unzählige Geschichten über die Wettfahrt erzählen, aber an seine erste Teilnahme 1952 erinnert er sich am lebhaftesten. Es war seine Feuertaufe, genauer eigentlich eine Eistaufe. Damals war Hammond an Bord des alternden tasmanischen Schoners WANDERER und erinnert sich, dass sowohl die Yacht als auch ihr Eigner Eric Massey sehr betagt waren: »Es ging mir um das Abenteuer. Bei einer Regatta nach Hobart wollte fast jeder junge Segler dabei sein. Ich gehörte zu den wenigen Glücklichen, die eine Koje ergatterten.«

Hammond glaubte seine Feuerprobe schon überstanden zu haben, als vor der Küste von Neusüdwales ein pfeifender Southerly Buster mit Böen bis zu 40 kn über das Feld fegte. Massey hielt den Sturm auf seinem Höhepunkt für so schwer, dass er alle Segel bergen ließ, um die Yacht vor Topp und Takel treiben zu lassen. Doch es sollte noch schlimmer werden. Zuerst kam die Qual. Die WANDERER war so langsam nach Süden vorangekommen, dass sie am Silvestertag in einem Flautenloch dicht vor der Küste von St Helens nahe der Nordostspitze von Tasmanien steckte. Die Mannschaft konnte dem Feiern an Land nur von weitem zuhören. Bald nachdem die WANDERER in die – nomen est omen – Storm Bay eingelaufen war, wurde die Qual zur Folter, als ein wilder Südweststurm den Schoner peitschte. »Es wehte mit 60 kn, die See tobte und die Gischt flog beinahe waagerecht«, erinnert sich Hammond. »Es war bitterkalt und das war noch eine Untertreibung – wir hatten wahrhaftig Eis am Mast. Von all meinen Hobart-Rennen habe ich dieses ganz bestimmt am besten im

Gedächtnis, zum Teil, weil es mein erstes war, zum Teil, weil es so rau und kalt war.«

Und doch reichte dies alles nicht, um Hammond von seinem Sport abzubringen. In der Folgezeit wurde er einer von Australiens besten Navigatoren für Hochseeregatten – daher sein Spitzname »Sightie«, weil er in den frühen Jahren immer Sonnenhöhen (sun sights) mit dem Sextanten nahm.

Ein weiterer Segler, den ebenfalls auch grauenhafte Erfahrungen nicht vom Hobart-Rennen abbringen konnten, war Jim McLaren aus Sydney. 1956 ging er zum zweiten Mal an den Start, diesmal mit seiner eigenen Yacht, der gut 30 Fuß langen VAILIMA, einem winzigen Doppelender, den sein erster Eigner in einem Vorstadthinterhof selbst gebaut hatte. Glaubt man McLaren, war es eine Wettfahrt, in der sich »nicht viel ereignete«. Die meisten Segler hätten es aber anders gesehen. »Wir hatten einen Southerly Buster, als wir Sydney Heads passierten, noch einen Windsprung auf Süd vor der Südküste von Neusüdwales, dann einen dritten, ein Prachtexemplar, als wir in die Bass-Straße kamen. Drei verdammte Fronten, bevor wir auch nur den halben Weg hinter uns hatten.

Beim letzten Mal stürmte es aus Südwest. Der Wind erreichte 86 kn – verdammt viel. Ich glaube nicht, dass die See so hoch ging, wie die Teilnehmer es 1998 erlebten, aber Wind und Regen waren bestimmt ebenso stark. Man konnte dabei nicht segeln. Wir mussten alles einpacken und vor Topp und Takel treiben. Wir schafften es, den Treibanker auszubringen, aber es genügte eine einzige große Welle, um seine Trosse brechen zu lassen. Dieselbe See riss das Vorluk heraus. Danach konnten wir nur noch vor dem Wind ablaufen. Es kam uns vor, als ob wir auf Neuseeland zuhielten. Ich begann, mir ein wenig Sorgen zu machen, denn wir konnten nur durchhalten und hoffen. So ging es 24 Stunden.«

McLaren und seine Leute setzten wieder Segel und überquerten am Ende wohlbehalten die Bass-Straße. Dann erlebten sie vor Tasmaniens Ostküste die Schmach, dass der Wind ganz und gar ausblieb. Endlich erreichten sie Hobart, fast acht Tage nach dem Auslaufen aus Sydney. Dennoch waren sie nicht die Letzten. Eine andere Yacht, P.S. Parrys RENENE, brauchte beinahe 10 Tage. McLaren erklärte, dass er nie wieder eine Regatta nach Süden segeln würde, doch am Ende siegte seine Leidenschaft und er baute eine eigene

Yacht, um an vier weiteren Rennen teilzunehmen. Die Liebe zur See steckte seine Kinder an. Im Juni 1988 wurde seine Tochter Kay Cottee die erste Frau, die einhand ohne Aufenthalt und ohne fremde Unterstützung um die Welt segelte.

***

Während ihrer Geschichte hat die Wettfahrt von Sydney nach Hobart eine breite Palette von Teilnehmern angezogen. Sie hat einen Premierminister und einen Ministerpräsidenten fasziniert, zahlreiche Medienmagnaten, Millionäre, Milliardäre und einfache Menschen wie dich und mich. Edward Heath, der später Großbritanniens Premierminister werden sollte, gewann das Rennen 1969 mit seiner 34-Fuß-Slup MORNING CLOUD. Heath hielt es für passend, dass am 25. Jahrestag von Illingworths Sieg wieder einmal ein »Tommy« gewonnen hatte. Drei Jahre später errang der profilierte amerikanische Medienmogul Ted Turner einen seltenen Doppelerfolg, indem er als erster durchs Ziel ging und zugleich Gesamtsieger nach berechneter Zeit wurde.

Anfang der sechziger Jahre nahm Rupert Murdoch mit seiner eigenen Yacht ILINA teil, musste sich aber bis 1995 gedulden, um einen Sieg auszukosten. Dabei segelte er auf der schlanken, weißen Maxiyacht SAYONARA, die seinem Freund und Geschäftspartner Larry Ellison gehörte, dem Chef der Softwarefirma Oracle. 1998 sollte Murdochs Sohn Lachlan auf derselben Yacht an der Regatta teilnehmen.

***

Während einige Segler süchtig nach dem Sydney-Hobart sind, hat es manch anderen von dem Wunsch nach Hochseerennen kuriert.

Für den 74-jährigen Don Mickleborough aus Sydney war das 1998er Rennen die 34. Pilgerfahrt nach Süden. Erstaunlicherweise fällt es ihm schwer, die Frage zu beantworten, warum so viele Leute immer wieder mitmachen. »Ich habe nicht die Spur einer Ahnung, warum wir wieder und wieder dabei sind«, grübelt der unbekümmerte Mann mit dem Dauerlächeln im Gesicht. »Ich schätze mal, es ist die Kameradschaft. Einfach, dass man mit seinen Freunden unterwegs ist. Man hat mit dem besten und dem schlimmsten Wetter zu tun und muss sich abmühen, um durchzukommen. Ich glaube, wenn ich nicht mit meinen Kumpeln nach Hobart segeln könnte, würde ich es ganz sein lassen.« Dann, nachdem er über die Frage noch etwas nachgedacht hatte: »Also gut, ja, es ist die Feierei. Klar, das Rennen soll ein Rennen sein, aber es bringt dich auch von einer guten Feier zu einer noch besseren.«

Eine Sause übertrifft in der Erinnerung vieler Teilnehmer alles andere. Es war schon 1962, als die Sydney-Hobart-Wettfahrt zum ersten Mal wirklich international war. Der wohlhabende New Yorker Schiffsmakler Sumner A. »Huey« Long war mit seiner ONDINE, damals das Nonplusultra einer Rennyacht, gekommen, um die besten australischen Schiffe herauszufordern. Die ONDINE war mit ihrem einzigartigen blassblau lackierten Aluminiumrumpf wahrhaftig ein Beispiel außergewöhnlicher Bootsbaukunst. Man nannte sie die »Yankee-Yawl«. Huey Long war mit Recht zuversichtlich.

Doch zu seinem großen Verdruss und zur Überraschung der meisten Beobachter wollte es mit der ONDINE nicht so recht klappen. Erst als auf dem großen Schoner ASTOR aus Sydney der geblähte Spinnaker zusammenfiel, nachdem der gewaltige hölzerne Spinnakerbaum zersplittert war, konnte Long mit seiner Yacht, die den neuesten Stand der Technik verkörperte, aufholen und gewinnen. Mit weniger als 100 m Vorsprung überquerte er die Ziellinie. Für Long war es wirklich ein schöner Sieg, weil die ONDINE gleichzeitig einen neuen Rekord auf der 630 Meilen langen Bahn aufgestellt hatte: Drei Tage, drei Stunden, 46 Minuten und 16 Sekunden. Doch Longs Hoffnung auf einen Doppelsieg fiel zusammen wie der Spinnaker der ASTOR, als Vic Meyers leistungsfähige Stahlyacht SOLO eintraf und die entscheidende Trophäe für den Sieg nach berechneter Zeit errang.

Long war unzufrieden. Er war überzeugt, dass die SOLO gegen die Wettfahrtregeln verstoßen hatte. Er flog nach Launceston in Nordtasmanien, um Luftbilder zu beschaffen, die zeigen sollten, dass auf der SOLO die Rettungsinsel entgegen der Wettfahrtregeln nicht an Deck gefahren wurde. Nachdem Long nach Launceston aufgebrochen war, wurde auf der ASTOR im alten Hafen von Hobart noch um 5.00 Uhr morgens heftig gefeiert. Mit dabei war der junge Rupert Murdoch (der gerade von Adelaide nach Sydney umgezogen war und die Zeitung *Daily Mirror* übernommen hatte) und ein großer Teil der

Leute, die mit ihm auf seiner Yacht ILINA das Rennen gesegelt hatten: »Thunder«, »Rawmeat«, »Curley« und Don (der unter dem Namen »Don 2« lief, weil es schon einen »Don Juan« gab). Während der Party lag die ONDINE still in der Nähe festgemacht. Nichts rührte sich an Bord.

Longs Vorgehen wurde unter den Nachtschwärmern auf der ASTOR heftig diskutiert. Man stimmte darin überein, dass er lieber das Leben genießen und sich auf seiner Yacht als guter Gastgeber an den Feierlichkeiten nach der Regatta beteiligen sollte, statt der SOLO und dem Sieg nachzujagen, den er verdient zu haben glaubte. Es dauerte nicht lange, bis einige der Zecher auf der ASTOR beschlossen, dabei etwas nachzuhelfen. Auf der ONDINE sollte eine Party steigen – mit oder ohne Huey Long.

Mit tatkräftiger Unterstützung von Curley Brydon, einem seiner Zeitungsleute, konnte Murdoch einen Druckereibesitzer in der Stadt überzeugen, dass er der Eigner der ONDINE sei und 1000 eindrucksvolle Einladungen drucken lassen müsse. Sie waren in »Ondineblau« gehalten und gaben bekannt, dass am nächsten Abend um 20.00 Uhr eine Feier stattfinden würde. Am Nachmittag verlegte der »Festausschuss« seinen Sitz ins örtliche Hotel. Dort adressierten Murdoch, Mickleborough, Brydon und einige Freunde von Hand die Einladungen an alle Empfänger – vom Oberbürgermeister bis zum örtlichen Spielmannszug, an das Hafenamt, das Schwesternheim des Städtischen Krankenhauses und an Eigner anderer Regattayachten.

»Sie waren unterzeichnet: ›Ich hoffe, Sie können kommen – Ihr Huey‹«, erinnert sich Mickleborough. »Und nur zur Sicherheit ließ ich meinen Bruder in Launceston ein Telegramm an Sven Joffs, den Bootsmann der ONDINE in Hobart, aufgeben, in dem dieser gebeten wurde, das Schiff für die Party herzurichten. Mein Bruder unterschrieb es ebenfalls mit ›Huey‹.«

Gegen 20.00 Uhr gab es in der Nähe des Constitution Docks aufsehenerregende Szenen. Murdoch und Co. hatten für den beträchtlichen Durst der herbeigeströmten Gäste genügend 80-Liter-Bierfässer zum Liegeplatz der ONDINE liefern lassen. Da von Huey Long weit und breit nichts zu sehen war, stand Joffs, sein äußerst ergebener Bootsmann, mit einem verwirrten, wenn nicht entgeisterten Gesicht an Deck und fierte laufend die Festmacherleinen, damit niemand an Bord konnte. Als die Musik des Spielmannszugs ertönte, schob sich das

Auto des Oberbürgermeisters langsam durch die Menschenmenge. Er stieg aus ließ sich dreimal hochleben.

Schon bald wurde allen klar, dass man zu einer Feier ohne Gastgeber erschienen war. Doch in Hobart braucht man keinen Gastgeber zum Feiern, eigentlich braucht man nicht mal einen Anlass dazu. Schließlich traf Huey Long ein und merkte schnell, was lief. Rasch trat er den Rückzug in sein Hotel an und versuchte während der nächsten Stunden erfolglos, ein Flugzeug zu chartern, um die Stadt zu verlassen.

»Schade, Huey hat eine tolle Feier verpasst«, erinnert sich Mickleborough und muss noch heute über den Scherz schmunzeln, »sogar die Polizei hat mitgemacht.«

Trotz dieses Streichs lockte der Zauber des Hobart-Rennens Huey Long auch danach immer wieder, und in den folgenden Jahren nahm er mit immer größeren Yachten teil.

***

1946, beim zweiten Rennen, starteten 19 Boote, wodurch sich bestätigte, dass es eine Veranstaltung mit Zukunft war. Auf die Wettfahrt folgten wieder einmal blumige Kommentare und Beifallsbekundungen. In der Zeitschrift *Seacraft* lautete die Überschrift: »Und wieder siegte eine kleine Yacht... Der Triumph der CHRISTINA beweist, dass auch die heutige Generation noch genügend eiserne Männer für hölzerne Schiffe stellen kann.«

Im Folgejahr wuchs das Feld auf 28 Schiffe an, mehr wurden es aber bis 1956 nicht. Von da an stiegen die Teilnehmerzahlen weiter, bis 1985 180 Boote am Start waren. Doch Nichts war mit der Regatta zum 50. Jubiläum 1994 zu vergleichen, wo sich an der Startlinie vor Sydney unglaubliche 371 Yachten drängten: Eine der größten Zusammenballungen von Hochseerennyachten und talentierten Rennseglern, die die Welt je gesehen hatte, eine selbst nach internationalen Maßstäben nie zuvor erlebte Flottenparade.

Gleichzeitig mit den Teilnehmerzahlen wuchs und entwickelte sich auch das Kommunikations- und Sicherheitsnetz – das beste aller größeren Hochseeregatten der Welt. Wegen der Wahrscheinlichkeit von rauem, ja grauenhaftem Wetter ist das Sydney-Hobart-Rennen zum jährlichen Versuchsfeld für Wettfahrtorganisation, Yachtkonstruktion und Bootsbau geworden. Internationale Spitzensegler wie der Neuseeländer Geoff Stagg nutzen dieses Rennen so oft wie möglich als Test für den Ernstfall. Stagg, der Generalvertreter des erfolgreichsten Konstrukteurs von Hochseerennyachten, Bruce Farr aus Annapolis in Maryland, befand sich 1997 auf der Siegeryacht BEAU GESTE. Zu Recht ist er der Meinung, dass das Sydney-Hobart so gut wie alles stark beansprucht: die Festigkeit des Rumpfes, das Rigg, die Segel und die Mannschaft. »Das Hobart ist ein Wahnsinnsrennen. Ich denke, es ist tatsächlich härter als eine Regatta rund um die Welt, denn ich glaube nicht, dass die Teilnehmer der Weltumsegelungsrennen auch nur annähernd so extreme Bedingungen erleben wie sie im Hobart-Rennen vorkommen. Das Hobart-Rennen erfordert ein Boot, das auf allen Kursen gut ist. Einbahnschlitten und Raumschotsrenner bringen selten etwas. In Wirklichkeit erreichen nur wenige davon überhaupt das Ziel.« Am heftigsten seien jedoch die Anforderungen an die Mannschaft: »Man muss den richtigen Mittelweg finden. Für die Mittschiffscrew ist es schwer einzusehen, dass sie in einer Wettfahrt wie dem Hobart-Rennen rund um die Uhr auf der Kante sitzen bleiben muss, wenn das Schiff gegenan geht. Am Wind ist ihr Gewicht ausschlaggebend für die Leistung des Bootes. Egal, wie müde man ist, man muss oben bleiben. Zugleich müssen Rudergänger und Segeltrimmer, die Freiwache haben, zum Ausruhen unter Deck. Dass sie vor ihrer nächsten Wache Ruhe bekommen, ist ebenso unerlässlich wie der Gewichtstrimm durch die übrige Besatzung. Wenn sich die Gelegenheit ergibt, wenn wir raumschots oder unter Spinnaker laufen, dann kann der größte Teil der Besatzung eine Menge Schlaf nachholen. Das ist der Schlüssel zu Regattasiegen. Es ist eine Mannschaftsleistung. Wenn man sich darum nicht kümmert, will man auch nicht ernsthaft gewinnen.«

***

Zum Sydney-Hobart gehören viele eindrucksvolle Zahlen. Vor dem Wettkampf 1998 waren im Ganzen schon 4230 Yachten mit mehr als 35 000 Teilnehmern über die Startlinie gegangen. Wenn man die großen Gefahren bedenkt, ist es erstaunlich, dass bis dahin nur zwei Segler infolge von Verletzungen, die sie an Bord erlitten hatten, ums Leben gekommen waren. Kaum zu glauben, aber niemand war über Bord gefallen, ohne wieder geborgen zu werden, eine Tatsache, die viele als Beweis für ordentliche Sicherheitsvorkehrungen und eine strenge Wettfahrtorganisation ansahen. Natürlich war auch ein Quantum Glück gelegentlich dabei gewesen.

Die erstaunlichste Überlebensgeschichte stammt aus dem Rennen von 1993, einem der härtesten vor 1998. Ein Südsturm, der in Böen bis zu 50 kn Geschwindigkeit erreichte, hatte zusammen mit einem kräftigen gegenläufigen Strom vor der Südküste von Neusüdwales steile, haushohe Wellen aufgepeitscht. Die See war so grob, dass von den 104 gestarteten Yachten nur 38 bis zum Ziel kamen.

In der zweiten Nacht überrannte um Mitternacht ein riesiger Brecher die 35-Fuß-Slup MEM. Die Yacht kenterte, und der Eigner und Skipper John Quinn wurde über Bord gespült, nachdem durch die brutale Gewalt der Sturzsee sein Sicherungsgurt gerissen war. Quinn kam wieder an die Oberfläche und sah zu seinem Schrecken das Boot wegsegeln. Die Crew wusste, dass er über Bord gegangen war, suchte ihn verzweifelt, aber sah ihn nicht. Andere Rennyachten und Schiffe eilten herbei, um bei der Suche zu helfen, doch bei den fürchterlichen Bedingungen gab man Quinn nur ganz geringe Überlebenschancen. Etwa alle 15 Minuten fegte eine schäumende See von über 12 m Höhe mit solcher Gewalt durch das Gebiet, dass ein Mensch herumgeschleudert werden konnte wie eine nasse Stoffpuppe. Nach vier Stunden erfolgloser Suche befürchtete man das Schlimmste. Die Wettfahrtfunktionäre überlegten bereits, ob sie den Nachruf aufsetzen sollten. Was sie nicht wissen konnten: Quinn, der eine leichte Schwimmweste trug, war noch am Leben und tauchte bei jedem gewaltigen Brecher mit dem Kopf unter dem Kamm durch.

»Nur einmal begann ich ein wenig zu verzweifeln, und das war ganz zum Schluss und nur ganz kurz«, so Quinn. »Das war, als meine Schwimmweste allmählich etwas Auftrieb verlor. Ich begann Wasser zu schlucken und müde zu werden. Eine Weile später, als ich auf den Kamm einer großen Welle gehoben wurde, sah ich den schönsten Weihnachtsbaum, den man sich vorstellen kann: Es war ein verdammt großes Schiff, das mit allen Lichtern und Scheinwerfern ganz langsam auf mich zukam. Einen Augenblick dachte ich, es würde vorbeifahren, ohne dass mich jemand bemerkte, denn ich trieb in einem ungünstigen Winkel zum Schiffskurs. Das Heck, wo alle Ausguckleute auf der Brücke standen und Suchscheinwerfer bedienten, war am weitesten von mir entfernt. Fast hätte ich verzagt, da erfasste eine große See das Heck und stieß es seitwärts auf mich zu. Plötzlich war das Schiff direkt neben mir, nur wenige Meter entfernt. Ich begann mir die Lungen aus dem Leib zu brüllen. ›He, he, he!‹, rief ich. Brent Shaw, der einen Suchscheinwerfer bediente, hörte mein Geschrei als erster und sah mich dann. Er war großartig. Nachdem er mein Rufen gehört hatte, richtete er den Suchscheinwerfer auf mich und rief dann: ›Ich hab Sie, ich sehe Sie.‹«

Während man Quinn im Scheinwerferkegel hielt, kam die Rennyacht ATARA, die kurz hinter dem Schiff war und trotz Beschädigungen nach wie vor an der Suche teilnahm, heran, um den Schiffbrüchigen an Deck zu holen. Seit er über Bord gefallen war, waren fünf eisige Stunden vergangen. Die Küste war 50 Meilen entfernt.

Der Zwischenfall mit Quinn führte zu einer erneuten Überprüfung der Sicherheitsbestimmungen für die Wettfahrt sowie der Such- und Rettungsverfahren. Wieder einmal sollte das Hobart-Rennen der Welt neue Maßstäbe setzen. Der ehemalige Wettfahrtleiter Gordon Marshall berichtete von einem großen Wandel, den die Hobart-Regatta in der internationalen Yachtkonstruktion bewirkt habe: »Anfang bis Mitte der siebziger Jahre, als die Yachten mit den leichten, jollenartigen Rümpfen aufkamen, schrillten bei uns die Alarmglocken. In einer Wettfahrt erreichte nur eines von sechs dieser Leichtgewichte das Ziel in Hobart. Es lag auf der Hand, dass sie mit schwerem Wetter nicht fertig wurden. Sie waren sogar gefährlich, weil sie nur ein Mindestmaß an Kielballast, dafür aber ein Höchstmaß an Mannschaftsgewicht fuhren, um aufrecht zu segeln. Außerdem waren diese Boote extrem breit, damit die Mannschaft weit außen sitzen und mit ihrem Gewicht der Krängung so gut wie möglich entgegenwirken konnte. Die Rümpfe wurden irgendwann so breit und die Kiele so klein, dass die Schiffe nach einer Kenterung vermutlich kieloben liegengeblieben wären.

Wir hatten keine Wahl, wir mussten in die Wettfahrtregeln Stabilitätsanforderungen einbauen. Bevor die Yachten teilnehmen durften, mussten sie beweisen, dass sie stabil und selbstaufrichtend sind. Das war eine Regel, die anschließend weltweit übernommen wurde, wodurch das Hochseerennsegeln erheblich sicherer wurde.«

Selbst Anfang der neunziger Jahre gefiel manchen Leuten der Trend in der Yachtkonstruktion gar nicht. Im Dezember 1990 veröffentlichte der inzwischen verstorbene Alan Payne, ein legendärer australischer Yachtkonstrukteur, seine Gedanken zu diesem Thema in einem Artikel in *The Weekend Australian:* »Schweres Wetter könnte das Sydney-Hobart-Rennen zur Katastrophe machen. Die modernen Yachten sind bei grober See nicht sicher.« Unheilkündend verwies er auf den »Jahrhundertsturm«: »Ich rede nicht über einen normalen Püster, wenn der Wind während der Regatta ein paar Stunden lang auffrischt, dann wieder nachlässt und alle nach Hobart kommen und erzählen, wie hart es war. Ich spreche über extreme Wetterbedingungen mit riesigen Brechern. Diese Wellenberge können unter den ungünstigsten Umständen auf diesen Regattastrecken wirklich vorkommen. Das sind dann die Bedingungen, unter denen Yachten kentern, entmastet werden oder ihre Festigkeit versagt. Die Schwierigkeiten bestehen darin, dass die Boote nicht stark genug gebaut sind und dass sie nach einer Kenterung kieloben so viel Stabilität haben, dass sie sich nicht wieder aufrichten wollen.«

Acht Jahre später, in der Wettfahrt 1998, wurde ein großer Teil von Paynes Vorhersagen bittere Realität. Seine Theorien beruhten auf umfangreichen Untersuchungen, welche Seegangsverhältnisse sich bei einem 35-Knoten-Sturm in der Bass-Straße innerhalb von 24 Stunden entwickeln würden. Unter solchen Bedingungen würde auf der 150 Meilen langen Strecke von Gabo Island vor dem Festland bis Flinders Island vor Tasmaniens Nordostecke jede Yacht unvermeidlich einer Welle von mindestens 10 Meter Höhe begegnen. Tatsächlich erlebte 1998 ein großer Teil des Feldes der Hobart-Regatta Windstärken von 70 kn; doppelt so viel Wind, wie Paynes vorhersagte. Seine Berechnungen deuteten darauf hin, dass drei Yachten mit 22 Menschen vollständig verloren gehen würden. Sechs Besatzungsmitglieder würden über Bord fallen, drei Rettungsinseln mit 12 Menschen würde man nicht mehr finden und ein Rettungshubschrauber würde im Einsatz abstürzen.

Zum Glück war es dann nicht ganz so schlimm, aber ohne die übermenschlichen Rettungsanstrengungen und ohne die Tatsache, dass sich ein großer Teil des Dramas verhältnismäßig nahe an der Südostecke des australischen Festlandes abgespielt hatte, hätten Alan Paynes Vorhersagen durchaus eintreffen können.

Seeregattaexperten akzeptieren seine Anmerkungen zwar im Großen und Ganzen, haben sich aber immer beeilt zu betonen, dass die Bestimmungen über Konstruktion, Bauweise, Funk- und Sicherheitsausrüstung der teilnehmenden Yachten hier zu den strengsten auf der Welt gehören.

In den Anfangstagen der Wettfahrten nach Hobart hörte man oft die Bemerkung über »hölzerne Yachten und eiserne Männer«. Viele der Segler, die zur Besatzung jener Boote mit den schweren Spanten und Planken gehört haben, murmeln heute mit Blick auf die modernen Yachten aus Glasfaserkunststoff und Werkstoffen des Raumfahrtzeitalters etwas von »Plastikyachten und Plastikmännern«. Magnus Halvorsen, einer der größten Segler, die aus dem Hobart-Rennen hervorgegangen sind (mit seinem Bruder Trygve gewann er von 1963 bis 1965 auf der FREYA dreimal nacheinander), nennt die heutigen Hochseeyachten »Cocktailshaker«.

Das ist natürlich ebenso lästerlich wie ungerecht. Die modernen Hochseerenner verkörpern in Konstruktionsverfahren, Baumaterial und Ausrüstung den allerneuesten Stand. Statt aus einer Reihe von Bleistiftskizzen, Zeichnungen, Halbmodellen und dem Augenmaß des Bootsbauers hervorzugehen, entspringen die heutigen Yachten in den meisten Fällen dem »Geist« eines leistungsfähigen Computers. In den Grenzen grundlegender Parameter, die der Eigner bestimmt (in erster Linie Länge und Baukosten), beginnen der Konstrukteur und seine Mitarbeiter eine Form zu entwickeln, deren Eckdaten die Einschränkungen durch die Vermessungsregel und die bestmögliche Leistung für eine Yacht der gewünschten Größe sind. Als allgemeine Faustregel gilt, dass ein Boot umso schneller sein wird, je länger seine Wasserlinie und je größer seine Segelfläche sind. Rumpfformen werden üblicherweise vom Computer analysiert und dann als Modelle im Schlepptank getestet, bevor die Form endgültig festgelegt wird.

Danach müssen Ingenieure mithilfe bewährter Laminatwerte und Computerberechnungen der auf Rumpf, Deck, Kiel und Ruder einwirkenden Kräfte die Bauweise und Materialstärken festlegen. Außer glasfaserverstärktem Kunststoff (GFK) werden noch weitere exotische Werkstoffe wie Carbon (Kohlefaser), Kevlar und Waben- oder Schaumkerne verwendet. Viele Rümpfe werden in einem riesigen Backofen erhitzt, um die größtmögliche Festigkeit zu bekommen.

Tatsächlich unterscheiden sich die Verfahren und Techniken gar nicht so sehr von den Methoden des Raumschiffbaus. Fast das ganze Fahrzeug, vom Rumpf bis zu Rigg und Segeln, wird mit der Hand gefertigt, eine mühevolle Arbeit, die bis zu sechs Monate beanspruchen kann. Wegen ihrer ausgeklügelten Bauweise sind die Yachten äußerst anfällig, wenn sie nicht haargenau nach Plan gebaut werden. Änderungen, bei denen das wesentliche Merkmal der Bauart missachtet wird – dass man es mit einer selbsttragenden Schale in einem Stück zu tun hat –, haben in der Regel katastrophale Folgen. Ein solches Gebilde ist wahrhaftig nur so stark wie sein schwächster Teil, ein Grundsatz, der sich schon in der Wettfahrt von 1988 bewahrheitet hatte:

Rod Muirs neuem Maxirenner WINDWARD PASSAGE II, einer hypermodernen, ohne Rücksicht auf Kosten gebauten Yacht, schien der Sieg nach gesegelter Zeit und vielleicht sogar der Bahnrekord sicher. Als das Schiff sich der Bass-Straße näherte, erfüllte es alle Erwartungen: Es lag an der Spitze und war dabei, die Rekordzeit der KIALOA von 1975 zu unterbieten. Mutter Natur aber betrieb Sabotage, indem sie einen heulenden Südweststurm schickte. Anfangs wurde die Crew der WINDWARD PASSAGE II mit den Anforderungen des wachsenden Seegangs und des kreischenden Windes noch fertig, und der Rekord schien nach wie vor in Reichweite. Mitten in der Nacht jedoch hörte die ganze Mannschaft ein scheußliches Krachen. Wie eine rasche Überprüfung ergab, war in der Nähe der Plicht ein hässlicher Riss quer über das Deck entstanden, der sich, wenn das Boot im Rennen geblieben wäre, möglicherweise ausgeweitet und zum völligen Auseinanderbrechen des Schiffs geführt hätte. In wenigen Sekunden war die WINDWARD PASSAGE II vom Favoriten beinahe zum Wrack geworden. Es stellte sich heraus, dass für den Einbau eines Kompasses ein kleines Loch ins Deckslaminat geschnitten wurde, ohne die Umgebung zu verstärken, sodass der ganze Rumpf geschwächt war. Ein Besatzungsmitglied drückt es so aus: »Wenn die WINDWARD PASSAGE II im Rennen weiter mitgesegelt wäre, hätte durchaus die hintere Hälfte des Bootes abfallen können.«

Man vergleiche diesen Zwischenfall mit den Schwierigkeiten der RANI beim ersten Rennen: Ihre Besatzung stopfte einfach eine Wolldecke in ein Leck zwischen den Planken, um weiter im Rennen bleiben zu können!

Durch Verbesserungen bei Entwurf, Bauweise und Werkstoffen sind die Yachten laufend schneller geworden. Dennoch dauerte es interessanterweise 21 Jahre, bis der Bahnrekord, den die Maxi-Ketsch KIALOA – inzwischen fast ein Oldtimer – 1975 mit zwei Tagen, 14

Stunden, 36 Minuten und 56 Sekunden aufgestellt hatte, unterboten wurde. 1996 war die deutsche Riesenyacht MORNING GLORY, Eigner Hasso Plattner, gerade mal 30 Minuten schneller*. Doch auch hier dürfen die natürlichen Verhältnisse nicht außer Acht gelassen werden: 1975 hatten die KIALOA und das übrige Feld eine Traumreise gehabt. Sobald die Sydney Heads passiert waren, wurden die Spinnaker gesetzt, und von da an ging es leicht und flott bis nach Hobart. Solche idealen Bedingungen gibt es aber nur ausgesprochen selten!

Einen aufschlussreichen Vergleich hingegen kann man zwischen dem ersten Rennen 1945 und der sturmgepeitschten Wettfahrt 1993 ziehen, in der von 102 teilnehmenden Booten nur 38 das Ziel erreichten, denn 1993 kämpfte das Feld in einer als langsam angesehenen Regatta die ganze Strecke nach Süden mit Gegenwind und turmhohem Seegang. Von der ganzen Flotte des Jahres 1945 wäre nur die schnellste Yacht, die RANI, nach ihrer gesegelten Zeit vor der langsamsten Yacht des Jahres 1993 angekommen – sie wäre als 34. Schiff über die Ziellinie gegangen. Verglichen mit dem Rennen von 1992 wäre die RANI hingegen anderthalb Tage nach dem langsamsten Boot eingetroffen.

***

Das Interesse der internationalen Medien am Sydney-Hobart-Rennen hat immer für ein hervorragendes Echo der Veranstaltung in der Öffentlichkeit gesorgt. Zugleich haben Australiens nationale Medien – Fernsehen, Zeitungen und Rundfunk – das Ereignis am zweiten Weihnachtstag zur Pflichtunterhaltung während der besten Sendezeit aufgewertet. Über den Start wird im ganzen Land zwei Stunden lang live berichtet. Das Rennen kommt immer auf der ersten Seite und in den Schlagzeilen vor. Hunderttausende Zuschauer sehen jedes Mal von ihren Häusern, von Landvorsprüngen und Stränden der Hafenbucht aus zu oder drängen sich auf Booten, die die Rennyachten verabschieden.

Die Begeisterung der Medien für Berichte über die Regattaflotte aus erster Hand reicht bis zu den ersten Wettfahrten zurück. Viele

---

* Inzwischen (1999) hat die dänische Yacht NOKIA (nicht identisch mit der NOKIA in diesem Buch) den Bahnrekord auf 43 Stunden und 48 Minuten gedrückt. (Anm. d. Übers.).

Journalisten haben sich eifrig, ja beinahe raffiniert bemüht, einen Knüller zu bringen, allen voran schon 1947 Lou D'Alpuget, der Segelsportautor der Zeitung *Sun* in Sydney und der damals noch junge Journalist Frank McNulty.

D'Alpuget wollte einen Exklusivbericht, und McNulty, der zur Besatzung der Yacht MOONBI gehörte, sollte seine Quelle sein. D'Alpuget wollte keine Funkverbindung benutzen, weil der Funkverkehr damals von jedem Mithörer weiterverbreitet werden durfte. Als die MOONBI also am zweiten Weihnachtstag auslief, hatte sie drei zusätzliche Gäste an Bord: Brieftauben! Nach zwei Tagen auf See schrieb McNulty auf Zigarettenpapier einen Bericht darüber, wie die Yacht vorankam, und befestigte die Blättchen an den Beinen der Vögel.

»Ich brachte die Tauben an Deck und ließ sie frei, aber sie weigerten sich loszufliegen! Ich glaube, sie waren seekrank. Ich hielt sie hoch, aber sie flatterten nur wieder an Deck. Schließlich nahm ich eine der Tauben in beide Hände und begann das Tier himmelwärts zu schwenken. Nachdem ich sie auf diese Weise einige Male hochgeschwenkt hatte, ließ ich sie los.« Natürlich flatterte sie dann auf die Küste zu, und D'Alpuget bekam seinen Knüller.

Auch in den Neunzigern hat die Gier der Medien nach Neuigkeiten vom Hobart-Rennen nicht nachgelassen. Jedes Jahr setzt die Berichterstattung schon Wochen vor der Veranstaltung ein. Das öffentlich-rechtliche Fernsehen bietet den Zuschauern etwa zehn Tage vor Weihnachten eine einstündige Sondersendung über die Regattavorbereitungen.

***

1998 lieferte die Steuermannsbesprechung an Heiligabend Stoff für Schlagzeilen. Roger Badham war in *The Australian* mit seiner Vorhersage zitiert worden, dass viel Wind auf das Feld warte.

»Wenn der vorhergesagte Southerly Buster das Feld der Telstra-Hochseeregatta von Sydney nach Hobart innerhalb von 24 Stunden nach dem Start am zweiten Weihnachtstag erwischt, wird es wahrscheinlich zu vielen Havarien kommen.«

Er fuhr fort, dass sich die herannahende Front, die ursprünglich für den ersten Weihnachtstag erwartet worden sei, entscheidend verlangsamt habe. Es sah jetzt so aus, als würde sie die Flotte während der ersten Nacht auf See oder früh am darauffolgenden Morgen heimsuchen.

»Ich frage mich allmählich, woher Gott weiß, dass ein Hobart-Rennen bevorsteht«, witzelte der Wetterexperte. »Wie es scheint, wird es ein ähnliches Bild geben, wie wir es in den meisten Hobart-Rennen der letzten Jahre erlebt haben. Das heißt am Anfang Nordostwind und ein schneller Spinnakerkurs an der Küste hinunter, bevor die Yachten an die Mauer eines Southerly Busters prallen. Es ist noch ein wenig früh, eine genaue Vorhersage zu wagen, ob die Wetterbedingungen den Spitzenreitern einen Angriff auf den Bahnrekord erlauben werden. Wenn ich jetzt aber Farbe bekennen müsste, würde ich es verneinen. Alle Computermodelle, die uns zur Verfügung stehen, deuten darauf hin, dass der Wind vor der tasmanischen Küste ziemlich schwach sein wird. Das wird die führenden Boote einige Zeit zurückhalten.«

Weiterhin vermutete Badham, dass der Southerly Buster 12 bis 24 Stunden lang Windgeschwindigkeiten zwischen 25 und 30 kn bringen würde. Danach würde der Wind auf östliche Richtungen drehen und nachlassen.

Die Vorhersagen für die ersten 24 Stunden der 98er Veranstaltung ähnelten auf eine unheimliche Art denjenigen von 1996. Damals hatte George Snows Maxiyacht BRINDABELLA während der ersten drei Stunden vor Hasso Plattners MORNING GLORY gelegen, dann aber den Mast verloren, nachdem der Südsturm zugeschlagen hatte. Die Segler auf der MORNING GLORY reagierten auf den Wetterumschwung bemerkenswert vorsichtig: Da sie einen Mastbruch oder Schäden am Rumpf befürchteten, nahmen sie das Großsegel ganz weg und setzten nur ein Vorsegel. Das war sehr vernünftig, die Yacht überstand das Unwetter unter dieser Segelführung, und selbst unter diesen Voraussetzungen stellte sie danach den Rekord auf.

***

Bei der Steuermannsbesprechung vor dem Rennen 1998 sorgte der amtliche Wetterfrosch Ken Batt für ein wenig Weihnachtsstimmung, als er mit einer Weihnachtsmannmütze vor dem Publikum erschien. »Wettergeschenke« hatte er allerdings nicht mitgebracht und musste zugeben, dass die Entwicklung etwas schwierig vorherzusagen war. Es sah aus, als würde der Southerly Buster in der ersten Nacht auf See zuschlagen, aber vor der Ostküste lauerte auch ein Tief, das Anstalten machte, nach Süden zu ziehen. Als die Teilnehmer und Pressevertreter den Raum verließen, standen sie vor vielen »Wenns« und »Vielleichts«.

»Das war für mich seit vielen Jahren das erste Hobart-Rennen, bei dem ich das Gefühl hatte, dass die Wetterentwicklung völlig ungewiss war«, sagt Steve Kulmar rückblickend. »Es gab unterschiedliche Ansichten. Ken hatte zu Beginn dargestellt, dass die drei Computermodelle verschiedene Ergebnisse lieferten. Das Einzige, worauf wir uns einigen konnten, war, dass uns die Wetterwende innerhalb der ersten 24 Stunden bevorstand. Laut Computer sollte irgendwo da oben vor Coffs Harbour ein Tief liegen, das das hiesige Wetter beeinflussen würde, ungewiss aber blieb, in welche Richtung es ziehen wird. Das europäische Modell hingegen vermutete das Tief mit dem größten Einfluss in der Großen Australischen Bucht. – Deshalb meine ich, dass ich diese Besprechung mit dem Gedanken verließ, dass wir einfach dranbleiben und uns die Lage am Morgen des zweiten Weihnachtstages genauer ansehen müssten.« – Ohne dass jemand damit rechnete, war Mutter Natur dabei, eine Falle zu stellen.

Vorahnungen

Am 26. Dezember 1998 brach über dem Hafen von Sydney ein herrlicher Sommertag an. Steve und Libby Kulmar wachten gegen 6.30 Uhr auf, als die ersten silbernen Sonnenstrahlen auf dem spiegelglatten Wasser vor Forty Baskets Beach spielten. Steve stellte fest, dass sich während der Nacht starker Tau auf den Rasen gesenkt hatte. Das konnte in Sydney nur bedeuten, dass nachmittags ein kräftiger nordöstlicher Seewind aufkommen würde, eine Brise, die im Rennen für fabelhaftes Spinnakersegeln sorgen würde.

Wie immer hatte Steves Mutter für die Bootsbesatzung einen gekochten Fruchtkuchen gemacht. Während das Frühstück vorbereitet wurde, schnitt Libby die saftige, dunkle, hausgemachte Delikatesse in Stücke, von denen jeder an Bord zwei bekommen sollte. In der Zwischenzeit packte Steve sorgfältig seine Sachen, damit an Bord alles trocken bleiben würde. Libbys Eltern John und Nerolie – allgemein »Noo« genannt – waren ebenfalls aufgestanden, um zu frühstücken. John hatte vor, zum Club mitzukommen, um den Anblick des Starts zu genießen und Steve zu verabschieden. Danach würde er mit Noo nach Norden in die mittlere Küstenregion fahren, wo sie in dem malerischen Avoca Beach Urlaub machen wollten.

»Warum kommst du nicht ein paar Tage mit rauf, solange Steve weg ist?«, fragte Noo Libby beim Frühstück.

»Ach, ich denke nicht, dass ich raufkommen werde, ich glaube, ich werde Steve abholen müssen.« Erst als Libby die Antwort ausgesprochen hatte, war sie selbst schockiert. Wie kam sie nur auf so eine absurde Idee? »Noch nie habe ich so etwas gesagt, wenn Steve zu einem Hochseerennen aufgebrochen ist, bei keinem anderen Rennen. Jedes Mal haben wir damit gerechnet, dass er in Hobart ankommt, und so war es auch immer. Ich kann mir einfach nicht erklären, warum ich das gesagt habe.«

Als Steve Kulmar am Morgen des zweiten Weihnachtstages zum C.Y.C. aufbrach, ging er noch zum Zimmer seiner Tochter Pip, gab ihr einen Kuss auf die Wange und flüsterte auf Wiedersehen. Ihr tief im

Kissen vergrabener Kopf ließ als Antwort nur ein gedämpftes Knurren hören. Später, als Steve mit den anderen Familienmitgliedern zur Sydney-Harbour-Brücke fuhr, plagten ihn Gedanken an etwas, das nichts mit der Regatta oder dem Wetter zu tun hatte: Es gefiel ihm überhaupt nicht, dass das Boot am Starttag am überlaufenen Yachtclub lag. Er hatte es viel lieber, das Schiff anderswo auszurüsten. Es machte ihm einfach keinen Spaß, sich mit seinen Taschen durch eine Menschenmenge kämpfen zu müssen, nur um die Yacht zu erreichen. Doch das war etwas, worauf er ebenso wenig Einfluss hatte wie auf das Wetter.

Inzwischen bestätigten die neuesten Wettervorhersagen, dass sich nicht viel geändert hatte. Am Anfang würde es einen schönen Nordost geben, dann während der Nacht eine Winddrehung auf Süd bis Südwest; es sah nach einem typischen Southerly Buster bei einem typischen Hobart-Rennen aus. Lediglich wie sich das Tief an der Küste von Neusüdwales entwickeln würde, schien ungewiss. Auch wie sich eine Störung in den oberen Luftschichten auf die Verhältnisse in der Bass-Straße auswirken würde, war noch nicht abzusehen. Trotzdem, so richtig besorgniserregend schien es nicht zu werden. Frohgemut war Roger Badham von seinem Haus in Coledale südlich von Sydney zum C.Y.C. unterwegs. Fast die ganze Nacht war er wach gewesen, um die allerneuesten örtlichen und internationalen Computermodelle der Wetterentwicklung zu analysieren, sodass er nun eine wenn auch in Teilen ungenaue Prognose wagen konnte. Er wusste, dass sich die meisten der namhaften Regattateilnehmer auf ihn verließen. Seine Antworten sollten ihnen die besten Siegeschancen bieten. Badhams Aktenkoffer enthielt Mappen mit den Namen der Yachten, für die er tätig war: SAYONARA, BRINDABELLA, WILD THING, ABN AMRO CHALLENGE, B 52 und viele andere.

»Durch den Wetterumschlag mit Winddrehung auf Süd ist diese Hobart-Regatta typisch, aber im Vergleich mit allen Rennen der letzten Jahre ist es diesmal am schwierigsten, die Winddrehungen genau vorherzusagen. Das liegt an einem kräftigen Tief, das sich anscheinend in der Nähe von Tasmanien entwickeln will. Das Tief ist mit einem Kaltlufttrog in der Höhe und schnell ziehenden Fronten verbunden, die südlich von Tasmanien für eine Menge Wind sorgen werden. An der Küste von Tassie sieht es einiger-

maßen vernünftig aus. Über der Bass-Straße – also, es hängt davon ab, wo sich das Tief genau ausbildet, wie nahe an Tasmanien... Aber vermutlich nicht allzu weit südlich, und während ich dies schreibe (26. Dezember, frühmorgens), lautet die Vorhersage für die Bass-Straße: Ziemlich starker Wind am 27., am 28. langsam nachlassend.
Für den Nachmittag und Abend des heutigen 26.12.: Nachmittags nordöstlicher Seewind vor einer Front von Süden, die gegen Mitternacht erwartet wird. Das ergibt in der Bass-Straße eine Winddrehung auf Südwest und entlang der Küste von Neusüdwales auf Süd (180°). Es handelt sich um einen echten Trog, vor dem und in dem Gewitter wahrscheinlich sind. Gestern Abend gab es in ganz Victoria kurze Gewitterböen von 50 bis 60 kn, das wird auch heute Nachmittag der Fall sein, seien Sie also darauf vorbereitet. Ein Tief in der Tasmansee sieht aus, als würde es von dem Trog eingefangen werden und an der Front hinabgleiten, um morgen vor Tasmanien zu liegen.
Sonntag, 27.12.: Hoher Druck muss über der Großen Australischen Bucht warten, während sich südöstlich von Tasmanien ein Tiefdrucksystem entwickelt. Das Hoch wird entlang der Küste von Victoria und in der nördlichen Bass-Straße an der Ecke von Neusüdwales einen Hochdruckrücken bilden, aber wenn das Tief wirklich zulegt, dann wird die zyklonale Strömung die Bass-Straße beherrschen.«

Das Wort »zyklonal« stach hervor und ließ an einen Wirbelsturm denken. Die Amerikaner sagen »hurricane« dazu.

Im C.Y.C. tat sich schon eine ganze Menge, als Badham und seine Frau Margaret dort eintrafen, um die ungeduldig erwarteten Vorhersagen abzuliefern. Von den Wetteraussichten hing es ab, welche Segel man für die Wettfahrt an Bord nehmen würde, wie man seine Yacht trimmen sollte und welchen Kurs und welche Taktik in den ersten 12 Stunden gewählt würden. Der Hafen war voller Segler, Helfer und Anhänger, Zuschauer und Reporter. Karren mit Proviant, Eis, Seesäcken und Ausrüstung wurden geschickt durch das Gedränge an ihren jeweiligen Bestimmungsort bugsiert. Hoch oben im Mastenwald, in den Takelagen, die wie ein einziges Drahtgewirr schienen, pendelten Segler wie Affen auf der Schaukel, um Schwachstellen im

Rigg aufzuspüren. Die Kameraleute der Fernsehteams neigten und schwenkten und zoomten die schweren Kameras auf der Schulter, um die Atmosphäre vor dem Start einzufangen. Reporter waren damit beschäftigt, die Regattagrößen zu interviewen.

Der 17-jährige Tom Sobey, ein aus Albury an der Grenze zwischen Neusüdwales und Victoria stammender Bursche, erregte eine Menge Aufmerksamkeit. Am Vortag waren seine Bemühungen, eine Mitsegelgelegenheit auf einer der Rennyachten zu finden, fehlgeschlagen. Unverzagt hatte er sich entschlossen, es am zweiten Weihnachtstag noch einmal zu versuchen. Seit 7.00 Uhr morgens war er mit Schildern, die er sich vorn und hinten auf das Hemd gesteckt hatte, auf den Stegen des C.Y.C. auf- und abgegangen. Auf die Schilder hatte er mit Rot »Stehe als Mitsegler zur Verfügung« gekritzelt. Sobey hatte gerade das letzte High-School-Jahr hinter sich und war auf gut Glück nach Sydney gekommen, um eine Mitsegelgelegenheit nach Hobart zu ergattern. Wie für viele junge Segler, die in der Welt der Jollenregatten aufgewachsen sind, war das Hobart-Rennen für Sobey das Größte. Aber 1998 sollte er kein Glück haben. Als die Yachten Segel setzten, musste er vom Ufer aus zusehen.

Segler und Möchtegernsegler, Prominente, Medienleute und unzählige neugierige Zuschauer waren seit den frühen Morgenstunden am Yachtclub zusammengeströmt. Dennoch bahnte sich Paul Borg aus Mooloolaba in Queensland zuversichtlich seinen Weg durch das Gedränge auf dem Steg, in der einen Hand einen weißen Stock und an der anderen Hand einen freundlichen Führer. Paul war auf dem Weg zur ASPECT COMPUTING, der Yacht, deren Besatzung unter dem Banner »Sailors with DisAbilities«* segelten. Borg hatte zwei Jahre davor sein Augenlicht verloren, ließ sich dadurch aber keinesfalls vom Segeln abhalten. Zur Mannschaft der ASPECT COMPUTING gehörte auch der zwölfjährige Travis Foley, ein Legastheniker aus Mudgee, zugleich der jüngste Wettfahrtteilnehmer.

Während sich Segler in bunten T-Shirts und Shorts mit Schaulustigen mischten, die ihre beste Sommerkleidung trugen, erfüllte der Duft des Frühstücks, das auf dem Freiluftgrill des Clubs zubereitet

* Ein Wortspiel, abgeleitet von »disabled sailors« – behinderte Segler – etwa: UnBehinderte Segler. (Anm. d. Übers.).

wurde, die Luft: Schinken, Eier, Toast und frisch aufgebrühter Kaffee. Auf dem kleinen Parkplatz neben dem Clubhaus warteten Segler ungeduldig auf die Mitarbeiter des Wetterdienstes mit der amtlichen Vorhersage für die Regatta. Andere waren draußen auf der Straße, zahlten 10 Dollar und warfen ihr überzähliges Gepäck – Fahrtensegel für die Rückreise, Schlauchboote und Reserveausrüstung – in einen großen Lastwagen, der nach Hobart fahren sollte. Übermäßiges Gewicht hätte die Yachten langsamer gemacht, momentan durfte nur das Nötigste an Bord.

George Snow, dem Baulöwen und Eigner von Australiens glanzvoller Maxi-Yacht BRINDABELLA, wurde die Hand geschüttelt und auf die Schulter geklopft, während er sich durch die Menge drängte, um zu seinem 75-Fuß-Renner am Ende des Yachthafens zu gelangen.

»Alles Gute, Kumpel. Sieh zu, dass du diese Amerikaner schlägst«, kam ein Ruf aus der Menge. Eine angenehme Vorstellung, aber tief im Inneren wussten Snow und sein begeisterter Anhänger, dass das alte Mädchen wenig Chancen hatte, die dreimalige Weltmeisteryacht SAYONARA zu besiegen.

Einige hundert Meter weiter nördlich, in der kleinen d'Albora-Marina, war der Eigner der SAYONARA, der sportliche, tatkräftige Larry Ellison, eingetroffen und erregte eine Menge Beachtung. Ein Mitglied seiner Besatzung aber stahl ihm die Show: Lachlan Murdoch, der 27-jährige Chef des australischen Medienkonzerns News Corporation, war mit seiner Verlobten Sarah O'Hare gekommen. Es versteht sich, dass die Fotografen einen Großeinsatz hatten.

Die SAYONARA war ein eindrucksvolles Beispiel des Yachtbaus und ein schön anzusehendes Boot. Angefangen bei dem schnittigen weißen Rumpf und dem stromlinienförmigen Kohlefasermast bis zu den feschen weißen T-Shirts der Besatzung mit dem kühnen Schriftzug SAYONARA in Rot und Schwarz konnte man das Schiff durchaus zu den elegantesten Yachten der Welt zählen, und sie galt völlig zu Recht als aussichtsreichste Favoritin. Larry Ellison betrieb seine Kampagne ohne Rücksicht auf die Kosten und hatte eine Mannschaft aus erstklassigen, erfahrenen Könnern um sich geschart. An ihrer Spitze stand das neuseeländische Steuermannsass Chris Dickson, ein America's Cup-, Match-Racing- und Um-die-Welt-Rennsegler, der unmittelbar zuvor in Auckland in den Hafen der Ehe eingelaufen war. Navigator war der Kalifornier Mark Rudiger, der Paul Cayards EF LANGUAGE vorher im selben Jahr beim Whitbread-Rennen um die Welt zu einem haushohen Sieg geführt hatte.

Nun trafen auch Steve Kulmar und Familie am Club ein, quetschten ihren Wagen auf den schon vollgestopften Behelfsparkplatz, luden das Gepäck aus und machten sich dann bereit zum alljährlichen Hafentanz – dem unvermeidlichen Drängeln, Ducken und Schlängeln, um das Boot zu erreichen. »Wir waren noch nie auf der SWORD OF ORION gewesen, deshalb sprangen wir alle an Bord und sahen uns ein wenig um«, erinnert sich Libby Kulmar. »Ich hatte Glyn (Charles) und einen Teil der Mannschaft noch nicht kennen gelernt und so unterhielten wir uns während der Auslaufvorbereitungen.«

Die Familie wollte nicht bis zum Start bleiben, sondern das Ereignis lieber rechtzeitig zu Hause live im Fernsehen miterleben. Sie beschlossen, alle zusammen zum Clubheim zu gehen, aber vorher musste Madeline ihren Vater mit der neuen wasserdichten Kamera fotografieren, die er zu Weihnachten geschenkt bekommen hatte. Sie trafen ihre Freunde Bob, Sue und Matt Fraser. Bob hatte einen aktualisierten Wetterbericht: Der Southerly Buster braute sich auf jeden Fall zusammen und würde das Feld nach den letzten Anzeichen irgendwann zwischen 2.00 Uhr nachts und dem Morgengrauen vor der Südküste von Neusüdwales empfangen. Bob bestätigte, dass die angenommene Windstärke nach dem Wetterumschwung etwa 35 kn betragen würde und fügte hinzu, dass der Wind möglicherweise auf West zurückdrehen würde. Das Tief, das sich bedrohlich abzeichnete, war noch eine unbekannte Größe. Kulmar hoffte, dass sie die Bass-Straße schnell mit halbem Wind überqueren würden. Langsam packte ihn das Rennfieber, und er wurde ungeduldig. Eilig brachte er Libby, Maddie und John zurück zum Wagen. Als er sich von Maddie verabschieden wollte, holte sie ein Überraschungsgeschenk für ihn hervor:

»Papa, das habe ich im Weihnachtsstrumpf gehabt. Es ist ein Glücksbringer für dich. Ich habe selbst auch einen und dieser hier gehört dir.« Mit diesen Worte gab sie ihm eine Schlaufe aus gelb-phosphoreszierendem Band. Daran baumelte wie ein Schmuckanhänger eine kleine Plastikkugel, ein Drittel so groß wie ein Golfball. Es war ein rosaroter Ferkelkopf. Wenn man ihn zusammendrückte, öffnete und schloss sich die Ferkelschnauze mit einem Klacken.

»Du musst es unbedingt tragen«, drängelte das Mädchen. Steve bückte sich, und Maddie hängte es ihm um den Hals. »Das ist schön,

Maddie. Vielen Dank, Liebling«, bedankte sich Steve beim Abschiedskuss. Als das Auto wegfuhr, winkte er, um sich danach erneut – diesmal mit dem Ferkelumhänger am Hals – den Weg zurück zur SWORD OF ORION zu erkämpfen.

***

Nicht nur im C.Y.C. ging es am Morgen dieses zweiten Weihnachtstages durch die Regattavorbereitungen geschäftig wie in einem Bienenstock zu. Rund um den Hafen von Sydney waren auch in anderen Segelclubs, Yachthäfen und an Privatstegen die letzten Vorbereitungen in vollem Gange. Auch in der hübschen Mosman Bay waren zwei bekannte und geachtete Seglerpersönlichkeiten dabei, sich zum Aufbruch zu rüsten.

Ian Kiernan, unter Freunden besser als »Bik« oder »Captain Yucky Poo« bekannt (diesen Spitznamen hatte er wegen seiner äußerst vielfältigen Umweltaktivitäten erhalten), war in den letzten Jahren in Australien zu einer Legende geworden. Über ein Jahrzehnt zuvor hatte Kiernans Liebe zum Hafen von Sydney ihn dazu bewogen, die erfolgreiche Bürgeraktion »Clean Up the Harbour« – »Säubert den Hafen« – zu organisieren. Bald wurde daraus »Clean Up Australia« und schließlich sogar die von den Vereinten Nationen unterstützte Kampagne »Clean Up the World«.

»Es begann 1989 mit 40 000 Menschen, die den Hafen von Sydney säuberten«, erzählt Kiernan rückblickend. »Jetzt sind daraus 40 Millionen Menschen in 120 Ländern geworden, die die Welt säubern. Ich bin auf jeden Einzelnen stolz.«

Kiernans Yacht, die 36 Fuß lange CANON MARIS, ein klassischer Alan Payne-Entwurf, ist seit langem mit der Geschichte des Hobart-Rennens verbunden. Ihr ursprünglicher Eigner Jack Earl, den Kiernan als Vaterfigur und Mentor betrachtete, gehörte zu den Gründern der Veranstaltung. Diese Verbindung wurde durch die Aufnahme von Earls Enkel Matthew Tomaszewski in die Mannschaft der CANON MARIS noch verstärkt. An Bord war auch Jonathan Gibson, genannt »Gibbo«, der Sohn von John Gibson, der auf der WINSTON CHURCHILL segelte, und als Navigator Richard »Sightie« Hammond, der erfahrenste Wettfahrtteilnehmer. Sozusagen als Krönung des Ganzen feierte die CANON MARIS in diesem Jahr ihren 40. Geburtstag.

Die CANON MARIS war eine gepflegte, niedrig getakelte kleine Holzyawl mit strahlend weißen Bordwänden, Teakdeck und makellos naturlackiertem Kajütaufbau. Sie wurde penibel instand gehalten, sodass ihr Zustand laut Kiernan »wahrscheinlich besser als zur Bauzeit« war. Seit Kiernan die Yacht 1970 übernommen hatte, hatte sie viele Meilen abgespult. »Ich habe sie zweimal in die Staaten gesegelt, viermal beim Hobart mitgemacht, dazu kommt ein Einhandrennen über den Pazifik und eines über die Tasmansee.« Doch damit noch nicht genug: Kiernan hatte außerdem ein Einhandrennen rund um die Welt mitgesegelt und als Besatzungsmitglied für Australien am Admiral's Cup und am Clipper Cup in Hawaii teilgenommen. Seine reichhaltige Erfahrung sagte ihm, dass es diesmal ein hartes Rennen werden würde.

»Irgendwie habe ich es einfach gemerkt. Egal, auf grobes Wetter sollte man immer vorbereitet sein. Weil unser Boot 40 Jahre alt ist, nehmen wir die Wettfahrtvorbereitungen immer sehr genau, diesmal aber waren wir sogar noch besser ausgerüstet. In letzter Minute hatte ich mir ein neues Sturmtrysegel machen lassen, und wir kümmerten uns um alles, was für ein Schwerwetterrennen erforderlich war. Ich bestellte eine neue Rettungsinsel und ließ sie mit einer EPIRB-Seenotfunkboje (Emergency Position Indicating Radio Beacon) versehen. Die ganze Besatzung wurde mit vollständigem Musto HPX-Schlechtwetterzeug mit Schwimmwesten und integrierten Sicherheitsgurten ausgestattet. Ich wollte, dass alle trocken bleiben und es bequem haben, denn auf der CANON MARIS gibt es für uns Tag und Nacht nichts anderes als das Rennen. Niemand kommt während der Regatta aus seinem Segelzeug heraus. Jeder ist ständig bereit, an Deck zu kommen. Dadurch gibt es nicht diese verflixte Zeitvergeudung, wenn die Crew nach Stiefel und Lifebelt sucht.

Die sechsköpfige Besatzung der CANON MARIS war wie bestellt um 9.00 Uhr am Mosman-Bay-Yachthafen erschienen. Alle trugen rote Hemden, weiße Shorts und die traditionelle CANON-MARIS-Baskenmütze zu Ehren des ersten Eigners Jack Earl, eines Kunstmalers. CANON MARIS, WINSTON CHURCHILL und SOUTHERLY hatten vor, unter sich ein Veteranenrennen zu segeln. Gewettet wurde um Bier und Cola-Rum, und die Wettschulden sollten in einem Restaurant am Hafen von Hobart beglichen werden.

Während die CANON MARIS aus der Bucht auslief, hatte die Crew ihren Spaß bei einem leichten Wortgeplänkel mit den Leuten, die Syd

Fischers 50-Fuß-Yacht RAGAMUFFIN vorbereiteten, eine der heißesten Anwärterinnen auf den Sieg nach berechneter Zeit. Fischer, inzwischen im reifen Alter von 73 Jahren, war zweifellos Australiens erfolgreichster Hochseerennsegler gewesen. Er hatte so gut wie jede wichtige Regatta gewonnen, einschließlich des Hobart-Rennens, der 600 Meilen langen Fastnet-Wettfahrt, des Admiral's Cup und des Kenwood Cup. In der verhängnisvollen Fastnet-Regatta von 1979 führte er die australische Mannschaft zum Sieg. Nun stand Fischer vor seiner 30. Sydney-Hobart-Regatta.

***

Auch in unmittelbarer Nachbarschaft des C.Y.C., im Hauptquartier der Royal Australian Navy auf der Halbinsel Garden Island, waren überall eifrige Vorbereitungen für die Regatta im Gange. Das Schulschiff der Marine, die 144 Fuß lange YOUNG ENDEAVOUR, ein Geschenk Großbritanniens an Australien zur 200-Jahr-Feier 1988, wurde seeklar gemacht. Die klassisch proportionierte Schonerbrigg sollte wieder einmal als Funk-Relaisstation dienen. In der vorangegangenen Woche hatte Lew Carter, der Leitende Funker des C.Y.C., mit seinen Technikern die Batterie von Funkgeräten an Bord installiert, die benötigt wurde, um mit der Regattaflotte Verbindung zu halten.

Für Carter hatte dieses Hobart-Rennen eine tiefere Bedeutung. An nicht weniger als 16 dieser Wettfahrten hatte er auf Yachten teilgenommen und darüber hinaus neunmal als Funker mitgewirkt. Auch Lews freiwillige Helfer Michael und Audrey Brown hatten eine höchst anspruchsvolle Aufgabe. Obwohl sie in Mooloolaba in Queensland schon im Ruhestand lebten, würden sie Carter bei seiner Aufgabe, einem echten 24-Stunden-Job, wertvolle Hilfe leisten. Als das Trio am zweiten Weihnachtstag auf Garden Island eintraf und vom Kommandanten des Schiffs, Korvettenkapitän Neil Galletly, begrüßt wurde, war Carter nicht ganz so entspannt, wie man es von so einem alten Hasen erwarten könnte. Irgendwie hatte er ein schlechtes Gefühl. Besonders zwei Dinge machten ihm Sorge:

»Ich habe immer erwartet, dass es ein ungemütliches Jahr würde. Das konnte man einfach aus der vorangegangenen Wetterentwicklung ableiten, schon über mehrere Monate hinweg. Ich war bei der

Vorbesprechung des Rennens dabei, und nachdem ich Ken Batts Vorhersage gehört hatte, war ich der Meinung, dass er die ganze Sache sehr skeptisch beurteilte. Er konnte anscheinend nicht sagen, was wir zu erwarten hätten. Ich hatte den Eindruck, dass er über einiges schnell hinwegging ohne seine wirkliche Meinung zu sagen. Er schien sich nicht festlegen zu wollen.«

Auch wegen der Funkgeräte, die für die Wettfahrt installiert worden waren, machte Carter sich Gedanken. »Die Geräte werden geprüft, wenn das Schiff am Kai liegt, aber ich sage schon seit einigen Jahren, dass ich dieses Verfahren für ungenügend halte. Ich bin der Ansicht, dass die Geräte, vielleicht zwei Wochen vor der Wettfahrt, auf See erprobt werden sollten, am besten während einiger der kurzen Hochseewettfahrten des Clubs. Ich halte es für eine gute Idee, bei diesen Kurzstreckenrennen regelmäßige Positionsmeldungen vorzuschreiben, damit wir und die Yachtsegler sich wieder mit den Verfahren vertraut machen können. Es ist sehr schwierig, die Funkgeräte zu erproben, wenn die YOUNG ENDEAVOUR in Garden Island liegt. Man kommt nicht richtig durch, weil so viele Gebäude und andere störende Hindernisse in der Nähe sind. Diesmal war ich von Anfang an, seit wir an der Pier lagen, mit der Funkleistung unzufrieden. Die Reichweite schien mir nicht so zu sein wie sie sollte.«

***

Zurück zum C.Y.C. Dort war die Atmosphäre elektrisierend. John »Steamer« Stanley und Michael »Beaver« Rynan hatten sich zum Club fahren lassen. Der junge Michael hatte an diesem Morgen seines ersten Hobart-Rennens Augen wie Golfbälle und bekam vor Aufregung den Mund nicht wieder zu. Die beiden gelangten zur WINSTON CHURCHILL und trafen dort den Rest der Mannschaft. Flotte, neue, kräftig gestreifte T-Shirts und Shorts wurden ausgegeben, und als dann alles vorbereitet war, stolzierten die meisten in diesem Aufzug den Steg entlang, um mit Freunden noch ein wenig zu trinken, bevor es hinaus auf See ging.

Steamer entdeckte den Regatta-Meteorologen Ken Batt. Er setzte sich mit ihm zusammen und zeigte ihm einige alte Fotos der WINSTON CHURCHILL im ersten Hobart-Rennen 1945. »Einige Verwandte von Ken waren damals an Bord gewesen, und ich wollte sehen, ob er sie erkann-

Das Hauptquartier der Sydney-Hobart-Wettfahrt: Der Cruising Yacht Club of Australia (C.Y.C.) am Ufer des Naturhafens von Sydney. Die Plattform vor dem Clubhaus ist der beliebteste Ort für die Festivitäten vor der Regatta.

2 *Vor dem Auslaufen zum Regattastart am 26. Dezember stellt sich die Besatzung der* MIINTINTA *dem Fotografen. Weniger als 48 Stunden später hatte ein Fischkutter die Crew gerettet, nachdem ihre robuste Yacht gesunken war.*

3

3 *Rumpf und Kiel einer Rennyacht werden hier penibel vorbereitet. Der Kiel ist aus Blei gegossen. Das meiste Gewicht steckt in der »Bombe« am unteren Ende.*

4 *Inmitten eines Mastenwaldes baumeln Segler wie Affen, während sie vor dem St der Wettfahrt die Takelage zum letzten M überprüfen.*

5

6

5 *Ruhig gleitet die* TEAM JAGUAR *aus dem Hafen. Schon Stunden später mussten Shorts und T-Shirts gegen Thermokleidung, Ölzeug und Sicherheitsgurte ausgetauscht werden.*

6 *Nur wenige Stunden vor dem Start entspannen sich im Yachthafen an Deck der* SAYONARA *das prominente Besatzungsmitglied Laughlan Murdoch und seine damalige Verlobte Sarah O´Hare. So kurz vor dem Start sind die Teilnehmer immer voll froher – und banger – Erwartung.*

7 *Der Journalist Gary Ticehurst, hier im Cockpit des Fernsehhubschraubers, wurde beim Such- und Rettungseinsatz zum unentbehrlichen Rädchen im Getriebe. Er berichtete zum sechzehnten Mal von der Sydney-Hobart-Regatta.*

8 *Die klassische alte Yacht* WINSTON CHURCHILL *geht auf ihre schicksalhafte Fahrt nach Süden. Dieses Schiff gehörte 1945 zu den neun Teilnehmern des ersten Sydney-Hobart-Rennens.*

8

WINSTON CHURCHILL
C.Y.C.A.

9

10

9 Der Inhalt des in jeder Rettungsinsel befestigten Notfallbeutels. Einige Segler, die in die Rettungsinseln gingen, mussten feststellen, dass ein großer Teil dieser Ausrüstung unter den erlebten Bedingungen nutzlos war.

10 Eine Seenotfunkboje (EPIRB) – das Gerät, das so vielen das Leben rettete, indem es den Such- und Rettungsmannschaften genaue Zielpositionen lieferte. Die Notsignale werden per Satelliten übermittelt.

11

12

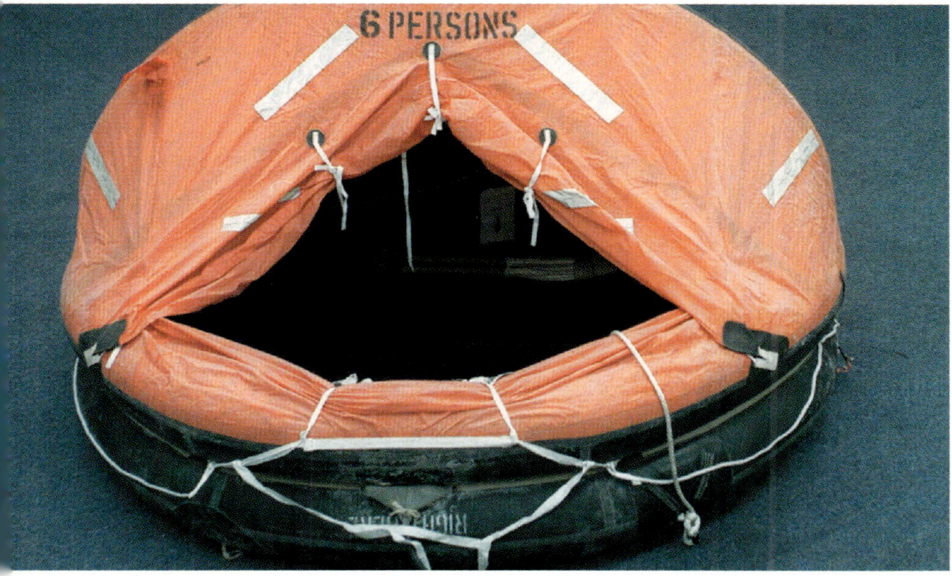

13

Vollständiges Ölzeug. Bei diesem speziellen Fabrikat ist der Sicherungsgurt in die Jacke integriert.

12 Eine Rauchpatrone ist sehr wirkungsvoll, wenn der Wind nicht zu stark ist; bei 80 kn Windgeschwindigkeit aber verflüchtigt sich der orangefarbene Rauch sehr schnell. Im Kästchen links ist eine aufblasbare Rettungsweste abgebildet, rechts ein normaler Sicherheitsgurt.

13 Diese Art von Rettungsinsel hatten die meisten teilnehmenden Yachten an Bord. Mit sechs Personen wird es darin sehr eng. Ein aufblasbarer Stützbügel trägt das Schutzdach.

15

14 *Ein Bilderbuchtag beim Start vor Sydney am 26.12.1998. Hunderttausende von Zuschauern verfolgten das aufregende Ereignis. (Vorhergehende Doppelseite)*

15 *Das Rennen beginnt. Von den Felsen des South Head an der Einfahrt zum Hafen von Sydney beobachten Zuschauermengen den Start dieses australischen Sportheiligtums.*

16 *Kampf der Giganten um die Ehre, als erste Yacht den Sydney Head zu passieren. Die* SAYONARA *(Vordergrund) ließ die* BRINDABELLA *(rechts) hinter sich.*

17 *Die britische Teilnehmerin* SHARP HAWK V *gehörte zu den vielen Yachten, deren Besatzungen sich zum Umkehren entschieden, als die »Wetterbombe« in der Bass-Straße explodierte. Dieses Schiff verkörpert die allerneuesten Vorstellungen im Entwurf von Hochseerennyachten.*

16

GBR
4640R
SHARP
Simply the best.
SHARP
Simply the best.

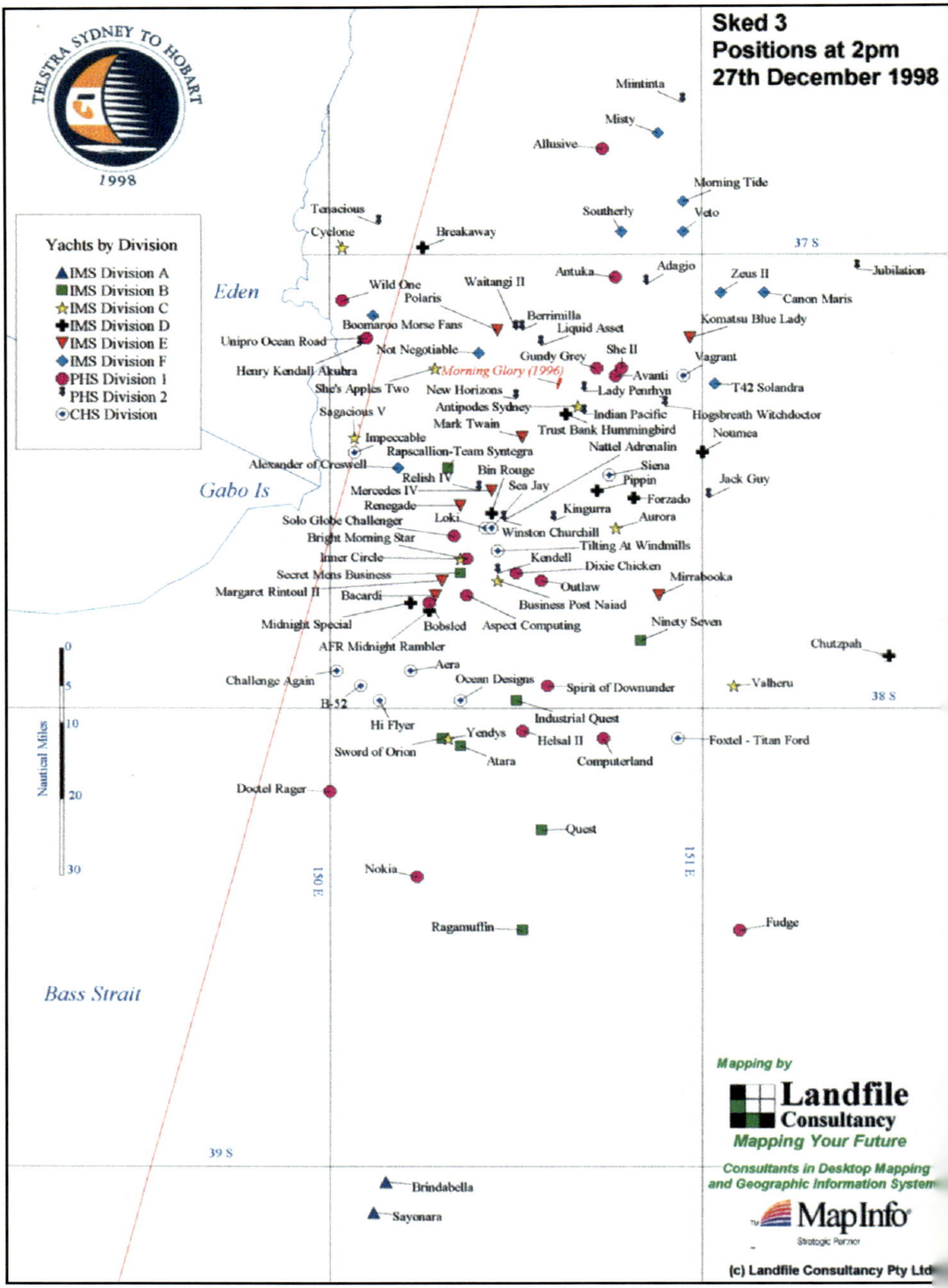

18

18 *Positionsmeldungen des Feldes, als gerade die »Wetterbombe« in der Bass-Straße explodierte.*

19 Die Such- und Rettungszentrale der Australian Maritime Safety Authority (A.M.S.A.). Hier die Rettungsleitstelle (Rescue Control Centre – RCC), wo die Such- und Rettungsaktion koordiniert wurde.

20 Das Auge des Orkans in der Bass-Straße. Dieses Satellitenfoto zeigt, wie heftig der Sturm südöstlich des australischen Festlandes war.

42624
OKIA
COK
42624
NOKIA
MAGNA DATA
Internet Solutions Provider

22

21 *Mit 83 Fuß Länge (25,30 m) war die* NOKIA *die größte Teilnehmerin. Die 26-köpfige Besatzung könnte in den meisten anderen Sportarten zwei Mannschaften bilden.*

22 *Papa Tom – Sir Thomas Davis – war trotz seiner 81 Jahre noch ein grüner Junge im Sydney-Hobart. Der ehemalige Premierminister der Cook-Inseln spielte an Bord der* NOKIA *eine aktive Rolle und wurde zum Schiffsarzt, als Mitsegler verletzt waren.*

21

23

24

23 *Kurs Hobart! Die Crew der* QUEST *lässt Sydney im Kielwasser zurück und freut sich über Sonnenschein und schnelle Fahrt. Die Segler sitzen auf der Kante und tragen so dazu bei, dass das Schiff möglichst aufrecht segelt.*

24 *Die* BRINDABELLA *stampft nach Süden. Selbst im Randbereich des Sturms schossen alle Yachten oft über Wellenkämme hinaus und krachten ins nachfolgende Wellental.*

te.« Natürlich sprachen sie auch über das Wetter, wobei Batt bestätigte, was er bei der Vorbesprechung gesagt hatte: Das Feld würde möglicherweise von Windstärken bis zu 50 kn durchgeschüttelt werden und der Wind würde von Südwest auf West drehen. »Das hört sich nicht gut an«, dachte Steamer, aber das Wetter muss man eben nehmen, wie es kommt.

Inzwischen verholte Ian Kiernan die CANON MARIS in den sogenannten »Teich«, das Hafenbecken vor der Freiluftbar. Die Bar war proppevoll, und unter den unzähligen Gesichtern erkannte Kiernan viele alte Freunde wie Stanley und Mickleborough. »Wir mussten uns das blöde Gequatsche von Mickleborough und seiner SOUTHERLY-Crew aus lauter jungen Rowdys anhören. ›Wir warten am Zielhafen schon mal mit einem Bier auf euch‹, und diesen ganzen Mist«, erinnert sich Kiernan. »Dann blickte ich hinüber zu Steamer, der gerade aus einem großen Bierglas trank. Provokativ zeigte ich ihm den Stinkefinger, und er wusste, was das bedeutete: Das Rennen hatte angefangen. Er lächelte, machte den Hawaiigruß – Daumen und kleinen Finger – und trank weiter. In der Nähe war Jim Lawler, dem ich ein ›Hallo‹ zurief. Mit seinem Segelhut sah er aus wie Graf Koks. Gouldy und Richard Winning wünschte ich ›Viel Glück‹. Sie hatten die WINSTON CHURCHILL auf Bestform getrimmt, und wir wussten, dass sie verdammt schwer zu schlagen sein würden.«

Dann drückte die Besatzung der CANON MARIS ihr Schiff vom Steg ab, Kiernan kuppelte die Maschine ein, schob den Fahrhebel sachte nach vorn, drehte mit seinem gesattelten Rennpferd vom Yachthafen ab und motorte auf die Startlinie zu.

Auf dem Weg dorthin wurde ad hoc eine Mannschaftsbesprechung abgehalten, denn Kiernan wollte seinen Männern ins Gedächtnis rufen, was auf sie wartete. »Leute, ich glaube, bei dieser Wettfahrt steht uns schweres, nasses Wetter bevor«, sagte er. »Wir sind alle sehr erfahren, aber ich will euch daran erinnern, dass die praktischen Entscheidungen von Dick Hammond und mir getroffen werden. Selbstverständlich wollen wir immer eure Ansichten hören, aber wenn etwas zu entscheiden ist, können wir kein Geschwätz gebrauchen. Pickt euch immer mit euren Gurten ein. Segelt vorsichtig, aber schnell und habt euren Spaß bei dem verdammten Rennen.« Hammond bestätigte die Schwerwetter-Hypothese und erklärte knapp, was er für den Schlag entlang der Küste am Nachmittag erwartete und wann der Starkwind nachts kommen könne.

Auch die Segler auf der WINSTON CHURCHILL hatten beschlossen, dass es Zeit zum Aufbruch sei. Sie kehrten an Bord zurück, verabschiedeten ihre Hilfstruppen, zu denen auch Stephanie Winning und die Kinder gehörten, und liefen dann mit ihrer ehrwürdigen, eleganten Dame aus.

Besonders früh aber war Peter Jouberts KINGURRA draußen. Peter Michael, der zur Besatzung des Bootes gehörte, erinnert sich an den guten Grund dafür: »Peter lässt uns immer vor dem Start einmal die Sturmfock und das Trysegel setzen. Das macht er jedes Jahr, damit die Altgedienten sich wieder damit vertraut machen und jeder Neuling sieht, wo alles hingehört – und dabei lernt, nicht den Lack zu zerschrammen. Ich weiß noch genau, dass wir an ein paar Teilnehmeryachten mit einer Menge von Leuten in schicken, einheitlichen Hemden vorbeikamen. Sie zeigten lachend auf uns und segelten weiter. Vermutlich dieselben Kerle sagten später, dass unsere Übung vor dem Start für alle Pflicht sein sollte.«

Langsam kam Bewegung in die Teilnehmer. Auch die Segler aus Nord-Queensland auf Wayne Millers Yacht B 52 liefen aus der Marina des C.Y.C. aus und grinsten dabei von einem Ohr zum anderen. Der für den ersten halben Tag der Wettfahrt vorhergesagte Nordostwind sollte ihnen die Möglichkeit geben, ihre Geheimwaffe zu zücken – einen Blooper. Die jüngste am Rennen teilnehmende Seglergeneration hatte bestimmt noch nie etwas von einem Blooper gehört. Sie kannten das englische Wort »blooper« nur als Ausdruck für einen blamablen Fehler, einen Patzer. Tatsächlich jedoch handelte es sich um ein Segel, das 20 Jahre vorher bei Hochseeregatten in Mode war. Im Hobart-Rennen war es für die »Grand-Prix-Abteilung«, die nach IMS (International Measurement System) vermessenen Yachten, verboten. Doch die Jungs aus Townsville hatten entdeckt, dass es in ihrer Abteilung, der CHS (Channel Handicap System)-Gruppe durchaus zulässig war. Das Segel verdankte seine Existenz an Bord seltsamerweise gerade der Tatsache, dass es so unbekannt war. Der zur Besatzung der B 52 gehörende John Byrne, ein Anwalt aus Townsville, hatte unmittelbar vor dem Hobart-Rennen das Schlupfloch für den Blooper in der CHS-Regel entdeckt. »Ich erwähnte Tallboys und Blooper im Gespräch mit einer Gruppe junger Segler, die mich mit großen Augen anstaunten«, berichtet Byrne. »Sie hatten von solchen Segeln noch nie gehört. Aus irgendeinem Grund weckte das mein

Interesse. Ich wusste, dass der Blooper nach der IMS-Regel verboten war, aber bei CHS war ich nicht so sicher. Ich ging die Regeln durch und fragte dann bei dem Ausschuss in England nach, der über die CHS-Wettfahrten bestimmt. Er bestätigte, dass so ein Segel erlaubt wäre.« Danach erzählte Byrne Millar von seiner Entdeckung. Rasch wandten sich die beiden daraufhin an die Firma North Sails in Sydney, wobei sie die Notwendigkeit absoluter Geheimhaltung betonten. Die Geschäftsleitung von North Sails befasste sich mit dem Projekt und stellte fest, dass ihre Werkstatt in Südafrika aus der Zeit vor 20 Jahren noch Entwürfe für Blooper hatte. Das Segel wurde dort bestellt und unmittelbar vor dem Start per Luftfracht nach Sydney geliefert. Der Blooper ist ein leichtes Vorsegel, das am Bug angeschlagen und gegenüber dem Spinnaker gesetzt wird, wenn das Boot platt vor dem Wind segelt. Die heimlichen Erprobungen auf der B 52 zeigten, dass die Geschwindigkeit dadurch von 8 auf 9,5 kn stieg. Sollte sich das Segel während der ersten 12 Stunden wirksam einsetzen lassen, konnte das einen Vorsprung von 18 höchst wertvollen Meilen vor den Konkurrenten bedeuten.

***

Don Mickleboroughs Slup SOUTHERLY, auch unter dem Namen »Schwimmendes Hotel« bekannt, gehörte wohl zu den unauffälligsten Teilnehmeryachten im C.Y.C.-Hafen. Mit dem Baujahr 1939 gehörte sie zu den großen alten Damen der Flotte. Sie konnte sich der ältesten und erfahrensten Besatzung rühmen, die ein Durchschnittsalter um die 60 Jahre hatte und deren Mitglieder zusammengerechnet auf über 100 Hobart-Rennen zurückblicken konnten. Mickleborough hatte 33 Wettfahrten mitgemacht, während Tony Cable mit 34 Rennen an der Spitze stand. Das professionell gestaltete Emblem, das am Mast der SOUTHERLY in der Brise wehte, gab die Einstellung der Mannschaft zu ihren jüngeren Rivalen wieder: »Alter und Tücke besiegen Jugend und Können.«

Über die Jahre war Mickleborough eine Art Traditionalist geworden. Weil er mit der ältesten Yacht ins Rennen ging, war es wichtig, dass er mit seinen Mitseglern die »jungen Leute« – das waren alle anderen – zum Start verabschiedete. Deshalb saßen die Senioren von der SOUTHERLY noch zwei Stunden vor dem Start, als die meisten anderen Segler schon an Bord ihrer Yachten stiegen, gemütlich an der Bar und genossen gut geschenkte Biere. Erst um 12.15 Uhr, 45 Minuten vor dem Start, als sie sicher waren, dass alle anderen schon draußen waren, beschlossen sie, dass es Zeit zum Aufbruch sei. In aller Ruhe schlenderten sie sorglos lachend zum Schiff. Die Festmacher wurden losgeworfen, und das alte Mädchen motorte hinaus ins Getümmel.

Am Vormittag dieses herrlichen zweiten Weihnachtstages war anscheinend alles, was schwamm, auf dem Wasser, von großen Luxusfahrzeugen über Fähren, Yachten und Motorbooten bis hin zu Kanus, Paddel- und Surfbrettern, mit denen sich besonders Abenteuerlustige auf den Hafen hinausgewagt hatten. Hafenbehörde, Wasserschutzpolizei und Freiwillige patrouillierten mit Booten am Rand des Regattakurses und bewachten das Sperrgebiet. Noch war ihre Aufgabe verhältnismäßig einfach, sowie aber nach dem Start alles auf die Hafenausfahrt losstürmen würde, würden sie aufs Äußerste gefordert werden.

Der Naturhafen von Sydney gehört zweifellos zu den schönsten der Welt. Die moderne, pulsierende Stadt liegt herrlich an der Südseite des Hafens, etwa sieben Meilen von der Einfahrt entfernt. Das berühmte Opernhaus mit seinem segelähnlichen Dach und der bronzegraue »Kleiderbügel« – die Hafenbrücke – ruhen wie eine stolze Ehrengarde an der Einfahrt zum Circular Quay, an der Bucht, die für die Stadt das Tor zur See ist. Der Hafen hat die Form eines prachtvollen natürlichen Amphitheaters. Die umliegenden Hügel sind eine ansprechende Mischung aus buschbestandenem Parkgelände und Vororten am Wasser, die mit einer Vielfalt von Wohnhäusern getüpfelt sind. Streifen von goldgelbem Sand mit dahinterliegenden, grasbewachsenen Picknickplätzen bieten den Bewohnern der Stadt, die alle das Leben im Freien lieben, ausgezeichneten Zugang zum Wasser.

Auf Tausenden von Yachthafenliegeplätzen, an unzähligen Bojen und Privatstegen liegen Boote jeder erdenklichen Art, von millionenteuren Megayachten bis zu den kleinsten, »tinnies« (»Blechbüchsen«) genannten, winzigen Aluminiumbooten. Am zweiten Weihnachtstag drängen sich in den umliegenden Häusern, auf den Hügeln und Landvorsprüngen die Menschen und warten ungeduldig auf den spektakulären Start. Schätzungsweise mehr als 300 000 Menschen sind jedes Jahr Augenzeugen des Ereignisses. Auf dem South Head, der felsigen Bastion, die eine Seite der Hafeneinfahrt kennzeichnet, waren die Fernseh-Übertragungswagen von Network Ten schon auf Sendung. Am Himmel brummten 15 bis 20 Pressehubschrauber wie Libellen umher. Am Steuerknüppel eines von ihnen saß Gary Ticehurst, der Chefpilot des Fernsehsenders ABC (Australian Broadcasting Commission) in Sydney, ein Mann, der während der letzten 16 Jahre zu einer Art Regattalegende geworden war. Hubschrauber fliegen war seine große Leidenschaft, und sein Lieblingsauftrag war es jedes Jahr, Schatten auf die Hobart-Flotte zu werfen und mit seiner fliegenden Kameraplattform als Auge des Fernseh-Nachrichtenpools zu fungieren. Durch seine Bemühungen waren 1984 und 1993, bei zwei der härtesten Wettfahrten seit Beginn, sensationelle Bilder weltweit ausgestrahlt worden. 1993 nahm Ticehurst an einer Reihe erfolgreicher Suchaktionen teil, bei denen gekenterte und schwer beschädigte Yachten gerettet wurden. Jedes Jahr brachte er bis zu zwei Monate damit zu, die Film- und Sendestrategie zu planen – welche Übertragungswege man benutzen würde, welche Frequenzen, ob alles zentral über Merimbula laufen sollte und wie er mit den Yachten sprechen würde. Vor dem Start waren die Vorbereitungen für die 1998er Wettfahrt reibungslos verlaufen.

»Ich begab mich zum ABC und machte den Hubschrauber startklar. Die große Enttäuschung kam, als die Treibstoffzapfstelle am ABC versagte. Wir konnten den Helikopter nicht auftanken, mussten aber in weniger als 30 Minuten in der Luft sein. Es war ausgeschlossen, die Kraftstoffpumpe rechtzeitig bis zum vorgesehenen Aufnahmebeginn repariert zu bekommen. Am Ende machten wir den ganzen Tag Shuttleflüge für Channel 9. Das war ermüdend, aber immerhin kam der Hubschrauber in Gang.« Der erste einer Reihe langer und anstrengender Tage hatte für Ticehurst mit einem Missgeschick begonnen.

***

Während sich viele Yachten in der Nähe der Startlinie vor dem Nielsen-Park-Strand hielten – etwa drei Meilen innerhalb der Einfahrt zum Hafen von Sydney –, segelten einige der ernsthafteren Bewerber um die Siege nach gesegelter und berechneter Zeit zur Hafeneinfahrt hinaus. Zweck des Ganzen war, jedem an Bord ein

Gefühl für die Verhältnisse zu geben, die sich draußen auf hoher See entwickelten und eventuelle Nervosität vor dem Start nach Möglichkeit zu besänftigen. Diese Boote wurden von einem blau glitzernden Ozean mit einer sanft aus Nordosten anrollenden Dünung empfangen. Einige der Yachten, bei denen das Geschäftliche Vorrang hatte, segelten die fünf Meilen bis nach Manly, kurz vor der Hafenausfahrt, setzten dann den Spinnaker, auf dem das Logo ihres Sponsors prangte, und liefen damit vor dem Wind zurück zur Startlinie.

Etwa eine halbe Stunde vor dem offiziellen Start um 13.00 Uhr hatten sich die meisten der 115 Teilnehmer in das Startgebiet manövriert. Durch große, runde Telstra-Embleme am Bug und Flaggen am Heck waren sie als Regattateilnehmer zu erkennen. Nur unter Großsegel kreuzten die Yachten im Hafen hin und her und hinterließen mit ihrem weißen Kielwasser ein gitterförmiges Muster auf der blauen Fläche. Die riesigen, turmhoch getakelten Maxis waren am leichtesten zu erkennen. Die Segelnummer US 17 gehörte zur SAYONARA, C 1 war BRINDABELLA, M 10 Grant Wharingtons aufregende neue Yacht WILD THING und 9431 die MARCHIONESS. Die Männer auf der MARCHIONESS freuten sich anscheinend wie Schneekönige, denn sie wussten, dass ihnen der auffrischende Nordost tagsüber auf der Strecke vor dem Wind einen Vorsprung verschaffen konnte. Sie wussten auch, dass Südwind sie aufhalten würde, denn die MARCHIONESS war an der Kreuz alles andere als schnell.

Eine Yacht, die auf jeden Fall auffiel, war David Witts NOKIA, eine Ketsch mit hellblauem Rumpf, die den Namen des Sponsors stolz auf der Bordwand trug. Die Segelnummer der NOKIA, COK 1, ließ erkennen, dass dieses Schiff die erste große Yacht war, die international unter der Flagge der Cook-Inseln Regatten segelte. Man sah Papa Tom an, wie er die freudige Erregung genoss. Hoch aufgerichtet stand er an Deck und sein langes, glänzendes graues Haar wehte im Wind.

Auch die schwimmende Funkstation, die YOUNG ENDEAVOUR mit ihrem dunklen Rumpf und der Besatzung von 12 Offizieren und 18 Kadetten zwischen 18 und 23 Jahren bot einen herrlichen Anblick, als sie sich langsam an den Rennyachten und Zuschauerbooten vorbei durch die Hafenbucht schob. Sie sollte draußen vor dem Hafen auf das Regattafeld warten. Der zeitweise wichtigste Mann an Bord, Lew Carter, konnte die Aussicht nicht genießen. Immer noch saß er im Funkraum und ärgerte sich über schlechte Verbindungen.

»Ich stellte fest, dass ich mit einigen der Yachten nur schwer Verbindung bekam. Wahrscheinlich machten wir uns damals über das Problem noch etwas vor und glaubten, dass unser Standort der Grund sei. Als wir dann aus der Hafeneinfahrt herauskamen, hatten wir unaufhörlich Schwierigkeiten. Ich bemerkte, dass der Rauschfilter des Funkgeräts überhaupt nicht funktionierte. Das ist eine Art Feinabstimmung, die für das bestmögliche Funksignal sorgen soll. Dann versuchte ich, mit PentaComstat, einer Küstenfunkstelle nördlich von Sydney, Kontakt aufzunehmen, bekam von dort aber praktisch kein Signal. Ich musste etwas unternehmen.« Penibel begann er, seine Möglichkeiten gegeneinander abzuwägen.

***

Der Nordostwind bedeutete, dass das Stück von der Startlinie (einer gedachten Linie zwischen dem Startschiff an der Ostseite des Hafens und einer Boje westlich davon) bis zur Ausfahrt und darüber hinaus eine Kreuzstrecke sein würde. Das wiederum würde knappere Manöver und geschickte Handhabung der Yachten erfordern. Kollisionen waren alles andere als ausgeschlossen. Ein Start vor dem Wind, bei dem der Hafen voller leuchtend-bunter Spinnaker gewesen wäre, wäre an einem so schönen Sommertag optisch von Vorteil gewesen, aber es sollte nicht sein.

Die kleinsten Yachten im Rennen mit einer Länge um 30 Fuß wie Jim Dunstons winzige ZEUS II, Regattasieger von 1981, hatten nicht mehr als sechs Segler an Bord. Die Maxis, die etwa 78 Fuß lang waren, hatten dagegen ungefähr 26 Leute an Bord. Doch egal wie groß oder klein, alles fieberte dem Start entgegen.

Um 12.50 Uhr signalisierten der Knall aus einer Kanone auf dem Startschiff und das Hissen von Flaggen die zehnminütige Vorbereitungszeit. Alle 30 Sekunden fragten die Rudergänger ihre Mannschaft, wie lange es noch bis zum Startschuss sei. Rudergänger und Taktiker sprachen über die Feinheiten ihrer Starttechnik, während der Mann auf dem Vorschiff und weitere Leute mittschiffs vor zu nahe kommenden Yachten warnten.

Peng! Ein weiterer Kanonenschuss signalisierte, dass noch fünf Minuten blieben. Die meisten Teilnehmer begannen, sich jetzt vor der Startlinie einzureihen und um eine möglichst gute Ausgangsposition zu rangeln. Der Mann oder die Frau ganz vorn am Bug fing an, dem Braintrust in der Plicht Handzeichen zu geben. Drei Finger nach oben: Noch drei Bootslängen bis zur Linie; zwei Finger: zwei Längen; ein Finger: eine Länge; geballte Faust: genau auf der Linie – und durch. Die Rufe unterschieden sich je nach Position, aber eines war sicher: Niemand wollte einen Frühstart.

Punkt 13.00 Uhr zog Australiens Goldmedaillenschwimmerin Susie O'Neill die Schnur, um die Startkanone abzufeuern. Ein sauberer Start. Das Rennen war im Gang. Doch schon passierte etwas Dramatisches: Die größte Yacht im Rennen, die über 83 Fuß lange NOKIA, war mit der SWORD OF ORION und Hugh Treharnes Kreuzerrennyacht BRIGHT MORNING STAR zusammengestoßen, wobei die SWORD OF ORION beschädigt worden war. Einige Stützen der Seereling waren aus dem Deck gerissen worden, und auch der Aluminiummast hatte eine kleine Kerbe abbekommen. Treharne überprüfte sein Schiff und stellte fest, dass der Schaden an der BRIGHT MORNING STAR nur oberflächlich war. Die einzigen Wunden der NOKIA waren Schrammen an der Bordwand des Vorschiffs. Die Besatzungen debattierten erregt, wer im Recht war, und Protestflaggen – leuchtend rote, am Ende geschlitzte Rechtecke – wurden gesetzt. Mehr war im Augenblick nicht zu machen. Man konnte die Wettfahrt nur fortsetzen und alles Übrige bei der Protestverhandlung in Hobart klären.

Der Zwischenfall tat dem eindrucksvollen Schauspiel von 115 Yachten, die im auffrischenden Seewind Richtung Hafenausfahrt preschten, keinen Abbruch. Die Armada der Zuschauerfahrzeuge schloss sich der wilden Jagd an und wühlte die ihr vorbehaltenen schmalen Wasserflächen entlang der Ufer zu einem Schaumteppich auf. Währenddessen kreuzten die Regattateilnehmer von einer Hafenseite zur anderen, und schon 10 Minuten nach dem Start hatten sich die Maxis SAYONARA, BRINDABELLA und WILD THING an die Spitze der Meute gesetzt.

Kaum 15 Minuten nach dem Start zeigte die SAYONARA dem Feld den Weg um die erste Tonne vor South Head. Sie gab auch weiter den Ton an und rundete die seewärtige Tonne vor dem Rest des Feldes, um dann auf Südkurs zu gehen, den Spinnaker zu setzen und mit bestem achterlichen Wind davonzurauschen. »Sayonara, Sydney!«

Sie segeln auf die Mauer zu

Der Southerly Buster ist eine sommerliche Wettererscheinung, die sich auf einen großen Teil der Küste von Neusüdwales auswirkt. Er hat etwas von einer Klimaanlage, die Mutter Natur anschaltet, um Erleichterung von der drückenden Hitze und Feuchtigkeit zu schaffen. Dieser Wind hieß ursprünglich southerly burster, ein Name, der auf die Anfangszeit der europäischen Besiedelung zurückgeht. Viele Jahrzehnte lang nannten Sydneys Innenstadtbewohner ihn den »Ziegeleiwind«, weil nach dem Wetterumschwung roter Tonstaub von der Ziegelei in St Peters in Wolken heranwehte.

»Es ist eine Wetteränderung, die sich besonders schleppend aufbaut, bis die kühlere südliche Luftströmung kommt – eine flache Kaltfront wird an der Ostseite der Australischen Kordilleren zurückgehalten, die entlang der Ostküste des Kontinents verlaufen«, erklärt Roger Badham. »Örtlich steigert sich die Erscheinung noch durch das große Temperaturgefälle an der Front. Die heftigsten Southerly Busters erreichen die Gegend um Sydney nachmittags oder abends, verstärkt durch die nachmittägliche Erwärmung vor dem Wetterumschlag. Sie ziehen mit wolkenlosem oder teilweise bedecktem Himmel an der Küste entlang, manchmal mit vereinzelten Gewittern. Am heftigsten sind die Southerly Busters an der mittleren Küste und der Illawarra-Küste, vor allem zwischen Ulladulla und Newcastle. Unmittelbar vor dem Buster schläft der Wind ein, dann kommt der Südwind und nimmt sehr schnell (normalerweise innerhalb von 10 bis 15 Minuten) auf 30 bis 40 kn zu, gelegentlich mit Böen bis 50 oder 60 kn während des Durchgangs. Der Sturm ist jedoch im Allgemeinen nur von kurzer Dauer und flaut innerhalb einiger Stunden bis auf weniger als 30 kn ab.«

Mancher Southerly Buster ist nichts als eine leichte Unregelmäßigkeit im Sydney-Hobart-Rennen, ein kühler Hauch, der nur mit 20 bis

30 kn weht und fast so schnell verschwindet, wie er gekommen ist. Gelegentlich aber jagen diese Stürme mit Spitzenböen bis zu 80 kn die Küste hinauf. Oft gehen ihnen starke Nordostwinde voraus. Dann steht jeder Regattateilnehmer vor der Schwierigkeit, herauszufinden, wann genau der Wind umspringen wird. Wenn es soweit ist, müssen die Vormwind-Regattasegel herunter und Segel gesetzt werden, unter denen das Schiff den anstürmenden Gegenwind bewältigen kann. Der Wind geht tatsächlich 180° herum.

Mitunter sieht die herannahende Front recht beängstigend aus. Sie wird durch eine zigarrenförmige, bleigraue Wolkenwalze angekündigt, die sich von Horizont zu Horizont erstreckt. Oft aber bleibt der Himmel klar, ohne jedes sichtbare Warnzeichen. Man sieht dann nur, dass die vorausliegende Wasseroberfläche durch die Windeinwirkung dunkler wird. Innerhalb von Minuten können aus flauem achterlichem Wind mehr als 40 kn von vorn werden. Es ist, als segelte man gegen eine Mauer.

Wenn ein Southerly Buster bläst, muss eine weitere unberechenbare Schwierigkeit als Faktor in die Regattagleichung eingehen: der kräftige Südstrom*, der an der Küste von Neusüdwales hinabströmt und warmes Tropenwasser aus Queenslands Korallenmeer bringt. Der Strom kann wie ein Fluss drei oder mehr Knoten Geschwindigkeit erreichen. Wenn sich diese mächtige Strömung gegen einen 40-kn-Sturm aus entgegengesetzter Richtung stemmt, wachsen aus dem Ozean schon bald Wassergebirge.

***

Die Mannschaft der SAYONARA hatte jedermann mit einem Bravourstück beeindruckt, nachdem ihr Spinnaker knapp südlich der Sydney Heads in Fetzen gegangen war: In weniger als drei Minuten stand ein neuer Spi. Bei diesem Wetter war klar, dass die amerikanische Yacht kein leichtes Spiel haben würde. BRINDABELLA, die einen neuen, gut ziehenden asymmetrischen Spinnaker zeigte, zog auf der Suche nach dem stärksten Strom weit auf See hinaus. Sie lag gleichauf mit der SAYONARA, aber kurz dahinter legte die einer Eignergemeinschaft gehörende MARCHIONESS los.

---

* Strom wird im Gegensatz zu Wind nach der Richtung benannt, in die er setzt. Südstrom läuft also mit Nordwind und gegen Südwind. (Anm. d. Übers.).

Zusammen mit der WILD THING lag das Trio der Großen mit Geschwindigkeiten an die 20 kn an der Spitze. Das war aufregendes Rennsegeln, das Spaß machte, aber jedem an Bord war voll bewusst, dass es dabei ernsthaft zur Sache ging. Im Vordergrund stand jetzt die Geschwindigkeitsoptimierung. Laufend wurden die Segel getrimmt, während der Rudergänger das Boot vor der blauen Altdünung geschickt steuerte, um es möglichst zum Surfen zu bringen. Achteraus blieb wie ein Kondensstreifen ein langes weißes Kielwasser zurück. Ständig wurde über das Wetter gesprochen, besonders als man sah, wie sich die grauen und weißen Wolken des für den Abend vorhergesagten Gewitters im Süden bedrohlich aufbauten. Unter Deck sahen die Navigatoren der Yachten ihre Wetterfaxgeräte die neuesten Wetterberichte ausspucken.

***

Währenddessen schlugen sich auf der YOUNG ENDEAVOUR der Funker Lew Carter und seine Assistenten Michael und Audrey Brown noch immer mit Funkproblemen herum. Knapp südlich von Sydney beschloss Carter, mit dem Techniker Verbindung aufzunehmen, der das Gerät eingebaut hatte. Dessen Rat lautete: »eine Weile weitermachen und dann mal sehen, wie es klappt.« Das passte dem Trio gar nicht. Carter war klar, dass vor Wollongong, 45 Meilen südlich von Sydney, die letzte Gelegenheit bestehen würde, irgendwelche Schwierigkeiten zu beheben. Erneut rief der Funker den Techniker an.

»Ich wollte ihn wissen lassen, dass ich alles andere als zufrieden war. Unserer Ansicht nach würden wir dieses Jahr ein hektisches Hobart-Rennen bekommen, und deshalb musste mit den Funkgeräten alles hundertprozentig klappen. Der Mann sagte, er habe noch ein Gerät zu Hause. Mein Problem war, wie ich das Ding um alles in der Welt an Bord bekommen sollte. Dann fiel mir das Polizeiboot NEMESIS ein, dass das Feld die Küste entlang bis nach Eden begleitete. Damit bot sich die Lösung an, den Techniker mit dem neuen Funkgerät im Auto von Sydney nach Wollongong fahren zu lassen. Dort konnte die NEMESIS ihn abholen und zu uns an Bord bringen.

Es stand eine ziemliche Dünung, etwa drei Meter, und der Wind war kräftig, aber die Besatzung der NEMESIS leistete erstklassige

Arbeit. Der Techniker machte sich Sorgen, wie er bei diesem Wetter auf die YOUNG ENDEAVOUR und wieder von Bord kommen sollte. Deshalb schwindelte ich ihn ein wenig an und erklärte ihm, dass alles gutgehen würde. Ich wusste, dass all meine Sorgen vorbei sein würden, sobald ich ihn erst einmal an Bord hätte. Sollte er anschließend nicht wieder wegkommen, würde mich das nicht stören, denn wir hätten dann unser neues Funkgerät – mehr wollte ich gar nicht. Meinetwegen konnte er bis nach Hobart mitkommen. Wie es sich dann ergab, konnten wir ihn aber wieder von Bord und nach Hause schaffen. Vier Minuten nachdem er fort war, gingen die ersten turnusmäßigen Meldungen der Yachten ein – laut, klar und deutlich.«

***

Um 15.00 Uhr, zwei Stunden nach dem Start, war Roger Badham wieder in seinem Haus südlich von Sydney. Sofort nachdem er angekommen war, stürzte er in sein Arbeitszimmer, um hastig die neueste Wetterprognose nach den internationalen Computermodellen herunterzuladen. Was er sah, gefiel ihm überhaupt nicht.

An jenem Nachmittag sprachen wir miteinander: »Mundle... hier ist Clouds. Ich habe mir gerade die neuesten Wetterkarten angesehen und kann nur eins sagen: Wenn ich heute Nachmittag auf den Yachten da draußen wäre – auf der Hälfte von ihnen würde ich sofort den Spinnaker herunternehmen und nach Sydney umkehren. Die werden was auf die Mütze bekommen. In der Bass-Straße wird bald eine Bombe losgehen. Ein Tief wird sich entwickeln und verstärken. Die Boote werden 50 kn Wind bekommen, möglicherweise noch mehr, und riesige Seen. Diese Wettfahrt wird schlimmer als 1993.«

Der ungewöhnlich tiefe Druck bildete sich über der Bass-Straße infolge des ausgeprägten Höhen-Kaltlufttrogs, der sich verlangsamte, neigte und vertiefte, während er von Nordosten herangeführte feuchte Warmluft aufnahm. Badham beschrieb das Ganze als »lehrbuchmäßige frontale Tiefentwicklung«, wie sie über den Gewässern unmittelbar südlich von Australien nicht ungewöhnlich ist. Das Gebiet kalter Höhenluft war auf den Satellitenbildern deutlich zu sehen gewesen, als es in den letzten Tagen vor dem 26. Dezember die Große Australische Bucht überquerte. Der Kaltlufttropfen trennte sich von der westlichen Höhenströmung ab, als das Gebilde sich in den frühen Morgenstunden des 27. Dezembers bis auf Meereshöhe vertiefte. Genau dieses Kaltluftgebiet brachte dem Bergland von Victoria und Neusüdwales an jenem Tag Schnee – mitten im Sommer.

Die offizielle Regatta-Wettervorhersage, die am 26. Dezember um 14.50 Uhr in Sydney herausgegeben wurde, lautete wie folgt:

WETTERLAGE: Ein Hoch nahe Neuseeland bildet entlang der Küste von Neusüdwales einen Hochdruckrücken. Tief, 995 hPa, bei Lord Howe Island, langsam ziehend. Kaltfront über Mittelvictoria.
WARNUNGEN: Südlich von Merimbula besteht die Gefahr orkanartigen Sturms.
Südlich von Broken Bay gilt Sturmwarnung.
WIND: Nord- bis Nordostwind, 20 bis 25 kn, später Winddrehung auf West bis Südwest, 25 bis 35 kn, in Böen stärker. Diese wird in der Umgebung von Jervis Bay voraussichtlich am Sonntag zwischen 0.00 Uhr und 2.00 Uhr eintreten und im Gebiet von Sydney zwischen 3.00 Uhr und 5.00 Uhr. Vor dem Umspringen kann der Wind kurzfristig auf Nordwest gehen – Windgeschwindigkeit dabei 15 bis 20 kn.
WELLENHÖHE: 1 bis 2 m, mit der Winddrehung auf West bis Südwest auf freier See bis zu 3 m zunehmend.
DÜNUNG: 1 bis 2 m.
WETTER: Heute Abend entwickeln sich vor der Winddrehung vereinzelte Schauer und Gewitter, morgen klart es auf.
AUSSICHTEN FÜR DIE NÄCHSTEN 48 STUNDEN: Sonntagnacht nördlich von Jervis Bay nachlassender Wind. Südlich von Jervis Bay Sturm bis orkanartiger Sturm aus West, voraussichtlich Montagabend nachlassend.

Die vom Wetteramt des Staates Victoria um 16.46 Uhr herausgegebene Vorhersage für die Bass-Straße lautete:

OSTTEIL DER BASS-STRASSE: Im östlichsten Teil anfangs Nordostwind mit 20 bis 30 kn. Während der Abendstunden Winddrehung auf West bis Südwest mit Windgeschwindigkeiten von 20 bis 30 kn, morgen früh auf 30 bis 40 kn auffrischend und nachmittags auf 45 bis 55 kn. Seegang und Dünung 2 bis 4 m, im

Laufe des Vormittags auf 3 bis 5 m zunehmend, nachmittags auf 4 bis 6 m.

Nach dieser Vorhersage stand in der Bass-Straße ein höllischer Kampf bevor.

***

Doch bisher hatten die Yachtbesatzungen die letzten Meldungen noch nicht gehört. Dennoch argwöhnten die erfahrenen Segler, dass sich etwas Dickes zusammenbraute. Der Nordostwind nahm ständig zu und wehte jetzt mit deutlich mehr als den vorhergesagten 25 kn. Seewind und Schiebestrom blieben den ganzen Nachmittag und Abend so kräftig, dass das gesamte Feld schneller war als zwei Jahre zuvor die hochmoderne deutsche Maxiyacht MORNING GLORY bei der Aufstellung des Bahnrekords. Die Yachten flogen nur so dahin. Sie hatten Sydney schon doppelt so weit hinter sich gelassen wie in den meisten anderen Jahren.

»Wir besprachen mit dem Kapitän unsere Taktik, denn für uns ist es wichtig, dort zu sein, wo wir notfalls Hilfe leisten können, selbst wenn das nicht unsere Hauptaufgabe ist«, erzählt Carter. »Unser Ziel ist, uns ungefähr in der Mitte des Feldes zu halten, vielleicht mit einer Tendenz nach hinten. Auf der Brücke unterhielten wir uns ein wenig über die Wetterlage und den Strom, studierten die Karte und redeten über die Probleme, die uns möglicherweise ganz unten, vor der Südostecke des Festlandes, erwarten würden. Dort unten nimmt die Wassertiefe schlagartig ab, sobald man die 100-Faden-Linie (183 m Tiefe) überquert hat. Wir dachten an das Zusammentreffen der warmen Strömung von drei bis vier Knoten mit dem Seegang nach dem Windsprung auf Südwest. Sollten wir überhaupt Schwierigkeiten bekommen, dann in dieser Gegend, darüber waren wir uns einig.« – Sie hatten Recht.

***

Am frühen Nachmittag hatte Gary Ticehurst den ABC-Hubschrauber so umgerüstet, dass er Aufnahmen von der Regatta machen konnte. Mit seinen beiden Fluggästen Scott Alle, der für ABC als Produzent arbeitete, und dem Kameramann Peter Sinclair begann Gary den Yachten entlang der Küste nachzujagen.

»Wie in den meisten Jahren hatten wir geplant, über Nacht in Merimbula zu bleiben«, berichtet der Journalist. »Normalerweise fliegen wir so, dass wir Merimbula, das 185 sm südlich von Sydney liegt, ungefähr eine halbe Stunde vor Dunkelwerden erreichen können. Bei dem starken Rückenwind hoffte ich, vor unserer Landung noch die führenden Yachten aufnehmen zu können. Während wir auf dem Weg zu ihnen die kleineren Yachten überflogen, hörten wir die Wetterberichte ab. Sie sagten 40 bis 50 kn Wind voraus und dass der Wetterumschwung gegen Mitternacht kommen und entlang der gesamten Küste mit örtlichen Gewittern einhergehen würde.

Leider stimmte dieser zweite Teil haargenau. Schon von weitem sah man die Blitze. Es war so ein typischer schwüler, grauer Nachmittag, und man spürte, dass es kommen würde. Sehr eindrucksvoll war die Geschwindigkeit, mit der das ganze Feld nach Süden lief. Die für den nächsten Tag angesagten 40 bis 50 kn kümmerten uns nicht. Eigentlich erregte uns das sogar. Ich dachte, diesmal wird es noch ein bisschen härter als ein normaler Southerly Buster. Es wird ein oder zwei Tage anhalten. Wir werden einiges an Action bekommen – großartige Fernsehbilder.

Als wir an jenem Abend Merimbula erreichten, mussten wir uns buchstäblich um die Gewitter herumtasten, nur um zum Flughafen zu kommen, so viele waren es. Es goss wolkenbruchartig. Wir waren sicher, dass die Yachten in der Nacht ihr Fett abbekommen würden, denn es war einiges im Gange. Beim ersten Tageslicht wollten wir wieder draußen und über ihnen sein.«

***

Während des Nachmittags und frühen Abends genossen die Yachtbesatzungen berauschendes Segeln. Als die Dunkelheit kam, erlebten sie wie Ticehurst das Schauspiel mächtiger Gewitter, die vom Land aus quer über den Wettfahrtkurs zogen.

»Was wir sahen, war beinahe unglaublich«, sagte John Messenger, der Segelmeister des Maxis MARCHIONESS. »Überall zuckten waagerechte und senkrechte Blitze. Es war ungeheuerlich. Die Nacht wurde einfach zum Tage. Unaufhörlich. Die Schwierigkeit war, dass wir nicht wussten, ob der Sturm den Wetterumschlag bringen oder einfach nur ein Sturm bleiben würde, deshalb waren wir ständig in höchster Alarmbereitschaft. An Bord machte sich Besorgnis breit.« Zu dieser Zeit lag die MARCHIONESS mindestens gleichauf mit der SAYONARA und der BRINDABELLA, die weiter draußen auf See waren, möglicherweise lag die MARCHIONESS sogar vor ihnen. Doch das änderte sich schlagartig.

»Der Wind kam ungefähr aus 35° und wehte mit etwa 20 kn. Wir liefen unter Spinnaker – eigentlich kann man sagen, wir flogen. Zu unserer Überraschung schlief der Wind nicht ein, als uns das Gewitter erreichte, sondern blieb konstant und begann zwischen 35° und 350° hin und her zu springen. Wir mussten dauernd den Kurs ändern, damit der Wind im richtigen Winkel von achtern einfiel. Es schien, als ob der Wind noch nicht wusste, was er vorhatte. Plötzlich lief eine große See schräg von hinten unter das Heck und hob es an. Das Schiff gierte wie wild aus dem Ruder und schlug quer. Es ist eine große Yacht, und doch blieb sie nach meiner Schätzung zwischen drei und vier Minuten flach auf der Seite liegen.«

Sofort rissen zwei stämmige Kerle am Steuerrad und versuchten verzweifelt, die MARCHIONESS mit hart gelegtem Ruder wieder auf Kurs zu bringen, damit sie sich wieder aufrichten konnte. Ein kurzes Nachlassen des Windes und die Wirkung einer weiteren Welle genügten, um das Ruder wieder fassen zu lassen, doch auch dies geschah viel zu plötzlich.

Noch während sich der größte Teil der 22-köpfigen Besatzung an das fast senkrechte Deck klammerte, richtete die MARCHIONESS sich schlagartig wieder auf, um dann mit 20 kn völlig außer Kontrolle vor dem Wind loszujagen. Diesmal schoss sie in entgegengesetzter Richtung aus dem Kurs – nach Lee.

Das Ergebnis war eine klassische Patenthalse: Der Wind fiel von der falschen Seite ins Großsegel, und der Baum pfiff wie eine riesige Sense über Deck.

Gleichzeitig schlug der Spinnaker back. So wurde die MARCHIONESS zum zweiten Mal flachgelegt und diesmal füllte sich der Spinnaker mit Wasser statt mit Wind. Schoten und anderes Tauwerk waren an Deck und unter dem Rumpf vertörnt.

John Messenger ordnete an, die Regatta erst einmal Regatta sein zu lassen. Alle Segel wurden geborgen und das spaghettigleiche Durcheinander von Schoten, Draht und Tauwerk aufgeklart. Es dauerte 30 Minuten, bis die Segel erneut gesetzt waren und die MARCHIONESS wieder im Rennen lag.

***

Bei nordöstlichem Wind, der an die 40-Knoten-Marke heranreichte, tat die YENDYS (Sydney rückwärts buchstabiert) des Eigners Geoff Ross etwas, was man von keiner Fahrtenrennyacht des Typs Bénéteau 53 je zuvor gehört hatte: Sie kam brummend und vibrierend zeitweise auf 20 kn. Um 22.00 Uhr wusste die Besatzung, dass es Zeit war, den 1,5-Unzen-Spinnaker herunterzuholen. Sonst riskierten sie einen Mastbruch, besonders falls das Boot querschlagen und auf die Seite geworfen würde. Gerade als man mit dem Bergen des Spinnakers begann, passierte es: Die YENDYS lief tatsächlich aus dem Ruder und schlug quer.

»Wir wurden weit auf die Seite gedrückt«, erinnert sich Ross. »Ich stand in der Plicht bis zu den Oberschenkeln im Wasser. Peter Seary, der zum Bergen des Spinnakers auf dem Vorschiff war, hatte seinen Gurt nicht eingepickt und wurde durch die Gewalt des Wassers glatt vom Vorschiff gewaschen. Weg war er. Was dann geschah, war fast unglaublich: Als er im Wasser an der Bordwand entlangschoss, packte ihn eine riesige Welle, hob ihn über die Seereling und ließ ihn hinter dem Cockpit an Deck plumpsen. An Deck herrschte gerade ein übles Durcheinander, und wenn wir den Mann tatsächlich verloren hätten, hätten wir ziemlich lange gebraucht, ihn wieder zu erreichen.«

Inzwischen hatte der Spinnaker sich weitgehend selbsttätig geborgen, er bestand nur noch aus Fetzen. Nur ein kleines Stück flatterte wie eine Flagge in der Nähe des Masttopps am Fall. Seary ging schnurstracks zum Mast, als sei nichts geschehen, hakte sich an ein Fall und ließ sich zum Masttopp vorheißen, um den kümmerlichen Rest des Segels zu bergen.

***

Erstaunlicherweise hatte bis zu diesem Zeitpunkt niemand das Rennen aufgegeben. Doch das sollte sich bald ändern. Eine der favorisierten Yachten, Ray Roberts' leuchtend gelbe 46-Fuß-Slup ABN AMRO CHALLENGE kam als erste in Schwierigkeiten. Sie schoss durch die Nacht, als es plötzlich einen wuchtigen Stoß gab, zuerst am Kiel und dann an dem tiefgehenden Spatenruder. Das Schiff hatte entweder einen großen Mondfisch oder ein Stück Treibgut gerammt und lief augenblicklich steuerlos aus dem Kurs. Das Ruder war abgerissen, das Rennen war gelaufen. Eine bittere Enttäuschung für den Mitkonstrukteur Iain Murray, der an Bord war und einen glänzenden Sieg erhoffte.

Eine weitere Anwärterin auf den Sieg nach berechneter Zeit, Ron Jones' fast neue Yacht SLEDGEHAMMER, schleppte sich ungefähr zur selben Zeit aus ähnlichen Gründen zurück in den Hafen. Die Ruderanlage war ausgefallen, weil etwas durchgescheuert war.

Auf den anderen Booten jedoch, wie auf Charles Currans gut 60 Fuß langer SYDNEY, genossen die Segler die Wettfahrt in vollen Zügen, bis dahin ein fantastisches Vor-dem-Wind-Rennen. Aber auch für die SYDNEY nahte das Ende der Regatta. Nachdem das Schiff 10 Stunden lang 18 kn Durchschnitt gelaufen war, hörte die Crew um 23.30 Uhr vom Achterschiff her einen heftigen Knall.

»Wir liefen unter Spinnaker eine Wahnsinnsfahrt«, erzählt Dave Kellett, der Segelmeister. »Noch während wir nach der Ursache des ersten Knalls suchten, knallte es zum zweiten Mal. Wir entdeckten, dass das untere Lager des Ruderschaftes gebrochen war. Er wackelte und flatterte. Wenn wir weiterjagten, das musste jedem klar sein, würde der Ruderschaft herausbrechen können. Wie ein Dosenöffner würde er dann den Rumpf knacken.« Der Spinnaker wurde geborgen, anschließend das Großsegel. Die Mannschaft der SYDNEY saß dann da und wartete geduldig auf die vorhergesagte Winddrehung auf Südwest. Als es soweit war, setzten sie ein kleines Vorsegel, drehten nach Norden ab und gingen auf Heimatkurs.

***

Der Spitzen-Hochseesegler Roger Hickman, Skipper der ATARA, war bei 20 seiner 21 Hobart-Rennen durchs Ziel gekommen – eine beeindruckende Leistung.

»In der ersten Nacht liefen wir so fabelhaft vor dem Wind, wie man es sich nur wünschen kann«, erinnert sich der Profi. »Am Himmel leuchteten mehr Blitze, als ich es je erlebt hatte. Einmal fragte ich Peter Gardner, einen äußerst erfahrenen Segler, ob er mal ans Ruder wolle. Er sagte: ›Nein, Hicko. Es ist dein Boot, also spiel du damit.‹ Und das tat ich. Gleichzeitig machte die Situation mir allmählich Sorgen, das muss ich zugeben. Mir fiel immer wieder ein, was Ken Batt, der Meteorologe, gesagt hatte, kurz bevor wir ausgelaufen waren: ›Ihr werdet eins auf die Mütze bekommen, Hicko.‹ Als für die Wettfahrt zuständiger Vertreter des Wetteramtes leistet er erstklassige Arbeit, aber unglücklicherweise sind ihm die Hände durch ungeheuer viel Bürokratie gebunden. Wie die übrigen Wetterfrösche kann er nicht einfach hergehen und auf die Wetterentwicklung tippen, um uns eine brauchbare Orientierung zu geben. Es muss alles genau begründet und untermauert sein.

Doch was er sagte, hinterließ bei mir keinen Zweifel, dass uns nach dem Wetterumschwung einiges blühte. Also bereiteten wir uns auf etwas in der Größenordnung von 45 oder 50 kn vor. Auf der ATARA und auf jedem anderen Schiff, mit dem ich Regatten segele, halten wir es so, dass wir ab 40 kn Wind das Großsegel bergen, fest auf dem Baum auftuchen und dann den Bezug darüberziehen, sodass es weder wegwehen noch Wasser schöpfen kann. Noch sicherer geht es nicht. Wir laufen dann nur unter dem Vorsegel, weil man das notfalls schnell herunterholen kann, ohne dass es über Bord weht oder einem sonst wie entwischt. Wenn es bläst, setzen wir konsequent Trysegel und Genua 4, während auf den meisten Booten zuerst die Sturmfock gesetzt und erst später das Groß durch das Trysegel ersetzt wird.«

Tatsächlich ging man auf den unterschiedlichen Yachttypen mit unterschiedlicher Taktik in diese erste Nacht. Eine wachsende Zahl erfahrener Segler war erstaunt über den auffrischenden Nordost, der auf einigen Abschnitten des Kurses 35 kn überschritt. Selbst die WINSTON CHURCHILL preschte mit einem Knochen im Maul voran: Sie warf unaufhörlich eine dicke, weiße Bugwelle auf, die fortrollte und in der Nacht verschwand. John Stanley hatte seinen Spaß daran.

»Nachdem wir vor Sydney auf Südkurs gegangen waren, setzten wir in aller Ruhe den Spinnaker. Dann liefen wir an der Küste entlang, wobei wir die ganze Zeit wussten, dass es uns in der Nacht irgendwo auf dem Kurs erwischen würde. Wir waren darauf aus, das Beste aus dem Nordostwind herauszuholen, solange er anhielt, und so weit auf der Strecke voranzukommen, wie wir konnten. Der Wind wurde stärker und stärker, bis wir die alte WINSTON CHURCHILL nicht mehr länger überbeanspruchen konnten. Also nahmen wir den Spinnaker weg. Inzwischen wehte es wahrscheinlich an die 30 kn. Dann baumten wir eine Genua 2 aus, bis auch das zu viel wurde. Wieder nahmen wir das Vorsegel herunter und halsten landwärts, als der Wind anfing, auf Nord und Nordwest zu drehen. Dabei betrug die Windgeschwindigkeit um die 35 bis 40 kn.«

Auch die Besatzung der KINGURRA machte sich Sorgen über die Wetterentwicklung.

»Während des Nachmittags und frühen Abends war das Segeln einfach wunderbar«, schwärmt Peter Meikle. »Wir machten 12 kn über Grund, wobei ein Strom von zwei bis drei Knoten mithalf. Zu jenem Zeitpunkt wussten wir schon, dass uns einige Prügel bevorstand, aber die Dinge reimten sich nach und nach immer weniger zusammen. Wir hatten keine Vorstellung, was auf uns wartete – irgendetwas schien einfach nicht zu stimmen. Auf jeden Fall kam es uns seltsam vor, dass der Nordost weiter auffrischte. Als wir nur noch den 2,2-Unzen-Spinnaker führten, kam mir das Ganze etwas komisch vor, daran erinnere ich mich noch. Das einzig Gute war, dass, wie immer auf der KINGURRA am ersten Abend auf See im Hobart-Rennen, ein Braten in Arbeit war. Wir hatten diesen gewaltigen Rindfleischbatzen mit all seinen Zutaten in der Bratröhre. Für Peter ging es eigentlich nur darum, ob er es schaffen würde, diesen schönen Braten vor dem Wetterumschwung aus dem Ofen und auf den Tisch zu bringen. Mindestens die Hälfte der Besatzung dachte an nichts anderes als an dieses Problem. Die andere Hälfte dachte weniger ans Essen.«

Währenddessen surften ganz vorn die SAYONARA und die BRINDABELLA von einer Welle nach der anderen hinab und hielten eine erstaunliche Durchschnittsgeschwindigkeit. Zugleich aber stimmten die Wetterverhältnisse nicht mehr mit der Vorhersage überein. Larry Ellison spürte, dass die Dinge sich änderten, und zwar schnell. »Als der Wind auf 42 kn ging, während wir vor dem Wind von Sydney wegliefen, fanden wir, dass es etwas haarig wurde. Wir machten unter Spinnaker 24 bis 26 kn.«

Die Achterbahnfahrt vor dem Wind hielt bis tief in die Nacht an. Als Mitternacht nahte, hatten viele Yachten den Spinnaker durch ein ausgebaumtes Vorsegel ersetzt, eine handigere, leichter zu beherrschende Besegelung. Die Grand-Prix-Schiffe aber ließen die Blase stehen, bis die stetige Winddrehung über West auf Südwest einsetzte. Zwischen 1.00 Uhr und 3.00 Uhr morgens packte der Südwest das gesamte Feld mit Macht.

»Um 2.30 Uhr sprang der Wind von 20° auf 350° um, der Seegang wurde schwierig«, erzählt Roger Hickman. »Wir waren bis auf 19 kn Fahrt und mehr gekommen und hatten bei zwei bis drei Knoten Schiebestrom in vier Stunden und zehn Minuten 86 sm geschafft. Ich hatte das Gefühl, dass es jetzt vorbei war mit dem Spaß. Wir packten den 0,9-Unzen-Spi ein, setzten dann ein hochgeschnittenes Vorsegel und baumten es aus. Dann halsten wir und gingen auf Kurs. Alle Boote in unserer Größe lagen entweder hinter uns oder hatten aufgegeben. Die RAGAMUFFIN war außer Sicht und die AUSMAID lediglich ein weißes Licht weiter seewärts. Der Wind drehte rasch auf West und blies zwischen 20 und 25 kn. Genua 4 und zwei Reffs im Groß waren genau die richtige Besegelung.«

***

»Mayday, Mayday, Mayday!« Dieser markerschütternde Ruf drang am 27. Dezember gegen 2.30 Uhr durch den Äther. Die Segler auf den Regattayachten stürzten an ihre Funkgeräte und hörten: »Hier ist CHALLENGE AGAIN, CHALLENGE AGAIN, CHALLENGE AGAIN. Bei uns ist ein Mann über Bord!«

Zu diesem Zwischenfall war es gekommen, als die 41 Fuß lange Kunststoff-Serienyacht unbezähmbar querschlug und fast kenterte. Sofort als der Mann-über-Bord-Ruf gellte, tat die sehr erfahrene Besatzung alles, was in ihren Kräften stand. Der Eigner Lou Abrahams, ein altgedienter Sydney-Hobart-Teilnehmer aus Melbourne, einer der besten Hochseesegler Australiens, war, als die Yacht querschlug, von seinem Sitz am Kartentisch quer durch die Kajüte geschleudert worden. Er war leicht benommen, kletterte aber sofort wieder auf seinen Sitz. Augenblicklich tippte sein Zeigefinger auf den Mann-über-Bord-Knopf des GPS-Geräts (Global Positioning System). Dadurch konnte man zumindest das Suchgebiet festlegen und somit die Chancen verbessern, den Mann wiederzufinden. Der Wachführer Frazer Johnston, ein ähnlich erfahrener Hochseerennsegler und berufsmäßiger Yachtüberführungs-Skipper, schreckte aus leichtem Schlaf auf.

»Ich war gerade eingedöst, nachdem ich meine Wache beendet hatte«, erinnert er sich. »Durch das anstrengende Segeln vor dem Wind hatten wir in der Nacht sehr wenig Schlaf bekommen. Als Nächstes weiß ich nur noch, dass das Boot querschlug und ich achtern in der Hundekoje wie festgenagelt war. Ich hörte ›Mann über Bord‹ und dachte: Oh Gott, jetzt sind wir dran.«

Während er sich aus der Koje herausquälte und zur Plicht durchkämpfte, schoss ihm das Rennen von 1993 durch den Kopf. Damals war er auf der ATARA gewesen, der Yacht, die den Segler John Quinn aus seinem fünfstündigen Todeskampf gegen den Ozean errettete. Das war ungefähr an derselben Stelle gewesen. Wie die anderen Besatzungsmitglieder wusste auch Johnston, dass alles wie am Schnürchen laufen musste, wenn es gelingen sollte, den Mann zu retten. Voraussichtlich würden sie nur eine einzige Chance haben, ihn herauszuholen. »Ich schoss sofort an Deck und fragte hastig, wer es sei. Es stand nicht ganz fest, aber das war egal. Irgendjemand rief: ›Wir glauben, es ist der junge Nick‹.« Beruhigt sah Johnston, dass der Rudergänger Col Anderson alles unter Kontrolle hatte.

»Ich sah nur verschwommen vor mir etwas über das Boot fliegen«, berichtet dieser. »Ein Körper wurde durch die Luft geschleudert, er kam von der Luvseite und flog direkt zwischen Baum und Deck hindurch. Da das Schiff so stark überlag, landete er nicht auf der Leereling, sondern geradewegs im Bach. Ich luvte sofort auf einen Halbwindkurs an, damit wir einfach auf Gegenkurs zu ihm zurückkehren konnten, sobald wir bereit waren. Ich ließ den Motor an und rief den anderen zu, dass sie schnell überprüfen sollten, ob irgendwelches Tauwerk im Wasser hing.

Frazer hing über dem Heckkorb und versuchte die Rettungsboje klarzumachen. Alles war durcheinander, die dünne Rettungsleine war überall verheddert. Ich rief, dass wir nur eins tun konnten, das ganze verfluchte Durcheinander über Bord werfen, bevor wir die Maschine einkuppelten, denn das kleinste bisschen Mistleine reicht, um den Propeller zu erledigen, wenn es sich zufällig herumwickelt. Ich weiß noch, dass einige Leute im Halbschlaf an Deck kamen und sich fragten, was zum Teufel los sei. Ich konnte ihnen nur zurufen, Großsegel und Fock zu bergen.« Obwohl die Crew verzweifelt versuchte, die beiden Segel herunterzubekommen, hatten sich die langen, dünnen Leinen, die die einzelnen Teile der Mann-über-Bord-Ausrüstung verbanden, irgendwie um das Ruder verwickelt, während die Yacht auf der Seite gelegen hatte. Als Johnston nach einem Messer rief, hörte er, dass jemand endlich feststellte, wer der über Bord gefallene Mann war. Es war »Skippy«, der Polizist Garry Schipper aus Victoria.

Endlich gelang es Johnston, die Rettungsboje loszuschneiden und ins Wasser zu lassen. Dann griff er nach dem nächst Wichtigen – dem Motor-Fahrhebel. Er rief den Leuten zu, dass sie Leinen bereithalten sollten, um sie Schipper zuzuwerfen, sobald sie in seiner Nähe wären. Nachdem er doppelt und dreifach überprüft hatte, dass kein Tauwerk im Wasser hing, kuppelte er die Maschine ein. »Es war toll, dass Skippy noch immer seine Taschenlampe bei sich hatte. Aber genau wie bei Quinns Rettung herrschte eine Menge Aufregung – das Adrenalin strömte. Man muss unter solchen Umständen sichergehen, keinen dämlichen Fehler zu machen.«

Ein Besatzungsmitglied, Richard Grimes, hatte Schipper seit dem Augenblick, als er ins Wasser gefallen war, keine Sekunde aus den Augen gelassen. Er zeigte ununterbrochen auf ihn, sodass Anderson wusste, wohin er steuern musste, um ihn wieder zu erreichen.

»Wir hatten ein Vorsegel geborgen und unter Deck gestopft, dadurch waren unten alle aufgestört worden,« erzählt Garry Schipper. »Alle waren wach, was sich als Vorteil erwies. Wir hatten den Reacher gegen die Nr. 4 ausgewechselt – kein großes Drama – und bretterten bei 25 bis 35 kn Wind, der von Westen querein kam, voran. Ich war vom Vorschiff wieder auf dem Weg in die Plicht. Ich trug einen Sicherungsgurt und war am Strecktau eingepickt. Problematisch war, dass Schoten und anderes Zeug über dem Strecktau lagen, sodass ich nicht durchgehend bis nach achtern kam. Ich beschloss die Sorgleine meines Gurts vom Strecktau abzuhaken und weiter zur Plicht hin an etwas anderem zu befestigen. Deswegen machte ich mir keine Sorgen, denn das Boot segelte anständig, es war kein einziges Mal quergeschlagen.

Man glaubt es nicht, aber als ich mich gerade ausgepickt hatte, traf uns eine bösartige See genau am Heck. Dieser dicke Brocken packte das Achterschiff von unten und warf es nach Lee, wodurch das Boot querschlug und sich auf die Seite legte. Ich hatte an der Kajütseitenwand gekniet. Sobald wir querschlugen, verlor ich das Gleichgewicht. Ich rutschte auf dem Bauch über das Kajütdach, geradewegs über die Seereling und hinein in den Bach. Ich berührte die Reling nicht einmal. Ich flog. Ich weiß noch, dass ich mich im Fallen an einer Winsch festgehalten habe, aber sie war zu glatt, und meine Hand rutschte ab. Mein Gewicht ist in vollem Schwung nicht leicht aufzuhalten – 147 kg. Nicht bewusst war mir in dem Moment, dass ich eine wasserdichte Taschenlampe in der Hand hatte und mit über Bord nahm.

Ich trug mein vollständiges Ölzeug mit Thermo-Unterwäsche und Seestiefeln. Trotzdem bemerkte ich als Erstes, dass das Wasser warm war. Es war ein schwacher Trost. Einer der Leute reagierte schnell genug, um eine zweite schwimmfähige Stablampe zu greifen, anzuschalten und dorthin ins Wasser zu werfen, wo ich schwamm. Das würde helfen mich wiederzufinden, sobald das Boot zurückkommen konnte.«

Während einige Besatzungsmitglieder sich abmühten, die Markierungsboje und den Rettungsring freizubekommen, konzentrierten sich andere darauf, Schipper im Auge zu behalten. Ihn aus den Augen zu verlieren konnte durchaus seinen Tod bedeuten. »Als ich auftauchte, war das Boot wahrscheinlich zehn bis fünfzehn Meter weit weg und entfernte sich weiter, noch immer mit ziemlicher Fahrt. Das Erste, woran ich denken konnte, war, dass das Gewicht des Wassers in meinen Stiefeln und meinem Zeug mich hinunterziehen würde. Ich wusste einfach, dass ich es nicht schaffen würde, zum Boot zu schwimmen. Sobald ich in den Bach gefallen war, war mein erster Gedanke: keine Panik! Einen Augenblick dachte ich daran, was John gesagt hatte, nachdem er im 1993er Rennen fünf Stunden im Wasser zugebracht hatte: Er hatte sich einfach bemüht, keine Panik aufkommen zu lassen.

Nach etwa zehn oder fünfzehn Sekunden merkte ich, dass ich die Taschenlampe in der Hand hatte. Ich hatte sie festgehalten, als ich über Bord ging. Ich stellte sie an und sie funktionierte. Halleluja. Ich konnte die Lampe auf das Boot richten, das vielleicht 250 m von mir entfernt gestoppt hatte. Ich wusste, sie würden mich mit der Lampe sehen. Doch das war in diesem Augenblick nicht meine Sorge. Ich wollte meinen Sicherheitsgurt und mein anderes Zeug ausziehen, um leichter Wasser treten zu können. Aber es war einfach unmöglich den Gurt ab zu bekommen, denn jedes Mal, wenn ich keine Schwimmbewegungen mehr mit den Armen machte, begann ich unterzugehen. Ich durfte mit den Brustschwimmzügen einfach nicht aufhören.

Schließlich konnte ich einen Stiefel und eine Socke ausziehen. Das war verflucht schwierig, denn wie viele andere hatte ich meine Stiefel mit Klebeband abgedichtet, damit kein Wasser eindringen konnte. Die ganze Mühe brachte nicht viel. Jedes Mal, wenn ich versuchte, etwas mit dem Gurt oder den Stiefeln zu machen, begann ich zu versinken. Die Leute schienen ewig zu brauchen, um zu mir zurückzukommen. Offensichtlich hatten sie Schwierigkeiten beim Segelbergen und mussten auch darauf achten, keine Leinen über Bord hängen zu lassen, die sich um das Ruder oder die Schraube wickeln konnten. Ich kann nur sagen, dass ich mich sehr, sehr einsam fühlte. Ich war schon erschöpft. Ich atmete schwer, vermutlich durch die Adrenalinausschüttung. Ich wurde müder, machte aber einfach weiter mit dem Wassertreten. Als ich das Boot auf mich zukommen sah, war ich noch immer besorgt. Ich wusste nicht, ob man mich noch sah. Ich versuchte noch immer den Lichtstrahl meiner Taschenlampe auf das Schiff zu richten, indem ich sie über dem Kopf hielt. Die übrige Zeit war sie bloß unter Wasser. Es dauerte nicht lange, bis ich merkte, dass sie mich ausgemacht hatten. Das war eine Erleichterung. Aber als sie den ersten Anlauf fuhren, um mich herauszuholen, dachte ich, der verdammte Vorsteven würde mir glatt den Schädel spalten. Zum Glück verfehlte der Bug mich.«

»Es war ziemlich beängstigend für Skippy«, erinnert sich Paul Anderson, »aber ich musste das Schiff wirklich dicht an ihn heranbringen. Ich musste sichergehen, dass das Boot ihn fast überfuhr, damit die Leute ihn packen konnten. Wie sich dann herausstellte, war das der leichtere Teil. Schwerer war es, den Mann wieder an Bord zu schaffen.« Starke, hilfsbereite Arme packten eifrig alles, was an Schipper befestigt war und hielten es verzweifelt fest. Ihre Arme waren jetzt seine Rettungsleinen. Die Segler lagen an Deck auf dem Bauch und hängten sich über die Bordwand, während die Yacht unaufhörlich bockte wie ein Wildpferd und die Wellen versuchten, Schipper wieder wegzureißen. Dann würde er so gut wie sicher ertrinken.

»Ein paar von den jungen Kerlen packten mich«, erzählt Schipper, während er einige Tränen wegwischt. »Plötzlich sah ich in ihnen meine Kinder. Sie hielten mich fest; sie wollten mich nicht loslassen. Sie wollten mich retten. Sie waren fabelhaft. Sie lehnten sich alle über die Bordwand und hingen über mir, ließen mich nicht los und machten überall an mir Leinen fest, verdammt noch mal, um mich nicht zu verlieren.«

Das Drama ging weiter. Durch die grobe See, durch Schippers Masse und Schwierigkeiten mit einer Rettungsschlinge, die dazu vorgesehen war, einen über Bord gefallenen Segler wieder an Deck zu ziehen, wurde das Ganze eine beängstigende, gefährliche Aufgabe.

»Die größte Schwierigkeit bestand für alle darin, dass ich verflucht erschöpft war und einfach nicht mithelfen konnte. Jedes Mal, wenn ich beinahe in dieser Rettungsschlinge steckte, rutschte ich wieder hinaus. Zuletzt hakten sie ein Fall an meinen Sicherheitsgurt und an die Schlinge und hievten mich damit auf Deckshöhe. Während ich noch daran hing, schoben sie mich in die Plicht und ließen mich in die Kajüte hinunter. Dort brach ich einfach zusammen.« Schipper war kaum 10 Minuten, nachdem er über Bord gegangen war, wieder an Deck. Abrahams fragte ihn und die übrige Besatzung, wie sie über den dramatischen Zwischenfall dächten. Man beschloss, weiter im Rennen zu bleiben.

»Die Crew war fantastisch. Verdammt professionell. Ich habe sehr, sehr viel Glück gehabt. Neun tolle Kerle standen in einer äußerst schwierigen Lage hinter mir.«

Der Hexenkessel beginnt zu brodeln

Am 27. Dezember 1998 schleuderte Mutter Natur eine meteorologische Bombe auf die unglückliche Sydney-Hobart-Flotte. Viele der Segler und zum Teil sogar der Wetterdienst hatten kaum eine Ahnung davon, was sich in der nordöstlichen Ecke der Bass-Straße tatsächlich zusammenbraute. Wetterfaxe bestätigten nach und nach, dass das seit Tagen zwischen Süd- und Westtasmanien sowie der Bass-Straße schwankende Tief eine Entscheidung für seine brutalen Windstärken getroffen hatte. Die Wetterprognose, die der Vorhersagedienst in Sydney um 2.13 Uhr herausgab, lautete wie folgt:

WIND: West bis Südwest, 25 bis 30 kn, in Böen stärker. Heute Nachmittag südlich von Merimbula über freier See auf 40 bis 50 kn zunehmender Wind durch Verstärkung des Tiefs.
WELLENHÖHE: 2 bis 3 m, auf freier See im Süden auf 4 bis 5 m zunehmend.
DÜNUNG: 1 bis 2 m, auf freier See südlich von Merimbula bis auf 3 bis 4 m zunehmend.

Seit das Feld während der frühen Morgenstunden und bis in den Vormittag hinein die Winddrehung auf Südwest erlebt hatte, waren die Segelbedingungen erheblich schlechter geworden. Wie vorhergesagt nahm die Windstärke auf 30 bis 40 kn zu, und die Wellen wurden größer und zahlreicher. Die ersten 12 Stunden des Rennens war man mit hoher Fahrt vor dem Wind gesegelt, nach der Winddrehung liefen die Yachten dann mit halbem Wind. Es verwunderte kaum, dass die beiden Spitzenreiter SAYONARA und BRINDABELLA inzwischen mit Rekordfahrt bis weit in die Bass-Straße vorangekommen waren. Einige Neunmalkluge spekulierten sogar, dass die Zwei-Tage-Schallmauer durchbrochen werden könnte, sollte das rekordverdächtige Wetter anhalten. Der bestehende Rekord wäre dann um 14 Stunden überboten.

Gegen 9.00 Uhr berichtete Roger Badham einem Medienvertreter über das sich verschlimmernde Wetter.

Die Lage beginnt sehr bedrohlich auszusehen, besonders für die Boote, die am späten Nachmittag und am Abend in die Bass-Straße hineinkommen werden. Nach den 6.00-Uhr-Beobachtungen meldete Wilsons Promontory 71 kn mittlere Windgeschwindigkeit. Diese Station misst immer eine 25% bis 33% zu hohe Windgeschwindigkeit, aber trotzdem war es eine sehr bedeutsame Beobachtung. 50 bis 60 kn erscheinen als sicher.

Die fiesesten Winde, so meinte Badham, würden wahrscheinlich in einem schmalen, langgezogenen Streifen an der Westflanke des Tiefdruckgebiets auftreten, der mit der Verlagerung des Tiefs nach Osten in die Tasmansee hinein im Laufe des Tages über das Feld hinwegziehen würde. Die starken südwestlichen Winde hatten die Mehrzahl der Yachten von der loxodromischen Linie – der 585 Meilen langen direkten Überfahrt zwischen Sydney und der ersten »Ecke« des Kurses, Tasman Island am Eingang der Storm Bay, nach Osten versetzt. Alle Teilnehmer profitierten von dem nach Süden setzenden Strom.

Einige Navigatoren und Taktiker hatten absichtlich einen Kurs weit draußen auf See gewählt, weil sie glaubten, dass er sich als der schnellste erweisen würde. Andere Teilnehmer waren einfach durch den Einfluss von Wind und Wellen 30 bis 40 Meilen auf See hinausgeraten. Wie dem auch sei, für all diese Yachten lag Eden, die letzte Zuflucht vor der Bass-Straße, fast genau in Luv. Einige Besatzungen besprachen schon ihre Optionen – das Rennen weiterzusegeln oder Kurs auf einen sicheren Hafen an der Küste von Neusüdwales zu nehmen. Anderen Teilnehmern, wie der Maxiyacht MARCHIONESS, wurde die Entscheidung durch Ausrüstungsschäden abgenommen. John Messenger hatte während des Vormittags selbst mit drei Reffs im Großsegel und einem kleinen Vorsegel (Genua 4) Mühe gehabt, die Fahrt zu reduzieren. Zum Schaden kam es schließlich, als das Babystag brach. Zuerst dachten die Segler noch an eine Reparatur des Beschlags, doch nachdem sie das neueste Wetterfax gelesen hatten, stand für sie fest, dass ihr Rennen vorüber war. Die MARCHIONESS wendete und segelte zurück in Richtung Sydney.

Grant Wharington hatte gesehen, dass im Carbonmast seiner neuen Yacht WILD THING ein Riss entstand, als das Boot mit dem Vorschiff in die See eintauchte. Um 6.30 Uhr wurde der Wettfahrtleitung mitgeteilt, dass die Maxiyacht ausgeschieden sei und Kurs auf

Eden nehme. Ein enttäuschender Ausgang für das Schiff, das als Kandidat für den Sieg nach gesegelter Zeit galt.

Im Laufe des Vormittags wuchs Badhams Besorgnis. Wilsons Promontory an der Bass-Straße, weniger als 100 Meilen westlich der Loxodrome, hatte eine Bö von 92 kn gemessen. Das verstärkte die Überzeugung des Meteorologen, dass heftiger Wind und entsetzlicher Seegang die Yachten direkt vor der Südostspitze von Gabo Island packen und das Zusammentreffen der Strömungen sich am schlimmsten auswirken würde. Er bestätigte erneut, dass die fürchterlichsten Bedingungen zwischen 15.00 Uhr und 3.00 Uhr am folgenden Morgen herrschen würden, und sagte voraus, dass dadurch mehr als die halbe Flotte außer Gefecht gesetzt werden würde. Später erläuterte er ausführlich, wie der Sturm sich entwickelte:

Über den Gewässern vor Ostaustralien entwickeln sich häufig ausgeprägte Tiefdruckgebiete, und das Sturmtief beim Sydney-Hobart-Rennen gehörte zu den schlimmsten. Gerade dieses Tiefdrucksystem zeigte lehrbuchmäßig die Bildung eines zweiten Tiefs an der Front. Die ursprüngliche Front mit dem damit verbundenen Höhentrog und ihrem Wirbelzentrum brach am 23. Dezember aus den Hohen Südbreiten in den Westteil der Großen Australischen Bucht ein. Heiligabend und während des ersten Weihnachtstages begann das Gebilde sich zu vertiefen, da es stark baroklin wurde: Die dazugehörigen Jetstreams nahmen erheblich zu und drehten rund um das Zentrum des Wirbels.

Spät am Weihnachtstag begannen an der Nordostseite der hochgetürmten Kumuluswolken zerrissene Zirruswolken aufzutreten. Diese auch »Windbäume« genannten Zirren sind ein Zeichen für eine starke Höhenscherung, auf die mit Sicherheit eine Konvergenz von Luftmassen am Boden folgen würde. Innerhalb von 24 bis 30 Stunden würde sich ein Tief entwickeln – aber wo? Selbst zu diesem Zeitpunkt gaben die Computer-Rechenmodelle keine hundertprozentige Klarheit, wo es genau dazu kommen würde; am wahrscheinlichsten war noch immer das Gebiet dicht vor der tasmanischen Küste; am ehesten zwischen Flinders Island im Norden und Maria Island im Süden. Keines der Modelle zeigte an, dass das Tief innerhalb der Bass-Straße, westlich des Regattakurses, entstehen und aufdrehen würde.

Als die Wettfahrt am zweiten Weihnachtstag gestartet wurde, enthüllte sich langsam das komplizierte Wettergeschehen. Doch erst als das Höhentief mit seinem Wirbelzentrum an diesem Tag über dem Westteil der Bass-Straße angekommen war, wurde deutlich, dass das Bodentief sich tatsächlich im Ostteil der Bass-Straße bilden würde und nicht vor der Küste Tasmaniens. Das Bodentief vertiefte sich noch, während die Luft in der Höhe durch den Jetstream schneller abgezogen wurde, als die Luft am Boden nachströmen konnte. Die Luftdruckwerte über der östlichen Bass-Straße lagen schon ziemlich niedrig und fielen weiter. In Wilsons Promontory sank der Druck in Meereshöhe am Vormittag des 27. Dezember sogar innerhalb von drei Stunden um 8,1 hPa. Guten Seglern war klar, dass ein so kräftiges Fallen des Luftdrucks ein Vorbote von 10 Windstärken oder 50 kn Windgeschwindigkeit war.

Der Morgen des 27. war über Südostaustralien kein gewöhnlicher Sommermorgen. Während sich die kalte Höhenluft über dem Hochland von Victoria und Neusüdwales ausbreitete, begann Schnee zu fallen: ergiebiger Schneefall! Die Computermodelle lieferten den Meteorologen für die Vorhersage außerordentlich gute Anhaltspunkte zu jedem Aspekt dieser Wetterentwicklung, nur nicht dazu, wo das Tief entstehen würde. Im Rückblick wird deutlich, dass das amerikanische Globalmodell MRF (Medium Range Forecast) die Entwicklung viele Tage im Voraus erkannt hatte. Schon am 21. Dezember zeigten die Angaben des MRF-Modells, dass sich ein Tief mit 986 hPa unmittelbar östlich von Flinders Island entwickeln und über der östlichen Bass-Straße südwestliche Winde von 40 bis 45 kn hervorbringen würde. Tatsächlich legte das MRF-Modell sich eindeutig auf diese Entwicklung fest, während die anderen bedeutenden Rechenmodelle sehr viel unentschiedener waren, wann und wo das Tief sich entwickeln würde. Im Dezember ist eine so ausgeprägte und rasche Entwicklung über der Bass-Straße sicher ungewöhnlich, deshalb war es nur natürlich, dass die vorhersagenden Meteorologen damit rechneten, dass das Tief sich weiter südlich entwickeln würde. Während der beiden Wochen vor Weihnachten war das ECMWF (Europäisches Globalmodell) fast jeden Tag bevorzugt worden, aber in den letzten Tagen vor dem Rennen lieferte dieses Rechenmodell zu dem Tiefdruckgebiet keine eindeutigen Hinweise. Sowohl das australische GASP- als auch das ECMWF-Modell gaben eine schwächere Entwicklung an, die eher östlich oder südöstlich von Tasmanien stattfinden sollte. Das kräftige Tief, das sich dann in Wirklichkeit über dem Ostteil der Bass-Straße bildete, haben beide nicht vorhergesagt.

***

John Quinn, der Mann, der im 93er-Rennen nach fünf Stunden in einem fürchterlich aufgewühlten, sturmgepeitschten Ozean vor der Küste von Neusüdwales gerettet worden war, beschloss mit der Crew seiner POLARIS Landschutz zu suchen. Er wollte zunächst einmal abwarten, was sich da zusammenbraute, und erst dann über Weitermachen oder Ausscheiden beschließen. Sicher eine kluge Entscheidung, aber Quinn hatte auch bereits 17 Sydney-Hobart-Wettfahrten auf dem Buckel.

»Wir wussten schon vor dem Start, dass es ganz schön wehen würde. Anfangs sprachen wir von 30 bis 45 kn. Während wir aber nach Süden liefen, machten wir uns auf 45 bis 55 kn gefasst. Am ersten Tag segelten wir sehr schön vor dem Wind an der Küste entlang und hatten guten Schiebestrom. Die alte POLARIS rauschte ab wie eine Rakete. Wir wurden ein wenig auf See hinaus versetzt, vermutlich hatte der Strom eine leichte östliche Komponente. Als die Front da war, segelten wir unter Genua 4 und doppelt gerefftem Großsegel weiter. Wir kniffen nur ein wenig, denn ich steuerte gegenüber dem Generalkurs mehr Höhe. Ich wollte dringend wieder auf der Loxodrome oder knapp landwärts davon stehen, sobald wir Gabo erreicht hätten.

Ich nehme an, der Wind erreichte zu diesem Zeitpunkt in Spitzen knapp über 30 kn. Wir ließen das Wetterfaxgerät laufen, das uns eine Vorhersage für den folgenden Tag, 11.00 Uhr lieferte. Wir sahen sofort, dass sich gegenüber der Prognose vom Vortag sehr viel geändert hatte: Zwar zeigte das Wetterfax immer noch an derselben Stelle ein Tief, aber statt 990 hPa hatte es jetzt nur noch 984 hPa. Ich sagte zu den Leuten: ›Scheiße, das sieht nicht gut aus. Das ist wieder wie 1993. Heute Nacht gibt es eine Menge Bruch.‹ Das Fax zeigte nur diesen verdammt engen, verdammt kleinen Kringel mit nur 984 hPa, direkt eingeklemmt zwischen einem Hoch und dem Land. Eigentlich sah es so aus, als würde es noch ein wenig schlimmer werden als '93. ›Wir suchen Schutz‹, ordnete ich daraufhin an. Als ich das Wetterfax herumreichte, war niemand dagegen.«

Quinn wusste, dass es das Beste war, zu wenden und direkten Kurs auf die Küste zu nehmen. Angesteuert wurde schließlich eine Bucht gleich südlich von Eden. Damit entfernte sich die POLARIS vom Tief und kam hoffentlich in besseres Wetter. Später wollten sie weiter nach Hobart gehen. Quinn hatte seine Freude an einer Regatta in der Regatta gehabt, denn zwei teilnehmende Yachten waren Schwesterschiffe der POLARIS – Tony Mowbrays SOLO GLOBE CHALLENGER und Peter Heanleys RUFF N TUMBLE, beide vom Lake Macquarie nördlich von Sydney. Es waren 43 Fuß lange Kunststoffyachten vom Typ Cole 43, etwa 20 Jahre alte Boote mit schönen Linien. Die POLARIS hatte einmal Mowbray, einem Segelmacher aus Newcastle, gehört. 1984 war er darauf mit nur einem Mitsegler »aus Spaß an der Freude« in 54 Tagen rund um Australien gesegelt.

Sechs Monate vor der Hobart-Regatta hatte er die SOLO GLOBE CHALLENGER in Melbourne gekauft, ohne ernsthaft daran zu denken, am Rennen teilzunehmen, denn er hatte sich ein viel höheres Ziel gesteckt: Im Oktober 1999 wollte er zu einer Einhand-Non-Stop-Odyssee um die Welt auslaufen. Er wollte dem Kurs der Australierin Kay Cottee von 1988 folgen und die Reise nutzen, um Geld für das örtliche John-Hunter-Kinderkrankenhaus zu sammeln. Doch während er sein Schiff vorbereitete, schlugen Freunde ihm vor, am Sydney-Hobart teilzunehmen und boten ihm an, bei dem dazu erforderlichen beträchtlichen finanziellen Aufwand zu helfen – ein Angebot, das er nicht ausschlagen konnte. Die Yacht wurde für fünf Wochen abgetakelt und das Rigg entsprechend den Anforderungen der Weltumsegelung völlig erneuert. Am Ende war das Material über alles erhaben, was ein durchschnittliches Hobart-Rennen auftischen konnte. Mowbray beschloss, in seiner achtköpfigen Regattacrew Erfahrung und Jugend zusammenzubringen. Bobby Snape, sein Mentor, der vor seinem 23. Törn nach Süden stand, war Mowbrays erste Wahl. »Wir waren nicht mit Pauken und Trompeten auf den Sieg aus«, sagt Mowbray. »Sicher wollten wir es auf einen Versuch ankommen lassen, aber in Wirklichkeit waren wir nur dabei, um die Teilnehmerzahl zu erhöhen. Gleichzeitig brachte ich sehr viel Zeit damit zu, das Boot auszurüsten, denn ich bin kein Menschen, der schlecht vorbereitet in See sticht.«

Nachdem die SOLO GLOBE CHALLENGER wunderbar mit achterlichem Wind an der Küste entlanggerauscht war und ihre Erzrivalen hinter sich gelassen hatte, hatte die Besatzung allen Grund, zufrieden zu sein. Als der Wind am Sonntagmorgen auf Nord und dann Nordwest zu drehen begann, halsten die Segler und hielten wieder auf die Küste zu, um aus ihrem Vorsprung das Beste zu machen. Mowbray bemerkte, dass die Windstärke zu schwanken begann. Am späten Vormittag stand das Boot südöstlich von Gabo Island und damit schon 30 Meilen weit in der Bass-Straße. In nur 25 Stunden hatten sie beachtliche 210 sm geschafft.

***

Rob Kothe und seine Mitsegler auf der SWORD OF ORION hatten während der Nacht und bis in den Vormittag des 27. hinein zwei Dinge sorgenvoll beobachtet: Die Kerbe im Mast und das Wetter. Es brachte Kothe sehr viel Spaß, das Wetter zu deuten und die Ergebnisse umzusetzen. Das ähnelte ein wenig der Lektüre eines guten Buchs – je mehr man sich darin vertieft, desto mehr Freude hat man daran. Er benutzte das SatCom-C-Gerät und ein Wetterfaxgerät und achtete genau auf die verschiedenen Funkwetterberichte. Als der Wind gegen Mitternacht allmählich auf Nord und dann Nordwest zu drehen begann, wurde der Spinnaker geborgen und durch eine ausgebaumte Genua 3 ersetzt. Der günstigste Strom stand am Rand des Kontinentalsockels, und um 2.00 oder 3.00 Uhr morgens machte das Boot noch immer flotte Fahrt. Als der Wind am frühen Morgen nach und nach westlich, schließlich südwestlich wurde, band man zwei Reffs ins Groß.

Gegen 3.00 Uhr wurde auf der SWORD OF ORION etwas Schreckliches entdeckt: Bananen!

»Auf THE SWORD gilt der Aberglaube, dass keine Bananen an Bord sein dürfen«, erläutert Kothe ihre Bestürzung über den Fund. »Für Sam waren die Bananen der Grund für unsere Rempelei mit der NOKIA an der Startlinie – also verlangte er von uns, alle Bananen aufzuessen. Dann entdeckte er einen Bananenkuchen! Das war ebenso schlimm wie Bananen, also mussten wir auch den Bananenkuchen verdrücken, weil wir kein Pech mehr brauchen konnten. Da saßen wir also und stopften uns erst mit Bananen voll, dann mit Bananenkuchen. Das war für eine ganze Weile unsere letzte feste Mahlzeit, so vollgestopft waren wir.«

Während die SWORD OF ORION in einen ruppigen, grauen Morgen hineinsegelte, hörte Kothe am Funkgerät ab, welche Wetterverhältnisse die Ölbohrinseln in der Bass-Straße meldeten. Gleich zu Beginn vernahm er die Luftdruckangabe 987 hPa. Unverzüglich rief er die Küstenwache in Eden an und fragte, was dort in der Umgebung los sei. Währenddessen nahm die Windstärke weiter zu. Die Mannschaft verkleinerte weiter die Segelfläche, dachte aber nicht daran, das Rennen aufzugeben. Schließlich überschritt der Wind die Geschwindigkeit von 40 kn. Der starke Ostaustralien-Strom und der tobende Seegang von Westen prallten zusammen. Ohne Zweifel würden die Yachten in der Mitte und im hinteren Teil des Feldes die volle Gewalt des Sturms zu spüren bekommen.

SAYONARA und BRINDABELLLA, die seit dem Start im Durchschnitt 15 kn gelaufen waren, lagen Kopf an Kopf und hatten vor Sonnenaufgang die Bass-Straße erreicht. Etwa bei Morgengrauen war der ABC-Hubschrauberpilot Gary Ticehurst mit seinem Fernsehteam in der Luft und flog auf der Suche nach den Spitzenreitern von Merimbula los. Was er entdeckte, verblüffte ihn.

»In 16 Jahren habe ich sie noch nie so weit südlich gesehen. Zuerst erreichten wir die BRINDABELLA, die 40 bis 50 kn Südwestwind hatte. Die Seen waren schon um die neun Meter hoch und hatten scheußlich brechende Kämme. Ich kann mich noch an einen Schnappschuss erinnern, den Pete in den Kasten bekam, während wir neben der BRINDABELLA schwebten. Sie stieß über diese Welle hinaus, und die vordere Hälfte des Bootes stürzte fast fünf Meter ins Wellental. Der ganze Mast vibrierte und das Boot erzitterte.«

Mit der BRINDABELLA war inzwischen jede direkte Funkverbindung abgerissen. Ihre Besatzung hatte den morgendlichen Rundruf verpasst und wollte unbedingt eine Meldung zur YOUNG ENDEAVOUR und zur Küste durchgeben lassen, dass ihr Schiff gut vorankomme. Ticehurst gab die Meldung weiter. Dann wandte er sich nach Osten und traf fünf Meilen querab von der BRINDABELLA auf die SAYONARA, die wegen günstigerer Wetterbedingungen etwas besser zurechtkam. Ticehurst staunte, dass das Wetter in einem so kleinen Gebiet so unterschiedlich sein konnte.

Dennoch war Mark Rudiger, der Navigator der SAYONARA, alles andere als glücklich über das, was er sah. Der digitale Barograph sackte besorgniserregend ab, und die Satellitenbilder zeigten, dass das Schiff mitten im Sturmtief stand. Nachdem Larry Ellison mit Rudiger zusammen Wetterfaxe und Vorhersagen durchgesehen hatte, war er überzeugt, dass sie es mit einem Unwetter von Wirbelsturmkaliber zu tun hatten. Seine Annahme stimmte. Das Wetter braute sich genau dort zu einem Sturmwirbel zusammen, wo die SAYONARA und die anderen großen Yachten segelten. Diese hatten aber das Glück, dass sie weit genug südlich stehen würden, um dem schlimmsten Sturm und Seegang zu entgehen. Die Nachfolgenden aber liefen geradewegs in den Hexenkessel hinein.

***

Die TEAM JAGUAR INFINITY III, die Martin James aus Sydney gehörte, hatte in den ersten 20 Stunden des Rennens 220 sm zurückgelegt. Der 18-köpfigen Besatzung ging es gut, und die Segler wurden immer zuversichtlicher, dass sie unter den ersten Fünf nach gesegelter Zeit im Ziel sein würden. Die 65 Fuß lange Slup wurde 1989 als BRINDABELLA für George Snow gebaut und hatte das Hobart-Rennen 1991 nach gesegelter Zeit gewonnen. Seit James Eigner der Yacht geworden war, hatte er sich sehr bemüht, ihre Leistung zu verbessern. Unter anderem hatte er für die vorjährige Regatta einen Kohlefasermast angeschafft. Als die TEAM JAGUAR dann 200 sm auf dem Wettfahrtkurs zurückgelegt hatte, brach jedoch dieses kostspielige Stück in Deckshöhe ab und kippte über Bord.

In diesem Jahr hoffte die Crew auf der TEAM JAG, jetzt wieder mit dem bewährten Aluminiummast, auf mehr Glück. Zur Besatzung gehörte Melissa McCabe, eine Studentin der Marine Technology High School in Eden. Der Sponsor der Wettfahrt, die Firma Telstra, hatte Melissa unter zahlreichen anderen Bewerbern ausgewählt. Ihre Teilnahme gehörte zu einem Jugend-Sportförderprogramm für ländliche Räume. Der C.Y.C. organisierte dafür Küsten- und Hochseesegelausbildung, sodass sie bestens vorbereitet sein würde.

In den frühen Morgenstunden des 27. Dezember preschte die TEAM JAGUAR weiter voran, hinein in die Bass-Straße. An Bord glaubte man für das, was kommen würde, gewappnet zu sein. Gegen 10.30 Uhr machte die Yacht bequem mit einem leichten Schrick in den Schoten und sehr wenig Krängung etwa 13 kn Fahrt. Der erste Rudergänger, Tim Messenger, ließ den Großschotmann die Schot auffieren, um die Böen zu parieren. Gehorsam begann die schnittige grün-weiße Slup über eine sieben bis acht Meter hohe Welle zu klettern und über den Kamm hinaus ins nachfolgende Wellental zu schießen. Die Stoßbelastung durch den Aufprall war nicht übermäßig groß, genügte aber, um das Schiff erzittern zu lassen. Als der Großschoter am Mast hinaufblickte, sah er ein diagonal verlaufendes Want aus rostfreiem Stahl mit lautem Knall brechen. Beinahe sofort begann das Rigg zusammenzuknicken wie ein gebrochener Vogelflügel.

Ganz klar, das Boot hatte beträchtliche Schäden davongetragen. Nun waren alle damit beschäftigt, zu reparieren, was sie konnten. Es wurden Metallsägen ausgegeben und Teile der Takelage damit gekappt, dennoch riss der Mast einen Teil der Seereling mit, ebenso die UKW-Antenne, die Kurzwellen-Achterstagantenne, die GPS- und die Satellitenfunkantenne sowie Markierungsbojen und Rettungsringe vom Heck, als er schließlich an Backbord über Bord ging. Nachdem Messenger ungefähr 10 Minuten abgewartet hatte um sicherzugehen, dass der Mast versunken war, ging er wieder ans Ruder und brachte die TEAM JAGUAR auf einen Kurs zwischen 350° und Nord. Auf diese Weise kam der Seegang 45° achterlicher als querab von Backbord, also schräg von hinten, eine erträgliche Richtung.

Die Segler motorten etwa anderthalb Stunden lang stetig voran und befürchteten ständig, von einer Monstersee umgeworfen zu werden. Schließlich war es soweit. Blitzartig, wie aus dem Nichts, jagte die Welle heran. Sie packte das Heck der TEAM JAGUAR, und das Schiff schnitt mit dem Bug fast bis mittschiffs unter, bevor es zur Seite geworfen wurde. Die mastlose Yacht holte mehr als 90° über. Zwei Besatzungsmitglieder – ein Mann, der bei den Niedergangsschotten saß, und einer von der Steuerbordseite der Plicht – wurden vom brechenden Wellenkamm erfasst und über Bord geschleudert. Sobald der Rumpf sich wieder aufgerichtet hatte, packte man die beiden eilig an ihren Sicherungsgurten und zog sie zurück ins Cockpit. Messenger dachte, dass die Maschine einfach nur abgewürgt worden sei, doch es war alles viel schlimmer: Einer der beiden über Bord Gefallenen hatte bei seinem Sturz nach einer in der Plicht befestigten Segeltuchtasche gegriffen, in der ein Großteil der Schoten und anderen Leinen steckte. Das Tauwerk war aus der Tasche herausgeplatzt, hatte sich um die Schraube gewickelt und dabei den Motor erfolgreich und langfristig lahmgelegt. Später in Eden sollte ein Taucher eine volle Stunde brauchen, um das Taugewirr zu beseitigen.

Die 13 Segler unter Deck, viele von ihnen chronisch seekrank, waren kreuz und quer durch die Kajüte geschleudert worden. Eine Tonne Wasser oder mehr waren durch eine Lücke zwischen den Steckschotten, durch ein Loch, wo in der Plicht das Instrumentenbrett gewesen war, durch die Mastöffnung im Deck sowie durch Austrittsöffnungen für Trimmleinen unter Deck gelangt. Immerhin war trotz des ungeheuren Drucks, der auf dem Vorschiff gelastet haben muss, das Vorluk nicht eingedrückt worden. Das gesamte Deck jedoch war 15 cm ins Boot gepresst worden und der Decksbalken über der Pantry gebrochen. Zudem war durch den Druck der senkrechte Haltepfosten im Salon unterhalb des Decks abgeschert.

Nun saß die 18-köpfige Besatzung ohne Motorantrieb, ohne Funkverbindung und ohne ihre Position zu kennen auf dem schwer beschädigten Schiff. Der letzte verbliebene Weg, um mit der Außenwelt in Verbindung zu treten, das EPIRB-Gerät, wurde eingeschaltet. Während einige Leute anfingen zu pumpen und zu schöpfen, versuchten zwei andere eine Peitschenantenne für das Kurzwellengerät anzubringen. Glücklicherweise hatten sie Erfolg, sodass man bald mit der Wettfahrtleitung auf der YOUNG ENDEAVOUR in Verbindung stand und sie über die Lage informieren konnte.

***

Der Fischer Locky Marshall, der seit 15 Jahren von Eden aus fischte, hatte bereits häufig übles Sydney-Hobart-Wetter erlebt. Als er am frühen Nachmittag des 27. Dezember den Polizeiwagen an seinem Haus vorfahren sah, ahnte er, dass es um Hilfeleistung ging. Sergeant Keith Tillman von der örtlichen Polizei teilte ihm mit, dass eine Yacht, die TEAM JAGUAR, in der Bass-Straße in Schwierigkeiten sei. Ohne zu zögern begab sich Marshall mit Tillman in sein Büro am Fischereihafen von Eden.

Die MOIRA ELIZABETH, der kräftige, robuste 70-Fuß-Stahlfischkutter, den Marshall betrieb, war gerade unterwegs nach Gabo Island, um Schutz vor dem Sturm zu suchen. Das Schiff war auf dem Weg nach Portland an der Bass-Straßen-Küste von Victoria gewesen und vom Wetter zum Rückzug gezwungen worden. Marshall rief Tom

Biddy, den Kapitän des Trawlers, über Funk an und fragte ihn, ob er der TEAM JAGUAR zur Hilfe kommen könne. Anfangs war Biddy wortkarg, weil der Sturm so heftig war und weil es so lange dauern würde, die Yacht zu erreichen. Marshall erklärte ihm jedoch, dass 18 Menschen an Bord seien, die verzweifelt auf Hilfe durch ein Schiff angewiesen seien.

Also gab Biddy auf der MOIRA ELIZABETH Steuerbordruder, woraufhin sich der große Kutter durch die furchterregende See in die Bass-Straße hinausboxte. Die Fahrt betrug nur noch fünf Knoten. Der Fischer zeichnete den ungefähren Standort der TEAM JAGUAR ein und versuchte dann, den Driftweg der Yacht bei den herrschenden Wetterverhältnissen zu berechnen. Danach bestimmte er die Treffposition und gab als ETA (estimated time of arrival – voraussichtliche Ankunftszeit) 23.00 Uhr an.

Derweil trieb die TEAM JAGUAR weit schneller als es selbst ihre eigene Besatzung voraussehen konnte, gelegentlich mit bis zu sechs Knoten Geschwindigkeit. Was ursprünglich ein genauer Abfangkurs sein sollte, wurde bald zur gefährlichen Verfolgung vor Wind und See. Erst am nächsten Morgen um 4.00 Uhr, als die MOIRA ELIZABETH mit gleißender Decksbeleuchtung und strahlenden Suchscheinwerfern hoch auf einer riesenhaften See erschien, hatte sie ihre Beute zur Strecke gebracht, und erst neun Stunden danach wurde die TEAM JAGUAR, deren Besatzung zum größten Teil noch unter Schock stand, in den Hafen von Eden eingeschleppt – sie waren noch einmal davongekommen.

***

Am frühen Nachmittag des 27. stand die YOUNG ENDEAVOUR knapp südlich von Montague Island, etwa 200 Meilen von Sydney entfernt, und führte kaum mehr als Stützsegel. Die Offiziersmesse war wie in vorangegangenen Jahren für Lew Carter und seine Funkerkollegen zur Funkstation verwandelt worden. Die Messe ist ein sehr bequemer rechteckiger Raum von etwa 3 x 4 m und liegt wenige Meter hinter der Brücke ein Deck unter dem Oberdeck.

Die cremefarbenen Wände hingen voller Erinnerungsstücke, vor allem Plaketten und Bildern, darunter ein signiertes Foto von Königin Elizabeth und dem Herzog von Edinburgh. Dieses Foto und weitere erzählten von den Reisen, Besuchen und Besuchern der ENDEAVOUR im zurückliegenden Jahrzehnt. Carter, Michael und Audrey Brown saßen auf der langen, dunklen, geblümten Polsterbank in einer Ecke des Raums, direkt vor ihnen auf dem Tisch die Funkgeräte – Kurzwelle für weite Entfernungen und UKW für den Nahbereich. Sie bereiteten den turnusmäßigen 14.05 Uhr-Rundruf vor. Carter würde die spezielle Regatta-Wettervorhersage, die vom Wetterdienst in Sydney eingegangen war, an die Yachten durchgeben.

Dreimal täglich, vor jedem Rundruf, empfing die Funkbude eine eigens für die Sydney-Hobart-Wettfahrt zusammengestellte Vorhersage. Darin werden einzelne Bereiche unterschieden, die vom Standort des Feldes abhängen. Die Aufteilung kann von Sydney bis Gabo Island, Gabo bis Flinders Island auf der anderen Seite der Bass-Straße gehen oder von Flinders Island bis Tasman Island. Für die Storm Bay und den Derwent gibt es einen zusätzlichen Wetterbericht.

Carter und Michael Brown lasen den um 12.09 Uhr vom Wetteramt Sydney empfangenen Bericht:

WIND: West bis Südwest, 25 bis 35 kn, in Böen stärker, südlich von Merimbula heute auf 40 bis 50 kn zunehmend. Nördlich von Merimbula am Montag auf 15 bis 25 kn abflauend, südlich von Merimbula im Laufe des Montags auf 25 bis 35 kn.
SEEGANG: 2 bis 3 m, auf freier See im Süden heute auf 4 bis 5 m zunehmend.
DÜNUNG: 1 bis 2 m, im Süden auf 3 m zunehmend.

Eine zweite Wettervorhersage für das Rennen wurde um 12.40 Uhr in Hobart herausgegeben:

VORHERSAGE FÜR DIE NÄCHSTEN 24 STUNDEN: 38° bis 40° Süd: westliche bis südwestliche Winde zwischen 30 und 40 kn, vor der Küste von Victoria örtlich 40 bis 50 kn, Rückgang auf 25 bis 35 kn bis zum frühen Montagmorgen, danach bis zum Mittag auf 20 bis 25 kn.
SEEGANG: 5 bis 6 m, langsam zurückgehend. Südwestliche Dünung von 3 m. Schauer. Mittlere bis gute Sicht.

Etwa zur selben Zeit, um 12.10 Uhr, gab das Wetteramt von Victoria die folgende Vorhersage heraus:

ÖSTLICHE BASS-STRASSE: West- bis Südwestwind, 45 bis 55 kn, nachts auf 30 bis 40 kn abnehmend und morgen auf 20 bis 30 kn.
SEEGANG UND DÜNUNG: 5 bis 7 m, nachts auf 3 bis 5 m zurückgehend und morgen auf 2 bis 4 m.

***

Gegen 14.00 Uhr stimmten auf allen gut 90 Yachten, die noch auf See waren, die Navigatoren ihre Funkgeräte auf die Frequenz der YOUNG ENDEAVOUR ab. Viele der Segler, die sich während ihrer Freiwache in den schmalen Kojen ausgestreckt hatten, spitzten die Ohren und warteten ungeduldig auf die Vorhersage und auf die Nachrichten, was anderswo auf dem Wettfahrtkurs vor sich ging. Alle wollten wissen, wie sie im Vergleich zu ihren stärksten Konkurrenten dastanden. Einige Segler waren jedoch schon zu seekrank, um sich darüber den Kopf zu zerbrechen, denn schon jetzt kletterten die Boote über Wellen von 9 bis 12 m Höhe und brachten dahinter nicht immer eine weiche Landung zustande, so sehr sich die Rudergänger auch abmühten. Oft schoss eine Yacht mit ihrem ganzen Gewicht von 10 oder 20 Tonnen hoch in die Luft, um ins nachfolgende Wellental zu krachen – als würde man mit einem Lastwagen über den Rand einer neun Meter hohen Plattform fahren und auf den Aufprall warten – immer wieder.

Was viele Teilnehmer nicht wussten: In den amtlichen Wetterberichten werden die Windstärken und Wellenhöhen nur als nur Mittel- oder Durchschnittswerte angegeben. Die Windstärken können um einen Faktor von 1,4 höher oder geringer sein. Für die Seegangshöhe beträgt der Faktor 1,86. Nachdem Carter die Wettervorhersage verlesen hatte, begann er turnusmäßig alle Yachten in alphabetischer Reihenfolge nach ihrer Position zu fragen.

Zu diesem Zeitpunkt stand die SWORD OF ORION etwa 70 sm südlich von Gabo Island. Rob Kothe hatte sich am Kartentisch festgekeilt. Jede gigantische See – die höchsten erreichten über zwölf Meter – drohte ihn von seinem Sitz zu werfen und die ruhenden Besatzungsmitglieder aus den Kojen zu schleudern. Die beiden Segler, die an Deck Wache hatten, waren mit ihren Gurten sicher an festen Beschlägen eingepickt. Sie waren schon seit dem frühen Morgen in

»Sturmbetrieb« und hatten bisher der Seekrankheit trotzen können. Kothe trug alle Informationen zusammen und war permanent damit beschäftig, die Wetterentwicklung bis zum Nachmittag einzuschätzen, wozu er laufend den Luftdruck beobachtete.

Er war erstaunt, dass niemand über das Wetter gesprochen hatte, bis der Rundruf mit den Positionsanfragen beim Anfangsbuchstaben F angelangt war. Wohl wissend, dass sein Vorhaben ein Verstoß gegen das für die Wettfahrt festgelegte Funkverfahren wäre und auch als Unterstützung anderer Yachten von außen angesehen werden könnte, wollte er etwas sagen und andere warnen. Alle Regelungen und Vereinbarungen schienen zweitrangig gegenüber der Handschrift des Sturmwirbels auf der vor ihm liegenden Wetterkarte und gegenüber dem, was draußen geschah.

»Es wurden gerade die Yachten aufgerufen, die sechs oder sieben Nummern vor uns auf der Liste standen, als ich unser Windmessgerät 78 kn anzeigen sah«, erinnert er sich. »Wir lagen jetzt ziemlich auf der Seite. Ich hielt es für eine Sicherheitsmeldung. Also gab ich meine Position durch und meldete Lew, dass wir während dieses Rundrufs durchgehend Windstärken über 60 kn hatten, in Böen bis 78 kn.«

Seine eigentlich gegen die Regeln verstoßende Meldung fand überall im Feld einen erschreckenden Widerhall. Zum ersten Mal wussten alle Segler, jeder Navigator und jeder Skipper, dass es sich hier um einen Sturm von fürchterlichem Ausmaß handelte. Die Nachricht schlug bei ihnen wie eine Bombe ein und bestätigte ihre schlimmsten Befürchtungen. Die meisten Yachten standen 30 bis 100 Meilen vor der Küste.

»Grundsätztlich können wir während des Rundrufs kein Gequatsche gebrauchen«, erläutert Carter die Regeln. »Wir versuchen mit den Positionsmeldungen durchzukommen, sonst werden die Funkfrequenzen zu lange blockiert. Trotzdem meine ich, dass Kothe richtig gehandelt hat. Mich und andere vor der Wetterentwicklung zu warnen, die er erlebte, das war lobenswert. Im Anschluss an seine Meldung fragte ich, ob andere Yachten in der Nähe seien und ob sie bestätigen könnten, was die SWORD OF ORION durchgab. Die YENDYS, Eigner Geoff Ross, meldete sich. Sie stand ein kleines Stück nordöstlich der SWORD und bekräftigte die Aussage. Ich sprach dann wieder mit der SWORD und bekam von dort noch einmal die Bestätigung, dass die Böen 80 kn hätten und dass der Seegang sich kräftig aufgebaut habe. Brecher schlugen über das Boot, aber die Besatzung zeigte noch keinerlei Besorgnis.

In Anbetracht der Gegebenheiten und der Tatsache, dass ich für den Funkverkehr verantwortlich war, nahm ich es auf meine Kappe, allen teilnehmenden Skippern über Funk vorzuschlagen, ihre Situation zu überdenken. Ich legte ihnen nahe, ihre Lage genau abzuschätzen, weil die Nacht hereinbrach, der Seegang zunahm und weil bekannt war, dass der Wind weiter voraus auf dem Kurs noch schlimmer sein würde. Ich schlug vor, bei irgendwelchen Anzeichen von Motorproblemen, Schwierigkeiten mit dem Rigg oder Seekrankheit unter Land zu gehen, nicht unbedingt auszuscheiden, aber für den Abend bis zu einer Wetterbesserung Schutz zu suchen und vielleicht anschließend das Rennen fortzusetzen. Das wiederholte ich mehrere Male. Zu diesem Zeitpunkt entschlossen sich eine ganze Menge Yachten unter Land zu gehen oder aufzugeben.«

In den Wettfahrtregeln der Australian Yachting Federation lautet die Grundregel 4: Jede Yacht ist allein für die Entscheidung verantwortlich, ob sie startet oder nicht und ob sie eine Wettfahrt fortsetzt.

Während all der 25 Jahre, in denen Lew Carter an der Regatta beteiligt gewesen war, davon neun Jahre als Funkoffizier, hatte er so etwas noch nie gesehen oder gehört. Und es war das erste Mal, dass er und die Browns ihre Möglichkeiten neu abwägen mussten. Sie riefen den Kommandanten nach unten und besprachen die eigene Lage. Man beschloss, nicht in die Bass-Straße weiterzusegeln, sondern ein Gebiet nördlich von Eden bis hinunter nach Gabo Island und bis 20 Meilen seewärts der Küste zu überwachen.

***

Kaum mehr als eine Stunde nach den Positionsmeldungen hatte der Sturm zu drehen begonnen. Die Seen waren inzwischen riesig, manche hatten die Höhe sechsstöckiger Häuser. Viele waren fast senkrecht. Sie brachen wie Brandung, die auf einen Ozeanstrand hämmert. Es waren nicht die gewöhnlichen, lang rollenden Ungeheuer. Sie hielten sich auch an kein bestimmtes Schema. Die Wellen erzeugten ein tiefes, mächtiges Grollen, und der Wind heulte durch die Takelage. Yachten unter ihren kleinsten Segeln wurden vom Wind beharkt und vom Seegang gebeutelt und lagen gefährlich weit über.

Die meisten Boote hatten nur ein einziges Sturmsegel gesetzt, entweder eine Sturmfock oder ein Trysegel, um Ruderwirkung zu behalten und über die tobenden Seen steuern zu können. Manchmal musste man Fahrt wegnehmen, um nicht von der weißschäumenden Sturzflut eines Brechers überrannt zu werden. Selbst die Maxis bezogen gnadenlos Prügel. Larry Ellison auf der SAYONARA hatte noch Nichts dergleichen gesehen und verhielt sich dementsprechend äußert fahrlässig: Man ertappte ihn an Deck ohne Gurt. Er konnte von Glück sagen, dass er nicht über Bord gespült wurde.

Hugh Treharne, siegreicher Taktiker beim America's Cup und alter Hase im Hobart-Rennen, war durch die Wellen, die er sah, nicht weniger überwältigt – endlose Sechs-Meter-Monster mit Schaumkämmen, die von Horizont zu Horizont zu reichen schienen. Fast jede Bootsbesatzung redete darüber, ob man ausscheiden oder weitermachen sollte. Für die meisten bedeutete das Ausscheiden nichts anderes als dieselben Bedingungen auf dem anderen Bug. Für diejenigen, die weiter östlich standen, war es ein fürchterlicher Kampf, gegen den Wind zurück in Sicherheit zu kommen. Es stand zur Wahl weiterzumachen, umzukehren und unter einem kleinen Sturmsegel mit festgesetztem Ruder beizudrehen oder das Boot einfach ohne Segel zum Treiben zu legen.

***

Die robuste kleine CANON MARIS wurde mit dem Wetter bewundernswert fertig und kam im Laufe des Nachmittags bis weit in die Bass-Straße hinein. Während die Yacht sich unter Fock und gerefftem Besan gut hielt und nach berechneter Zeit an zweiter Stelle lag, ärgerte Ian Kiernan sich über sich selbst. Sollte sich das Wetter noch weiter verschlechtern, würde es unter Umständen das Sicherste sein, einen Seeanker auszubringen und den Sturm abzureiten. Ein See- oder Treibanker, auch Lenzsack genannt, ist eine Vorrichtung, mit der man ein Boot verlangsamen kann. Er hat die Form eines Trichters – früher war es meist ein großer Segeltuchschlauch, der einem Windsack ähnelte – und kann hinter dem Boot knapp unter Wasser nachgeschleppt werden. Moderne Rennyachten haben so sperrige Ausrüstungsgegenstände nicht an Bord.

»Ich merkte, dass ich einiges von der guten Seemannschaft vergessen hatte, die ich auf dieser Yacht über die Jahre gelernt hatte«, erinnert sich Kiernan. »Früher hatte ich immer einen alten Autoreifen als Seeanker an Bord und dazu rund 100 m kräftiger Polypropylentrosse. Ich habe extra eine Hahnepot, die ich über die größten Winschen in der Plicht legen kann. Die Hahnepot schleppt hinter dem Heck nach. Daran macht man die Polypropylentrosse mit dem Seeanker oder dem Autoreifen fest – wenn man will, sogar einen richtigen Anker mit Kette – und wettert den Sturm einfach ab. Dadurch wird das Schiff langsamer, hält den Spiegel gegen die anlaufende See und lässt ihn dennoch hochkommen. Weil der Seeanker in Höhe der Plicht befestigt ist und nicht ganz achtern, kann der Rumpf in der See arbeiten wie an einem Scharnier: Das Heck kann sich mit jedem ankommenden Wellenkamm heben. Das hat mir Jack Earl beigebracht. Als die Lage in der Bass-Straße schlimmer wurde, sagte Dick: ›Wir müssen die Fahrt verringern.‹ Doch ohne Seeanker konnte ich mit der Fahrt nur heruntergehen, indem ich eine winzige Sturmfock setzte, und genau das taten wir. Ich wollte kein Trysegel setzen, denn damit wären wir irrsinnig übertakelt gewesen. In diesem Fall hätten wir den Besan einpacken müssen, und das Boot hätte nicht mehr ausgeglichen im Ruder gelegen.«

***

Das Leben auf einer Hochseeyacht ist bestenfalls beengt, bei rasendem Sturm aber ist es erbärmlich. Ein Teil der Besatzung wird durch die Seekrankheit lahmgelegt. Diese Bedauernswerten liegen fast im Koma und können sich nicht selbst helfen, geschweige denn irgendetwas zur Handhabung des Schiffs und zum Überleben beitragen. Oft müssen sich widerstandsfähigere Mitsegler nicht nur um das Boot, sondern auch um die Seekranken kümmern. Das Leben unter Deck ist elend. Man stelle sich zehn Menschen in einem sehr schmalen, winzigen Wohnwagen vor. Es gibt kaum Stehhöhe, und weil die Kojen nicht ausreichen, liegen die meisten Leute auf nassen Segelsäcken auf dem Fußboden. Alles ist durchnässt, Menschen erbrechen sich und stöhnen. Diese Szenerie wird zudem von haushohen Wellen gerüttelt, geschüttelt und herumgestoßen. Dann stimmen die Leidenden darin überein, dass die Freuden des Hochseerennsegelns zu den bestgehüteten Geheimnissen der Welt gehören.

Dave Haworths Erlebnisse auf der FOXTEL-TITAN FORD zeichneten ein ernüchternd klares Bild von dieser Misere. Für ihn gehört das Hobart-Rennen zum Berufsrisiko. Er ist ein sehr begabter Fernseh-Kameramann, der zufällig gern segelt. Es überrascht kaum, dass er zu den Ersten gehört, die gerufen werden, wenn es darum geht, auf einer teilnehmenden Yacht mitzusegeln und Bilder für die Nachrichten und die Wettfahrtberichte einzufangen. Das Rennen 1998 war sein fünftes und rauestes, aber, wie er sich erinnert, dachte an Bord niemand ans Umkehren, selbst als es am schlimmsten war.

»Als die Scheiße richtig begann, ging alles drunter und drüber. An Bord ist dann die Hölle los. Es fängt schon damit an, dass man sich nicht auf den Beinen halten kann. Das ganze Boot wird ununterbrochen heftig bewegt. Einen Augenblick steht man in der Kajüte und hält sich fest, und ehe man weiß, wie einem geschieht, ist man in seine Koje geschleudert worden oder mit dem Kopf voran an den Herd. Auf diese Weise wurden viele Leute verletzt, darunter Stan Zemanek, ein weiterer Mann und ein Mädchen auf unserem Schiff. Man kann sich wohl festhalten, aber soweit ich sehe, ist der Fußboden der einzig sichere Platz. Du hältst dich fest, dann schießt das Boot über eine Welle hinaus und fällt beinahe im freien Fall einfach so hinunter. Du stehst noch immer an derselben Stelle, aber das ganze Boot hat sich urplötzlich um dich herum bewegt. Wenn es dann ins Wellental kracht und gestoppt wird, bewegst du dich noch immer. Du kommst nach. Du glaubst dich an einer sicheren Stelle, aber es gibt keine.

Unter Deck sind überall Menschen. Es ist eine Katastrophenszene, einfach widerwärtig. Eine Menge Leute sind wie tot, nehmen die Außenwelt nicht mehr wahr. Sie liegen in ihren Kojen und geben keinen Mucks von sich. Sie rühren sich nicht. Alles ist nass, zumindest feucht. Wasser spült auf den Bodenbrettern umher. Bei uns lief überall Dieselkraftstoff herum, weil einer der Tanks aufgeplatzt war. Dadurch wurde das Ganze noch gefährlicher. Es war wie auf einer Eisbahn. Alles war rutschig.«

Diejenigen, die dazu in der Lage waren, taten was sie konnten, um das übelriechende Gebräu aus der Bilge zu entfernen. Dave Haworth musste dafür büßen.

»Einer der Leute, es war Tony, hatte einige Zeit die Bilge ausgeöst, also dachte ich, ich müsse mein Teil beitragen und ihm helfen«, berichtet Dave. »Er reichte mir einen Eimer, der verdammt voll war, bis eine Handbreit unter den Rand. Ich begann diese Pütz von der Kajüte aus durch den Niedergang Johnno zuzureichen, der an Deck stand, um den Inhalt über Bord zu kippen. Genau in dem Moment fiel das Schiff ins Wellental. Johnno hatte den Eimer noch nicht richtig im Griff, sodass sich die ganze Brühe von Kopf bis Fuß über mich ergoss. Ich hatte eine Latz-Ölhose an, und der vordere Latz war locker, sodass er wie ein Trichter wirkte. Ich merkte, wie das Ganze vorn und hinten und durch die Hosenbeine an mir herunterlief. Erbrochenes, Pisse, Diesel und Salzwasser. Das war wirklich gemein, der Tiefpunkt des Rennens. Ich ging nur an Deck, saß in der Plicht und wartete darauf, dass mich ein paar große, grüne Wellen überspülten. Es machte mir nichts aus, dass meine Thermounterwäsche und die anderen Sachen triefnass waren. Ich konnte mich nicht ausstehen. Ich brauchte einfach den Spülwaschgang.«

***

Am späten Nachmittag fürchteten die Yachtbesatzungen etwas Neues: die Dunkelheit. Auf der SWORD OF ORION wie auf vielen anderen Booten beobachtete die Mannschaft, wie das Barometer weiter absackte. Es näherte sich 982 hPa. Die Wetterfaxe bestätigten nur, was jeder schon wusste: Sie waren in einen brodelnden Hexenkessel geraten.

Zweiter Teil

Die Katastrophe ist unausweichlich

Als Lew Carter am 27. Mit dem 14.05-Uhr-Rundruf begann, hörte die Freiwache auf der südaustralischen Yacht VC OFFSHORE STAND ASIDE mit gespannter Aufmerksamkeit am Funkgerät zu. Die Segler wollten nicht nur ihre Position melden und zugleich jedermann wissen lassen, dass sie wohlauf waren, sie brauchten auch die neueste Wettervorhersage. Außerdem interessierte sie, wie sie im Vergleich zu anderen Yachten aus Adelaide standen. Um den Funkverkehr so kurz wie möglich zu halten, rief Carter den Namen jeder einzelnen Yacht auf und wartete auf die Antwort. Jedes Schiff meldete sich mit ihrem Namen, um dann den Schiffsort nach Länge und Breite durchzugeben. Michael und Audrey Brown notierten, jeder für sich, die Positionen, um sie zur Kontrolle später vergleichen zu können.

»VC OFFSHORE STAND ASIDE«, rief Carter.

Keine Antwort.

»Nichts zu hören«, sagte er, bevor er zur nächsten Yacht überging. Am Schluss des Durchrufs nahm er sich noch einmal die Boote vor, die ihre Position nicht gemeldet hatten, und rief STAND ASIDE erneut, doch noch immer hörte man nichts. – Die STAND ASIDE war gerade das erste Opfer der Regatta geworden.

Die von Jim Hallion gesegelte 41-Fuß-Slup war eine Glasfaser-Kompositbauweise aus Neuseeland. Sie gehörte zur »Young 12«-Klasse – eine gedrungene, verhältnismäßig leichte Konstruktion, die für ihre Geschwindigkeit vor dem Wind berühmt war. Hallion, sein Bruder Laurie und ein Freund hatten das Schiff kurz nach dem Bau im Jahre 1990 gekauft und mit einigem Erfolg an Regatten im St Vincent-Golf in der Nähe von Adelaide und quer über den Spencer-Golf nach Port

Lincoln teilgenommen. Unvermeidlich wurde das Sydney-Hobart-Rennen als Ziel angepeilt. 1998 sollte die Yacht dabei ihr Debüt geben.

Ursprünglich war vorgesehen, das Boot nach Sydney zu segeln, deshalb lief es Anfang Dezember in Adelaide aus. Zur Besatzung gehörten einige derjenigen, die während des Hobartrennens an Bord sein sollten, und ein paar Freunde. Trevor Conyers, ein fähiger Hochseesegler, aber im Hobart-Rennen ein grüner Junge, war während der Überführung nach Sydney an Bord. Wetter und See waren einigermaßen ruhig, bis das Schiff Cape Jervis erreichte, wo man beschloss, für die Nacht Wirrinya anzulaufen und die örtliche Kneipe anzusteuern, um am folgenden Morgen nach Wetterbesserung wieder auszulaufen.

Das Wetter besserte sich nicht, aber die Crew segelte trotzdem am nächsten Tag weiter und erreichte gegen Mittag Kangaroo Island. Dort ankerte man direkt am östlichen Ende der Insel, um zu essen. Jim Hallion hatte sich eine hartnäckige Virusinfektion eingefangen. Als gegen 20.00 Uhr wieder die Segel gesetzt wurden, verschlechterte sich sein Zustand rapide. Bald forderte das scheußliche Wetter bei der Mehrzahl der Besatzung seinen Tribut, sodass man beschloss, nach Wirrinya umzukehren. Conyers musste das Boot dorthin fast als Einhandsegler zurückbringen. Wegen Hallions Zustand, weil die Zeit für den Törn nach Sydney immer knapper wurde und weil schlechtes Wetter das Schiff noch länger aufhalten konnte, beschloss die Mannschaft, nach Adelaide zurückzusegeln und das Boot auf einen LKW zu verladen.

Eine Woche vor dem Start der Sydney-Hobart-Regatta lag die STAND ASIDE aufgetakelt und regattaklar im Hafen des C.Y.C. Die Besatzung war gut gelaunt und zuversichtlich. Einer der Segler, der 45-jährige Mike Marshman, Vater dreier Kinder, hatte erst vor sieben Jahren mit dem Segeln angefangen. Dies sollte sein zweites Hobart-Rennen werden. Vor seiner ersten Teilnahme 1997 auf Gary Shanks DOCTEL RAGER hatte er stolz bekannt gegeben: »Ich werde nicht seekrank und ich bekomme es nicht mit der Angst.« – Nach dem Rennen von 1998 war er nicht mehr ganz so selbstsicher...

Während der Rauschefahrt entlang der Küste am 26. brüllte die STAND ASIDE-Besatzung vor Begeisterung, als die Yacht auf einem maßgeschneiderten Spinnakergang eine Durchschnittsfahrt um die

18 kn erreichte. Im auffrischenden Seewind standen prall Spinnaker und Großsegel, als die STAND ASIDE von einer kräftigen mitlaufenden See geschoben wurde und Hunderte von Metern die Wellenhänge hinab surfte. Diese Segelei brachte Spaß. Während die Segler den Weg zwischen zwei eindrucksvollen Gewittern hindurch suchten, hörten sie regelmäßig den Funk ab, waren aber wie viele andere Teilnehmer noch immer nicht ganz sicher, was bevorstand. Am Morgen des 27. war die STAND ASIDE »ganz nett platziert«. Mit zunehmender Windstärke und wachsendem Seegang wurde die Segelfläche entsprechend verringert. Das Boot wurde mit dem Wetter erstaunlich gut fertig und schoss nur dann und wann über einen Wellenkamm hinaus. Die zwölf Besatzungsmitglieder hatten es alles andere als bequem, waren aber mit dem Verhalten und der Leistung ihrer Yacht zufrieden. Bis zum frühen Nachmittag trug das Schiff eine Sturmfock, dann schien das schlechte Wetter sich innerhalb weniger Minuten in ein Unwetter zu verwandeln. Die Böen legten zu. Anfangs wurden 55 kn gemessen, danach 60 und bald 70 kn.

Mit der Sturmfock führte die STAND ASIDE zu viel Segelfläche und wurde jedes Mal beim Überklettern eines Wellenkamms auf die Seite gelegt. Daher wurde beschlossen, auch dieses letzte Segel zu bergen und bis zu einer Wetterbesserung vor Topp und Takel abzulaufen. Bis dahin war nicht die Rede davon, aufzugeben oder nach Eden umzukehren. Es war 13.00 Uhr, und das Boot stand schon ein gutes Stück in der Bass-Straße. Die Segler wussten, dass sie gegen Mitternacht vor der Tasmanischen Küste sein würden, wenn sie bald wieder Segel setzen und Fahrt aufnehmen konnten. Wie auf den meisten anderen Yachten bei so bösartigem Wetter hatte ständig ein Mann Seegangswache, weil der Rudergänger bei fast waagerecht peitschendem Regen und Gischt nicht gegen den Wind blicken konnte. Der Seegangswächter rief dem Rudergänger zu, in welchem Winkel er die herannahende See am besten nehmen sollte. Was niemand an Bord gern an Deck hörte war: »Das wird ein Brecher!«

Während das Wetter laufend schlechter wurde, standen zwei Möglichkeiten zur Wahl: entweder 10 oder 12 Stunden zurück nach Eden oder etwa 8 Stunden voran zur gegenüberliegenden Seite der Bass-Straße. Sie entschieden sich für die Flucht nach vorn. Weil kein Segel gesetzt war, fing die STAND ASIDE an, sich höchst unberechenbar zu benehmen. Es war schwierig, auf die Riesenseen hinauf und darüber hinweg zu steuern, sodass der Rudergänger beschloss, dem Boot seinen Willen und es den eigenen Weg an den Wellenhängen hinab finden zu lassen. Das Ruder wurde nur eingesetzt, wenn es möglich war.

Die meiste Zeit suchte sich die STAND ASIDE einen Kurs, der eher nach Neuseeland als nach Tasmanien führte. Niemand hatte Lust auf der anderen Seite der Tasmansee anzukommen und im Flugzeug heimzukehren, also wurde die Sturmfock erneut gesetzt. Bei mehr als 70 kn Wind und kolossalen Seen, die das Boot umherwarfen, dauerte es 40 Minuten, bis das Segel wieder stand. Kurz vor dem 14.05-Uhr-Rundruf lief die STAND ASIDE wieder näher am gewünschten Kurs. Rod Hunter und Andy Marriette hatten sich an Steuerbord, dicht am unteren Ende des Kajütniedergangs, in der winzigen Navigationsecke verkeilt und warteten auf den Beginn der Positionsmeldungen.

Die Vorhersage von der YOUNG ENDEAVOUR passte auf keinen Fall mit dem zusammen, was die Crew der STAND ASIDE mitmachte. Hunter und Marriette sprachen über die Kluft, die offenbar zwischen Vorhersage und Wirklichkeit bestand, und waren sich einig, dass ihr Boot nach seiner Position unmittelbar am Rand des Tiefdruckkerns stand. Sie stimmten aufgrund der Vorhersage auch darin überein, dass die Verhältnisse sich eher früher als später bessern würden. Sie wussten, dass zahlreiche Yachten aufgegeben hatten, waren aber nicht überrascht, als sie hörten, wie sich die SWORD OF ORION meldete und das Feld vor den erlebten 78 kn Wind warnte.

»Die YOUNG ENDEAVOUR hatte schon ungefähr drei Viertel der Yachten aufgerufen, als ich einen der Leute an Deck höchst beunruhigt rufen hörte: ›Eine ganz schlimme See, aufpassen!‹«, erinnert sich Marriette. »Das Schiff hob sich immer weiter, dann wurden wir überrollt und kenterten schnell durch. Der Lärm war entsetzlich – zuerst das Wasser, das sich wie ein Sturzbach durch den Niedergang ins Boot ergoss, danach dieses knackende und reißende Geräusch, als Deck und Kajütdach aufplatzten.«

Das Kajütdach war buchstäblich implodiert. Als das Boot durchkenterte, hatte der Wasserdruck ein riesiges Stück des Kajütdachs vor dem Schiebeluk weggerissen. Dieser Teil hing wie eine übergroße Falltür herunter und hielt Hunter wie Marriette am Kartentisch fest. Zu Marriettes großem Erstaunen fand er sich, als die Yacht sich wieder aufgerichtet hatte, an derselben Stelle und in derselben Haltung wie vorher – noch immer hielt er das Mikrofon des Funkgeräts in der

Hand. Sofort gingen die beiden daran, sich aus der Navigationsecke hinauszukämpfen, um sich selbst und alle anderen, die vielleicht noch an Bord waren, zu retten. Bob Briggs stürzte aus der Kajüte und begann wie bei einem Appell Namen aufzurufen. Er wollte sichergehen, dass noch alle an Bord waren, aber zu seinem Entsetzen sah er in den Wellen John Culley verzweifelt auf das Boot, das jetzt ein Wrack war, zuschwimmen. Culley war gerade dabei gewesen, an Deck zu gehen und seinen Sicherheitsgurt an einem Beschlag einzupicken, als die STAND ASIDE durchkenterte.

Mike Marshman gehörte zu den acht Seglern, die an Deck waren, als die urweltliche Monstersee aus dem Nichts herandonnerte. Wie er sich erinnert, hatte er sich so rechtzeitig umgedreht, dass er die Welle kommen sah, doch wusste er, dass dagegen nichts auszurichten war. Der Wellenkamm brach und schleuderte ihn tosend mit unwiderstehlicher Gewalt in die Luft. So schnell das Boot gekentert war, richtete es sich wieder auf und zerrte ihn dabei an seinem Gurt durchs Wasser, wodurch er unter die Takelage geriet. Instinktiv griff Marshman sich an die Brust und suchte den Karabinerhaken seines Gurtes. Dann fiel ihm eine Regel aus der Anfangszeit seiner Segelausbildung ein: Immer am Boot bleiben. Er spürte, wie der Riggdraht, der sich um seinen rechten Arm gewickelt hatte, locker wurde. Also versuchte er seinen Arm aus dem Draht zu winden. Die Törns weiteten sich, und bevor er es ganz mitbekommen hatte, war das Ende des dünnen flexiblen Drahts, der ihn festgehalten hatte, von ihm abgerutscht. Die Leute an Deck sahen seinen Kopf plötzlich den Wasserspiegel wie einen unter Wasser losgelassener Ballon durchbrechen. Beim Auftauchen bemerkte Marshman direkt neben sich im Wasser Simon Clarke. Auch er war unter Wasser, weniger als einen Meter entfernt, von der Takelage festgehalten worden. Marshman sah vor sich den in der Mitte zusammengeknickten Großbaum und griff mit der rechten Hand nach einer Relingstütze.

John Culley schwamm luvwärts der Yacht im Wasser. Seine wild rudernden Arme und ein paar große Wellen beförderten ihn ziemlich schnell zur STAND ASIDE zurück. Andere Besatzungsmitglieder packten ihn und zerrten ihn an Bord. Der Rest der Decksmannschaft hing nach der Kenterung noch an den orangefarbenen Sorgleinen ihrer Sicherungsgurte an der Bordwand. Einen nach dem anderen zog man aus dem Wasser und ließ ihn ohne viele Umstände an Deck plumpsen.

Marshman hatte sich noch gar nicht bemüht, wieder an Deck zu kommen. Er hielt sich nur weiterhin an dem abgebrochenen Unterteil der Relingstütze fest und schaukelte im Wasser, während er sich ständig ins Gedächtnis rufen musste, dass er noch lebte. Als Hayden Jones ihm zur Hilfe kam, bemerkte Marshman das Blut, das aus einem seiner Finger floss. Er hatte vom Ringfinger seiner rechten Hand etwa die Hälfte des Endgliedes verloren. Und doch verspürte er keinen Schmerz. Andy Marriette, ein ausgebildeter OP-Krankenpfleger, stellte fest, dass noch andere verletzt waren. Bei Clarke war der Knorpel des Fußknöchels geschädigt. Bob Briggs hatte zwischen den Augen eine ernst zu nehmende Stirnwunde, Trevor Conyers eine klaffende Wunde am Hinterkopf und Marriette selbst einen üblen Schnitt am Daumen.

Diejenigen, die noch unter Deck waren, standen bis zur Hüfte im Wasser. Schotten und ein großer Teil der Einrichtung und inneren Aussteifungen des Bootes hielten nicht mehr, und die Bordwände beulten sich mit jeder vorbeiziehenden See ein und aus. Teile des Kajütdachs und Decksstücke schwammen herum. Rasiermesserscharfe Carbon- und GFK-Stücke drohten in Hände, Finger und Beine zu schneiden. Bodenbretter und Proviant treiben ebenso wie Kleidungsstück durch die Gegend, Kojen hatten sich von den Bordwänden losgerissen, aus dem Motor ergoss sich Dieselkraftstoff, und die Batterien standen unter Wasser.

Es gab kaum Zweifel, dass die STAND ASIDE früher oder später sinken würde, sodass beschlossen wurde, die Rettungsinsel aufzupumpen. Die erste schwarz-orangefarbene 6-Mann-Rettungsinsel, die unter Deck verstaut gewesen war, wurde ausgelöst, entfaltete sich und blies sich in wenigen Sekunden auf. Sie hing mit einer Fangleine am Heck. Die zweite Rettungsinsel, ein nagelneues Stück, war an Deck gefahren worden. Sie wollte sich nicht aufblasen! Ungläubig beobachtete die Besatzung die immer verzweifelteren Versuche, die Insel zu öffnen. Selbst die Handauslösung funktionierte nicht. Nichts half.

Als Nächstes riss zum Entsetzen der Segler die am Behälter der Insel befestigte Fangleine. Die 12-köpfige Besatzung des in gnadenlos tobender See allmählich sinkenden Bootes hatte jetzt nur eine einzige 6-Mann-Rettungsinsel zur Verfügung. So wurde die Yacht wieder zur einzigen echten Überlebenshoffnung. Alles hing davon ab, das Schiff über Wasser zu halten.

Schwere Bolzenschneider wurden an Deck geschafft, und innerhalb weniger Sekunden durchtrennten ihre mächtigen Schneidbacken Riggteile aus massivem Metall wie Karotten. Die Takelung wurde gekappt, um den Mast loszuwerden. Als er fort war, konnten immerhin Bruchstücke des Aluminiummastes kein klaffendes Loch in den Rumpf mehr stanzen. Unter Deck schöpften zwei Leute ununterbrochen mit Eimern, während man zwei weitere an die Handpumpen gestellt hatte. Alles Entbehrliche wurde über Bord geworfen, denn das Schiff musste unbedingt so leicht wie möglich gemacht werden. Ebenso wichtig war es, eine Treibgutspur zu hinterlassen. Sollte die STAND ASIDE sinken, würde das Treibgut den Rettungsmannschaften die Suche nach Überlebenden erleichtern.

Die Notfallbeutel mit unerlässlichen Vorräten für die Rettungsinsel wurden an Deck gebracht. Man fand ein UKW-Handfunkgerät. Charles Alsop hatte keine andere Aufgabe, als ununterbrochen »Mayday« zu senden. Mitten in dem Durcheinander tauchte in der Kajüte zwischen Hunters Beinen eine wasserdichte Kamera auf, mit der er dann einige Fotos machte, wie man sie sich erschreckender und anschaulicher kaum vorstellen kann.

***

Gary Ticehurst, der Pilot des Fernsehhubschraubers, hatte mit seinem Berichterstatter und Kameramann die Filmaufnahmen des Tages beendet und war auf dem Weg zurück nach Mallacoota zum Auftanken. Es war später Nachmittag, und trotz einiger spektakulärer Aufnahmen war Ticehurst beunruhigt. Er hatte die FOXTEL-TITAN FORD beim Kampf mit 60 kn Wind und 15 m hohen Wellen gefilmt und fasziniert die HELSAL II beobachtet, die sich ebenfalls durch den Sturm quälte.

»Wir flogen zurück nach Mallacoota um aufzutanken, den Reporter in ein kleines Flugzeug umsteigen und mit seinen Videobändern nach Merimbula zurückfliegen zu lassen«, erinnert sich Ticehurst. »Er wollte an diesem Abend unbedingt über die Bass-Straße nach Flinders Island, weil die Spitzenreiter wahrhaftig schnell segelten. Ich weiß noch, dass ich ihn erst davon überzeugen musste, dass wir während der Nacht besser bleiben sollten, wo wir waren. Ich machte mir etwas Sorgen über die Windstärken, die wir beim Überfliegen der Meeresstraße antreffen würden. Wichtiger aber war: Meine Erfahrung sagte mir, dass sich die dramatischsten Ereignisse direkt vor der Küste abspielen würden, wo wir uns befanden.«

Fünf Minuten später raste ein Polizeiwagen über den Asphalt auf sie zu. Die Polizisten fragten Ticehurst, ob er mit seinem Helikopter mit Alarmstart auf See hinausfliegen könne. Die australische Rettungsleitstelle AusSAR habe ein EPIRB-Signal und einen Mayday-Ruf empfangen. Gegen 15.00 Uhr schoss Ticehurst von Mallacoota aus ab wie eine Rakete – mit 60 kn Rückenwind erreichte er 180 kn Geschwindigkeit über Grund. Bei der Annäherung an das Suchgebiet waren die Männer in dem Hubschrauber sicher, dass sie in einen kleinen Wirbelsturm hineinflogen. Die Maschine wurde mit dem Wetter gut fertig, und es war beruhigend, dass auch ein Flächenflugzeug an Ort und Stelle war und aus der Luft suchte. Beide Maschinen entdeckten die STAND ASIDE gleichzeitig etwa 40 Meilen östlich von Mallacoota.

Während Ticehurst tiefer herunterging, um näher heranzukommen, stellte er Funkkontakt mit der havarierten Yacht her. Sein Hubschrauber war nicht mit einer Rettungswinde ausgerüstet, deshalb funkte er AusSAR an, berichtete über den Zustand und die Position der STAND ASIDE und dass Verletzte an Bord waren. Ticehurst erfuhr, dass ein Rettungshubschrauber unterwegs war, und ärgerte sich nicht zum ersten Mal darüber, dass sein Hubschrauber keine vollständige Rettungsausrüstung besaß. Schon lange hatte er sich darüber so viele Gedanken gemacht, dass er eigene, inoffizielle Vorkehrungen getroffen und eine selbst gebastelte Leiter angebracht hatte. Während der ABC-Helikopter wie ein Schutzengel über der STAND ASIDE schwebte und auf die Ankunft der Retter wartete, sprach Ticehurst den bedrängten Seglern unter ihm Mut zu.

***

Die SIENA, Eigner Iain Moray, eine GFK-Serienyacht vom Typ Northshore 38, stand 30 Meilen südöstlich von Gabo Island, als der 14.05-Rundruf übertragen wurde. Die Crew war in Hochstimmung, denn sie hatte in 25 Stunden 230 sm geschafft. Die Segler hörten die Vorhersage von 45 bis 55 kn Wind, erlebten zu der Zeit aber schon 75 kn. Deshalb mischte sich in ihre Euphorie wachsende Besorgnis über das, was vor ihnen liegen mochte. Der Navigator der SIENA, der 50-jährige Tim Evans, hatte Mühe, sich auf der hohen Steuerbordseite am Kartentisch festzuklemmen, während die windgepeitschte See auf das Schiff einhämmerte.

Plötzlich drang ein »Mayday« durch den Äther. Es kam von der STAND ASIDE. Moray und seine Mitsegler warteten absichtlich einige Sekunden ab, um zu hören, ob jemand anders antwortete. Das geschah nicht. Dann griff Evans nach dem Mikrofon seines Funkgerätes und bestätigte den Notruf der STAND ASIDE. Auf der SIENA ermittelte man, dass der Havarist voraus lag, nahm Funkverbindung mit dem ABC-Hubschrauber auf und lief dann zur Notfallposition, um Hilfe zu leisten, so gut es ging – wenn es überhaupt ging.

»Wir fanden sie genau auf dem Punkt«, erinnert sich Moray. »Anfangs konnten wir sie wegen des hohen Seegangs nicht ausmachen, aber wir sahen den Hubschrauber und konnten uns nach ihm richten. Tatsächlich bemerkten wir das Boot erst, als wir auf 100 m heran waren. Wir teilten dem Hubschrauber mit, dass wir unseren Motor starteten. Wir hatten vor, in der Nähe zu bleiben und mitzuhelfen, die Leute von der Yacht abzubergen, falls der Hubschrauber es nicht schaffte oder nicht alle aufnehmen konnte. Wir liefen nur unter Sturmfock, und ungefähr die nächste Stunde kreuzten wir rund um die Yacht auf und ab. Wir wussten noch immer nicht, ob der Hubschrauber die Besatzung tatsächlich erreichen konnte. Ich war einer von zwei Leuten an Deck, als dieser Kaventsmann uns erwischte und auf die Seite warf – der Mast kam bis ins Wasser. Tim, der noch am Funkgerät saß und mit dem Hubschrauberpiloten sprach, hörte nicht den Ruf vom Deck: ›Riesensee!‹ Der Sturm war einfach zu laut.«

Das Boot wurde so plötzlich und mit solcher Wucht flachgelegt, dass Evans wie ein Sack Kartoffeln quer durch die Kajüte an den Herd in der Pantry geschleudert wurde. Der Schmerz folgte sofort und war unerträglich. Kein Wunder: Er hatte drei gebrochene Rippen und einen Lungeneinstich. Mühsam kam er wieder auf die Beine und fasste sich. Trotz seiner heftigen Schmerzen kehrte er sofort an das Funkgerät zurück, um die Situation weiterhin zu überwachen. Währenddessen vergewisserte Moray sich an Deck, dass der Rudergänger noch an Bord war. Dann kontrollierte er die Lage unter Deck. Evans Verletzungen erwiesen sich bald als zu schwer, sodass er in eine Koje wankte. Man gab ihm starke Schmerzmittel, um ihm seinen Zustand zu erleichtern, so gut es eben ging. Es war völlig ausgeschlossen, ihn in einer Schlaufe oder einem Gurt hochziehen zu lassen. Also wurde entschieden, Eden anzusteuern.

Maschine und Sturmfock trieben das Boot voran, bis der Motor ausfiel, weil Seewasser durch das Entlüftungsrohr in den Kraftstofftank eingedrungen war. 20 Stunden später erreichte die SIENA die Küste an der bestmöglichen Stelle – bei Bermagui. Evans wurde schnell nach Moruya gebracht, wo er stabilisiert und auf eine Operation vorbereitet wurde. Die Ärzte stellten fest, dass schon eine Lungenentzündung eingesetzt hatte, und deuteten an, dass er ohne ärztliche Hilfe keine weiteren 24 Stunden überlebt hätte.

***

Oben über dem Schlachtfeld kam Gary Ticehurst allmählich selbst in Schwierigkeiten. Weil die Wolkendecke so dick war, brach die Dunkelheit schneller herein als sonst. Auch begann die Kraftstoffanzeige seines Hubschraubers ihn daran zu erinnern, dass es bald Zeit wurde, zur Küste zurückzukehren. Aber er wollte die STAND ASIDE nicht vor der Ankunft des Rettungshubschraubers allein lassen.

***

Die Besatzung des Helimed-Hubschraubers hatte Bemerkenswertes geleistet und ihr Ziel wenig mehr als eine Stunde nach dem Einsatzauftrag erreicht. Als die Maschine eintraf, machte die leckgeschlagene Yacht beängstigend schnell Wasser. Die Besatzung der STAND ASIDE schöpfte unaufhörlich, um ihr Schiff schwimmend zu halten. Die ganze Zeit sahen sie den großen Hubschrauber wie eine riesenhafte Libelle um sich herumfliegen. Die Segler wussten allerdings nicht, dass diejenigen, die ihnen als Retter erschienen, in Wirklichkeit darüber diskutierten, ob sie den Einsatz als zu gefährlich abbrechen sollten. Nach vielem Hin und Her beschloss die Helimed-Mannschaft eine Abbergung zu versuchen und die Lage danach neu zu überdenken. Der 40-jährige Peter Davidson, Vater zweier halbwüchsiger Kinder und seit acht Jahren Mitglied der Helimed-Flieger, sollte der »Lebendköder« werden – der Mann, der als Retter vom Hubschrauber aus hinabgelassen wurde.

Die Crew der STAND ASIDE wurde gebeten, die ersten beiden Männer, die geborgen werden sollten – diejenigen mit den schlimmsten Verletzungen –, in die Rettungsinsel zu schaffen und diese dann an langer Leine ein gutes Stück vom Boot wegtreiben zu lassen. Auf diese Weise wurde das Risiko, dass Davidson an die Bordwand der Yacht schlug, weitgehend vermieden. Zudem war es für den Piloten Peter Leigh auch einfacher, sich auf die Rettungsinsel zu konzentrieren statt auf die Yacht. Davidson hakte sich an den Winschdraht und begann den Abstieg. Gary Ticehurst sah vom Steuerknüppel des ABC-Hubschraubers aus zu und hatte Angst um Davidsons Sicherheit:

»Es war unglaublich schwer für den Hubschrauber, seine Position bei der Yacht zu halten, die ihm in dem 15-Meter-Seegang entgegensprang. In der Rettungsinsel, die mit langer Leine an dem Boot hing, befanden sich zwei Schiffbrüchige. Sie fegte kreuz und quer herum, wurde überspült und umgeworfen. Der Mann am Windendraht musste in die Nähe der Rettungsinsel dirigiert werden. Das war ein Alptraum. Der Mann wurde am Draht des Hubschraubers umhergeschleift und -gezerrt, mal unter, mal über Wasser. Ab und zu wurde er einfach aus dem Wasser gerissen, weil des Wellental tiefer war als der Draht lang. Es dauerte 10 Minuten, bis der erste Überlebende aus der Rettungsinsel geborgen war. Der Retter musste dazu unglaubliche Energie aufbringen. Der Bursche ist ein wahrer Held. Er rettete anschließend noch sieben weitere Menschen. Ich glaube, es dauerte 40 Minuten, bis alle oben waren.«

An seinem Draht war Davidson kaum mehr als ein menschlicher Teebeutel. Nach mehreren erfolglosen Versuchen, ihn in die Rettungsinsel zu dirigieren, wurde er wieder in den Hubschrauber hochgewinscht, um die Sache zu überdenken. Danach wurde er so nahe wie möglich an der Rettungsinsel im Wasser abgesetzt, sodass er sie schwimmend erreichen konnte. So klappte es, und sobald Davidson den ersten Schiffbrüchigen gerettet hatte, war die nötige Zuversicht da. Der Einsatz war für die Hubschrauberbesatzung ebenso gefährlich wie für den Mann am Draht. Der Pilot konzentrierte sich unaufhörlich auf die herannahenden Wellen, denn der Windendraht war kaum lang genug. Manchmal musste der Helikopter in aller Eile Höhe gewinnen, um einen tosenden Brecher unter sich durchziehen zu lassen.

Mike Marshman und Simon Clarke, die beiden Mitsegler mit den schwersten Verletzungen, wurden zuerst geborgen. Sie waren etwa

50 m von der Yacht entfernt, als eine ungeheure See auf sie zu donnerte. Als der Wellenkamm sich überschlug, spannte sich die Leine, mit der sie am Boot gesichert waren, und zerrte sie durch den Kamm. Die beiden waren mitgenommen und innerlich aufgewühlt, aber sie lebten. Davidson mühte sich weiter, bis er seine ganze Beute – acht Schiffbrüchige der STAND ASIDE – im Hubschrauber hatte. Später berichtet er:

»Es gab für mich einige ganz schlimme Augenblicke, so zum Beispiel, als der Hubschrauber von einer Windbö geschüttelt wurde. Ich hatte es gerade geschafft, einem Mann den Gurt anzulegen, als es sich plötzlich anfühlte, als wären wir in eine Explosion geraten. Es war, als hätten wir aufrecht gestanden und wären dann von einer Sekunde auf die andere gepackt und über die Wasseroberfläche geschleudert worden. Wir schossen beide aus der Rettungsinsel, und sobald wir im Wasser schwammen, schlug eines der Wellenungetüme von 15 bis 18 m Höhe über uns zusammen. Ich begriff einfach nicht, was geschah. Ich glaubte, ich hätte mir das Rückgrat gebrochen, dann merkte ich aber, dass ich meine Beine noch spürte. Der Ruck war unglaublich gewesen. Ich dachte, ich hätte den Burschen aus dem Gurt verloren, aber er hing noch drin. Ich schaffte es, ihn mit Armen und Beinen zu umklammern und festzuhalten.« Im nächsten Moment stieg der Hubschrauber plötzlich, sodass Davidson und sein Geretteter raketengleich aus dem Wasser schossen.

***

Während die Helimed-Flieger ihren Teil des Einsatzes zu Ende brachten, traf aus Canberra der Rettungshubschrauber der Hilfsorganisation SouthCare im Luftraum über der STAND ASIDE ein. Er sollte die restlichen vier Segler retten, die noch an Bord waren. Der Pilot war Ray Stone, an der Winde stand Mark Delf, genannt »Delfie«, und als Sanitäterinnen waren Kristy McAlister und Michelle Blewitt an Bord, beides Grünschnäbel im Hubschrauberrettungsdienst. Einige Stunden vorher war der SouthCare-Hubschrauber auf dem Rückflug von Sydney nach Canberra gewesen, als er zu einem neuen Notfall in der Kleinstadt West Wyalong in Neusüdwales beordert wurde. Während die Besatzung sich darauf vorbereitete, West Wyalong anzufliegen, wurde der Einsatz abgeblasen. Die vierköpfige

Besatzung witzelte, dass sie vielleicht einen Rettungsauftrag beim Sydney-Hobart-Rennen bekommen würden. 10 Minuten später traf genau das ein. AusSAR, die Leitstelle, teilte ihnen mit, dass sie in Mallacoota gebraucht würden.

Sofort kehrte die Maschine zum SouthCare-Stützpunkt auf dem Flughafen Canberra zurück, um betankt und mit spezieller Rettungsausrüstung versehen zu werden. Erst als die Flieger in der Luft und auf dem Weg nach Mallacoota waren, wurden sie nach Merimbula umgeleitet. Dort sollte der Hubschrauber »heiß«, also mit laufendem Motor, betankt werden, um danach 60 sm vor die Küste zu fliegen und Helimed bei der STAND ASIDE-Rettung zu unterstützen.

Die 30-jährige McAlister war auf einer Schaf- und Weizenfarm in der Nähe von Quandialla im westlichen Neusüdwales aufgewachsen und 1991 in den Rettungssanitätsdienst eingetreten. 1994 kam sie zu SouthCare und wurde dort eine von 13 Sanitäterinnen und Sanitätern, die für den Hubschrauberdienst ausgewählt wurden, als die Organisation einen Rettungshubschrauber bekam. Auf dem Hinflug nach Merimbula war McAlister zum ersten Mal in ihrem Leben luftkrank geworden. Die Wetterverschlechterung tat ein Übriges.

»Es ging mir gut, bis wir die Yacht fanden und begannen, in engen Kreisen zu fliegen. Wir wollten abwarten, bis der Helimed-Hubschrauber mit dem Aufwinschen fertig war. Es gab wirklich heftige Turbulenzen, und schon war Michelle und mir übel. Ich hatte auch Angst. Ich sollte zuerst abgewinscht werden. Ich beobachtete, was Peter tat und wie sehr er herumgeworfen wurde. Delfie machte dauernd kurze Bemerkungen wie: ›oh, oh, Scheiße..., oh nein!‹ Schließlich hielt ich es nicht mehr aus: ›Kannst du bitte damit aufhören! Ich bin schon jetzt wie versteinert, und du machst es mir noch schwerer‹, fuhr ich ihn an. ›Tut mir leid‹, antwortete er. Danach sagte er kein Wort mehr.«

Sobald der Helimed-Hubschrauber seine Rettungsaktion beendet hatte, ging die SouthCare-Maschine in eine Schwebeposition knapp achterlich von der STAND ASIDE, gut 30 m über dem Wasser. McAlister, die ihren Nasstauchanzug trug, schnallte sich Schwimmflossen an, bevor Delfie ihr den Windendraht reichte. Sie hakte ihn an ihren Gurt und trat an das offene Tor, wobei sie durch die Unmittelbarkeit der Situation fast im Handumdrehen von ihrer Luftkrankheit kuriert wurde. Während sie nach unten blickte, fiel eine Reihe großer Wellen über die Rettungsinsel her, und ein Mann wurde von der Insel getrennt. McAlister gab ein Zeichen, dass sie sich zuerst um ihn kümmern wolle. Als sei es ein Initiationsritus für ihren ersten Rettungseinsatz auf hoher See, wurde sie von einem 15 m hohen Brecher überrollt, sobald sie im Wasser war. Dabei wurde sie 15 Sekunden unter Wasser gedrückt. Gleichzeitig kenterte das Rettungsfloß. Noch bevor sie richtig zum Luftholen kam, wurde sie von der nächsten See gepackt. Wie durch ein Wunder tauchte sie nur 10 m von dem STAND ASIDE-Segler entfernt auf. Sie erreichte ihn, sagte ihm, was zu tun war, und dann schwebten beide zusammen am Draht in Sicherheit.

Andy Marriette und Bevan Thompson waren in der Rettungsinsel gewesen, als sie sich überschlug, während McAlister herunterkam. Es war Thompson, der hilflos im Wasser trieb und von McAlister herausgefischt wurde. Dann sprang John Culley in die Rettungsinsel.

»Als ich erneut herunterkam, hielten sich zwei Mann an der Insel fest«, erinnert sich McAlister. »Ich merkte nicht gleich, dass sie schon wieder gekentert war. Die Wellen warfen die Rettungsinsel kreuz und quer herum, und die Leute wurden durch die Gegend geschleudert. Ich kam an einen von ihnen heran und hatte ihm die Rettungschlaufe schon halb angelegt, als der andere Bursche anfing: ›Nein, nicht ihn, nimm mich. Ich kann mich nicht mehr halten!‹ Ich konnte nur sagen: ›Passen Sie auf, es tut mir leid, aber ich habe diesen Kerl schon fast fertig zum Rausholen. Wir lassen Sie nicht im Stich. Sie müssen einfach noch durchhalten.‹ Was sollte ich sonst tun? Dann mischte sich der Mann, mit dem ich gerade beschäftigt war, ein: ›Schon gut, Sie können ihn mitnehmen.‹ Doch ich blieb hart.

Eben bevor wir hochgewinscht wurden, erwischte uns wieder eine Reihe von Wellen, und die Rettungsinsel verhedderte sich mit dem Windendraht. Das merkte ich erst, als das Aufwinschen begann und die Rettungsinsel mit uns hochkam. Also ließ man uns wieder ins Wasser klatschen. Als wir hineinfielen, verfing sich der Draht seitlich an meinem Hals und schnitt einen Striemen hinein. In diesem Moment lief eine weitere Gruppe von Wellen durch. Es war reine Glückssache, dass der Seegang das Rettungsfloß vom Winschdraht löste. Sobald ich merkte, dass wir freigekommen waren, gab ich mit dem Daumen nach oben das Zeichen und ab ging es.«

Danach übergab sie den Windendraht an Michelle Blewitt, Mutter zweier Kinder, die in den letzten paar Minuten mit ihrer Übelkeit zu tun gehabt hatte. Als Blewitt ins Wasser kam, war Marriette verständlicherweise erschöpft. Sie hatte große Mühe, die Rettungsschlaufe über seinen Sicherheitsgurt und seine aufgeblasene Schwimmweste zu bekommen. Es wurde rasch deutlich, dass Marriette auf dem Rücken schwimmen musste, damit Blewitt ihn mit den Beinen durch die Rettungsschlaufe stecken und die Schlaufe dann an die richtige Stelle am Oberkörper schieben konnte.

»Sobald es aufwärts ging, sagte ich zu dieser großartigen Frau: ›Beeilen Sie sich bloß damit, uns hier rauszuholen. Ich habe Höhenangst. Ich bin der schlimmste Angsthase, den Sie am Seil haben können‹«, erzählt Marriette. Die beiden wurden etwa sechs Meter über den Wasserspiegel gehoben, als sich die Fangleine der Rettungsinsel erneut um den Rettungsdraht wickelte. Die Hubschrauberbesatzung ließ die beiden wieder ins Wasser hinab, damit sie das Durcheinander entwirren konnten. Während Blewitt versuchte, die Leine freizubekommen, wurde das Rettungsfloß noch einmal von einer rasenden Bö erfasst und in die Luft geschleudert. Die an einem Gurt befestigten Metallflaschen für das Gas, mit dem die Rettungsinsel aufgeblasen wird, wurden hochgeschleudert und knallten Blewitt seitlich an den Kopf, wodurch sie einen Augenblick das Bewusstsein verlor. Als sie wieder zu sich kam, schlug Marriette vor, noch einmal zu versuchen, die Leine zu klarieren. Er machte sich Sorgen, weil noch ein Segler an Bord war, Charles, und die Rettungsinsel benötigt würde, um auch ihn abzubergen.

»Ich sagte der Sanitäterin: ›Ich versuche die Leine abzuknoten, damit wir sie freibekommen ohne die Rettungsinsel zu verlieren.‹ ›Nein, nein, nein‹, antwortete sie, zückte ihr Messer und kappte die 10 mm starke Kevlar-Leine wie Butter.« Die Rettungsinsel stellte sich sofort hochkant und schoss mit etwa 80 kn wie ein losgelassenes Wildpferd über die Wellenkämme springend davon. Total erledigt erreichte Mariette das Ladetor des Hubschraubers. Blewitt ließ sich dann noch einmal abwinschen und holte den letzten Segler per Wasserrettung. Dazu musste dieser mit Rettungsweste ins Wasser springen und sich an einer Sorgleine festhalten, die noch an der Yacht befestigt war. Auf diese Weise konnte er sich notfalls wieder an Bord ziehen. Diese Bergung erwies sich als verhältnismäßig schnell und einfach.

Als alle vier Besatzungsmitglieder wohlbehalten an Bord waren, wurde das Tor des SouthCare-Hubschraubers geschlossen, und der

Pilot drehte mit dem Ziel Mallacoota auf die Küste zu. Als die Maschine landete, hielten die Ortsbewohner Decken für die Geretteten bereit. Sie gingen zuerst direkt auf McAlister und Blewitt zu.

»Sie hielten uns für die Schiffbrüchigen«, erinnert sich McAlister belustigt. »Michelle und ich sagten: ›Nein, nein, nicht für uns. Gebt sie den Jungs, die wir gerade gerettet haben.‹ Ich könnte den Gesichtsausdruck der Leute nicht beschreiben. Etwas ungläubig dachten sie wohl: ›Oh Gott, diese Mädchen sind die Retterinnen.‹« Die Segler, die entweder ins Krankenhaus kamen oder nach ärztlicher Untersuchung entlassen wurden, begannen die Heimreise zu ihren Lieben zu planen.

Mike Marshman, der unter der Takelage gefangen gewesen war, als die Yacht durchkenterte, kehrte als völlig anderer Mensch heim. »Ich bin ein ziemlich egoistischer Halunke gewesen – Sie brauchen nur meine Frau zu fragen. Aber all die Emotionen, mit denen ich dort draußen konfrontiert war, haben mich wirklich überwältigt. In meinem Leben haben sich alle Werte geändert. Das Verhältnis zu meiner Frau ist zehnmal so gut geworden. Das Haus macht mir wieder Freude. Ich will mehr Zeit mit meinen Kindern verbringen und habe wahrhaftig wieder Spaß an meiner Arbeit.« Großspurige Sprüche wie vor seiner ersten Regatta 1997 waren nicht mehr seine Welt...

Andy Marriette fuhr nicht direkt nach Hause, sondern verbrachte eine weitere Nacht in Mallacoota um zu feiern, dass er noch am Leben war. In dieser Nacht wurde er wegen betrunkenen Randalierens angezeigt und verhaftet. Sein Hotelzimmer war in jener Nacht eine Zelle in der örtlichen Polizeiwache.

A.M.S.A. –
Die Rettungsorganisation

Ihre volle Bezeichnung lautet Australische Behörde für Seesicherheit (Australian Maritime Safety Authority), aber sie sitzt weit weg von der See – im ziemlich nichtssagenden Gebäude von Airservices Australia (Institution für Flugsicherung u.ä.) im Herzen von Canberra, der Hauptstadt des Landes. Die A.M.S.A. hat die Regelungszuständigkeit für alles, was in australischen Gewässern vor sich geht. Dazu gehört auch die Lenkung und Überwachung des Schiffsverkehrs an den Küsten rund um Australien. Es handelt sich um eine umfassende Organisation, zu der auch die verhältnismäßig neue AusSAR gehört, der australische Such- und Rettungsdienst.

Nachdem Ende 1996/Anfang 1997 drei Teilnehmer einer Regatta um die Welt, der Brite Tony Bullimore und die beiden Franzosen Thierry Dubois und Raphaël Dinelli gerettet worden waren, wurde den Seefahrtsbehörden klar, dass Australiens Such- und Rettungssystem ebenso leistungsschwach wie unzureichend war. Alle drei Segler wurden bis zu 1000 Seemeilen südlich des australischen Kontinents von ihren havarierten Yachten gerettet. Das war die größte Aktion, die die A.M.S.A. je durchgeführt hatte. Danach wurden die sieben einzelnen, über den Kontinent verteilten Rettungsleitstellen des Landes durch die zentrale Organisation AusSAR ersetzt.

Die Rettungsleitstelle der AusSAR befindet sich in einem Großraumbüro im 4. Stock des Gebäudes von Airservices Australia. Dort ist rund um die Uhr Betrieb, ständig sind mindestens zwei Beamte verfügbar, die Aktivitäten auf einem beträchtlichen Stück der Erdoberfläche zu überwachen. Manche Besucher wundern sich, dass eine so kleine Dienststelle für einen so ausgedehnten Bezirk zuständig ist. Die A.M.S.A. hält ihre schützende Hand über 47 000 000 Quadratkilometer – ein Neuntel der Erdoberfläche. Das Gebiet erstreckt sich von 75° Ost bis 163° Ost und von der indonesischen Inselwelt bis hinab zum Eis der Antarktis.

In der Rettungsleitstelle werden auf einer langen Reihe von Computerbildschirmen unablässig die Daten zusammengefasst, die von den drei Satellitenverfolgungsstationen – Wellington in Neuseeland, Bundaberg in Queensland und Caves Beach nahe Albany in Westaustralien – eingehen. Die Stationen forschen nach Signalen von EPIRB-Seenotfunkbojen, kleinen Geräten, die entweder von Hand oder automatisch aktiviert werden, wenn ein Schiff, Flugzeug oder ein einzelner Mensch in Not ist. Der Bereich, den die AusSAR als Teil eines weltumspannenden Sicherheitsnetzes auf EPIRB-Signale hin zu überwachen hat, reicht über das Gebiet ihrer Such- und Rettungszuständigkeit hinaus und geht bis nach Tahiti, weit in den Südpazifik hinein.

Wenn ein Satellit ein EPIRB-Signal auffängt, meldet er der A.M.S.A. eine ungefähre Position nach Länge und Breite. Diese Position ist auf etwa 20 km genau. Um sie näher zu bestimmen, müssen die SAR-Dienste (Such- und Rettungsdienste) entweder ein Flugzeug in das Gebiet schicken oder abwarten, bis ein zweiter Satellit die Stelle überfliegt, wobei bis zu drei Stunden vergehen können. Mit den Daten des zweiten Satelliten ergibt sich dann für die Funkboje ein sehr viel genauerer Standort, der automatisch aus der Bewegung der beiden Satelliten im Verhältnis zum Notsender errechnet wird. EPIRB-Funkbojen des 121,5/243 MHz-Typs geben keinerlei Aufschluss über die Art des sendenden Objektes. Es kann sich um alles Mögliche handeln – von jeder Art Schiff oder Boot auf hoher See bis zum Geländewagen, der sich mitten in Australien verfahren hat. Die neuesten 406 MHz-Funkbojen, die durch die SAR-Dienste schon beim Kauf registriert werden, senden sowohl einen Standort als auch einen Erkennungscode. Dieser Code wird mit einer Datenbank abgeglichen, die sofort nähere Angaben über das Zielobjekt liefert.

Am Nachmittag des 27. Dezember war Rupert Lamming in der Rettungszentrale Sucheinsatzkoordinator. Mit ihm zusammen arbeiteten vier weitere Beamte. Abgesehen von einem Fehlalarm durch eine EPIRB-Funkboje, die ein Schiff in der Bass-Straße unbeabsichtigt verloren hatte, war es ein ruhiger Tag gewesen. Die Behörde kannte sich gut damit aus, wie das Sydney-Hobart-Rennen aufgezogen wurde, so gut, dass Sam Hughes, ein SAR-Einsatzkoordinator beim AusSAR, damit betraut worden war, die Teilnehmer vor der Wettfahrt über die Verfahrensweisen zu informieren.

Diese Verbindung zwischen A.M.S.A. und C.Y.C. war nach Zwischenfällen, die in der rauen Regatta 1993 vorgekommen waren, geschaffen worden. Bei 371 Yachten, die 1994 am 50. Jubiläumsrennen teilnahmen, wollte der Club ebenso wie die A.M.S.A. für das bestmögliche Sicherheitsnetz sorgen. Es wurde beschlossen, dass die A.M.S.A. einen ständigen Vertreter in der Wettfahrtleitung haben sollte, und es war Hughes, der die Funktion dieses »Verbindungsoffiziers« zwischen AusSAR und dem Club einnahm. Als Ergebnis dieser Zusammenarbeit war ein Notfallplan entwickelt worden. Dazu gehörte, dass ein Flugzeug der Luftstreitkräfte in Richmond, westlich von Sydney, stationiert wurde, das ausschließlich für eventuell nötige SAR-Einsätze beim Rennen bestimmt war. Rupert Lamming und seine Arbeitsgruppe waren sich darüber klar, dass das in der Bass-Straße entwickelnde ausgeprägte Tief grauenhaftes Wetter entfesseln würde. Das Team beruhigte sich aber damit, dass es einen strategischen Notfallplan gab: Marinefahrzeuge, die Luftstreitkräfte und SAR-Flugzeuge standen bereit. Aber die Gedanken waren nicht nur bei der Segelregatta. Auch ein Handels- oder Passagierschiff, ein Flugzeug oder Sportboot konnte an jenem Nachmittag schnell in Not geraten, und das überall im Überwachungsgebiet. Man musste auf alles vorbereitet sein.

Es begann mit einem einzigen Aufleuchten auf einem Computerbildschirm in der Leitstelle. In der nordöstlichen Ecke der Bass-Straße war gegen 14.30 Uhr ein EPIRB-Gerät aktiviert worden. Das war der erste Tropfen eines Wolkenbruchs, der der AusSAR bevorstand. Als Nächstes wurden entlang der Küste Mayday-Rufe gehört und nähere Angaben an die AusSAR weitergeleitet. Dann begannen weitere EPIRBs auf dem Bildschirm zu erscheinen. Innerhalb von Minuten wussten Lamming und seine Mitarbeiter, dass sich da etwas zusammenbraute. Doch wie schlimm würde das Wetter werden? Und um wie viele Yachten ging es? Welcher Art waren die Notfälle? Wie viele weitere Yachten würden noch Hilfe brauchen?

Lamming machte sich daran, die EPIRB-Meldungen auf dem Bildschirm abzugleichen. Auf dem großen Koppeltisch im Raum wurden die maßgeblichen Seekarten ausgebreitet. Die Flugabteilung arbeitete so schnell wie möglich, um jedes verfügbare zivile Flächenflugzeug und jeden Hubschrauber aufzutreiben. Auf den Schautafeln an der Wand wurden Flugzeuge mit ihrer Verfügbarkeit und ihrem Standort eingetragen. Es würde nötig sein, zusätzliche Mitarbeiter herbeizuholen. Brian Hill, der bei der A.M.S.A. für

Öffentlichkeitsarbeit zuständig war und für den Notfall in Rufbereitschaft stand, wurde heranzitiert, um die unvermeidliche Flut von Medienanfragen zu bearbeiten. Um 15.30 Uhr traf Hill im Büro ein. Nach kurzer Einweisung durch Lamming rief er David Grey, den PR-Manager der A.M.S.A., an und warnte ihn vor dem, was bevorstand.

Bis zu diesem Zeitpunkt hatte Grey abgewartet, wobei er die ganze Zeit den Verdacht hatte, dass sich in der Bass-Straße eine Katastrophe anbahnte. Noch vor Hills nächsten Anruf verabschiedete er sich von seiner Familie und fuhr zur Dienststelle. Dort kam er gegen 16.30 Uhr an und war über die Größenordnung des Desasters bestürzt. Dabei waren als er eintraf lediglich sieben Leute im SAR-Raum beschäftigt – eine Stunde später waren es schon über 20 geworden. Was als Rinnsal von Notrufen begonnen hatte, wurde bald zum reißenden Strom, als immer mehr Yachten in Seenot ihre EPIRB-Bojen einschalteten.

Der AusSAR-Katastrophenplan lief auf vollen Touren und erreichte ein nie zuvor erlebtes Ausmaß. Bald wurde klar, dass H.M.A.S. NEWCASTLE, die Fregatte der Königlich Australischen Marine, die in Notfallbereitschaft lag und innerhalb von acht Stunden auslaufen konnte, angefordert und eingesetzt werden musste. Auch Sea-King- und Sea-Hawk-Marinehubschrauber aus Nowra sowie Flugzeuge der Luftwaffe aus Richmond in Neusüdwales und Edinburgh in Südaustralien würden benötigt werden. Doch bevor die NEWCASTLE eingesetzt werden konnte, war ein bestimmter Dienstweg einzuhalten. Dazu gehörte, dass man sich zuerst an den stellvertretenden Einsatzchef der AusSAR, Steve Francis, wenden musste.

»Lamming erklärte die Wetterlage und berichtete ausführlich über eine wachsende Zahl von EPIRB-Alarmen«, erinnert sich Francis. »Dann bat er um Erlaubnis, die NEWCASTLE seeklar machen zu lassen, weil die Lage sich nach seiner Einschätzung noch verschlimmern würde. Anschließend ging ich mit ihm das Prüfverfahren durch. Das ist kein Verhör, nur eben ein festgelegtes Verfahren. Die NEWCASTLE einsatzbereit zu machen und auslaufen zu lassen bedeutet, dass man eine Menge Geld ausgibt. Deshalb tut man gut daran, genau den Grund dafür zu kennen. Doch ich stimmte Rupert zu und genehmigte die Anforderung von H.M.A.S. NEWCASTLE.«

***

Steve Hamilton hatte die freien Tage über Weihnachten gemeinsam mit seiner Frau Susan und der fünfjährigen Tochter Amber genossen. Es war seit vier Jahren das erste Mal, dass die Familie sich um diese Jahreszeit in ihrem Haus in South Coogee aufhalten konnte. Besonders das Faulenzen am nahegelegenen Surfstrand hatte die drei erfreut. Hamilton fühlte sich zwar sehr entspannt, war sich aber immer bewusst, dass ihn schon der nächste Telefonanruf zurückrufen konnte. Erst vor kurzem hatte er das Kommando des Kriegsschiffs H.M.A.S. NEWCASTLE übernommen, desjenigen Marinefahrzeugs, das gerade in Notfallbereitschaft war. Es war nur noch ein Tag Bereitschaftszeit übrig, dann würde die Aufgabe auf die MELBOURNE übergehen.

Obwohl die Mannschaft ebenfalls Landurlaub hatte, musste mindestens die Hälfte davon immer so nahe am Liegeplatz des Schiffes beim Marinestützpunkt Garden Island in Sydney bleiben, dass man innerhalb von acht Stunden auslaufen konnte. Vor dem Urlaub hatte man der Mannschaft mitgeteilt, welche Umstände sie zurück an Bord zwingen könnten. Vor allem hatte man den Leuten gesagt, dass die Gefahr weiterer Aufstände und Unruhen in Indonesien und um Osttimor herum es vielleicht erfordern würde, mit dem Schiff australische Staatsbürger von dort zu evakuieren. Hamilton, den Freunde und Kameraden »Twister« nannten, machte das nichts aus. Obwohl er schon gleich nach seinem Schulabschluss 1973 in die Marine eingetreten war, war die NEWCASTLE sein erstes eigenes Kommando. Natürlich war er stolz darauf. Am 27.12. erhielt Hamilton kurz vor 16.00 Uhr einen Anruf. Ihm wurde mitgeteilt, dass das Wetter in der Bass-Straße bösartig geworden sei und dass es Schwierigkeiten im Feld der Sydney-Hobart-Wettfahrt gebe. Gleichzeitig fragte man ihn, ob er die Vorbereitungszeit des Schiffs von acht auf vier Stunden reduzieren könne. Sofort begann Hamilton, so viele Besatzungsmitglieder wie möglich zurückzurufen und erklärte der Mannschaft des bordeigenen Sea-Hawk-Hubschraubers, dass sie höchst wahrscheinlich benötigt würde. Bald danach bestätigte AusSAR, dass der Helikopter sofort gebraucht würde, und teilte außerdem mit, dass die Entscheidung das Schiff seeklar zu machen, bis zu weiteren Mitteilungen bestehen bleibe.

Die Sea Hawk stand auf dem Stützpunkt Albatross in Nowra. Die Flieger hatten die Maschine am 3. Dezember dorthin gebracht um sie »zu Bett zu bringen«, während das Schiff in Bereitschaft lag. Der Hubschrauber musste vor der nächsten turnusmäßigen Wartung stets genügend Flugstunden übrig haben, um für Notfälle verfügbar zu sein.

Hamilton hatte seinen Einsatz schon geahnt, als er abends mit seiner Familie die Fernsehnachrichten sah. Es waren Bilder der dramatischen Zwischenfälle des Rennens. Um 8.00 Uhr brachte er seine Tochter zu Bett. »Papa ist vielleicht nicht da, wenn du morgens aufwachst«, sagte er ihr beim Gute-Nacht-Kuss.

»Ach, über Weihnachten?«, fragte Amber.

»Ja Liebling. Ich glaube, wir werden mit der Rettung der Männer zu tun haben, die du im Fernsehen auf den Segelyachten gesehen hast.«

»Ach, dann ist es in Ordnung. Das kannst du machen.«

***

Kurz vor 18.00 Uhr alarmierte Korvettenkapitän Adrian Lister, der verantwortliche Pilot des 40 Millionen Australische Dollar teuren Sea-Hawk-Hubschraubers der NEWCASTLE, seine Besatzung, dass sie voraussichtlich gebraucht würden. Am zweiten Weihnachtstag hatte Lister seine Familie zum Marinestützpunkt Watson am South Head mitgenommen, um gemeinsam dem Start des Sydney-Hobart-Rennens zuzusehen. Sein Kopilot, der 28-jährige Kapitänleutnant Mick Curtis, und dessen Frau Melissa bereiteten in ihrem Haus in Sydneys Stadtteil Bondi Junction gerade ein Barbecue mit Freunden vor, als Lister anrief und ihn aufforderte, sich bereitzuhalten. 20 Minuten später, als gerade die Freunde eintrafen, winkte Curtis zum Abschied.

Die erste Aufgabe bestand darin, Spezialausrüstung, die möglicherweise gebraucht würde, vom Schiff zu holen – Überlebensanzüge, Nasstauchanzüge und Schwimmflossen für den Taucher. Danach würde man Kapitänleutnant Marc Pavillard, der das Infrarotsichtgerät des Hubschraubers bediente, aus Cronulla abholen und zum Schluss weiter südlich in Albion Park ein weiteres Besatzungsmitglied, Leading Seaman David Oxley. Der in Amerika geborene

Pavillard, seine Frau Jodie und die Kinder Kate und Alistair hatten ein hektisches Weihnachtsfest hinter sich, bei dem sich Familienangehörige beider Seiten in dem kleinen Stadthaus gedrängt hatten. Nachdem Pavillard den Tag am Strand verbracht hatte, wollte er gerade ein Bierchen zischen, als er von seinem Stützpunkt angefordert wurde. Hauptbootsmann Henry Wakeford leitete an Bord der NEWCASTLE den Wartungstrupp des Sea-Hawk-Hubschraubers. Am zweiten Weihnachtstag hatte auch er den Start der Wettfahrt im Fernsehen verfolgt, zusammen mit seinen Schwiegereltern in deren Haus in Shoal Harbour bei Nowra. Wenige Stunden später waren sie überrascht, als sie aus dem Fenster aufs Meer hinausblickten und bereits die ersten Regattayachten unter Spinnaker nach Süden rauschen sahen. Bald darauf wurde Wakeford von Lister angerufen. Damit war die gesamte Besatzung zusammengetrommelt. Nur vier Stunden nach Zuweisung des SAR-Auftrags startete die Sea Hawk in Nowra mit dem Ziel Merimbula – eine bemerkenswerte Leistung.

***

Die Anstrengungen und Leistungen der AusSAR waren beispiellos. Ständig gingen mehr EPIRB-Signale und Mayday-Rufe ein. Mit jedem neuen Notruf nahmen die Schwierigkeiten, die mit der Koordination einer so gewaltigen Aufgabe verbunden waren, rapide zu. Flugzeuge und Hubschrauber landeten auf den Flugplätzen von Merimbula und Mallacoota wie Bienen an ihrem Stock, wo sie so schnell wie möglich betankt und zu SAR-Zielen geschickt wurden. Zunächst wurde Mallacoota zum Hauptflugplatz der SAR-Flieger bestimmt, weil es dem Suchgebiet am nächsten lag, auch wenn er nicht ideal ausgestattet war, denn es handelt sich um einen kleinen Flugplatz, sodass es Beschränkungen der Flugbewegungen gab. Außerdem wurde dort der Treibstoff knapp. Daraufhin entschieden die Sucheinsatzleiter, dass Merimbula bessere Versorgungsmöglichkeiten und Nachrichtenverbindungen habe.

Wie schnell die Notrufe aufeinander folgten, traf jedermann unvorbereitet. Steve Francis und sein Team änderten laufend die Prioritäten, wenn Boote in noch ernsterer Gefahr um Hilfe riefen. Es lag auf der Hand, dass bei so vielen Flugzeugen, die von Merimbula aus starteten, eine Unmenge Treibstoff benötigt würde. Die AusSAR wandte sich an die Polizeiführung des südlichen Bezirks von Neusüdwales und bat, sich um das Problem zu kümmern. Schon wenige Stunden nach der Anforderung waren Tanklastzüge aus Canberra und Nowra auf den Straßen nach Merimbula unterwegs – ein Kraftakt, zu dem der staatliche Notfalldienst und andere öffentliche Institutionen beigetragen hatten.

Schon bald war sich die AusSAR darüber im Klaren, dass sie dichter an das Geschehen heranmusste. Die Behörde beschloss, dass Arthur Heather, einer ihrer Beamten, in Merimbula einen vorgeschobenen Posten einrichten sollte, damit die Institution näher am Puls der Ereignisse war. Dadurch erhielt die Rettungsleitstelle eine unmittelbare Nachrichtenverbindung, die den Informationsfluss von den Suchflugzeugen her erleichterte und die Einweisung der SAR-Mannschaften verbesserte. Anfangs waren Hubschrauber das gefragteste Einsatzmittel, weil der Umfang der Katastrophe unbekannt war und es allmählich dunkel wurde. Dennoch wussten die AusSAR-Leute, dass sie mit ihrem Auftrag die Helikopterbesatzungen in eine äußerst gefährliche Lage brachten.

»Wir schickten die Hubschrauber 50, 70 und noch mehr Meilen auf See hinaus, wohl wissend, dass sie auf dem Rückflug mit einem höllischen Gegenwind fertig werden mussten«, sagte Francis. »Ich habe den Verdacht, dass einige der Maschinen wahrscheinlich mit fast leeren Tanks zurückgekommen sind. Das Problem war uns bekannt, deshalb versuchten wir, die Hubschrauber nicht in eine völlig absurde Situation zu treiben. Sobald die Maschinen unterwegs waren, war die Taktik natürlich Sache der Flieger, und wir konnten nichts mehr für sie tun.«

Trotz aller Probleme war Dave Gray zutiefst dankbar dafür, dass die Notlage nicht allzu weit entfernt eingetreten war. Wäre das Unwetter weiter in Richtung Tasmanien eingetreten, hätte die Sache ein noch größeres Desaster heraufbeschworen, weil nur begrenzte Hilfsmittel für Suche und Rettung zur Verfügung standen.

Fregatte NEWCASTLE macht seeklar

Nach der australischen Verfassung darf ein Kriegsschiff erst nach gebührender Abklärung zu einem Such- und Rettungseinsatz auslaufen. Die Lage muss hinreichend ernst und mit allen anderen verfügbaren Mitteln nicht mehr beherrschbar sein – angefangen bei der örtlichen Polizei bis hin zu allen erdenklichen staatlichen Einsatzkräften. Wenn man meint, dass ein Einsatz für all diese Organisationen zu riskant ist, dann – und nur dann – werden die Streitkräfte herangezogen.

Nachdem Fregattenkapitän Steve Hamilton am späten Nachmittag darauf hingewiesen worden war, dass man sein Schiff, H.M.A.S. NEWCASTLE, vielleicht für SAR-Einsätze benötigen würde, machte er sich daran, die reguläre Vorbereitungszeit zum Auslaufen von acht auf vier Stunden zu verkürzen. Er vermutete stark, dass sein Schiff am Abend des 27. Dezember den Auslaufbefehl erhalten würde. Und tatsächlich: Um 23.00 Uhr läutete bei Hamilton zu Hause das Telefon. Es war das Marinehauptquartier, das mitteilte, es sei Zeit zum Auslaufen. Der genaue Auftrag des Schiffes war jedoch noch nicht bekannt.

In aller Eile wurden Besatzungsmitglieder des Schiffs zu dieser späten Stunde benachrichtigt, während der zum Schiff gehörende Wagen den 2. Wachoffizier und anschließend Hamilton sowie seinen Stellvertreter, den 1. Wachoffizier, abholte. Nach einem schnellen Brainstorming auf dem Weg zum Marinehafen Garden Island regelten die Offiziere die Zuständigkeiten und machten sich an ihre jeweiligen Aufgaben, sobald sie am Liegeplatz eingetroffen waren. Hamilton ging in seine Kammer und traf sich mit den dienstältesten Offizieren, bevor er sich mit ihnen in die Operationszentrale begab, um die SAR-Verfahren durchzugehen. Kapitänleutnant Mike Harris, der Schiffsoperations- und Navigationsoffizier der MELBOURNE, war anstelle des Navigationsoffiziers der NEWCASTLE an Bord, der in einem anderen Teil Australiens auf Urlaub war.

»Es war hektisch«, sagt Hamilton. »Alles lief über Telefonketten. Jeder rief fünf oder sechs Leute an, von denen jeder wiederum bei fünf oder sechs anderen anrief. Während wir auf die Rückrufe warteten, gingen wir laufend durch, wer noch fehlte. Wir bekamen den Arzt, der auf dem Stützpunkt Penguin in Bereitschaft war. Wir riefen das St Vincent-Krankenhaus an, das in der Nähe liegt, und erhielten von dort ein paar zusätzliche Kleinigkeiten, von denen wir meinten, dass wir sie brauchen würden. Es war einfach so, dass wir nicht wussten, was draußen auf uns wartete, sodass wir uns lieber auf das Schlimmste gefasst machten statt auf das Beste.«

Während die mächtigen Turbinen des Schiffs anliefen, versammelte sich die Besatzung von H.M.A.S. NEWCASTLE achtern auf dem Hubschrauberdeck. Das Durchzählen ergab, dass von der in Sollstärke 200-köpfigen Besatzung 75 anwesend waren. Es wurde festgestellt, wie viele für den Maschinenraum da waren, wie viele für die Wache, zur Bedienung der Radargeräte und zur Hubschauberleitung. Es war nur eine Rumpfbesatzung, aber für diesen Einsatz genügte sie. Wenn nötig, konnte das Schiff damit acht bis zehn Tage auf See bleiben. Um 4.00 Uhr wurden in der Morgenstille von Sydney die Festmacher losgeworfen. Majestätisch schob sich die NEWCASTLE auf das Hauptfahrwasser zu, das zu den Sydney Heads und auf die offene See führt. Als das Schiff zwischen den beiden hoch aufragenden Felsenkliffs, die wie Bastionen an der Hafeneinfahrt stehen, durchfuhr, bekam die Mannschaft einen Vorgeschmack auf das Kommende.

»Den ersten Hinweis, dass echt grobes Wetter herrschte, gab es, als wir zwischen den Sydney Heads hinauskamen und nach Süden drehten«, erinnert Hamilton sich. »Das Schiff holte stark über, um die 35 oder 40 Grad. Als Kommandant sitzt man dann da, hält sich fest und hört darauf, ob es irgendwo klonk, klonk, klonk macht, weil irgendetwas nicht seefest gestaut und gezurrt wurde. Diese Prüfung bestanden wir.«

Die Fahrt wurde auf 25 kn erhöht, und die Verfolgung der Regattaflotte aufgenommen. Bald aber wurde klar, dass eine solche Geschwindigkeit bei der fürchterlichen See von vorn nicht zu halten war, denn die NEWCASTLE musste schwere Schläge einstecken. Hamilton befahl 19 kn, und als die Lichter von Sydney hinter dem Schiff zurückblieben, betrat er die Operationszentrale, um mit der Besatzung die Einsatzplanung zu besprechen.

***

Am 27. Dezember, kurz nach 9.00 Uhr, als die Crew der BRINDABELLA gerade alle Luken dicht machte, um sich für den Kampf mit der Bass-Straße bei 50 kn Gegenwind zu wappnen, stieß ein Flugzeug, ein zweimotoriger Hochdecker vom Typ Aero Commander, aus dem Himmel herab und begann, die Yacht zu umkreisen. Erfahrene Besatzungsmitglieder wussten sofort, wer es war: Richard Bennett, der hoch angesehene Segelfotograf aus Hobart.

So begann ein Tag, von dem Bennett sich viel für sein Geschäft erhoffte. 48 Stunden später würde er seinen Stand am Rande des Constitution Dock in Hobart aufbauen, um den Eignern und Besatzungsmitgliedern der Yachten Fotos ihrer Schiffe bei dem Rennen zu verkaufen. Das hatte er die letzten 23 Jahre mit beachtlichem Erfolg betrieben. Den großen Unterschied machte in diesem Jahr das Wetter. Auch wenn die meisten Yachties es anders sahen, fand Bennett es fantastisch: Schweres Wetter bedeutete stets spektakuläre Schnappschüsse.

Pilot des Flugzeugs der TasAir war Ralph Schwertner, Kopilot John Townley. Wie immer hatte Bennett sich hinten an einem offenen Fenster verkeilt, um einen möglichst weiten Blickwinkel zu haben. Seine Tochter Alice, ebenfalls Fotografin, saß neben ihrem Vater und half ihm, schnell neue Filme einzulegen. Bennett fotografierte die BRINDABELLA, danach die SAYONARA, die sieben Meilen weiter östlich segelte. Dann wurde beschlossen, zum Auftanken nach Merimbula zurückzukehren. Dadurch würde reichlich Zeit bleiben, um die Masse des Feldes am frühen Nachmittag im selben Gebiet aufzunehmen. Aufgrund der Vorhersagen hatten sie bis dahin nicht die leiseste Ahnung, wie schlimm das Wetter werden sollte.

»Wir flogen wieder hinaus in dieselbe Gegend und erwarteten, die Boote bei 45 bis 50 kn Wind zu sehen«, sagt Bennett. »Wir wussten, dass das Barometer damals unglaublich tief stand, rechneten aber nicht mit dem, was wir dann sahen. Erst, als wir tief hinuntergingen, um uns die erste Yacht anzusehen, die wir gesichtet hatten – die BOBSLED – merkten wir, wie schlimm es war. Ich schätze, der verdammte Wind muss 80 kn gehabt haben, nicht 40. Stellenweise hatte der Sturm die Wellenkämme fast plattgedrückt und riss die Gischt in Streifen von den Kämmen. Der Regen schüttete nur so. Man konnte nicht erkennen, wo die See aufhörte und der Himmel anfing. Die Luft war voller Salz. Sie Szene mit der BOBSLED war unglaublich – das Boot, fast schon eine Maxiyacht und nur unter Trysegel, trieb einfach seitwärts weg. Dann fanden wir die ASPECT COMPUTING inmitten der hohen Wellen – wirklich große Wellen, bei denen die oberen neun bis zehn Meter einfach überbrachen und wie die Brandung rollten, auf der vor Hawaii die Wellenreiter surfen. Die Boote segelten erstaunlich gut. Als wir zur MIDNIGHT RAMBLER kamen, tobte der Sturm so, dass er die Wasseroberfläche wegriss und wie Rauch in die Luft blies. Ein beispielloser Anblick.«

Bereits kurze Zeit später wusste Schwertner, dass die Bilderjagd »allmählich blödsinnig wurde«. Er war viele Jahre lang Bennetts Pilot gewesen und begeisterte sich kaum weniger als der Fotograf dafür, die bestmöglichen Ergebnisse zu erzielen. Diesmal aber, bei der schlechten Sicht und dem heftigen Rütteln durch den Wind, war es an der Zeit, Feierabend zu machen. »Wir waren alle ziemlich niedergeschlagen, sogar Ralph, weil wir das Gefühl hatten, um einige unübertreffliche Segelfotos betrogen worden zu sein«, erinnert sich Bennett.

Während Schwertner mit den Vorbereitungen für die Schlussphase des Anflugs auf Merimbula begann, alarmierte die AusSAR in Canberra ihn, dass auf dem Wettfahrtkurs ein EPIRB-Gerät aktiviert worden sei. Er wurde gebeten, dort nachzusehen. Wenige Minuten später war das Flugzeug schon wieder in der Luft und auf dem Weg zur Yacht VC OFFSHORE STAND ASIDE. Richard und Alice Bennett saßen noch immer im Fahrgastraum des Flugzeugs, diesmal als SAR-Beobachter im ersten Flächenflugzeug, das in das Unglücksgebiet kam.

Der Funkverkehr erwies sich als schwierig, deshalb kreiste die Aero Commander in 500 Metern Höhe, um Meldungen an Hubschrauber und die AusSAR weiterzugeben. Während die Flieger aufmerksam das Funkgerät abhörten, durchbohrte ein weiteres Mayday den Äther. Es war die BILSTEX NINETY-SEVEN, Graham Gibsons 47-Fuß-Schiff, das die Welt mit seinem Sieg nach gesegelter Zeit in dem entsetzlichen Rennen von 1993 überrascht hatte. Das Boot war durch Ruderversagen manövrierunfähig geworden, und ein riesiges Containerschiff war nur 400 m entfernt aus der Dämmerung aufgetaucht – auf Kollisionskurs. Das Frachtschiff näherte sich von Osten, nachdem es zur Kursänderung gezwungen worden war, um den enormen Seegang von vorn zu nehmen. Auch das große Schiff war manövrierbehindert. Die Yachtbesatzung schoss eine weiße Signalrakete ab (Kollisionswarnung), während Schwertner das Schiff über Funk zu erreichen versuchte. Sekunden später meldete der Frachter, dass er die Segelyacht gesichtet habe. Das große Schiff änderte den Kurs geringfügig, und die BILSTEX NINETY-SEVEN kam denkbar knapp davon.

Die nächsten vier Stunden blieben Bennett und sein Team als Funk-Relaisstation über dem Feld und gaben lebenswichtige Informationen über Yachten in Seenot an die AusSAR in Canberra weiter.

Das Drama um die Winston Churchill

Nachdem der ABC-Hubschrauber eine ganze Weile als Wächter über der VC Offshore Stand Aside geschwebt hatte, wurde der Treibstoff knapp. Die Maschine würde mit 65 bis 70 kn Gegenwind zu kämpfen haben, um zurück nach Mallacoota zu kommen. Gary Ticehurst hatte laufend den Tankinhalt überwacht und berechnet, wie viel er für den Rückflug brauchen würde. Er kalkulierte auch den ungünstigsten Fall ein – wie weit es zur Küste war, falls etwas schief gehen sollte. Er konnte immer irgendwo auf einem Landvorsprung oder am Strand landen, wenn es sein musste, aber dadurch wäre die Maschine außer Gefecht gesetzt worden, denn es konnte einen ganzen Tag oder länger dauern, Treibstoff an eine entlegene Stelle zu schaffen. Ticehurst wusste, dass auf Gabo Island eine begrenzte Menge Flugbenzin in Fässern vorrätig gehalten wurde. Deshalb rief er dort an, bekam aber keine Antwort.

Als er noch Treibstoff für eine Stunde und fünfzehn Minuten hatte, entschied Ticehurst, dass er in fünf Minuten von der Stand Aside wegfliegen musste. Just als diese fünf Minuten abgelaufen waren, drang aus seinen Kopfhörern ein neuer Notruf, der durch Mark und Bein ging:

»Mayday, Mayday, Mayday. Hier ist Winston Churchill, Winston Churchill!«

»Winston Churchill, Winston Churchill, hier ABC-Hubschrauber, bitte kommen mit Positionsangabe. Over.«

»Wir stehen 20 sm südöstlich von Twofold Bay. Over.«

»Art des Notfalls? Over.«

»Wir bringen die Rettungsinseln an Deck. ABC-Hubschrauber, wir haben ein Leck. Wir machen sehr viel Wasser. Können den Motor nicht starten, um die Pumpen laufen zu lassen. Over.«

Ticehurst versicherte den neun Seglern auf der Winston Churchill, dass ihr Notruf empfangen worden war und dass er die Meldung an die Young Endeavour und an Land weiterleiten würde. Er stand vor einem schweren Dilemma. Selbst konnte er keine Suche einleiten, obwohl das Boot wahrscheinlich weniger als 10 sm vom Hubschrauber entfernt war, vielleicht nur fünf bis zehn Minuten Flugzeit. Dennoch konnte er nicht mehr tun, als das Mayday an die AusSAR weiterzuleiten und sich dann auf den langsamen Rückflug nach Mallacoota zu machen, um aufzutanken.

***

Der Notruf und Ticehursts Funkverkehr mit der WINSTON CHURCHILL wurden auch auf der YOUNG ENDEAVOUR empfangen. Im selben Augenblick, als er den Notruf gehört hatte, lief der Kommandant des Schiffs, Korvettenkapitän Neil Galletly, die 15 Schritte in die Regatta-Funkzentrale, wo Lew Carter mit seinem Team arbeitete, und erklärte die Lage. Einen ganz kurzen Moment war Carter wie betäubt und konnte nichts sagen. Er verspürte Übelkeit in der Magengegend, denn die meisten der Jungs auf der WINSTON CHURCHILL kannte er, mit vielen von ihnen war er in den vergangenen Jahren schon gesegelt. Doch dann schüttelte Carter diese Gedanken ab. Die YOUNG ENDEAVOUR musste sich schon um die Seenotfälle der STAND ASIDE und der MIINTINTA kümmern, und mit Sicherheit würde noch eine Flut weiterer Notrufe eingehen.

Galletly und Carter kamen überein, dass es bei dem Ernst der Lage das Beste sei, die Kräfte zu bündeln. Galletly würde das Einzeichnen der Havariepositionen übernehmen, während Carter und seine Mitarbeiter die Funkgeräte abhörten. Für die WINSTON CHURCHILL wurde ein Schiffsort ermittelt, der nur etwa 11 sm von der YOUNG ENDEAVOUR entfernt lag. Damals wusste man auf der YOUNG ENDEAVOUR aber nicht, dass es nur eine gegisste Position war. Unter den gegebenen Umständen – die Crew der WINSTON CHURCHILL bereitete sich darauf vor, in die Rettungsinseln zu gehen – hatte dieser Notfall aber absoluten Vorrang. Bei diesem Wetter hatten selbst Yachten Mühe, sich über Wasser zu halten, in einer Rettungsinsel würde man die Hölle auf Erden erleben. Bis zum Dunkelwerden waren es noch ungefähr drei Stunden – nicht mehr sehr viel Zeit also. Es wurde entschieden, sofort Kurs auf die WINSTON CHURCHILL zu nehmen.

Trotz der Wetterverhältnisse entwickelte sich unter der Marinebesatzung und dem Nachwuchs an Bord der YOUNG ENDEAVOUR eine gewisse Erregung. Schon einmal hatte das Schiff während einer verheerend vom Sturm heimgesuchten Wettfahrt Segler von einer kieloben treibenden Yacht geborgen – ein hervorragender Rettungseinsatz. Natürlich hoffte die Besatzung jetzt, diese Leistung wiederholen zu können. Galletly war schon dabei, einen Rettungsplan auszuarbeiten. Der Froschmann wurde eingewiesen, denn es würde zu gefährlich sein, das große dieselbetriebene Festrumpfschlauchboot des Schiffs auszusetzen. Das Beste und Sicherste wäre, eine Rettungsinsel aufzublasen, das Schiff direkt in Luv des Havaristen oder der Schiffbrüchigen zu halten und die Rettungsinsel dann dorthin treiben zu lassen, wobei dem Taucher eine entscheidende Rolle als Steuerungseinheit zukommen würde.

Auf dem Weg zur WINSTON CHURCHILL empfing das Schiff eine weitere Meldung und die Anweisung, eine andere Position anzusteuern. Obwohl man an Bord den ursprünglichen Kurs für richtig hielt, wurde die geforderte Kursänderung vorgenommen. Das Schiff, das die See von Steuerbord bekam, musste halsen, aus Stabilitätsgründen nur unter Sturmsegeln, um auf direkten Gegenkurs nach Norden zu gehen. Auf dem neuen Kurs lief die Schonerbrigg bei 12 bis 15 Meter hohem Seegang genau vor dem Wind – ein gefährlicher Weg.

Der Kommandant rief zum Halsen alle Mann an Deck. Jeder trug Ölzeug, Rettungsweste und Sicherungsgurt. Nach etwa 20 Minuten, als die Halse gerade zu Ende gebracht wurde, donnerte eine Monstersee aus dem Nichts heran und packte das schwere Schiff wie ein Spielzeug. Die YOUNG ENDEAVOUR holte dramatisch weit über – bis dicht an den Kenterwinkel. Carter konnte dabei nur zusehen und sich entsetzt an einer Griffstange festhalten. Schließlich aber richtete sich die Brigantine dank Galletlys guter Seemannschaft und der Hebelwirkung des Kiels wieder auf. Ernüchtert und mitgenommen brachte die Crew der YOUNG ENDEAVOUR ihr Schiff auf den Kurs zur neuen, erheblich weiter entfernten Havarieposition. Die Nacht brach herein, und der Sturm verschlimmerte sich. Die Sicht betrug nur noch 100 m.

***

Die WINSTON CHURCHILL war eine klassische Yacht mit stämmigen Proportionen, die von ihrem Eigner Richard Winning perfekt restauriert worden war. Winning hatte eine erfahrene und gut gemischte

Besatzung um sich geschart, zu der Bruce Gould, John »Steamer« Stanley sowie Jim Lawler gehörten. Gould konnte als eindrucksvolle Empfehlung unter anderem die Teilnahme an 32 Sydney-Hobart-Rennen vorweisen, während Stanley immerhin 16 auf dem Buckel hatte. Wie alle anderen Yachten, die noch im Rennen lagen, führte das Schiff am frühen Nachmittag des 27. nur noch kleinste Segel. Inzwischen begannen Gischtwolken von den Kämmen der Wellen wegzufetzen, die der Sturm mit 50 bis 55 kn zur Raserei aufpeitschte. Dann und wann meldete sich der Alarm des Windmessgeräts, ein Zeichen, dass eine Bö 60 kn überschritten hatte.

Winning, Stanley und Gould waren hocherfreut, wie das alte Mädchen mit der See fertig wurde. Dennoch hielten die Segler am Ruder jeweils nur 30 Minuten am Stück durch. Länger ging es nicht, weil Regen und Gischt, gejagt vom grausamen Wind, Gesicht und Augen fast zerrissen. Am frühen Nachmittag war Gould der Rudergänger. Das Boot führte nur noch einen Sturmklüver und lief mit etwa fünf Knoten im Winkel von 50° bis 60° zu den Wellenhängen. Die Segler berieten, was sie als Nächstes tun sollten, schlossen aber aus, Eden anzulaufen. Steamer hatte gewisse Bedenken, ob es sicher sein würde, beizudrehen.

Gegen 15.30 Uhr war Winning am Ruder, während John Dean in der Nähe saß und so gut es ging Schutz hinter dem Deckshaus suchte. Innen im Deckshaus lag Stanley auf seiner Koje, während Gould auf dem Kajütfußboden des Salons zu schlafen versuchte, was trotz der störenden Leckagen die bequemste Stelle war. Die WINSTON CHURCHILL schob sich weiterhin eindrucksvoll durch den hohen Seegang – 25 Tonnen und fünf Knoten Geschwindigkeit schienen großartig zusammenzupassen. Doch dann passierte es:

»Es kam eine See, die einfach aus dem Nichts anrollte«, erinnert sich Stanley. »Ich konnte sie im achteren Deckshaus, wo ich mich aufhielt, spüren. Sie nahm das Schiff einfach mit und ließ die ganzen 25 Tonnen Boot im Winkel von 45° den vorderen Wellenhang hinab ins Tal schießen. Als wir unten ankamen, war es, als wären wir auf eine Mauer geprallt.« Eben hatte er noch darüber sinniert, wie sie sich am besten verhalten sollten: Vor Topp und Takel abzulaufen wäre eine Möglichkeit gewesen, aber dabei wäre das Schiff dem Seegang auf Gedeih und Verderb ausgeliefert gewesen. Außerdem war die WINSTON CHURCHILL ja ein Langkieler, und damit zum Beidrehen wie geschaffen. Doch nun war keine Zeit mehr zum Nachdenken. Es krachte und splitterte. Stanley wurde an die Luvseite des Deckshauses gepresst, und die drei Fenster wurden zertrümmert. Er hörte andere Besatzungsmitglieder an Deck um Hilfe rufen und stürzte hinauf. Dort sah er Winning und Dean in den Backstagen und über dem Baum hängen, die Füße einen halben Meter über Deck. Stanley befreite sie schnell und holte sie wieder herunter.

John Gibson wühlte in vollem Ölzeug einschließlich Sicherheitsgurt in der Hauptkajüte herum, er suchte das Trysegel und klarte einige der Segel auf, die man unter Deck geschafft hatte, als die Welle zuschlug. Ab und zu steckte er den Kopf aus dem Niedergangsluk, um Wetter und See zu beobachten. Obwohl es dann und wann krachte, hatte er nicht das Gefühl, dass die Situation außer Kontrolle war, und mit Sicherheit war ihm nicht bewusst, dass die Leereling unter Wasser war. Er bewegte sich auf der Luvseite im Salon, als er plötzlich hochgeworfen und zwei oder zweieinhalb Meter quer durch den Raum geschleudert wurde. Jetzt lag er kopfüber. Bei dem Purzelbaum hatte sein Kopf einen üblen Schlag abbekommen. Innerhalb von Sekunden war er voller Blut und über ihm türmten sich die Sachen, die aus den Schränken und Borden gefallen waren. Er stand auf, sah einige geschäftige Mitsegler und bemerkte dann, dass alle Bodenbretter herausgeflogen und ihm entgegengeschleudert worden waren. Das Schiff machte Wasser. Das Leck musste in der Bilge sein, war aber nicht genau zu lokalisieren. Da sich die Niedergangsleiter losgerissen hatte, setzte er sie wieder ein und stieg dann an Deck.

Bruce Gould war ebenfalls unter Deck und durch die Luft geflogen, wobei er sich den Daumen verrenkt hatte. Er erinnert sich lebhaft, was er dagegen getan hat. »Ich sagte zu Mike Bannister, der in der unteren Leekoje lag: ›Los, pack mal meinen Daumen und zieh kräftig daran‹, und genau das tat er. Schon war der Daumen wieder eingerenkt. Dann ging ich an Deck. Die Jungs baumelten da noch wie Marionetten herum. Steamer versuchte sie gerade zu klarieren. Es war niemand am Ruder, deshalb griff ich nach dem Steuerrad. Ich spürte sofort, dass eine Menge Wasser im Schiff war. Ich blieb am Ruder, weil sich die anderen an Bord besser auskannten als ich. Steamer ging herum und versuchte das Ausmaß des Schlamassels an Deck und unter Deck zu ermitteln. Er bat Richard den Motor zu starten, um die Bilgepumpen betreiben zu können.«

25

25 Die MIDNIGHT SPECIAL aus Mooloolaba macht vor auffrischendem Nordostwind gute Fahrt in Richtung Hobart. Während des Sturms kenterte dieses Boot zweimal durch und ging später unter.

26 Die SOLO GLOBE CHALLENGER entfernt sich südlich von Sydney von der Küste. Diese als sehr seetüchtig angesehene Konstruktion wurde während des Sturms entmastet und wäre um ein Haar verlorengegangen.

26

27 *Die tasmanische Teilnehmerin* BUSINESS POST NAIAD *rauscht unter Spinnaker nach Süden, ihren Heimatgewässern entgegen. Nur einen Tag danach kämpfte die Besatzung um ihr Leben und um das der schwer beschädigten Yacht.*

28 *Die 39 Fuß lange* MIINTINTA *nahm »aus Spaß an der Freude« an der Wettfahrt teil. Ihre Linien stammen von Ron Swanson, der in den sechziger und siebziger Jahren zu den geachtetsten australischen Yachtkonstrukteuren gehörte.*

29 *Die Besatzung der* SWORD OF ORION *gehörte zu den erfahrensten Seglern unter den Wettfahrtteilnehmern. Auf dem Höhepunkt des Sturms musste diese Spitzenyacht, ein Schiff für das vergütungslose Rennsegeln, mit Seen kämpfen, die erheblich höher als ihr Mast waren.*

30 *Unter Spinnaker und mit einem Knochen im Maul bietet die wunderschön restaurierte* WINSTON CHURCHILL *ein eindrucksvolles Bild. Ihre Konstruktion ist das genaue Gegenteil der* SWORD OF ORION *(oben), die schwer beschädigt wurde und beinahe verlorenging.*

27

28

29

30

31 *Die solide Rennyacht* KINGURRA *hat das Schlimmste überlebt, das dreizehn vorangegangene Hobart-Wettfahrten zu bieten hatten. Dieses Schiff wurde zum Mittelpunkt einer der erstaunlichsten Mann-über-Bord-Rettungen in der Geschichte des Hochseesegelns.*

32 *Wayne Millars* B 52 *gehörte in der Channel-Handicap-Gruppe zu den Anwärterinnen auf einen Spitzenplatz. Fast genau einen Tag später lag diese Yacht in haushohem Seegang vier Minuten auf dem Kopf, wobei sieben Segler im Boot eingeschlossen waren und zwei sich außen an den kieloben treibenden Rumpf klammerten.*

33 ZEUS II, *die kleinste Teilnehmerin, hatte 1981 das klassische Rennen gewonnen.*

34 *Schnelle Fahrt vor dem Wind unter Spinnaker kennzeichnete die Leistung der* TEAM JAGUAR *zu Beginn des Rennens. Wie schon im Vorjahr verlor die Yacht auch diesmal wieder ihren Mast. Bereits im Anfangsstadium des Sturms wurde sie zum Objekt eines größeren Such- und Rettungseinsatzes.*

31

32

33

34

35

36

37

38

39

35 Die CANON MARIS, gesegelt von Ian Kiernan, dem »Mister Clean up the World«, hatte ursprünglich Jack Earl, einem der Begründer des Rennens, gehört. Ein Besatzungsmitglied, Jonathan Gibson, war der Sohn von John »Gibbo« Gibson, der 30 Stunden in einer stark beschädigten Rettungsinsel überlebte, nachdem die WINSTON CHURCHILL untergegangen war.

36 VC OFFSHORE STAND ASIDE war die erste Yacht, die dem Sturm zum Opfer fiel. Wie durch ein Wunder überlebte die Besatzung.

37 Auf der FOXTEL-TITAN FORD genießt man hier den schönsten Teil des Rennens, das Stück den Derwent-Fluss hinauf bis zum Ziel. Als der Sturm zuschlug, stand dieses Boot so weit seewärts, dass es nur weitersegeln konnte.

38 Der Sturm beginnt. Unter beträchtlich verkleinerter Segelfläche prescht die BRINDABELLA über die Bass-Straße.

39 Zu den bekanntesten Namen in der Welt des Hochseerennsegelns gehören die RAGGAMUFFIN und ihr Skipper Syd Fisher, ein alter Hase, der auf 30 Jahre Hochseeregatten zurückblicken kann. Das Rennen war für Fisher ein Déjà-vu – er hat auch die unheilvolle englische Fastnet-Regatta von 1979 überlebt.

40 *Weit und breit kein Versteck. Die* ASPECT COMPUTING *wurde von Behinderten gesegelt. Sie überlebten den Sturm und wurden anschließend Gruppensieger – wohl das bemerkenswerteste Ergebnis der Wettfahrt.*

41 *Die* BOBSLED, *eine Mini-Maxiyacht, ist im Sturmzentrum eingekesselt und macht ebenso viel Abdrift wie Fahrt voraus. Der wütende Sturm drückte die Seen platt, dennoch erschienen immer wieder Brecher von über 18 m Höhe.*

42 *Brechende Seen spielen mit der* ASPECT COMPUTING *Russisches Roulette. Wäre die Yacht nur wenige Meter weiter voraus gewesen, hätte dieser Brecher ihr mit Sicherheit übel mit gespielt.*

43

43 *Selbst dieser winzigen Fetzten Segel ist fast schon zu viel. Die* SECRET MEN´S BUSINESS *mitten im Sturm.*

44 *So segeln Sieger! Die* MIDNIGHT RAMBLER *war das Schiff, das am Ende als Siegerin nach berechneter Zeit durchs Ziel ging. Selbst auf dem Höhepunkt des Sturms hocken hier noch Segler auf der Luvkante.*

AFR

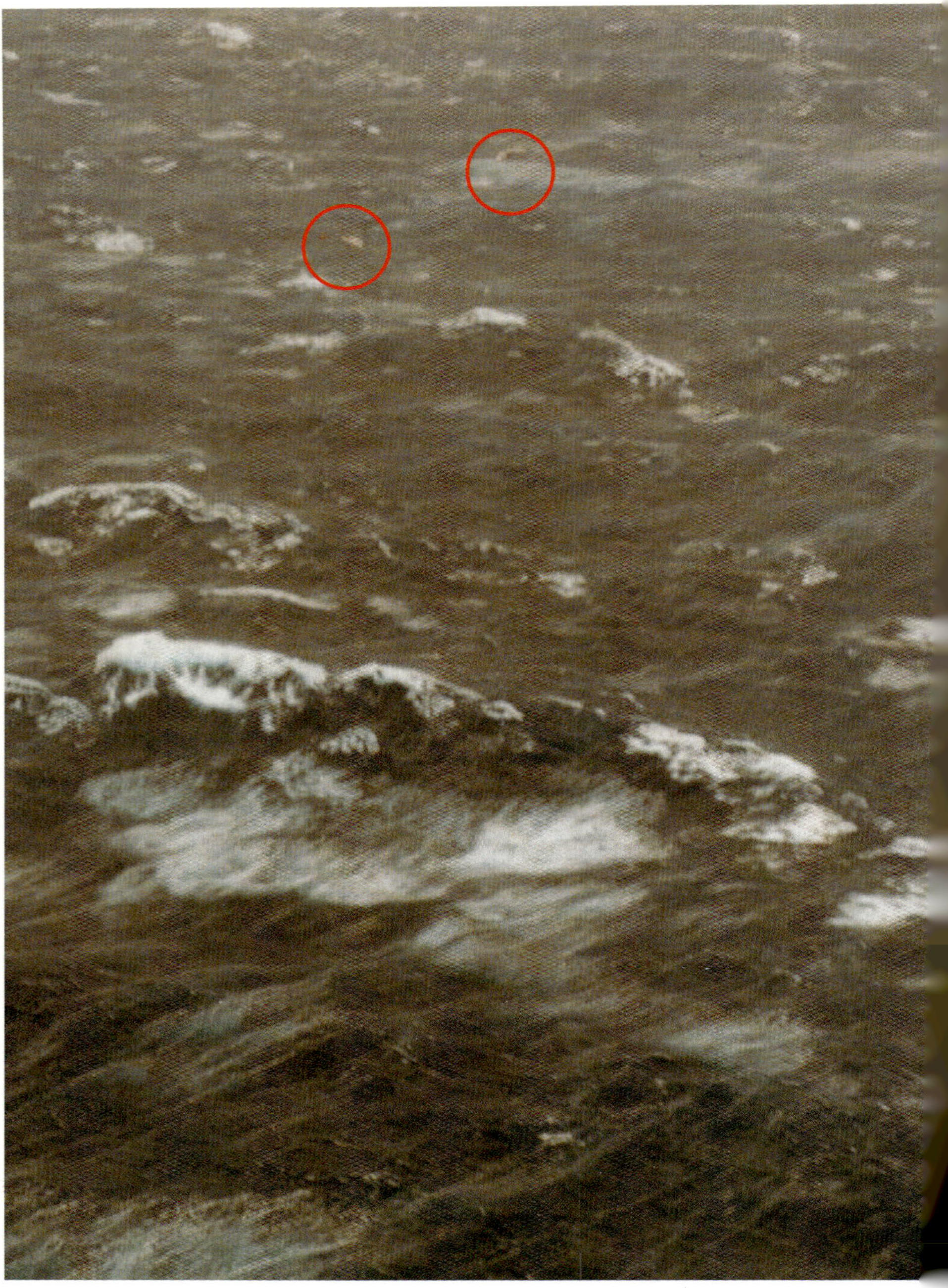

45 *Der erste größere Verlust in der Wettfahrt: Die* STAND ASIDE *(im linken Kreis) wird aufgegeben, und der Hubschrauber nimmt mit der Yachtbesatzung an Bord (im rechten Kreis) Kurs auf die Küste.*

Im Vordergrund eine Welle, deren Höhe mit über 24 m berechnet wurde. Sie überrollte die Yacht und ließ sie mit über 20 kn am vorderen Wellenhang hinabsurfen. Man nimmt an, dass die STAND ASIDE *kurz danach gesunken ist.*

Winning drehte den Zündschlüssel. Zuverlässig brummend sprang die Maschine an, doch sie lief nur fünf Sekunden, dann stotterte sie und blieb stehen. Gould war überzeugt, dass das Boot sinken würde und schlug vor, einen Notruf zu senden. Da das Hauptfunkgerät nicht funktionierte, weil Wasser eingedrungen war, benutzte Winning das UKW-Funkgerät mit seiner kurzen Reichweite, das ihm als einziges Verständigungsmittel geblieben war. Es war lebenswichtig, einen genauen Schiffsort anzugeben, aber das Wasser hatte nicht nur das Kurzwellengerät zerstört, sondern auch diese Möglichkeit zunichte gemacht: Das Wellenungetüm hatte die Seekarten und das GPS-Gerät mitgerissen. Winning konnte den Standort nur schätzen und eine gegisste Position durchgeben.

Währenddessen ging Stanley nach vorn, um durch den Niedergang in den Salon hinunterzusteigen. Dabei sah er, dass mittschiffs fast zwei Meter des schweren hölzernen Schanzkleids vollständig zertrümmert waren – die Welle hatte sie einfach weggerissen. Lediglich die nackten Stützen standen noch. Als Stanley unter Deck kam, musste er feststellen, dass das Wasser schon 30 bis 40 Zentimeter über den Bodenbrettern stand. Überall lagen Trümmer. Traurig wies er seine Mitseglern an, nach oben zu gehen und die Rettungsinseln mitzunehmen.

»Wir beschlossen die Rettungsinseln nicht auszusetzen, bevor das Deck unter Wasser stand«, berichtet er. »Ich hatte von Leuten gehört, die ihre Rettungsinsel zu früh ausgesetzt hatten, sodass anschließend das Schiff und die Rettungsinsel auseinander trieben. Außerdem sollte man in eine Rettungsinsel immer hinaufsteigen, nicht hinab.« Inmitten all dieses Durcheinanders bemerkte er trocken: »Also Leute, für uns ist das Hobart-Rennen damit wohl zu Ende.«

Bruce Gould wies die Besatzung an, Rettungswesten anzuziehen und sich darauf vorzubereiten, das Schiff zu verlassen. Dann nahmen sie den Sturmklüver herunter, weil alle Backbordwanten Lose hatte. Gould wollte das Vorsegel weghaben, weil er nicht noch zusätzlich einen Mastbruch riskieren wollte. Dann fiel er ab und lief vor dem Wind. Während Mike Bannister mit dem Bergen des Segels beschäftigt war, schlugen die Sturmklüverschoten gefährlich wie mörderische Eisenstangen herum. Trotz der Gefahr geriet die Besatzung nicht in Panik, sondern arbeitete unermüdlich und überlegt. Dean und Lawler bereiteten auf dem Leedeck die Rettungsinsel vor. Jemand fragte, ob die EPIRB-Boje angeschaltet worden sei – natürlich war daran gedacht worden. Gould hielt die Yacht bis zum bitteren Ende – etwa 20 Minuten nach dem Aufprall im Wellental – genau vor Wind und See.

»Wir lenzten in diesem gewaltigen Seegang mit dem Wind schräg von achtern und sackten immer tiefer weg«, erinnert er sich. »Als Nächstes überrannte uns eine riesige See, über 12 m hoch, und das Schiff schlug voll. Ich sagte zu Richard: ›Also dann, das war's. Am besten sagst du den Jungs, dass wir aussteigen.‹«

Als einer der letzten folgte John Gibson Lawler in eine Rettungsinsel. »Als die Inseln ausgesetzt wurden, dachte ich gerade bei mir, dass ich am liebsten mit Jimmy Lawler zusammen in einer Rettungsinsel sein würde«, erzählt Gibson. »Ich vertraute ihm eben, und es kam dann auch so. Es ergab sich, dass in beiden Rettungsinseln noch ein Platz frei war. Ich hätte in die eine oder andere steigen können, aber ich fühlte mich da draußen ganz bewusst so ruhig und sicher, weil Jim für mich mein Kumpel war. Wir kamen aus demselben Club. Auch John Stanley war in derselben Rettungsinsel.«

Die WINSTON CHURCHILL sank schnell, aber die Rettungsinsel war noch mit einer Leine am Schiff fest, bis sie schließlich mit einem lauten Knall brach. Gould erinnert sich, dass ihn noch eine enorme See erwischte, bevor er das Ruder verließ. Er rannte nach vorn, hechtete auf den offenen Einstieg der nächstliegenden Rettungsinsel zu und wurde hineingezogen.

Alle neun Segler waren vom Schiff weggekommen, und während sie von der relativen Sicherheit ihrer Rettungsinseln aus zusahen, versank der schöne Rumpf der einst mächtigen WINSTON CHURCHILL würdevoll in den aufgepeitschten Fluten.

Kingurra

Die rasch wachsende Arbeitsgruppe von Koordinatoren bei der AusSAR im Hauptquartier der Australian Maritime Safety Authority in Canberra hatte etwas derartiges noch nie gesehen: Die Bildschirme, auf denen die EPIRB-Positionen aufleuchteten, erstrahlten wie Weihnachtsbäume. Die Koordinatoren richteten ihr Hauptaugenmerk auf ein bestimmtes Gebiet – die nordöstliche Ecke der Bass-Straße, 20 bis 80 sm vor der Küste. Allein der Umfang der Such- und Rettungsaktion stellte eine gigantische Herausforderung dar, von der Unmöglichkeit, eine Rangfolge der Ziele festzulegen sowie dem höllischen Wetter ganz zu schweigen.

Wenn man überhaupt eine Yacht als schwerwettertauglich ansehen konnte, dann galt das für Peter Jouberts robuste Slup Kingurra. In dem letzten fürchterlichen Hobart-Rennen – im Jahre 1993 –, hatten das Schiff und seine Besatzung nicht nur qualvolle achtzehn Stunden lang grauenhaftes Wetter überstanden, sondern darüber hinaus die Mannschaft einer sinkenden Yacht gerettet, um danach trotzdem nach Hobart weiterzustürmen und durchs Ziel zu gehen.

Obwohl die Bedingungen im Rennen 1998 noch erheblich schlimmer waren, kam die gut 40 Fuß lange Yacht, ein stark gebautes Boot aus formverleimtem Holz, unter einer am inneren Vorstag gefahrenen Sturmfock gut nach Süden voran. Wie die meisten anderen Schiffe in der Umgebung, die zwischen 30 und 60 Meilen weit in die Bass-Straße vorgedrungen waren, stand die Kingurra dicht am Zentrum der Wetterbombe. Der Wind begann allmählich aufzufrischen, und die Böen erreichten 60 bis 70 kn. Wie Pyramiden schossen die Brecher über 18 Meter hoch auf. Trotz der Wellenhöhe brauchte das Schiff manchmal nur sechs oder sieben Sekunden für die 18 m nach unten ins Wellental und weiter auf den nächsten Kamm.

Peter Joubert war nahezu sein ganzes 74-jähriges Leben lang Segler gewesen, noch nie aber hatte er ein solches Unwetter erlebt. Er hielt einen Kurs von etwa 180°, der sich durch das Toben des Sturms aber zeitweise unvorhersehbar auf 160° oder 140° verschlechterte. Zu jener Zeit hatte die KINGURRA den Seegang etwas schräg von achtern. Gegen 16.00 Uhr kam Peter Meikle an Deck, um seine Wache anzutreten und war ebenso erstaunt, wie schlimm es innerhalb der vier Stunden seiner Freiwache geworden war. Misstrauisch argwöhnte er, dass es sich nur um einen Vorgeschmack des Bevorstehenden handelte. Er hatte die turnusmäßigen Funkmeldungen verfolgt, besonders den Bericht der SWORD OF ORION, auf der man einige 78-kn-Böen durchgemacht hatte.

Als Meikle das Ruder übernahm, war er freudig überrascht, wie gut die KINGURRA klarkam. Der Windmesser erreichte ständig die Höchstmarke von 68 kn, und überall rund um das Boot brachen die Seen. Das Ganze entsprach nicht direkt dem, was Meikle vor Augen gehabt hatte, als er seinen amerikanischen Freund John Campbell für den Versuch überredete, zum dritten Mal bei einer Hobart-Regatta das Ziel zu erreichen.

Schon seit 20 Jahren war der 33-jährige Meikle Hochseerennsegler. In dieser Zeit hatte er an acht Hobart-Wettfahrten teilgenommen, viermal zusammen mit Joubert. John Campbell hatte er kennen gelernt, als er 1992 beim C.Y.C. ein Schiff für das damalige Sydney-Hobart-Rennen ausrüstete. Campbell hielt sich im Verlauf einer längeren Abenteuerreise um die Welt in Australien auf und schlenderte einige Tage vor der großen Wettfahrt zum Yachthafen. Er sah Meikle an Bord und erkundigte sich, ob an Bord vielleicht eine Koje frei wäre.

»Leider nein, wir sind vollzählig«, war die Antwort, »aber wenn Sie bis dahin kein Glück haben, kommen sie doch einfach morgen wieder vorbei. Man kann ja nie wissen, was passiert.« Rein zufällig wurde ein Besatzungsmitglied krank, sodass Campbell seine Mitsegelgelegenheit bekam. Aber vor der Küste von Neusüdwales ging das Großsegel in Fetzen, und das Boot kam nicht bis ans Ziel.

Daraufhin bekam Campbell von Meikle das Angebot, im folgenden Jahr auf der seiner Familie gehörenden Rennyacht FAST FORWARD mitzusegeln. Gerne nahm Campbell an. Doch die Wettfahrt von 1993 war die schlimmste vor 1998, und die FAST FORWARD musste mit Ruderproblemen ausscheiden. Inzwischen fühlte sich Meikle irgendwie verpflichtet, Campbell auch einmal ans Ziel nach Hobart zu bringen, und eine Mitsegelgelegenheit auf der KINGURRA schien der sicherste Weg dorthin zu sein. Als sich herausstellte, dass für das Rennen 1998 eine Koje an Bord frei war, rief Meikle Campbell an und versprach ihm, sein Flugticket zu bezahlen, falls er ihn nicht bis nach Hobart bringen sollte.

Nun, am Nachmittag des 27. Dezember, saßen beide zusammen in der Plicht und wurden von Spritzwasser, Wind, Wellen und Regen gepeitscht. Es war unbequem und kalt. Beide froren, waren durchnässt bis auf die Haut und durch ihre Gurte in der Bewegungsfreiheit eingeschränkt. Campell stellte seinen Entschluss zum Mitsegeln ernsthaft infrage.

»Als ich die Warnung von der SWORD OF ORION hörte, war es so etwas wie: Halt, Stopp!«, sagte Campbell. »Aber eigentlich spürte ich niemals Gefahr, denn ich wusste von dem Rennen nur, dass es dabei weht. Außerdem hatten alle die größte Zuversicht, dass das Boot jedes Wetter bewältigen würde. Deshalb gab es keinen Grund zur Panik. Der Rest der Crew saß einfach nur so rum, weil es nicht allzu viel zu tun gab. Auch ich machte nichts anderes. Ungefähr alle Viertelstunde fiel eine große Welle über uns her und füllte die Plicht fast knietief mit Wasser. Dabei fiel mir ein, dass ich vor dem Auslaufen aus Sydney gefragt hatte, wie trocken das Cockpit bei schwerem Wetter sei, und dass die Mitsegler geantwortet hatten: ›Hier kommt fast nie Wasser hin, höchstens ein paar Spritzer.‹«

Als hätte jemand einen Schalter umgelegt, begann die Windgeschwindigkeit sich rasch zu steigern. »Der Wind heulte nicht mehr, wie man es sonst kennt, sondern er kreischte. Ein sehr schrilles Geräusch, ganz wie eine Trillerpfeife. Genau dabei spürte ich, dass das Wetter gerade einen Zahn zugelegt hatte.«

Die Verständigung an Bord war wegen des heulenden Sturms nahezu unmöglich, und wieder einmal steigerte sich der Seegang ohne Vorwarnung ebenso drastisch wie die Böen. Campbell versuchte gerade beharrlich, die Lenzrohre im Cockpit zu säubern, als es ihn erwischte: Plötzlich lag er im Wasser und trieb fort vom Boot, wobei sein Bewusstsein wiederholt schwand.

***

Die erfahrene Besatzung hatte dafür gesorgt, dass die KINGURRA gut auf das schlechter werdende Wetter vorbereitet war. Die Segler hatten den Großbaum an Deck verzurrt, denn bei diesem Seegang war es viel zu gefährlich, ihn an der Leereling festzumachen, weil das vorbeischießende Wasser ihn dann mit Sicherheit losreißen würde. Er war leicht luvwärts festgelascht worden. Das war für die Leute, die auf der steilen Luvcockpitbank hockten, sehr unbequem, aber Bequemlichkeit kam an Bord erst weit nach der Sicherheit. John Campbell saß zusammengekauert dicht vor dem Steuerrad und der Kompasssäule, Peter Meikle war vor ihm. Er hatte die Wange an die Luvseite des Baums gedrückt. Am vorderen Ende der Plicht hockte Damian Horrigan. Antony Snyders war am Ruder. Es war kurz vor 19.00 Uhr, und obwohl es noch ziemlich hell war, betrug die Sicht durch den windgepeitschten Regen kaum mehr als eine halbe Meile.

Die Segler hatten zwei Optionen: Kurs auf Hobart abzusetzen oder Eden anzulaufen. Gemeinsam beschlossen sie, in südlicher Richtung weiterzuknüppeln, aber auch ein anderer Kurs hätte keinen Unterschied gemacht. Die folgenden entsetzlichen Sekunden verschwammen später in der Erinnerung der Besatzung. Ein Wellenungetüm stürzte heran, überflutete das Schiff und brachte es zum Kentern. Meikle fand sich unter dem Cockpit in einer winzigen Luftblase gefangen. Nach etwa fünf Sekunden richtete sich das Boot schnell wieder auf, und Meikle saß auf dem Plichtboden – allein. Er hatte keine Ahnung, wo die anderen drei waren. Der Baum hatte die Großschotwinsch aus dem Deck gerissen.

Horrigan tauchte nahe der Leereling neben der Kajüte wieder auf. Er war zwischen den Relingsdrähten hindurch über Bord gespült worden und wieder an Deck gelangt. Dann entdeckte Meikle zwei Mitsegler, die an ihren Sicherheitsgurten am Heck des Bootes im Wasser hingen, jeder auf einer Seite des Achterstags. Snyders hing anscheinend ganz bequem, wenn auch mit einem zerschmetterten Knie, aber unter dem Heck hing Campbell – mit der Sorgleine des Gurtes um den Hals. Meikle rief nach Helfern ohne zu wissen, dass auch unter Deck eine ernste Notlage eingetreten war: Eine Unmenge Wasser hatte die Kajüte überschwemmt, und Peter Joubert war schwer verletzt. Er blutete aus einer Kopfwunde und stand unter tiefem Schock.

Irgendwie musste er Campbell wieder an Bord schaffen, nur wie? Meikle stellte sich breitbeinig über den Heckkorb und versuchte Campbell an seiner Sorgleine hoch zu hieven. Tatsächlich bekam er ihn auch mit den Schultern bis an den oberen Relingsdurchzug, konnte ihn aber nicht herüberziehen. Aufstöhnend ließ er ihn wieder hinab, drehte ihn herum und konnte die Leine dadurch von seinem

Hals lösen. Jetzt begriff Meikle, dass Campbell bewusstlos war. Doch zu keiner Sekunde kam ihm in den Sinn, dass sein Freund tot sein könnte.

Tony Vautin trug ein T-Shirt und einen Sicherheitsgurt. Als er beim Hochziehen Campbells zu helfen begann, begannen auch die Schwierigkeiten. Campbell trug eine Schwerwetterjacke, bei der der Sicherheitsgurt innen zwischen Jacke und Futter angebracht war. Das Futter war glatt, damit man die Jacke im Notfall schnell abstreifen konnte. Campbell war klatschnass und schwer, und als die beiden ihn hochhoben, begann die Jacke von ihm abzurutschen.

»Zu unserem Entsetzen – und ich werde das Gefühl nie vergessen – fing die Jacke an, sich von innen nach außen zu stülpen, und Campbell glitt einfach nach unten hinaus«, erinnert Meikle sich. »Sein rechter Arm rutschte zuerst raus, dann packte ich seine Hand und hielt ihn fest. Er reagierte überhaupt nicht. Danach rutschte sein anderer Arm aus der Jacke. Ich versuchte verzweifelt, seine rechte Hand festzuhalten, aber er wurde umhergespült. Ich blickte in sein Gesicht. Seine Augen waren geschlossen, und er gab nur solche gurgelnden Geräusche von sich. Es war, als merkte er, dass er gerade aus seiner Jacke glitt. Ich werde die Geräusche, die er beim Hinausrutschen machte, nie vergessen. Dann kam wieder eine große See, und ich konnte ihn nicht mehr halten. Er wurde mir entrissen.«

Infolge der Kenterung waren alle Rettungsringe, Rettungsleinen und Markierungsbojen verheddert und verknotet und so gut wie nutzlos geworden. Meikle brüllte »Mann über Bord!«, rief, dass jemand den Schiffsort notieren solle, und peilte, wo Campbell ungefähr war. Die Sturmfock war durch den Wasserdruck zerrissen und schlug umher, bildete aber immer noch so viel Windfang, dass die Yacht sich rasch von Campbell entfernte. Die Segler schleuderten einen Rettungsring ins Wasser und versuchten den Motor einzukuppeln, der vorher die Bilgepumpen angetrieben hatte. Bei dem Versuch aber zog die Maschine einen großen Schluck Wasser und blieb stehen. Zum Schrecken der Crew an Deck trieb Campbell mit dem Gesicht nach unten fort. Während die Überbleibsel der Fock geborgen wurden, wurde die Yacht hastig so weit wie möglich in den Wind gedreht, um die Fahrt wegzunehmen.

Antony Snyders, der Mann mit der lebenswichtigen Aufgabe, Campbell im Auge zu behalten, sah dessen neue Seestiefel und gleich danach seine Ölhose aufschwimmen, als Campbell über einen Wellenkamm trieb. Peter Joubert, der während der Durchkenterung verletzt worden war, als ein Mitsegler aus einer oberen Koje quer durch die Kajüte auf ihn stürzte, hatte sich zum Kartentisch geschleppt und das Mikrofon des Kurzwellengeräts in die Hand genommen. Er drückte den roten Knopf, der den gewünschten Kanal zeigte, und rief Lew Carter an Bord der YOUNG ENDEAVOUR. »Hier ist KINGURRA. Mayday, Mayday, Mayday. Bei uns ist ein Mann über Bord gegangen. Wir benötigen dringend einen Hubschrauber.«

»Wer ist über Bord? Wie heißt er?«, fragte Carter.

»John Campbell.«

»Was hat er an? Trägt er eine Rettungsweste?«

»Nein. Er hat blaue Thermounterwäsche an.«

»Haben Sie Ihr EPIRB eingeschaltet?«

»Noch nicht.«

Dann brach Joubert zusammen. Er hatte einen Milzriss und zahllose gebrochene Rippen.

Die EPIRB-Boje wurde in Betrieb gesetzt, während Campbell weiter und weiter wegtrieb. Es wurde beschlossen, die Funkboje nicht abzustellen, denn man wusste noch immer nicht, ob die KINGURRA sinken würde. Das Trysegel wurde an Deck gepackt, aber nicht gesetzt. Inzwischen war Campbell etwa 100 Meter entfernt und nur dann zu sehen, wenn er gleichzeitig mit dem Boot auf einem Wellenkamm schwamm. Die KINGURRA wurde auf etwa 80° an den Wind gebracht und halste anschließend, während man Campbell ununterbrochen im Auge behielt. Minuten später steckte Alistair Knox den Kopf aus dem Kajütluk und gab bekannt, dass ein Schiff zu ihnen umgeleitet werde und ein Hubschrauber unterwegs sei. Nun konnten sie nur noch abwarten.

***

Unterdessen hatte Gary Ticehurst viele Male vergeblich versucht, mit der WINSTON CHURCHILL Funkkontakt aufzunehmen, während er mit seinem Hubschrauber zum Auftanken zurück nach Mallacoota unterwegs war. Als keine Antwort kam, machte er sich allmählich Sorgen. In Gedanken hörte er immer wieder den Mayday-Ruf der Yacht, den er aufgefangen hatte. Da in Mallacoota so viele Flugzeuge und Hubschrauber zum Auftanken landeten, begann der begrenzte Kraftstoffvorrat des Flugplatzes rapide zu schwinden. Ticehurst und der Polizeihubschrauber, der gerade aus Melbourne eingetroffen war, mussten sich den verbliebenen Kraftstoff teilen.

Die Polizeiflieger waren gerade mit dem Auftanken fertig und auch Ticehurst war fast soweit, als die örtliche Polizei mit Nachrichten von der Lage der KINGURRA an die Flieger herantrat. Es hatte eine der robustesten Yachten des Feldes schwer erwischt. Ticehurst machte sich ernste Sorgen um John Campbells Wohl. Schon bald hob der Polizeihubschrauber mit dem Ziel KINGURRA per Alarmstart ab. Ticehurst und Sinclair folgten fünf Minuten später, um sich an der Suche zu beteiligen. Wie katapultiert schoss die Polizeimaschine los, raste mit mindestens 70 kn Rückenwind in Richtung der havarierten Yacht und war innerhalb von 10 Minuten mitten im Getümmel. Es war früher Abend, und es blieben nur noch anderthalb Stunden Tageslicht.

***

Die gigantischen Seen erschwerten es immer mehr, Campbell in Sicht zu behalten. Er war nur alle 30 Sekunden für etwa zwei Sekunden zu sehen, obwohl er lediglich rund 200 m entfernt war. Dann ereigneten sich jedoch zwei Wunder: Zwei Hubschrauber, einer davon mit Rettungsausrüstung, näherten sich schnell dem Gebiet. Auch schien das Schicksal Campbell zu helfen.

»Meine erste Erinnerung ist, dass ich zu Bewusstsein kam und weit weg das Boot sah«, sagt Campbell. »Ich war vollständig orientierungslos. Das Schiff schien etwa eine halbe Meile entfernt zu sein. Ich hatte keine Ahnung, wo ich war, wie ich dort hingekommen war oder warum ich im Wasser lag. Dann ahnte ich allmählich, dass ich nicht träumte, sondern in echten Schwierigkeiten steckte. In meinem Kopf spielten sich verschiedene Dinge ab. Dazu gehörte, dass ich mir nicht ganz im Klaren war, wie weit ich bei Bewusstsein war. Die Leute an Bord sagten, es habe nur 10 Sekunden gedauert, bis ich das Boot wahrgenommen und ihnen wie wild zugewunken hätte, nachdem sie mich verloren hatten und ich zunächst mit dem Gesicht nach unten offenbar bewusstlos gewesen war. Ich kann mich daran nicht erinnern. Offensichtlich ist das Bewusstsein eher zurückgekehrt als die Erinnerung.«

Natürlich hoffte Campbell, dass die Yacht vorbeikommen und ihn aufnehmen würde, sobald man ihn gesehen hätte, deshalb versuchte er, in Richtung Boot zu schwimmen, wobei er zwischendurch immer wieder mit den Armen winkte. Er hatte keine Ahnung, wie er es geschafft hatte, all sein Ölzeug auszuziehen, erinnerte sich aber an das Abstreifen seiner übergroßen Seestiefel. Er wusste genau, dass das Boot seine einzige Hoffnung war. Da er in Luv der KINGURRA schwamm und sie immer im Blick behalten wollte, kam der Seegang für ihn von hinten, sodass er die Wellen nicht kommen sehen konnte. Die Größten erfassten ihn immer wieder, ließen ihn den Wellenhang hinabstürzen und untertauchen.

Allmählich sah Campbell die Yacht weitaus seltener. Er trieb schon seit 30 Minuten im schäumenden Ozean, aber es kam ihm nur wie 10 Minuten vor. In diesem Moment glaubte er, durch das Sturmgetöse hindurch das Geräusch eines Hubschraubers über sich zu hören. Zeitgleich bemerkte er, dass an Deck der KINGURRA eine Signalfackel gezündet wurde, und als er zum Himmel blickte, schwebte ganz in der Nähe der ersehnte Helikopter.

»Dann flog die Maschine weg«, berichtet Campbell, »und ich verlor den Mut. Zum ersten Mal begann ich daran zu denken, dass sich das Ende meiner Ausdauer näherte; dass ich vielleicht nur noch für 10 Minuten Energie hatte.«

***

Am 27. Dezember, kurz nach 16.00 Uhr, flog eine Maschine der Polizeiflugstaffel von Victoria vom Melbourner Flughafen Essendon ab, um sich auf eine Anforderung der AusSAR hin an der SAR-Aktion beim Sydney-Hobart-Rennen zu beteiligen. Senior Constable Darryl Jones war Pilot, Senior Constable Barry Barclay bediente die Winsch und Senior Constable David Key war der Rettungsmann. Jones flog den Hubschrauber zum Auftanken nach Mallacoota. Sobald die Maschine nach einem Alarmstart wieder in der Luft war, teilte die AusSAR den Fliegern die Koordinaten der KINGURRA und damit die Lage des Suchgebiets mit.

Der Rückenwind von 160 km/h, der den zweimotorigen Dauphin-Helikopter französischer Herstellung schob, war der stärkste, den Jones in seinen zwölf Jahren als Polizeiflieger erlebt hatte. Durch den

Wind betrug die Geschwindigkeit über Grund unglaubliche 205 kn (390 km/h). Als die Maschine sich der angegebenen Position näherte, geriet sie in Regenschauer und See-Spritzwasser. Die untere Wolkengrenze lag bei nur 180 bis 600 Metern. Die Maschine stand 65 sm südöstlich von Mallacoota. Wellenhöhe, Wind, Regen, niedrige Wolkendecke und ein furchtbar durcheinanderlaufender Seegang machten es den Polizeifliegern beinahe unmöglich, die KINGURRA zu sichten und das Suchgebiet eindeutig festzulegen. Deshalb flog Jones in sich erweiternden Kreisen, wobei er zuerst nach Norden abdrehte. Als Barclay gerade die Kursänderung einleitete, sichtete er leicht voraus an Backbord eine rote Signalfackel.

Jones beschleunigte und flog darauf zu. Schon nach wenigen Sekunden rief Barclay, dass sie drauf und dran waren, über die Yacht hinauszufliegen. Die Geschwindigkeit wurde soweit wie möglich verringert, um auf keinen Fall den Sichtkontakt zu verlieren. Barclay bekam Funkverbindung und erfuhr, dass Campbell sich etwa 300 m westlich der Yacht befinde. Der Hubschrauber flog zu einer Position etwa 300 m in Luv der KINGURRA. Kurz danach machte Barclay einen orangefarbenen Rettungsring aus, in dem er den Segler vermutete. Doch der Rettungsring war leer. Während Key den Ring betrachtete, sah er einen Mann etwa 400 m östlich des Rettungsrings und 600 m luvwärts des Bootes die Arme schwenken. Die Hubschrauberbesatzung bereitete sofort die Winschaktion vor und legte noch einmal das Vorgehen fest, das schon bei einer Vorbesprechung auf dem Flug zum Suchgebiet geplant worden war. Jones nahm eine 30-m-Schwebeposition über dem Schwimmer ein, während Barclay begann, Key zu dem Schiffbrüchigen hinabzuwinschen. Dabei bemerkte Key, dass der Mann sich bereits im Wasser abquälte und mehrere Male untertauchte.

»Ich versuchte durch Wassertreten und einarmige Schwimmbewegungen über Wasser zu bleiben, während ich mit dem anderen Arm wie verrückt winkte«, erinnert Campbell sich. »Ich schrie ›He, hier bin ich!‹, dann dachte ich bei mir: Das ist ein bisschen dämlich, sie können dich nicht hören. Winke einfach weiter. Sie schwebten über mir, und dann sah ich den Mann am Draht herunterkommen. Ich versuchte die ganze Zeit, zu dem Punkt zu schwimmen, wohin der Mann heruntergelassen wurde. Ich weiß noch, dass der Pilot fantastische Arbeit leistete, indem er den Retter sehr dicht bei mir ins Wasser ließ. Ich schwamm vielleicht 15 oder 20 m angestrengt auf den Gurt zu, den er mir hinhielt – ein wunderbares Ziel.«

Darryl Jones hielt die äußerst heikle 30-m-Schwebeposition über Campbell ohne einen einzigen Bezugspunkt. Barclay, der Campbells Bewegungen über die Bordsprechanlage weitermeldete, sagte, er würde sehr viel Winschdraht abspulen müssen, um Keys Sicherheit bei so hohem Wellengang zu gewährleisten. In diesem Moment blickte Jones nach vorn zum grauen Horizont und war entsetzt: Ein Wasserberg rollte aus dem trüben Halbdunkel geradewegs auf den Hubschrauber zu. Jones rief Barclay zu, dass er sofort steigen müsse, um dem Wellenberg zu entgehen.

»Na, dann los!«, rief Barclay zurück, während Jones die Maschine etwa 15 m höher in die Luft zog. Das Radar-Höhenmessgerät des Hubschraubers bestätigte, dass der Wellenkamm nur drei Meter unter der Maschine durchlief.

Keys bekam es im Wasser mit demselben Ungetüm zu tun: »Ich kam ins Wasser, und als ich es dann schaffte, wieder aufzutauchen, lag ich im Tal und sah eine massive senkrechte Wand vor mir. Es war eine über 25 m hohe See. Ich wurde am vorderen Wellenhang hinaufgesogen, aber dann bekam der Auftrieb meines Neoprenanzugs die Oberhand, und ich wurde am Wellenhang wieder hinuntergeworfen. 10 oder 15 Sekunden lang wurde ich unter Wasser gedrückt, bis ich an der Rückseite des Wellenbergs wieder auftauchte. Ich war völlig durcheinander und hatte eine Menge Seewasser geschluckt. Ich fühlte mich wie eine Stoffpuppe. Danach packte mich wieder eine Welle und drückte mich noch einmal unter Wasser.

Als ich dann auftauchte, sah ich Campbell direkt an. Er war nur wenige Meter entfernt. Er hatte einen leeren Gesichtsausdruck und war aschfahl. Wir begannen aufeinander zu zu schwimmen. Noch während uns erneut eine Wasserwand traf, packte ich ihn und hielt ihn so fest, wie ich konnte, denn wir wurden beide unter Wasser gedrückt. Er war wie ein lebloses Gewicht; er hatte keine Schwimmweste an und keine Kraft mehr. Als wir wieder hochkamen, legte ich ihm die Rettungsschlinge über den Kopf und steckte dann seine Arme hindurch, weil er nicht in der Lage war, mich dabei zu unterstützen.«

Genau in diesem Moment wurden die beiden noch einmal von einem Wellenberg überrannt. Key merkte, dass sich der Winschdraht des Hubschraubers um sein Bein gewickelt hatte. Wenn die Maschine sich bewegte oder der Draht sich spannte, hätte sein Bein ebenso gut in einer Guillotine liegen können. Rasch schlängelte er sich mit dem Bein aus dem Draht, dann gab er Barclay das Zeichen, dass er mit dem Geretteten bereit war, aus dem Wasser gezogen und zum Hubschrauber emporgewinscht zu werden. Damit hätte die Bergung eigentlich beendet sein sollen, doch als die beiden sich dem Hubschrauber näherten, fraß sich die Winde fest. Dadurch baumelten sie hilflos unmittelbar außerhalb des Tors. Als Barclay sah, dass Campbell erschöpft war, umfasste er ihn fest mit den Armen und zog ihn in den Hubschrauber hinein. Key kam anschließend aus eigener Kraft in die Maschine.

Campbell hatte sich das Nasenbein und einen Kiefer gebrochen, hatte Schnitte und Fleischwunden im Gesicht und litt an schwerer Unterkühlung. Key und Barclay legten sich beiderseits dicht an ihn, um ihm Körperwärme abzugeben und das Einsetzen eines Schocks zu verhindern.

Nach dem Eintreffen in Mallacoota wurde Campbell mit einem Krankentransporthubschrauber zur Behandlung ins Krankenhaus gebracht. Seine Eltern wurden um 2.00 Uhr morgens von Bruce Rowley, dem Geschäftsführer des C.Y.C., aus dem Schlaf gerissen. Sie sahen sich wie vom Blitz getroffen an. Schon zum zweiten Mal war einer ihrer Söhne den Klauen des Todes entronnen: John Campbells Bruder Clarke hatte einige Jahre vorher einen Unfall beim Bergsteigen überlebt, der einige Mitkletterer das Leben gekostet hatte.

Midnight Special

Vor 1998 konnte Ian Griffiths eineinhalb Sydney-Hobart-Rennen vorweisen. Das »halbe« kam in der scheußlichen Wettfahrt von 1993 zustande. Griffiths' Yacht Devil Woman stand damals 50 Meilen östlich von Eden und boxte sich bei 45 kn Gegenwind in die Bass-Straße hinein, als es zum vorzeitigen Abbruch kam. Wieder einmal hatte sich das Zusammentreffen von nordgehendem Strom und einem heftigen Südwind als heimtückisch erwiesen. Die Devil Woman hatte sich trotz der schlechter werdenden Bedingungen gut benommen. Wenn es für die Crew auch ziemlich ungemütlich war, pflügte die Yacht doch ohne wirklich dramatische Vorkommnisse voran. Damit war es vorbei, als das Schiff über eine besonders kurze, steile See ging.

Das Vorschiff schoss hoch in die Luft. Als der Bug dann hinter dem Wellenkamm ins Tal krachte, spürte die Mannschaft es nicht nur einmal krachen, sondern zweimal. Die Segler hatten den vagen Verdacht, dass der Kiel sich gelockert haben könnte. Der Rudergänger legte hart Ruder und der Bug reagierte sofort, indem er sich in den Wind drehte. Die schlagenden Segel wurden in aller Eile geborgen, während das Vorschiff weiterhin gegen die anrennenden Seen zeigte, sodass wenig Druck auf das Schiff wirkte.

Die nachfolgende schnelle Schadensbeurteilung zeigte, dass der Kiel sich keineswegs nur gelockert hatte: Er war abgefallen. Alle hochfesten Bolzen, mit denen er am Rumpf befestigt war, waren gebrochen. Zur Verwunderung aller kenterte die Devil Woman nicht, hätte es aber sicher getan, wenn der Rudergänger anders reagiert hätte. In banger Erwartung zog die Mannschaft Rettungswesten an und versammelte sich während der ebenso langen wie langsamen Motorfahrt zurück nach Eden in der Plicht.

***

Ian Griffiths lebt in der hübschen Hafenstadt Mooloolaba, die an der Küste nördlich von Brisbane liegt. Als begeisterter Hochseerennsegler wurde er ohne Yacht allmählich ruhelos. Deshalb gründete er mit vier Freunden aus dem Mooloolaba-Yachtclub eine Eignergemeinschaft, um wieder ein Schiff zu kaufen. Die Wahl fiel auf die MIDNIGHT SPECIAL, ein leichtes 40-Fuß-Boot, das in Sandwich-Technik aus GFK mit Schaumkern gebaut war. Es wog nur 5,2 Tonnen. Die Eignergemeinschaft stellte einen interessanten Querschnitt der örtlichen Gesellschaft dar. Zu Griffiths stießen der Hautarzt David Leslie, der Tiefbauunternehmer Peter Carter, der Gärtnereibesitzer Bill Butler und der Busunternehmer Peter Baynes. Sie taten sich vor allem zusammen, um Spaß zu haben. Nachdem sie an der ganzen Ostküste an verschiedenen Regatten teilgenommen hatten – von Sydney nach Mooloolaba, von Brisbane nach Gladstone und an der Regattawoche von Hamilton Island – stand das große Ereignis, das Hobart-Rennen, ganz oben auf der Tagesordnung. Die neunköpfige Besatzung bestand ausschließlich aus Einwohnern des Ortes. Mit 49 Jahren war der Segelmacher Neil Dickson der jüngste in der Gruppe. Er war ein sehr erfahrener Hochseerennsegler und erst vor kurzem mit seiner Frau von einem märchenhaften 33 000-Meilen-Törn zurückgekehrt, bei dem die beiden fast jede schöne Insel im Pazifik angelaufen hatten.

Durch reines Pech, keineswegs durch mangelnde Fähigkeiten, war er in der Sydney-Hobart-Wettfahrt bei sechs Versuchen nur einmal durchs Ziel gekommen. Zweimal kam er sogar nicht mal über die Hafenbucht von Sydney hinaus. Dafür sorgten ein Mastbruch und andere Schäden. Diesmal aber war er zuversichtlich, dass er es mit einem Haufen guter Leute und einem guten Schiff bis nach Hobart schaffen würde.

***

Die MIDNIGHT SPECIAL war alles andere als eine Spezialistin für schnelles Raumschotsegeln. Ihre Rumpfform war für Spinnakerkurse vor dem Wind nicht ideal. Daher freuten sich die Crewmitglieder wie die Schneekönige, als sie bei Beginn der harten Knüppelei über die Bass-Straße auf dem 20. Platz im Feld lagen. Ihre Taktik hatte darin bestanden, sich vor dem Absprung in die Bass-Straße dicht an der

Küste zu halten. Im Hinblick auf die vorhergesagten kräftigen Westwinde waren die Segler zuversichtlich, dass sich dieses Vorgehen auszahlen würde.

Gegen 14.30 Uhr riss eine Bö, die auf 56 kn kam, das Windmessgerät an der Mastspitze ab. Etwa zur selben Zeit warnte die SWORD OF ORION mit ihrer Funkmeldung vor dem extremen Wetter. Die SWORD OF ORION lag nur wenige Meilen vor der MIDNIGHT SPECIAL. Etwa eine Stunde später verlas die Wettfahrtleitung an Bord der YOUNG ENDEAVOUR die Klausel aus den Regeln, die alle Teilnehmer daran erinnerte, dass allein der Skipper die Entscheidung über Fortsetzung oder Abbruch des Rennens zu verantworten hat. Bis dahin war die MIDNIGHT SPECIAL noch nicht in das gröbste Wetter hineingeraten und segelte tüchtig mit sieben bis neun Knoten Durchschnitt unter Sturmfock.

Als sich der Seegang ziemlich rasch aufbaute, der Wind kreischte und Gischt und Regen der Deckscrew waagerecht ins Gesicht flogen, wurde die Lage wirklich übel. Die Segler bemerkten, dass die Wellen anfingen, dann und wann heftig zu brechen. Solange aber Tageslicht herrschte, hatte der Rudergänger keine Schwierigkeiten, den schlimmsten Exemplaren aus dem Weg zu gehen und sicher über die Kämme zu steuern. Von Aufgeben war keine Rede. Erst ungefähr eine Stunde später kam die Versuchung zum Umkehren. Das Boot, das zu diesem Zeitpunkt nach berechneter Zeit führte, Bruce Taylors neue CHUTZPAH, schied aus. Auch Lou Abrahams sowie mehrere weitere äußerst erfahrene Segler folgten – ein Grund, die eigene Situation nochmals zu überdenken. Die MIDNIGHT SPECIAL war etwa 38 Meilen von Gabo Island und 120 Meilen von Flinders Island entfernt, als beschlossen wurde, die Küste anzusteuern und vorübergehend Schutz zu suchen.

Dieser Entschluss fiel der Besatzung umso leichter, als die Yacht nur Sekunden danach durch riesenhafte Seen zwei außergewöhnlich schwere Schläge einstecken musste. Als das Schiff zum zweiten Mal flachgelegt wurde, noch viel schlimmer als beim ersten Mal, wurde Griffiths vom Kartentisch, wo er nichts Böses ahnend den Schiffsort eingetragen hatte, quer durchs Boot bis in die Pantry geschleudert und brach sich dabei ein Bein. Er wurde von Dave Leslie, dem Arzt an Bord, in die Koje gebracht und sediert. Danach drehte man ab und ging auf Nordkurs. Der Wind schien auf dem neuen Kurs im gleichen

Winkel zur Kiellinie einzufallen, aber die Wellen ließen sich schwieriger einschätzen und im richtigen Winkel angehen.

Manchmal jagte die Gewalt einer See die MIDNIGHT SPECIAL mit aberwitziger Geschwindigkeit von bis zu 20 kn einen Wellenhang hinab. Die Sorgen, die sich die Besatzung wegen des Nachtsegelns machte – ein Kampf mit verbundenen Augen – erwiesen sich nach Einbruch der Dunkelheit als berechtigt. Während die Yacht es wieder einmal mit einem monströsen Brecher aufnahm, wurde sie erneut auf die Seite geworfen und kenterte beinahe. Zwei Segler waren an Deck, die anderen ruhten sich so gut es eben ging unten aus. Neil Dickson lag auf dem Kajütfußboden und erinnert sich, wie er durch die Luft flog und mit dem Kopf entweder an ein Kajütfenster oder eine Griffstange knallte. Der Anprall schickte ihn für mehrere Stunden ins Land der Träume.

Das Boot war mit solcher Wucht überrollt worden, dass Kajüttüren aus den Angeln gerissen wurden und einige Bodenbretter wie Sensen durch die Kajüte flogen. Das Innere der Yacht war ein Trümmerhaufen. Kreuz und quer wurde die MIDNIGHT SPECIAL herumgeworfen. Die Mannschaft fühlte sich völlig ausgeliefert. Doch noch stand die Sturmfock und sorgte für ein Mindestmaß an Ruderwirkung. Bill Butler erzählt, wie das Boot seitwärts am vorderen Hang einer See hinabrauschte. Er war mit sechs anderen unter Deck, als es zu den offenbar unvermeidlichen Schwierigkeiten kam. Er bemerkte ein Knirschen und Krachen, gefolgt von einem Sturzbach von Wasser, der sich in die Kajüte ergoss: »Ich hörte nur das Krachen der See, die ans Boot donnerte, und dass eine Sintflut von Wasser durch das Kajütdach eindrang, während wir durchkenterten. Das Kajütdach brach tatsächlich auf. Es hörte und fühlte sich an, als wären wir von einem Schiff gerammt worden. Die Welle drückte an Backbord einfach die Plexiglasfenster ein und spaltete den Kajütaufbau dort, wo er ins Deck übergeht. Das war die Luvseite gewesen, als das Boot noch aufrecht lag.« Das Rigg der MIDNIGHT SPECIAL war weggerissen worden, und im Kajütdach gähnte ein mächtiges Loch.

»Als Erstes beeilten wir uns, jedem eine Rettungsweste zu besorgen«, sagt Butler. »Das Wasser stand kniehoch, also nahm ich mir sofort einen Eimer und begann es durch den Niedergang in die Plicht hinaus zu pützen. Wir kannten den Umfang des Schadens nicht, aber wir wussten, dass wir eine Unmenge Wasser im Boot hatten, das wir loswerden mussten. Einige Signalraketen wurden den Leuten in der Plicht zugereicht und abgeschossen. Zeitgleich wurde das EPIRB-Gerät eingeschaltet. Das Ganze kam uns unfassbar vor. Ich hatte nicht geglaubt, dass wir einen solchen Treffer abbekommen würden.«

Peter Carter war zusammen mit Trevor McDonagh an Deck gewesen und während der Kenterung am Ruder. Als er spürte, dass das Schiff kurz vor dem Kentern war, kämpfte er schwer, um es wieder in die Gewalt zu bekommen. Vergebens. Die Welle hatte schon gesiegt. Von Gischt umtost, hielt er sich entschlossen an der Aluminiumpinne fest, seiner einzigen Sicherung abgesehen von seinem Gurt. Als die Yacht umschlug, brach die Pinne, die er festhielt, ab. Als die MIDNIGHT SPECIAL sich wieder aufrichtete, wurde Carter mit dem Rücken an Deck geschleudert. Er litt Todesqualen. Weder er noch seine Mitsegler wussten bis dahin, dass er sich zwei Wirbel gebrochen hatte. Andere Besatzungsmitglieder kamen ihm zur Hilfe und brachten ihn so behutsam sie konnten unter Deck, wo sie ihn auf den Fußboden legten.

Nachdem die Mannschaft ziemlich lange geschöpft und gepumpt hatte, schien der Wasserstand unter Kontrolle zu sein, und der Schaden ließ sich vernünftig beurteilen. Das Deck hatte kopfgroße Löcher und an Backbord einen Riss, der sich über das Kajütdach bis etwa mittschiffs hinzog, sowie einen weiteren langen Riss zwischen Deck und Kajütaufbau. Die plötzliche Erschütterung durch die Kenterung hatte genügt, um Dickson aus seinem halb bewussten Dämmerzustand zu reißen. Er schoss hinauf an Deck und begann Schlafsäcke, Segel und schließlich Spinnaker in die klaffenden Löcher zu stopfen.

»Baynesy und ich machten uns dann daran, das Rigg loszuwerden«, berichtet Dickson. »Wir lösten das stehende Gut und warfen es über Bord. Dann wurden alle Fallen gekappt, am Ende hing die ganze Takelage nur noch mit dem Vorstag am Bug. Es war kein Spaß, auf dem Vorschiff zu sitzen und das Stag mit einer Metallsäge zu bearbeiten. Die ganze Reling war weg, also war ich nur durch meinen Gurt gesichert. Ich hatte das Vorstag gerade zur Hälfte durchgesägt, als das Schiff von einer hohen See angehoben wurde und das Stag brach. Es knallte durch wie eine Bombe.«

Das ununterbrochene Brüllen des Seegangs – besonders, wenn die Kämme brachen und zwei Meter dicke Schaumwände lawinengleich an den Wellenhängen hinabstürzten – war für die Segler ein schreckliches, quälendes Erlebnis. Die Crew hörte etwa 15 m hohe Wellen in Luv brechen und konnte nur hoffen, dass das Boot nicht in ihrer Zugbahn lag. Die Verletzungsrate war beängstigend. Carter war durch seine Rückenverletzung außer Gefecht gesetzt, Griffiths hatte zusätzlich zu seinem Beinbruch zwei verletzte Rippen, Roger Barnett war chronisch seekrank, Dickson litt noch unter einer Gehirnerschütterung und Butler hatte sich das Nasenbein gebrochen. Fast alle anderen hatten irgendwelche Rippenverletzungen oder gebrochene Finger, nachdem sie in der Kajüte herumgeschleudert worden waren. Als wäre das noch nicht genug, waren sie alle nass bis auf die Haut, froren, hatten Hunger und Durst. Die Versorgung war komplett zusammengebrochen, als das Wetter grob wurde, und der Mangel an Essen und Trinken machte sich bei allen bemerkbar.

Obwohl man zuerst zögerte, die EPIRB-Boje anzustellen, zeigte eine rasche Bestandsaufnahme der Sachschäden und Verletzungen bald, dass es das einzig Richtige war. Die Funkgeräte funktionierten nicht, die Instrumente waren ausgefallen, das Hand-GPS-Gerät war verlorengegangen, und alle Karten hatten sich vom Kartentisch aus in der nassen Bilge verteilt. Hinzu kam, dass Peter Carters Verletzungen schwerer waren, als alle es zunächst angenommen hatten, und dass Neil Dickson wiederholt das Bewusstsein verlor.

Da das Boot Gel-Batterien hatte, gab es noch genügend Strom, um den Motor anzulassen. Dadurch brauchten die Segler die angsterfüllte Nacht nicht in völliger Dunkelheit zu durchleiden, denn ein Teil der Innenbeleuchtung funktionierte noch. Sie zurrten die gebrochene Pinne zwischen den beiden Haupt-Schotwinschen fest, um das Ruder mittschiffs zu halten. Auf diese Weise konnten sie das Schiff mit langsam laufendem Motor und etwas Fahrt voraus mit dem Bug gegen die See halten. Während eines Großteils der Nacht war ein Besatzungsmitglied an Deck, hielt Ausguck nach Flugzeugen und war bereit, wenn nötig Leuchtsignale abzufeuern.

Gegen 3.00 Uhr morgens flog eine Orion der Air Force vorbei. Die Segler auf der MIDNIGHT SPECIAL schossen ein paar Notsignale ab, um das Flugzeug auf sich aufmerksam zu machen. Zum Zeichen, dass es die Yacht gesichtet hatte, kreiste es. Gegen Tagesanbruch dröhnte ein weiteres Flugzeug aus dem Himmel heran und signalisierte, dass es das Boot ausgemacht hatte. Weniger als eine halbe Stunde später kam dann der erste Hubschrauber. Das hätte ein Zeichen für das Ende des Martyriums sein sollen. In Wirklichkeit war die schwere Prüfung aber noch lange nicht überstanden.

***

Da der Hubschrauber keine Funkverbindung mit der Yacht hatte, kreisten die Flieger niedrig über dem Boot und teilten in einer Art Zeichensprache mit, wie sie sich die Rettungsaktion dachten. David Leslie, Bill Butler und Trevor McDonagh waren an Deck. Der Motor war abgestellt worden.

»Der Hubschrauber kam herunter, und der Mann am Seitentor gab uns das Zeichen, dass einer von uns ins Wasser sollte«, erinnert sich Butler. »Da David Arzt ist und die Verletzungen der Besatzung kannte, wurde entschieden, dass er an Bord des Hubschraubers ging und dessen Besatzung die Lage erklärte. Er sprang ins Wasser – wohlgemerkt, es war noch immer stürmisches, wirklich schweres Wetter – und trieb schnell etwa 150 m weit vom Boot weg. Dann warfen die Flieger neben ihm eine Fackel ab, um die Windrichtung zu erkennen und gingen daran, ihn hochzuholen. Gleich darauf war für uns die Welt explodiert. Eine Riesensee, die wir nicht kommen sahen, packte das Boot kurzerhand und warf es auf den Kopf. Wir wurden herumgeschleudert wie Spielbälle.«

Alles geschah so schnell, dass Butler sich nur noch daran erinnern kann, dass er an seinem Gurt unter dem Boot hing und keine Luft bekam. Die Sicherheitsleine war bis an ihre Grenze gestreckt, weil Butler über den Baum geworfen worden war, der an Deck gelegen hatte. Er war gefangen, geriet aber nicht in Panik, sondern überdachte seine gefährliche Lage so ruhig er konnte. Die MIDNIGHT SPECIAL hatte ungefähr eine Minute kieloben gelegen, als eine neue Mammutsee herandonnerte, den Kiel traf und das Boot wieder umdrehte. Butler war zwischen der Seereling und dem Baum eingeklemmt. Aus einer Schnittwunde am Kopf lief Blut. Er hatte einen zerschmetterten Daumen und einige gebrochene Rippen, war aber in diesem Augenblick nichts als dankbar, dass er wieder das Tageslicht sah und Luft bekam. Einer der Mitsegler, die unter Deck eingeschlossen gewesen waren, hörte Butlers Hilferufe, stürzte an Deck und schnitt ihn mit einem Messer los.

Der 62-jährige Trevor McDonagh hatte im Cockpit gesessen und die Handlenzpumpe betätigt, als die Yacht durchkenterte. Wie Butler hatte er sich mit der halben Länge seiner Sicherheitsleine an einem Augbeschlag festgemacht. Er hatte die Leine durch den Beschlag gezogen und dann zurück zum Gurt geführt, weil das die Gefahr verminderte, durch die heftigen Schiffsbewegungen herumgeworfen zu werden. Er beobachtete gerade den Helikopter, als die kolossale See hereinbrach und ihn völlig unvorbereitet traf. Auch er fand sich unter dem Boot wieder und bekam keine Luft. Er blickte zum Heck und sah dort das Licht unter den Rumpf scheinen. Atemluft war nicht weit, aber er konnte sie nicht erreichen. Er versuchte, sich aus seinem Gurt zu befreien, aber die Sorgleine war zu stramm. Bevor er auch nur irgendetwas anderes unternehmen konnte, hatte sich das Boot schon wieder aufgerichtet. Wie bei Butler und so vielen anderen Mitseglern hatten McDonaghs Rippen etwas abbekommen.

Bei der zweiten Durchkenterung waren Rumpf und Deck der MIDNIGHT SPECIAL noch zusätzlich beschädigt worden, und die im kieloben liegenden Rumpf eingesperrten sechs Besatzungsmitglieder waren nicht überrascht, als sie merkten, wie das Wasser ins Boot schoss, als die Yacht zur Ruhe kam. Sie konnten spüren, wie der Wasserspiegel an ihren Leibern hochkroch. Das Schlimme war, dass sie nicht wussten, ob und wann das Steigen aufhören würde.

Neil Dickson war unter Deck. »Wir hörten nur ein Krachen, dann wurden wir wieder herumgeworfen und in Wassermassen umhergeschleudert«, erinnert er sich. »Dann hörte es auf, wir tauchten alle auf und standen fast im Dunkeln auf dem, was vorher die Kajütdecke gewesen war. Ich war dem Niedergangsluk am nächsten. Etwas Licht schimmerte hindurch. Ich dachte, wir mussten raus. An Deck waren zwei Mann, offenbar angeleint und wahrscheinlich gefangen. Es war zu nichts gut, dass wir Übrigen im Rumpf eingeschlossen waren. Das Schiff machte mit Sicherheit keine Anstalten, sich aufzurichten. Es war eine Menge Wasser im Rumpf – hüfthoch –, und das Boot blieb anscheinend einfach so liegen. Es schien sich nicht rühren zu wollen. Ich nahm mir nicht die Zeit, darüber nachzudenken, ob wir sinken würden, sondern beschloss einfach, dass ich hinaus wollte. Das Schiebeluk des Niedergangs war weg. Das untere Steckschott war an seinem Platz, das obere fehlte. Ich schätzte, dass die Öffnung groß genug war, um mich durchzulassen, also tauchte ich dorthin. Ich schwamm, bis ich etwa zur Hälfte durch das Loch gekommen war und stecken blieb. Ich kam weder vor noch zurück. Offensichtlich hatte ich mich in Bill Butlers Sicherungsgurt verheddert. Da wurde ich einfach nur wütend über mich selbst: ›Mist, so kann es kommen. So passiert es, ja? Ich werde ersaufen. Das war ziemlich dämlich von mir. Ich habe eine prima Luftblase im Boot verlassen und mich hier festgeklemmt.‹ Ich mühte mich immer noch heftig ab, durch die Lücke zu kommen und wollte in die Plicht. Wie ich mich erinnere, dachte ich bei mir, selbst wenn ich durch den Niedergang kommen sollte, würde ich es nicht schaffen, unter dem Boot herauszukommen, weil dort der ganze Krempel herumhing. Ich hatte keine Zeit, lange darüber nachzudenken, denn als Nächstes machte es ›plopp‹, und das Boot schwamm wieder aufrecht. Am Ende lag ich mit dem Rücken auf dem Plichtboden und meine Beine hingen noch in der Kajüte. Ich sah Bill, der sich verheddert hatte und vom Baum festgehalten wurde. Er hing außerhalb der Seereling.«

***

Gary Ticehurst und der Kameramann Peter Sinclair erholten sich gerade davon, dass sie den Segler Phil Skeggs tot in der Plicht der BUSINESS POST NAIAD liegen sehen hatten. Da hörten sie, dass die MIDNIGHT SPECIAL ganz in der Nähe gerade aufgegeben werden musste. Ticehurst ermittelte die Position und hielt mit dem ABC-Hubschrauber darauf zu. »Ich sagte mir immer wieder: Wie viele Menschen werden wir in dieser Regatta verlieren? Das war das Trauma. Als wir die MIDNIGHT SPECIAL erreichten, sahen wir, dass der SouthCare-Helikopter aus Canberra hervorragende Rettungsarbeit leistete. Es wehte noch mit rund 50 kn. Jedes Mal, wenn der Sanitäter ins Wasser ging, hatte er damit zu kämpfen, dass der Winschdraht sich um seine Beine, seine Arme oder seinen Hals legte. Zugleich wurde er von den Wellen herumgestoßen. Ich sagte zu Peter: ›Irgendjemand wird noch im Wasser umkommen, während er gerade gerettet werden soll. Das ist doch Wahnsinn.‹ Aber sie mussten es einfach versuchen. Es war die einzige Möglichkeit, diese Menschen zu retten.«

***

Als die MIDNIGHT SPECIAL sich wieder aufgerichtet hatte, sank sie eher, als dass sie schwamm. Das Wasser stand knapp unterhalb der Pantry-Arbeitsplatte. Bei dem aufgerissenen Kajütaufbau hätte eine einzige weitere überkommende See genügt, um das Schiff endgültig zu versenken. Man vergewisserte sich noch einmal, dass die Rettungsinsel gebrauchsfertig in der Plicht lag. Das Nächstwichtige war, die Leute schnellstmöglich von Bord zu schaffen.

Nachdem der SouthCare-Hubschrauber fünf Segler abgeborgen hatte, darunter Carter und Griffiths, drehte er ab und flog fort, sehr zum Erstaunen und zur Bestürzung der vier, die noch an Deck waren. Sie vermuteten, dass der Hubschrauber nicht mehr genug Treibstoff hatte, und damit hatten sie Recht. Sie schalteten die EPIRB-Boje wieder ein und sammelten sich am Heck, die Rettungsinsel zwischen den Beinen. Ungefähr 30 Minuten nachdem der erste Hubschrauber weggeflogen war, traf ein anderer ein und umkreiste die MIDNIGHT SPECIAL. Er war von der Polizeiflugstaffel Victorias. Die Maschine hatte sich seit kurz nach 5.00 Uhr an der Suche beteiligt. Senior Constable Darryl Jones, Senior Constable Barry Barclay und Senior Constable David Key hatten ursprünglich den Auftrag gehabt, nach der B 52 zu suchen, waren aber unterwegs zur MIDNIGHT SPECIAL umgeleitet worden.

Ihre Bergungsmethode unterschied sich ein wenig von derjenigen, die SouthCare anwandte. Dabei sprangen die Segler ins Wasser und ließen die Yacht wegtreiben, bevor der Sanitäter herunterkam. Die Technik der Polizei bestand darin, David Key etwa 10 m hinter dem Heck der Yacht im Wasser abzusetzen und dann einen Segler ins Wasser springen zu lassen. Dann schwammen die beiden aufeinander zu und hakten sich zusammen, um hochgezogen zu werden. Es war offenbar eine schnelle, wirkungsvolle Methode. Der ganze Einsatz verlief reibungslos. Bei keinem der Segler dauerte es nach dem Absprung von der Yacht wesentlich länger als 30 Sekunden, bis er in der Rettungsschlinge hing und aus dem Wasser gehievt wurde.

Nachdem drei Personen geborgen waren, war Key erschöpft und erbrach Seewasser. Bei jedem Abstieg hatten ihn 15-m-Wellen überrannt. Er gönnte sich eine kurze Verschnaufpause, während der Hubschrauber einen Kreis um die Yacht flog, dann holte er den letzten Segler hoch.

»Noch während wir zum Helikopter hinaufgezogen wurden, sah ich das Boot untergehen«, sagt Key.

***

Peter Carter musste wegen seiner Rückenverletzungen zwei Wochen in einem Streckbett liegen, während die anderen Besatzungsmitglieder durch den Schock schwer mitgenommen waren. Sechs Wochen nach der Rettung fühlte Bill Butler sich psychisch noch immer stark traumatisiert.

»Mein Arzt sagt, es ist ein Schock. Wenn ich wüsste, was es ist und wie ich es beheben könnte, würde ich es tun. Ich funktioniere einfach nicht mehr richtig. Ich habe große Schwierigkeiten, mich zu konzentrieren und bin mit Sicherheit vergesslicher als je zuvor.«

Die neun Mannschaftsmitglieder fanden sich vier Wochen nach dem Ereignis zu einem Treffen zusammen. Als sie erfuhren, dass der SouthCare-Hubschrauber einen Teil der Rettung ausgeführt hatte und dass dort einige weibliche Sanitäter an Bord waren, fragte ein Freund Neil Dickson, ob er durch »eines dieser hübschen jungen Dinger« geborgen worden sei.

»Nein«, erwiderte Dickson, »aber der 1,90 m große, 95 kg schwere Polizist sah für mich ebenfalls verdammt gut aus.«

SWORD OF ORION

Rob Kothe war im Hochseesegeln zwar ein ziemlicher Neuling, aber wenn es darum ging, ungünstige Wetterbedingungen zu erkennen und darauf zu reagieren, kam ihm seine reichhaltige Wettbewerbserfahrung als Segelflieger zugute. Er verstand die fruchtbare Wechselwirkung zwischen den beiden Sportarten und liebte das Gefühl von Freiheit und Abenteuer, das sie boten.

»Es ist genau derselbe Sport. Man verbringt viel Zeit damit, den Himmel zu betrachten und das Wetter zu erfassen. Mit einem Segelflugzeug nutzt man die Seewinde über den Bergen aus, während man beim Hochseerennsegeln den Seewind vor der Küste nutzt. Die beiden Sportarten ähneln sich auch darin, dass sie berührungslos sind – na ja, jedenfalls meistens.«

Nachdem er aus dem Landesinneren nach Sydney gezogen war, hinderten ihn zuerst familiäre und geschäftliche Verpflichtungen am Segeln, aber 1993 begann er auf einer Yacht, mit der seine Schwester Regatten segelte, an Abendwettfahrten auf dem Hafen von Sydney teilzunehmen. Bald hatte es ihn gepackt, und nach einigen Chartertörns kaufte er sich 1997 die erste Hochseerennyacht, ein Boot von 40 Fuß mit Namen WITCHCRAFT II. Er nahm damit an der Hamilton Island Race Week teil – und verlor nach Strich und Faden. Dennoch lernte er dabei eine Menge über das Hochseeregattasegeln. Der nächste Ausflug war das Sydney-Hobart von 1997, bei dem die WITCHCRAFT II weitaus besser abschnitt. Sie belegte nach der YENDYS einen sauberen zweiten Platz in ihrer Gruppe. Für den Fall eines Erfolges in diesem Rennen hatte Kothe seiner Crew versprochen »einen Schritt nach oben zu machen«: ein besseres Boot zu beschaffen und ernsthaft an das Hochseerennsegeln heranzugehen. Dieses Versprechen hielt er. Sobald in jenem Jahr die Masse des Feldes um 5.00 Uhr morgens in Hobart eingetroffen war, begann Kothe seine Suche nach einer neuen Yacht. Er sah sich die QUEST, die BRIGHTON STAR und zahlreiche andere sehr genau an. Schließlich kehrte er nach Sydney zurück, beriet sich mit einem Yachtmakler und beschloss, dass es die gut 43 Fuß lange BRIGHTON STAR aus Melbourne des Eigners David Gotze sein sollte. Er kaufte die Yacht und ließ sie unter ihrem ursprünglichen Namen SWORD OF ORION ins Schiffsregister eintragen.

Die 1993 gebaute SWORD OF ORION war eine schnittige Yacht nach dem neuesten Stand der Technik, entworfen von der amerikanischen Reichel/Pugh-Gruppe. Wie so viele Hochseerennyachten dieser Epoche hatte sie eine lange offene Plicht, um den Mannschaftseinsatz zu optimieren. Das hervorstechendste Merkmal im Cockpit war das große Steuerrad aus Aluminiumrohr mit den unzähligen Speichen. Mit seinem Durchmesser reichte es fast von einer Seite der Plicht zur anderen. Das Boot war eine durch und durch moderne, ausgeklügelte Yacht, und Rob Kothe war sich sicher, mit ihr Regattaerfolge zu erzielen. 1998 waren die ersten Ziele die Hayman-Island-Serie für große Yachten und die Hamilton-Island-Regattawoche, beides Veranstaltungen in der tropischen Gegend der Whitsunday-Inseln in Queensland. Auf dem Weg nach Queensland hinauf erlitt das Boot einen Ruderbruch, wodurch ein Sieg in der Hayman-Island-Veranstaltung nicht mehr infrage kam. Nachdem das Schiff aber repariert war, waren Kothe und seine Mannschaft wieder in Toppform und fuhren in Hamilton einen glänzenden Sieg ein. Darren Senogles, genannt »Dags«, war vor der Wettfahrtserie als »Vollzeit-Yachtkapitän« an Bord gekommen. Kothe bewunderte ihn, denn nach seinen Worten »behandelt Senogles jedes Boot wie sein eigenes«. Nach der Whitsunday-Kampagne begannen die Vorbereitungen für das 98er Sydney-Hobart-Rennen.

***

Nachdem Kothe die übrigen Teilnehmer vor dem entsetzlichen Wetter gewarnt hatte, das er mit seinen Mitseglern auf der SWORD OF ORION am Nachmittag des 27. gerade erlebte, begann er zusammen mit seiner Besatzung die eigene Position noch genauer zu kontrollieren. Kothe war mit dem Abhören des Funkgeräts beschäftigt und hatte von Wilsons Promontory eine Barometerangabe von 982 hPa erhalten. Er war besorgt, weil eine Reihe von Yachten beim Rundruf nicht geantwortet hatte: Die BRINDABELLA hatte ihren Standort nicht gemeldet; die AUSMAID hatte bei zwei Rundrufen gefehlt, und die TEAM JAGUAR hatte sich überhaupt nicht gemeldet. Die Segelbedingungen waren ganz außergewöhnlich. Die Windstärke schwankte sprunghaft zwischen 60 kn im Wellental und 90 kn auf dem Kamm. Manchmal ging sie auch unvorhersehbar auf »nur noch« 50 kn zurück, was die Segler hoffen ließ, sie hätten vielleicht das Schlimmste überstanden. Der Bericht der SWORD OF ORION über die Verhältnisse auf dem Höhepunkt des Sturms sagte alles:

Durchschnittlicher Wind während des Sturms 65 kn aus 250° missweisend. Stärkster Wind 92 kn aus 250° missweisend. Mittlere Wellenhöhe 12 m. Höchste See, der wir begegneten: 20 m aus 240° bis 250°. Etwa 3 kn Strom, nach Norden setzend.

Der letzte Punkt bedeutete, dass dieser Teil der Bass-Straße ein wahrer Hexenkessel geworden war. Der starke Strom, der an der südlichen Küste von Neusüdwales entlangrauscht, hatte eine gewaltige Zunge in die Straße hineingeschickt. Mittlerweile lief die SWORD OF ORION nur noch unter Sturmfock. Adam Brown, einer der kräftigsten jungen Männer an Bord, hatte das Boot in der Tagesmitte fünf Stunden lang tapfer gesteuert, bevor er die Aufgabe an Steve Kulmar weitergab. Kothe beschrieb Browns Leistung als wahrhaft heroische Anstrengung. Kurz nachdem Kulmar das Ruder übernommen hatte, kam Glyn Charles an Deck, um die Lage zu besprechen. Charles bemerkte ernst, dass bei solchem Wetter Menschen umkommen.

Die beiden sprachen darüber, aufzugeben, aber Kulmar wies darauf hin, dass es acht oder zehn Meilen voraus vielleicht nur mit 50 kn oder weniger wehen würde, womit man klarkommen könne. Doch das alles war reine Spekulation. Als das Barometer durch die Kajüte flog und zerbrach, hatten sie keine Möglichkeit mehr festzustellen, wie niedrig der Luftdruck in diesem Tief wirklich war. Kulmar schlug vor, dass Charles das Ruder nehmen solle, während er mit Kothe die Lage besprechen wollte. Nach einiger Diskussion beschlossen Kulmar und Kothe, dass man tatsächlich aus dem Rennen ausscheiden müsse. Also funkten sie ihre Entscheidung an die YOUNG ENDEAVOUR, von wo Lew Carter sie sofort an den Rest des Feldes weitergab.

»Wir hatten einen Kurs festgelegt, der nichts mit Eden als Ziel zu tun hatte«, erinnert sich Rob Kothe. »Es ging eher darum, so etwas wie 320° zu laufen. Wir wollten sicherheitshalber dafür sorgen, dass das Boot den Seegang im richtigen Winkel nahm. Der Winkel schwankte irgendwo zwischen 60° und 65°, aber die Zugrichtung der Wellen pendelte um etwa 30°. Die besonders üblen Seen kamen also etwa 30° ungünstiger, und das lief dann auf Dwarsseen hinaus.«

Als die Entscheidung zum Umkehren fiel, stand Glyn Charles am Ruder. Mit an Deck waren Darren Senogles und andere. Trotz der wirren und bedrohlichen Gestalt der Seen wurde man sich einig, dass es das Schnellste und Sicherste sein würde, mit dem Boot zu halsen, also das Heck durch den Wind zu drehen, statt mit einer Wende auf den neuen Kurs zu gehen. Das Manöver wurde sorgfältig geplant, man ließ sogar die Maschine eingekuppelt mitlaufen, um sicherzugehen, dass das Schiff während der 180°-Drehung Schwung behielt. Alles lief bestens.

»Dann klarten wir das Deck auf, bevor einige Jungs nach unten gingen«, berichtet Senogles. »Bis zu diesem Zeitpunkt war der Baum an der Backbordseite der Plicht an Deck gelascht, weil das auf dem Kurs nach Hobart die Leeseite gewesen war. Auf dem neuen Kurs war es die falsche Seite, weil der Baum in Luv lag und die Sicht auf die anrollende See versperrte. Glyn steuerte weiter, während drei von uns den Baum auf die andere Seite wuchteten. Als das erledigt war, gingen die anderen unter Deck, während ich den Baum an Deck festzurrte. Nur Glyn und ich waren oben. Es war wahrscheinlich gegen 15.30 Uhr und noch hell. Wir begannen uns zu unterhalten. Glyn war mit sich etwas unzufrieden, weil er ein wenig seekrank gewesen war. Er sagte – na ja, es war eher ein Brüllen, damit ich ihn trotz des Lärms von Wind und See hörte –, dass es ihm vorkomme, als hätte er die Mannschaft im Stich gelassen. Ich antwortete darauf ohne zu zögern: ›Nein, das hast du nicht. Wenn es dir nicht gut geht, kannst du deine Arbeit nicht richtig erledigen, also, was soll's? Lass jemand anders, dem es gut geht, deine Arbeit machen.‹

Das akzeptierte er. Dann kam das Gespräch auf sein Schlechtwetterzeug. Er hatte nagelneues Zeug und war völlig durchnässt. Er sagte: ›Es gefällt mir hier im Prüflabor der Natur nicht... und schlimmer noch, dieses Scheißzeug nützt nichts.‹ Nichts war richtig. Zum Glück war es nicht kalt, aber die Wellen waren verdammt groß.«

20 Minuten nachdem die SWORD OF ORION ihr Ausscheiden aus der Wettfahrt und die Umkehr nach Sydney gemeldet hatte, ließ Neptun erneut seinen Zorn an der Yacht und ihrer unglücklichen Besatzung aus.

»Ich kann mich nur an ein gewaltiges Getöse und danach an einen unglaublichen Knall erinnern, als die See die Bordwand traf. Es war wie der Aufprall bei einem Autounfall«, erinnert Senogles sich. »Das Boot begann weit überzuholen. Ich weiß noch, wie ich staunte, als ich den Mast auf der Wasseroberfläche sah, und doch zeigte er unter die Waagerechte. Wir hatten 90° Krängung weit überschritten. Das Schiff lag auf der Seite und rutschte den Wellenhang hinab, das Deck wurde dabei durchs Wasser geschoben. Wir kamen uns vor wie unter Wasser und gleichzeitig hoch in der Luft. Es war ein unheimliches Gefühl. Ich weiß nicht, was Glyn dabei passierte. Wir krachten ins Wellental. Dann war der Teufel los. Das Boot wurde einfach weiter herumgeworfen. Es ging nicht schnell, aber die Kraft dahinter war unglaublich. Ich wurde an Deck gedrückt und konnte mich wirklich nicht bewegen.«

Das Schiff lag vier oder fünf Sekunden lang auf dem Kopf, eine Zeitspanne, während der Senogles in Versuchung war, seinen Sicherheitsgurt zu lösen, aber einen Augenblick später richtete sich die Yacht mit derselben gewaltigen Kraft wieder auf. Hätte er es geschafft, sich zu befreien, wäre er mit Sicherheit ertrunken. Sofort begann er, Charles zu suchen. Das Gefühl, dass Charles über Bord gegangen sei, beschlich Senogles zum ersten Mal, als er sah, dass der leuchtend orangefarbene Gewebestropp seines Sicherheitsgurtes, der mit einem Ende noch an Bord fest war, außenbords baumelte. Die Sorge wurde zur angstmachenden Gewissheit, als er den Gurt ergriff und mühelos hochziehen konnte, weil Nichts daranhing.

»Ich blickte zurück ins Wasser, dorthin, wo wir nach meiner Schätzung herkamen, und da war er... etwa 30 Meter entfernt. Ich wusste, es war unmöglich, ihm irgendetwas zuzuwerfen, weil man bei diesem Wetter weder Rettungsringe noch Leinen gegen den Wind werfen konnte, ohne dass sie einem wieder ins Gesicht flogen.« Dann schrie Senogles mit aller Kraft, die seine Lungen hergaben: »Mann über Bord! Mann über Bord!«

Auch unter Deck hatte es Verletzte gegeben, und das Schiff selbst war ein Wrack, tödlich verwundet, mit klaffenden Löchern im Deck. Der Mast war zerstört – er hatte sich um das Boot gewickelt –, und die gesamte Steuerbordseite des Rumpfes war beschädigt: Alle Rahmenspanten waren gebrochen. Eilig wurden Notraketen ins Cockpit gebracht und abgefeuert. Kothe hatte angegurtet am

Kartentisch gesessen und war von einer Sekunde auf die andere quer durchs Boot von oben auf die andere Seite hinabgestürzt. Er war von Segeln bedeckt und im Haltegurt verheddert. Kulmar war in der oberen Vorschiffskoje angeschnallt gewesen und hatte zum Glück keine ernsten Verletzungen davongetragen.

Die Mannschaft teilte sich in zwei Gruppen: Einige kümmerten sich an Deck um den verschwundenen Glyn Charles, während andere den Umfang des Schadens untersuchten. Senogles war am Heck und rief Charles etwas zu.

»Ich schrie Glyn zu, er solle schwimmen. Ich weiß, dass er mich hörte, aber er tat nur sechs Züge. Ich glaube, ihm war bis dahin noch nicht bewusst, dass er schwer verletzt war, aber als er die Arme bewegte, um zu schwimmen, konnte man es seinem Gesicht ansehen. Ich kann nur vermuten, dass er Beine und Rippen gebrochen hatte. Er litt schwere Schmerzen. Schon nach wenigen Schwimmzügen merkte er, dass er nicht mehr konnte.«

Senogles rief unter Deck und verlangte Tauwerk, um sich ein Manntau anzulegen. Er wollte versuchen, zu Charles zu schwimmen. Dazu blieben nur noch Sekunden, bevor mit Sicherheit eine neue Welle die SWORD OF ORION weitertragen und den Abstand unüberwindlich machen würde. Die Markierungsboje und eine Wurfleine waren ins Wasser geworfen worden, beides aber nützte etwas so viel, wie Rauch gegen einen Ventilator zu pusten. Der Wind blies mit 80 kn, und Charles trieb direkt in Luv. Alles wurde der Besatzung wieder entgegengeweht.

Unter Deck herrschte völliges Chaos. Die einzige Leine, die lang genug war, war die Ankerleine. Sie musste vom Anker abgeschäkelt werden, aber der Werkzeugkasten war nicht zu finden. Er hatte sich während der Kenterung von seinem Platz losgerissen und war verschwunden. Bei der Suche danach entdeckte man noch einen erschreckenden Schaden: Der Mastfuß war aus der Mastspur gesprungen und ragte jetzt schräg in den WC-Raum. Während der Seegang das Boot nach wie vor heftig umherwarf, bewegte sich der Mast – mit dem Deck als Angelpunkt. Es fehlten nur Zentimeter, und das untere Ende des Aluminiummastes wäre durch den Rumpf gestoßen worden. Schon die nächste schlimme Welle konnte genügen.

Währenddessen begann Senogles an Deck einen Teil seiner Kleidung auszuziehen, doch schnell merkte er, dass das viel zu lange dauerte. Er entschied sich dafür, einen großen Teil seiner schweren Kleidung und des Ölzeugs zum Schwimmen anzubehalten. »Als ich mir gerade irgendeine Leine angeknotet hatte, zog schon wieder eine Riesensee durch. Sie war so groß, dass sie das Boot wohl 100 bis 150 m weiter von Glyn wegsurfen ließ. Plötzlich war die Aufgabe aussichtslos. Ich würde ihn nie erreichen, dachte aber noch daran, es zu versuchen. Dann packte mich jemand und hielt mich zurück.«

Steve Kulmar wusste, dass sich das Boot rasch von Charles entfernte, und er wusste auch, dass die Leine schon zu Ende sein würde, bevor Senogles Charles erreicht hätte. Höchstwahrscheinlich wären zum Schluss zwei Männer von der Yacht weggetrieben. Kulmar wurde von Kummer übermannt. Er war derjenige, der seinen Freund Glyn Charles eingeladen hatte mitzusegeln – und jetzt das! Er stand er vor der furchtbarsten Situation seines ganzen Lebens.

»Mal sah man ihn, dann wieder nicht«, erinnert sich Senogles kummervoll. »Er schwamm an der Oberfläche, tauchte unter, kam wieder hoch und versuchte, den Kopf über die Wellen zu halten. Dann tauchte sein Gesicht unter und er verschwand. Kaum fünf Minuten nach unserer Kenterung war er weg. Selbst wenn ich in der Lage gewesen wäre, ihn wieder an Bord zu holen, so wage ich zu behaupten, hätte er es wahrscheinlich schwer gehabt, seine, wie ich glaube, schrecklichen Verletzungen zu überleben.«

Höchstwahrscheinlich war Glyn Charles vom Großbaum mit über Bord gerissen worden, als sich die Aluminiumspiere von ihrer Befestigung an Deck losriss. Auch die gebrochenen und verbogenen Speichen des ehemals stabilen Steuerrads aus Aluminium bewiesen die Wucht des Anpralls. Das Steuerbordseitendeck war am Schandeck vom Heck bis zum hinteren Ende der Kajüte aufgeplatzt, also fast über die halbe Bootslänge. Ein Teil des Decks und des Kajütdachs hatte sich eingebeult. Das Boot war am Mast in Deckshöhe durchgebrochen. Die Bodenvertiefung für das Steuerrad hatte sich geöffnet wie eine Gletscherspalte. Unter Deck sah man ebenso ausgedehnte Schäden an tragenden Teilen. Das Cockpit war 15 cm in den Rumpf hineingepresst worden, das Niedergangsluk war regelrecht implodiert und hatte eine beträchtliche Menge Wasser in die Kajüte eindringen lassen.

Nach dieser erschreckenden Bestandsaufnahme erkannte Senogles sehr schnell, dass sie irgendeine Art von Seeanker ausbringen mussten, um das Boot mit dem Bug gegen die See zu halten und dann das Rigg zu kappen, bevor es den Rumpf noch stärker beschädigte. Er erklärte sich zuständig für die Aufräumarbeiten an Deck, während Carl Watson sich um die Schwierigkeiten unter Deck kümmerte. Die EPIRB-Funkboje wurde nach oben geschafft, in der Plicht festgezurrt und eingeschaltet. Senogles hielt das Boot zwar für einigermaßen sicher, aber noch immer strömte Wasser ein. Es war höchst unwahrscheinlich, dass diese geborstene Hulk, die wenige Minuten zuvor eine der schnittigsten und technisch anspruchsvollsten Hochseerennyachten Australiens gewesen war, noch lange aushalten konnte.

»Sobald wir gemerkt hatten, dass Glyn über Bord war, riefen wir sofort mit unserem UKW-Funkgerät Mayday«, sagt Kothe. »Das Kurzwellengerät war ausgefallen, weil es unter Wasser gewesen war. Das GPS funktionierte noch, wir kannten also unsere Position ziemlich genau. Auch der Zustand des Bootes machte uns große Sorgen. Wir wussten, dass das Schiff Wasser machte, aber nicht, wo die Lecks waren. Die alte Methode ›Männer mit Angst und Eimer‹ war für uns das sicherste und schnellste Mittel, über Wasser zu bleiben. Tatsächlich konnten wir nur eine einzige Pütz finden, deshalb schöpfte einer mit einer Schublade.«

Die Rahmenspanten, die dem Rumpf Festigkeit verliehen, waren ebenso wie die Querschotten nur noch zersplitterte Carbonstücke, und die in Verbundbauweise hergestellte Rumpfschale war stark delaminiert. Das Wichtigste war jetzt, Rumpf und Deck zu verstärken, damit das Ganze nicht auseinander fiel oder noch weiter zusammengedrückt wurde. Der Reserve-Spinnakerbaum wurde zersägt und zwischen Fußboden und Deck eingekeilt, damit das Deck nicht weiter ins Boot einbrach. An den verwundbarsten Stellen des Rumpfes wurden Streben und andere Verstärkungen eingeschlagen – ein Versuch, die Außenhaut zu festigen.

Der Mast hatte sich um den Rumpf gebogen und schien an mindestens fünf Stellen gebrochen zu sein. Überall hingen Schoten und anderes Tauwerk. Das Ganze hatte sich um den Rumpf gewickelt und trieb im Wasser. Selbst wenn der Motor angesprungen wäre, hätten sich Tauwerk und Draht im Nu um die Schraube gewickelt. Der Mast, ein zerfetztes, verbogenes Aluprofil, musste weg. Die schon halb vollgelaufene Yacht konnte jeden Augenblick untergehen. Hilfe war vermutlich Stunden entfernt, möglicherweise sogar einen halben Tag. Als verzweifelter Versuch, die Aufmerksamkeit irgendeines Bootes oder Schiffs in der Nähe zu erregen, wurden Signalraketen abgefeuert. Die großen Bolzenschneider, die an Bord waren, um das stehende Gut zu kappen, ließen sich auf dem nassen, rutschigen Deck entmutigend schwer handhaben. Metallsägen schienen brauchbarer zu sein. Ständig wurde nach neuen, schärferen Sägeblättern gerufen. Während einige Besatzungsmitglieder – alle mit Rettungsweste und Sicherheitsgurt – an Mast und Takelage sägten, arbeiteten andere an den Lenzpumpen, die man an Deck bedienen konnte. Müde Arme fanden neue Kraft und pumpten und pumpten. Etwa eine Stunde nach der Katastrophe schoss etwas Verschwommenes aus der fürchterlichen grauen Düsternis heraus und jagte wie eine Rakete über die Yacht hinweg. Es war ein SAR-Flugzeug, herbeigerufen entweder durch das Dauersignal des EPIRB-Gerätes oder durch die unablässigen Mayday-Rufe. Plötzlich kam eine Funkverbindung zustande, aber gleichzeitig wurde nur zu deutlich, dass die Reichweite des UKW-Geräts äußerst begrenzt war, möglicherweise betrug sie nur wenige Kilometer.

Kulmar hatte die Drift des Bootes mitgekoppelt, seitdem Charles über Bord gegangen war: 70° mit 3,5 kn. Schnell meldete er nun dem Flugzeug die Position der Kenterung. Der Pilot bestätigte den Empfang der Angaben, dann war das Flugzeug auch schon verschwunden – ebenso schnell, wie es gekommen war. Die Schiffbrüchigen blieben im Ungewissen, was als Nächstes passieren würde, aber sie hofften, noch vor der Dunkelheit einen Rettungshubschrauber zu hören und zu sehen. Immerhin, man würde eine Suche nach Charles einleiten.

Fast zwei Stunden nach der Kenterung bemerkte einer der Segler einen Schatten im Inferno. Ungläubig kniff er die Augen zusammen und beschirmte sie mit der Hand. In diesem brodelnden Hexenkessel traute er seiner Wahrnehmung nicht. Immer wieder starrte er noch angestrengter durch fliegende Gischt und jagenden Regen. Doch er hatte sich nicht getäuscht: Es war eine andere Yacht, etwa 150 m entfernt.

»Die Raketen, die Raketen!«, wurde hektisch gerufen. Die erste Packung wurde aufgerissen und die Signalrakete abgeschossen – nach Luv, wie es nötig ist, um die beste Wirkung zu erzielen. Das Signal schoss in die Höhe und jagte mit annähernd 80 kn nach Lee. Die

Yacht, die jetzt deutlich zu sehen war, segelte weiter. Die zweite rote Rakete wurde abgeschossen, dann die dritte, die vierte und die fünfte. Keine Reaktion. Fünf Minuten lang hielt die schwer mitgenommene Besatzung vergeblich Ausguck, während die Yacht, manchmal deutlich sichtbar, manchmal von haushohen Wellenbergen verdeckt, auf Kurs blieb und unter Sturmsegeln weiter nach Süden lief. Die Besatzung der SWORD OF ORION konnte nur mutmaßen, dass man entweder ihre Signale nicht gesehen hatte oder dass die andere Crew wie sie selbst ums Überleben kämpfte. Für den Fall, dass das Boot sie gesehen hatte, aber keine Hilfe leisten konnte, hofften sie, dass es den Standort der SWORD OF ORION über Funk an die Such- und Rettungsdienste durchgeben würde.

Dieser Vorfall, der Verlust eines Mitseglers, die ständige Gefahr, von einem weiteren Wellenungetüm überwältigt zu werden und dazu die nahende Dunkelheit, das alles bedeutete für jeden an Bord eine seelische Überlastung. Kothe lag in seiner Koje und wusste, dass der höllische Schmerz in seinem Knie bedeutete, dass es gebrochen oder zumindest schwer verrenkt war. Mit Segelzeisingen aus blauem Gurtband hatte man ihm eine primitive Schiene angelegt, die jedoch kaum Linderung brachte. Dennoch rief er die Mannschaft an seiner Koje zu einer Notbesprechung zusammen, um das weitere Vorgehen zu organisieren und ihnen neuen Mut zuzusprechen. Egal wie schlecht es ihnen ging, sie mussten weiterschöpfen, auch wenn sie ausgelaugt waren und verzweifelt Nahrung brauchten, um leistungsfähig zu bleiben. Der Kocher wurde angezündet, und da die meisten Küchengerätschaften sowie der größte Teil des Proviants über Bord gegangen waren, kochte man nur etwas Wasser in einer leeren Dose, sodass wenigstens Kaffee aufgebrüht werden konnte. Dann wurde nach einem Medizinkasten gesucht. Einer war verlorengegangen, aber der Zweite fand sich im Motorraum unter dem Deckel des Motorkastens. Wie er dorthin geraten war, blieb ein Rätsel.

Nur durch Zähigkeit, Können und Entschlossenheit wurde das Boot während der angsterfüllten Wartezeit gesichert. Lediglich zwei Mann blieben an Deck, die anderen gingen nach unten um sich auszuruhen oder, wenn nötig, weiterzuschöpfen. Diejenigen, die sich hingelegt hatten, wurden in ihren Kojen angeschnallt, um weiteren Verletzungen vorzubeugen. Die hereinbrechende Dunkelheit war alles andere als willkommen. Sie legte einen furchterregenden

Schleier über die raubtierhaften Seen. Der Mahlstrom rund um die havarierte Yacht machte sich nun nur noch durch grauenvolles Donnergrollen bemerkbar.

***

Nachdem die Besatzung des Sea-King-Marinehubschraubers Shark 05 die schwierige Entscheidung getroffen hatte, dass es viel zu gefährlich war, die Mannschaft der schwer beschädigten 41-Fuß-Yacht B 52 bei Nacht abzubergen, kümmerten sich die Flieger um die SWORD OF ORION. Sie wussten, dass das Boot einen Mann verloren hatte und in Gefahr war, zu sinken. Die Shark 05 flog mit südlichem Kurs auf eine Position zu, die etwa 100 Meilen von Merimbula entfernt war. Die Flieger, die das Wetter und ihre Reichweite laufend im Auge behielten, wussten, dass sie vor dem Rückflug zur Küste noch einiges vor sich hatten. Der mächtige graue Vogel schwirrte in etwa 60 m Höhe durch den stürmischen Nachthimmel, manchmal mit einem Vorhaltewinkel von bis zu 35° gegen die Abdrift, die der tobende Westwind bewirkte.

Man fand die übel zugerichtete Slup verhältnismäßig leicht und nahm sofort Funkverbindung auf. Die erste unangenehme Aufgabe bestand darin, sich zu vergewissern, dass wirklich ein Mann über Bord gegangen war. Sein Name wurde an »Wacka« Payne durchgegeben, der wiederum Einzelheiten an die AusSAR weitermeldete. Um 10.45 Uhr wurde der Treibstoffvorrat des Hubschraubers allmählich knapp. Seit drei Stunden war die Maschine in der Luft und hatte für den 100 Meilen langen Rückflug völlig unberechenbare Bedingungen vor sich. Sobald die Flieger sich vergewissert hatten, dass die SWORD OF ORION einigermaßen gesichert und nicht mehr in unmittelbarer Gefahr war, beschlossen sie, keine Rettung durchzuführen, sondern nach Merimbula zurückzukehren und den Auftrag an Shark 20 weiterzugeben. Nur Minuten später erwies sich diese Entscheidung als richtig, da das Wetter nochmals ganz besonders bösartig wurde. Die Shark 05 aber jagte weiter und war bald aus dem Gröbsten heraus. Am Horizont tauchten die Lichter von Merimbula auf. Als der Helikopter dort landete, hatte er nur noch für fünf bis zehn Minuten Treibstoff in den Tanks.

***

Obwohl Korvettenkapitän Tanzi Lea, der Pilot des Marine-Sea-King-Hubschraubers Shark 20, bereits 7500 Hubschrauberflugstunden vorweisen konnte, hatte er noch nie solche Flugbedingungen erlebt wie in jener Nacht über der Bass-Straße.

»Als wir in Merimbula starteten, war das Wetter in Ordnung«, erinnert sich Lee. »Doch schon Minuten später steckten wir mittendrin. Wir trafen auf ein Gebiet mit Turbulenzen und Scherwinden, mit dem das Schlechtwettergeschehen begann. Nachdem wir anfangs noch die Sterne gesehen hatten, lag die untere Wolkengrenze schon in der nächsten Minute zwischen 120 bis 150 Meter. Die See wurde immer gröber und höher, je weiter wir kamen. Wir sahen nicht viel, denn es goss in Strömen. Wir wurden zum Standort der SWORD OF ORION geschickt, wo entsetzliches Wetter herrschte. Die Wellenkämme wurden vom Wind weggerissen, sodass ringsum weißes Wasser war. Zum Glück waren da irgendwo ein paar tapfere Jungs in einem leichten Flächenflugzeug, die für uns alle Meldungen weitergeben konnten. Sie waren fantastisch. Weil die Sicht so schlecht war und das Radar nichts anzeigte, beschlossen wir ein Suchschema zu fliegen, der Einfachheit halber eine ausweitende Spirale. Der Abstand zwischen den Spiralen durfte nur so groß sein wie die Sichtweite mit Suchscheinwerfer. Man braucht sogar etwas Überlappung. Wenn man nur 400 m weit sehen kann, dann beträgt der Abstand zwischen den Spiralkursen wahrscheinlich 600 m.

Und man darf nicht zu schnell fliegen, weil man ja Dinge im Wasser erkennen muss. Wir flogen mit 60 kn Eigengeschwindigkeit, was bedeutete, dass manchmal wahrscheinlich nur 10 kn über Grund dabei herauskamen. Sobald ich dann abdrehte und Rückenwind bekam, musste ich Gas wegnehmen. Als wir bei unserem Spiralkurs immer wieder dieselbe Yacht überquerten, machten die sich wohl Sorgen, weil sie uns so oft sahen. Schließlich fragten sie sogar nach, ob bei uns alles in Ordnung sei... Wir drehten ab und sichteten innerhalb von fünf oder zehn Minuten ein paar Lichter. Endlich: die SWORD OF ORION. Das Boot trieb zehn bis zwölf Meilen von seiner vorherigen Position entfernt. Es stellte sich heraus, dass die Besatzung uns die ganze Zeit auf Kanal 16 gehört hatte.«

Die Yacht schien wild zu rollen, und Lea sah niemanden an Deck. Doch was immer sich ergeben sollte, der Zustand des Bootes erlaubte Lea und seiner Hubschrauberbesatzung keinen Zweifel: Die Segler mussten sofort abgeborgen werden. Er kannte sich mit Hochseerennyachten nicht besonders aus, aber er wusste, dass diese Yacht eindeutig in Gefahr war, zu sinken. Während der ganzen Zeit musste die Besatzung der Shark 20 mit dem Wind und den Regenböen fertigwerden, die im Nu die Sicht verdunkeln konnten, mit ungeheuer mächtigen und unberechenbaren Seen und mit einem Zielobjekt, das einfach nicht stillhalten wollte. Außerdem wurden salzige Gischt und Spritzwasser von den Wellenkämmen in die Luft gerissen und peitschten gegen die Maschine, was Hubschrauberturbinen überhaupt nicht mögen. Lea flog von der Yacht aus nach Luv und warf ein Rauchsignal ab, das aber ziemlich schnell abtrieb. Dann versuchten sie, eine Leine hinunterzulassen, eine sogenannte Führungsleine. Sie hat ein Verbindungsstück, das eigens als Sollbruchstelle für den Fall ausgelegt ist, dass die Leine sich während einer Rettungsaktion irgendwo verfängt. Dadurch bleibt der Hubschrauber nicht dauerhaft an ein Objekt gefesselt, falls er sich in einem Notfall absetzen muss. Doch die 27 m lange Führungsleine, die von der Shark 20 zur SWORD OF ORION hinuntergelassen wurde, brach schon wenige Minuten, nachdem die Yachtbesatzung sie eingefangen hatte.

Daraufhin beschloss man eine neue, diesmal 60 m lange Führungsleine ohne Sollbruchstelle zur Yacht hinabzulassen, die jedoch nicht belegt, sondern nur mit der Hand gehalten werden durfte. Wenn ein Segler unten die Leine gepackt hatte, sollte sie oben am Winschhaken befestigt werden, damit die Rettungsschlinge und der Draht an der Leine zum Boot gezogen und der Segler damit geborgen werden konnte.

Sobald der Rettungsplan feststand und die Führungsleine heruntergelassen war, sprang Darren Senogles ins Wasser und versuchte, die Rettungsschlinge vom Helikopter herabzuziehen. Die Maschine schwebte in Lee, schräg hinter dem Heck des Bootes. Wie es kommen musste, begann das Boot wegzutreiben, sodass der Gurt 20 m von Senogles entfernt landete. Dann löste sich die Leine vom Gurt.

»Ich glaube, ich tauchte ungefähr einen Meter tief, als ich mich entschied, mich von dem Gewicht loszuhaken«, berichtet Senogles. »Ich schwamm aufrecht im Wasser, und die Rettungsweste war mir inzwischen bis zu den Ohren hochgerutscht. Dann versuchte ich mich zu lockern. Dadurch bekam die Rettungsweste tatsächlich mehr Auftrieb und erlaubte mir, einen Arm in die Luft zu heben, sodass man mich noch besser sehen konnte. Selbst in diesem Seegang verloren die Flieger mich fast nie aus dem Lichtkegel ihres Suchscheinwerfers.

Ich weiß noch, dass ich ein orangefarbenes Licht im Wasser sah und dachte, es sei ein anderes Boot, weil ich wusste, dass ein Schiff in der Nähe war. In Wirklichkeit stellte es sich als Fackel heraus, die die Flieger für den Piloten zur Orientierung ins Wasser geworfen hatten. Er behielt die Fackel im Auge, während die Jungs hinten im Hubschrauber versuchten, die Leine oder die Rettungsschlinge ans Ziel zu bringen. Es war ein bisschen so, als wenn man mitten auf einer Landstraße steht und ein schwerer Lastwagen direkt auf einen zurast, um dann in letzter Minute auszuscheren und ein Seil auszuwerfen.«

Schließlich gelang es Senogles, die Rettungsschlinge anzulegen. Nachdem er etwa 10 m aus dem Wasser gehoben wurde, tauchte er erneut in die See: Auf dem Weg nach oben hatte ihn eine enorme Welle überrannt. Die Hubgeschwindigkeit der Helikopterwinsch – 150 m pro Minute – hätte nicht genügt, ihn zum Aufwinschen über die Welle hinwegzuheben. Die Hubschrauberbesatzung, immer auf der Hut vor herannahenden Wellen, sah diese See kommen und befürchtete, dass der weiß schäumende Kamm Senogles verletzen könnte. Kurz entschlossen tunkte man ihn wieder ein und zog ihn durch den Wellenkörper, bevor er hochgeholt wurde. Sobald Senogles im Hubschrauber war, gab man ihm einen Kopfhörer, damit er mit Tanzi Lea und auch mit den Rettungskoordinatoren der A.M.S.A. in Canberra sprechen konnte. Sie mussten über Glyn Charles Bescheid wissen, über den Zustand der Yacht und wer an Bord verletzt war.

Trotz der katastrophalen Bedingungen verliefen die ersten beiden Bergungen fast lehrbuchmäßig. Als Dritter sollte Steve Kulmar gerettet werden. Er hatte sich die Schulter verletzt und war sehr geschwächt, sodass er kaum ohne Hilfe hinaufkommen würde. Vergeblich versuchte er es allein. Als aber deutlich wurde, dass seine Verletzungen es unmöglich machten, ließ sich Dixie Lee, ein Mitglied der Hubschrauberbesatzung, ohne einen Augenblick zu zögern zu Kulmar hinabwinschen.

»Als ich zu diesem Ring geschwommen war, stellte ich fest, dass es durch die Schwimmweste, die ich trug, schwer war, richtig in die Schlinge hineinzukommen«, erinnert sich Kulmar mit Schaudern. »Ich trug so eine klobige, altmodische Art von Schwimmweste, verdammt nutzlos. Als ich das erste Mal versuchte in die Schlaufe zu kommen, hatte ich erst einen Arm hindurch gesteckt, als die da oben wohl dachten, ich hätte ihnen zugewunken und sei fertig zum Hochziehen. Ich kam etwa anderthalb Meter aus dem Wasser und fiel dann aus dem Gurt. Die Leine hatte ich ebenfalls verloren. Daher musste ich in diesem schrecklichen Ozean noch ungefähr 10 weitere Minuten herumschwimmen, während sie versuchten, die Leine wieder zu mir zu dirigieren und mich im Scheinwerferkegel zu behalten. Einmal verlor man mich aus dem Lichtkegel – ein dummes Gefühl. Inzwischen war das Boot vielleicht 200 m weit weg. Ich war also auf Gedeih und Verderb auf den Hubschrauber angewiesen.

Beim zweiten Mal passierte dasselbe: Ich kam nur halb in die Schlinge, wurde hochgezogen und fiel wieder ins Wasser. Beim dritten Mal schickte der Pilot einen Froschmann herunter, weil er wohl merkte, wie verflucht schwer es war, mit der Schwimmweste in die Schlinge zu kommen. Als ich schließlich in der Schlinge hing, hatte ich kein Fünckchen Energie mehr, weil ich 20 Minuten lang im Ozean herumgeschwommen war. Während ich aus dem Wasser gezogen wurde, erinnere ich mich nur, dass ich hinaufblickte und dieses strahlend weiße Licht über mir sah. Ich wusste wahrhaftig nicht, ob ich tot oder lebendig war. Das war der Augenblick, in dem die Entscheidung fiel: Falls ich am Leben sein sollte, würde ich nie wieder beim Sydney-Hobart-Rennen mitmachen. Meine Frau, meine Kinder, die Familie und die Freunde bedeuteten mir dafür zu viel.«

***

Nachdem Tanzi Lea innerhalb einer Stunde drei der neun Segler gerettet hatte, blieb ihm nichts anderes übrig, als mit der Shark 20 zum Auftanken zurück zur Küste zu fliegen. Der Treibstoff wurde knapp, und es war ein schwerer 100 Meilen langer Flug zurück zum Stützpunkt. Für den Fall einer unerwarteten weiteren Notlage wollte er genügend Reserve haben. Die Verhältnisse waren äußerst gefährlich, für Wasserfahrzeuge ebenso wie für Luftfahrzeuge. Lea hatte bereits gehört, dass ein anderer Rettungshubschrauber mit dem Ziel SWORD OF ORION aus Merimbula abflog. Bei der Enttäuschung, sechs Männer auf einer wrackgeschlagenen Yacht zurücklassen zu müssen, war das für seine Crew ein schwacher Trost. »Wir achteten auf alle

Instrumente, und ich merkte bald, dass die Turbinen sich ganz schön mit Salz zugesetzt hatten«, erinnert sich Lea. »Die Triebwerkstemperaturen stiegen. Während der Rettungsaktion hatten wir so viel salziges Spritzwasser abbekommen, dass sogar eine Schutzvorrichtung vor den Turbinen überwunden wurde. Das war gefährlich, falls ich aus irgendwelchen Gründen rasch Gas geben musste. Die Versalzung schränkt den Luftstrom ein, den man sofort braucht, wenn das Triebwerk mehr Kraft entwickeln soll. Das Salz hätte zum Pumpen des Triebwerks, zu Drehzahlschwankungen durch ein falsches Mischungsverhältnis zwischen Luft- und Treibstoffzufuhr, führen können. Dadurch kann der Luftstrom sogar in die falsche Richtung gehen – die Turbine wird sehr heiß. Sie gibt dann keinerlei Leistung mehr ab und ist praktisch ausgefallen.« Zwar bestand keine ernste Notlage, dennoch war Lea vorsichtig und flog den Hubschrauber verhalten nach Merimbula zurück. Bei der Ankunft landete er nicht wie üblich aus dem Schwebflug, sondern mit Vorausgeschwindigkeit.

***

Sobald bekannt geworden war, dass jemand von der SWORD OF ORION verlorengegangen und dass die Yacht im Sinken begriffen war, erfasste ein Schock die Ehefrauen, Familienangehörigen und Freunde der Besatzungsmitglieder. Die Angst verschlimmerte sich noch, weil es nur spärliche Informationen gab. Nach Libby Kulmars Gefühl musste das Wetter abends ziemlich grob gewesen sein, weil die Positionsmeldungen, die sonst in regelmäßigen Abständen aus dem Club kamen, an jenem Abend nur schleppend eingingen. Sie wusste auch, dass die SWORD OF ORION vorher an diesem Tag auf dem siebten Platz des Feldes gelegen hatte. Nachdem Libby mit ihren beiden Töchtern, ihrer Schwester Pam und deren Kindern im Kino gewesen war, kam sie ahnungslos nach Hause und wollte eigentlich nur noch schlafen, denn sie war noch müde von dem ganzen Weihnachtstrubel. Schnell brachte sie Madeline und Pip ins Bett. Dann schaltete sie die Spätnachrichten ein und erschrak über die Meldung: »Inzwischen steht fest, dass ein Mann von der SWORD OF ORION über Bord gegangen ist«, erläuterte der Berichterstatter gerade.

»Innerhalb einer Minute klingelte das Telefon«, berichtet Libby. »Meine beste Freundin fragte, ob sie vorbeikommen soll. Ich antwortete: ›Nein, schon in Ordnung, es geht mir gut.‹ Ich versuchte verzweifelt irgendjemanden zu erreichen – das Wettfahrtpressezentrum, die A.M.S.A., egal wen –, um herauszufinden, was los war.«

Schließlich rief sie mich in Hobart an, kaum eine Minute nachdem ich den Fernsehbericht beendet hatte. Ihre Stimme bebte vor Angst.

»Rob, hier ist Libby Kulmar, was tut sich da?«

»Libby, was meinst du?«, fragte ich.

»Was weißt du über die SWORD OF ORION?«

Einen Augenblick lang hatte ich den fürchterlichen Gedanken, dass Libby mir vielleicht sagen würde, dass Steve über Bord gefallen sei. »Was kannst du mir dazu sagen?«, fragte ich besorgt.

»Nur das, was du mir gerade im Fernsehen erzählt hast«, erwiderte sie.

»Libby, man hat mir offiziell mitgeteilt, dass alle Familien der Segler auf der SWORD OF ORION über die Situation unterrichtet worden seien. Willst du mir etwa sagen, dass du nichts weißt?«

»Ja, nur das, was du gerade im Fernsehen gesagt hast.«

Also gab ich ihr eine Telefonnummer für direkte Anfragen bei der A.M.S.A. Libbys Freundin Heidi war überzeugt, dass moralische Unterstützung unerlässlich sei und kam sofort zu ihr. Zu diesem Zeitpunkt waren viele Einzelheiten noch offen; abgesehen von Anrufen bei der A.M.S.A. konnten die beiden wenig tun außer abzuwarten.

Morgens um 3.30 Uhr klingelte bei Libby endlich wieder das Telefon. Es war Steve.

»Liebling, ich habe an diesem Apparat nur etwa 30 Sekunden Sprechzeit. Ich wollte dir nur sagen, dass ich in Sicherheit bin. Ich liebe dich. Ich rufe dich wieder an, sobald es geht.« Kulmar führte dieses Gespräch vom Flugplatz Merimbula aus, kurz nachdem er dort eingetroffen war. Er duschte auf dem Flugplatz und bekam einen Stoß neuer Kleidungsstücke, die ein örtlicher Surfladen gestiftet hatte. Als Kulmar beim Umziehen sein durchnässtes T-Shirt auszog, merkte er, dass etwas um seinen Hals hing. Es war der Ferkelkopf aus Plastik, den seine Tochter Madeline ihm am Morgen des Regattastarts als Glücksbringer umgehängt hatte.

***

Die Sea Hawk Tiger 70 startete am 28. Dezember um 2.47 Uhr in Merimbula, am Steuerknüppel der altgediente Pilot Korvettenkapitän Adrian Lister. Neben ihm saß als Kopilot Kapitänleutnant Michael Curtis, während hinten Kapitänleutnant Marc Pavillard und Leading Seaman David Oxley kauerten und über die Schwere des Sturms grübelten. Nur 15 Minuten später, 40 Meilen vor der Küste, begannen die Verhältnisse sich zu verschlimmern. Blindlings raste der graue Hubschrauber ins Unwetter.

»Das Wetter war grauenvoll, das Schlimmste, bei dem ich je geflogen bin«, sagt Curtis, ein Flieger, der erst vier Jahre Erfahrung hatte. »Es machte mir Sorgen, aber gleichzeitig war es eine gute Schulung, denn als junger Pilot hatte ich jemanden neben mir, auf den ich vertraute. Es war wirklich gut, unter Listers Kommando zu fliegen. Ich brauchte nichts zu entscheiden. Das war seine Sache. Wir wussten auf jeden Fall, was uns bevorstand. Wir hörten die Sea Kings von 15-m-Wellen und Wind bis zu 80 kn sprechen.«

Sie hatten gehört, wie die Besatzung der Sea King Shark 20 ihren Rettungsauftrag ausgeführt hatte, und sprachen darüber, welche Methoden am wirkungsvollsten sein würden. Sie bekamen kein direktes Signal von der Yacht, deshalb schalteten sie den Suchscheinwerfer ein, sobald sie das Suchgebiet erreicht hatten. Der starke Scheinwerfer des Hubschraubers beleuchtete die ungeheuren Seen ausreichend. Die Flieger erschraken: Kaum zu glauben, dass unter solchen Umständen schon ein Rettungseinsatz erfolgreich abgeschlossen worden war. Eine Stunde vor Sonnenaufgang hörte die restliche Besatzung der SWORD OF ORION den Sea-Hawk-Hubschrauber in einer dichten Wolkenbank, dann sah sie ihn daraus hervorkommen.

Vorsichtig näherte sich die Maschine und blieb in großer Höhe. Dabei umkreiste sie das Boot alle 15 Minuten, um die Position der Yacht und die Wetterentwicklung im Auge zu behalten. Die Besatzung der Sea Hawk fragte die Segler, die noch auf dem Wrack waren, ob sie sofort abgeborgen werden wollten. Sie antworteten aber, dass sie lieber das Tageslicht abwarten wollten. Die Böen erreichten noch immer bis zu 80 kn – ein Rettungsversuch in stockfinsterer Nacht wäre zumindest unverantwortlich riskant gewesen, wenn nicht absolut tollkühn.

»Als die Leute beschlossen, bis zum ersten Tageslicht zu warten, waren alle zufrieden«, erinnert sich Marc Pavillard. »Das einzige

Problem war der Treibstoff. Wir führen 2300 Liter Treibstoff mit und verbrauchen etwa 600 Liter pro Stunde. Während der Wartezeit verringerten wir die Drehzahl und flogen hübsch langsam. Dennoch errechnete ich, dass wir nur etwa 30 bis 40 Minuten haben würden, um die restlichen sechs Segler zu bergen. Die Sea-King-Leute hatten ungefähr anderthalb Stunden gebraucht, um drei Personen herauszuholen... Etwa eine Stunde später, kurz vor Tageslicht, starteten wir den ersten Rettungsanflug. Schon im Vorfeld hatten wir beschlossen, dass David Oxley nur im unbedingten Notfall als Retter ins Wasser sollte. Wir ließen die Führungsleine hinab und trafen die Yacht damit auf Anhieb. Wir zogen die hinter uns im Winkel von 60° auswehende Leine wie eine Schleppe über das Boot.«

Als die Sea Hawk zum Abbergen auf die geringst mögliche Flughöhe hinunterging, verlor Lister den Sichtkontakt mit der Yacht. Pavillard wurde zum Einweiser und sprach laufend mit Lister, der den Hubschrauber ans Ziel brachte. Dabei musste sich Pavillard weit aus dem seitlichen Ladetor lehnen und die Yacht im Auge behalten: »Weiter links, weiter rechts, 10 Meter, 5 Meter, 4, 3, 2, 1, Achtung, Position halten.« Curtis' Aufgabe bestand darin, auf die anlaufenden Wellen zu achten, aufzupassen, dass der Hubschrauber nicht zu tief kam, und sich auf alle Motorinstrumente zu konzentrieren. Alles musste perfekt funktionieren.

Die Triebwerke machten Überstunden, weil der Hubschrauber ständig zwischen Steigen, Sinken und Schweben wechselte. Ein Turbinenausfall bei diesem Wetter in so geringer Höhe wäre eine Katastrophe. Der Pilot würde mit dem Hubschrauber dann steil heruntergehen müssen, um Eigengeschwindigkeit zu gewinnen. Sollte das mitten in einer Aufwinschaktion passieren, würde der Pilot auf jeden Fall den Draht kappen und den Mann wieder ins Wasser fallen lassen. Jedes Besatzungsmitglied des Hubschraubers hatte Zugang zu einem Knopf, der den Drahtschneider auslöste.

Doch glücklicherweise verlief die Bergungsaktion reibungslos und schnell. Jedes Mal, wenn die Führungsleine die Yacht traf, machte ein Segler sich daran fest, sprang über Bord, wartete, bis das Boot weggetrieben war und zog dabei den Draht mit der Rettungsschlinge zu sich herab. Mehr als einmal machten es dabei die einerseits lebenserhaltenden Rettungswesten andererseits nahezu unmöglich, die Rettungsschlinge richtig um den Körper zu legen. Pavillard bediente die Winde und versuchte dafür zu sorgen, dass der Draht ausreichend Lose hatte, damit die Schlinge dem Mann im Wasser nicht entrissen wurde. Dabei musste Pavillard die Wellen berücksichtigen, die vorbeistürmten, jede gefolgt von einem riesigen Wellental.

»Die Seen stürzten so schnell nacheinander heran, dass ich den Draht eigentlich laufend abspulte, einholte und abspulte, um gerade eben genügend Lose zu haben, aber die Leute auch nicht zu weit wegtreiben zu lassen«, berichtet er. »Einmal lief alles verquer. Eine hohe Welle kam vorbei, und der Kerl rutschte mir weg. Er fiel am Rücken einer See hinab, und der Draht kam steif. Der Mann wurde in einem solchen Winkel von uns weggespült, dass der Draht an unserem rechten Vorderrad hängen blieb und Metall an Metall schabte, was gar nicht gut ist. Als wir den Mann hochwinschten, bemerkten wir, dass mit dem Draht irgendwas nicht stimmte, aber wir mussten einfach weitermachen und die anderen Leute rausholen.«

Als auf dem Wrack der verletzte Rob Kothe schließlich an Deck ging, sah er, warum der Helikopter Mühe hatte, Position und Höhe zu halten: Das Boot tanzte heftig auf und ab. Man half Kothe auf die andere Seite der Plicht nach Steuerbord achtern. Dort sprang er ins Wasser, merkte aber gleich, dass er auf der Leeseite war. Als die Yacht herumschwenkte, geriet Kothe unter den Rumpf und bekam einen Schlag an den Kopf. Während er unter Wasser war, fiel ihm das eindrucksvolle Ruder aus Kohlefaserlaminat auf, dann aber sah er zu seinem Schrecken, dass die Leine, die zum Hubschrauber führte, sich um das Ruder gelegt hatte. Trotz seiner Verletzungen und trotz des Auftriebs seiner Rettungsweste schaffte er es, hinabzutauchen und die Leine zu lösen. Die Hubschrauberbesatzung sah Kothe untergehen und befürchtete, dass er durch einen Schlag bewusstlos geworden sei. Gott sei Dank tauchte er nach wenigen angsterfüllten Sekunden wieder auf und wurde wohlbehalten hochgewinscht.

»Der Allerletzte, der von Bord gehen sollte, Carl Watson, war wirklich schlimm dran, als er im Wasser war«, erinnert sich Pavillard. »Ein paar große Seen erwischten ihn. Die Zeit lief uns weg, und er konnte die Schlinge nicht richtig umlegen. Er hatte sie nur unter einem Arm. Sie war irgendwo an seiner Rettungsweste verklemmt. Er war kurz vor dem K.O., es sah nicht gut aus für ihn. Am Ende klappte es doch noch.« Halb in der Schlinge, halb draußen und völlig erschöpft wurde Watson schließlich hochgezogen, fort von der beschädigten Yacht.

Nachdem alle sechs Segler wohlbehalten im Hubschrauber waren, wurde das Tor geschlossen, und die Sea Hawk nahm Kurs auf Merimbula. Adrian Lister war erschöpft, aber zufrieden. Es war sehr knapp gewesen. Wie Tanzi Leas Shark 20 kam die Sea Hawk mit beunruhigend wenig Treibstoff in den Tanks zurück, dafür aber mit viel Seesalz an den Triebwerken. Sobald die Maschine gelandet war, meldete Pavillard dem Bodenpersonal die Scheuerstelle am Winschdraht. Die Mechaniker spulten den Draht von der Windentrommel ab, bis sie die Schadensstelle fanden – drei gebrochene Kardeele. Einer der Mechaniker zog einmal kräftig am Draht – er brach.

B-52

Wayne Millar ist ein Riese von Mann – 1,95 m groß und kräftig gebaut –, ein liebenswerter, unkomplizierter Kumpeltyp mit verschmitztem Dauerlächeln im Gesicht. Er liebt die Herausforderung in seiner unternehmerischen Tätigkeit – Instandhaltung von Bergbaumaschinen – wie in seinem Sport, dem Hochseerennsegeln. Millar ist in Townsville zu Hause, ganz oben im tropischen Norden von Queensland, und gehört zu der wachsenden Zahl von Hochseeseglern aus diesem Gebiet, die sich einen Namen machen.

Auf seiner Yacht, einem 41 Fuß langen Schwesterschiff der CHALLENGE AGAIN von Lou Abrahams und der RAPTOR, einer früheren Hobart-Regattasiegerin, segelten hauptsächlich Einheimische, darunter der hoch aufgeschossene Anwalt und Segelsportmanager »JB« John Byrne. Nachdem Millar und seine Mannschaft aus Townsville im August 1998 bei den Regatten vor Hayman Island und Hamilton Island gegen viele der besseren Boote aus dem Süden angetreten waren, beschlossen sie, sich nach Sydney aufzumachen, um im Dezember am Telstra-Cup und am Hobart-Rennen teilzunehmen. Dazu nahmen sie zusätzlich Ray LaFontaine aus Melbourne und »The Admiral« Don Buckley aus Sydney in die Crew auf.

Nachdem die Segler aus Townsville ihre Freude am harten Wettkampf im Telstra-Cup gehabt hatten, wollten sie unbedingt auch im Sydney-Hobart-Rennen starten. Sie hatten ihre Geheimwaffe, den Blooper, einige Male gehisst und mit diesem Segel einiges Aufsehen erregt. Auch bei der Hobart-Regatta sollte er ihnen einen Vorteil verschaffen, doch der Wind kam nicht platt von achtern und damit für einen wirkungsvollen Einsatz des Bloopers nicht aus der richtigen Richtung. Dennoch brachte der wilde Ritt entlang der Küste von Neusüdwales an diesem ersten Tag mächtigen Spaß.

Byrne glaubt, dass seine Crew und er zu den wenigen Wettfahrtteilnehmern gehörten, die wettermäßig den Überblick hatten, und er vertraut darauf, dass das Wetteramt ordentliche Arbeit geleistet hatte.

Er meinte, dass die verfügbaren Informationen deutlich zeigten, was sich zusammenbraute, und es war Sache jeder teilnehmenden Besatzung, die Daten zu analysieren und den günstigsten Kurs abzustecken. Die Leute von der B-52 wussten, dass es auf einer so langen Strecke über Sieg oder Niederlage entscheiden konnte, wo man im Falle einer Winddrehung stand. Wie so viele andere hatte auch Millar die Dienste von Roger Badham in Anspruch genommen und sich außerdem Wetterberichte von jeder maßgeblichen Küstenstation, selbst von einigen der Bohrinseln in der Bass-Straße, zunutze gemacht. Schon vor dem Start in Sydney spürten die Jungs aus Townsville, dass da einiges auf sie zu kam. Dieser Verdacht verstärkte sich während der ersten Nacht und bestätigte sich mit den aktualisierten Windvorhersagen von den Küstenwetterstationen in Victoria und von den Bohrinseln draußen auf See am Morgen des nächsten Tages.

Will Oxley, der Navigator der B-52, kam im Laufe des Vormittags mit der Neuigkeit an Deck, dass der Wind bei Wilsons Promontory in Böen 70 kn erreiche und dass die Bohrinseln »anständigen« Seegang meldeten. Im Laufe des Vormittags wechselte die Crew nach und nach die Segel – vom Vorsegel Nr. 4 zur Sturmfock und zum Trysegel. Permanent versuchten sie, durch unterschiedliche Segelkombinationen der zunehmenden Windstärke gerecht zu werden. Der Seegang kam quer oder ein wenig vorlicher, und bald stellte sich heraus, dass die Sturmfock zweckmäßiger war als das Trysegel, denn das Trysegel wollte das Boot immer wieder anluven lassen und gegen die See drehen, während die Sturmfock den Bug unermüdlich vom Wind wegdrückte, wodurch das Boot viel besser im Ruder lag und leichter beherrschbar war.

Alles in allem waren sie einigermaßen mit sich zufrieden und lagen zur Zeit des 14.05-Uhr-Rundrufs nach gesegelter Zeit an 11. Stelle. Trotz ihrer vorsichtigen Zuversicht achteten sie genau auf die eingehenden Nachrichten. Sie hörten die Funksprüche von havarierten oder ausscheidenden Yachten und dann den Hinweis an alle Eigner über die »Verantwortlichkeit«. Sie hörten Lou Abrahams sagen, dass er ausscheiden oder zumindest zeitweise Schutz in Eden suchen werde, dann die Meldung von Rob Ainsworths Loki über einen ziemlich schwerwiegenden Vorfall: Das Boot hatte Kopf gestanden.

Die Mannschaft der B-52 einigte sich darauf, vorsichtig weiter nach Süden zu laufen und dabei Wind und See im richtigen Winkel zu halten. Die Segler hatten das Gefühl, noch alles unter Kontrolle zu haben, wollten aber selbstverständlich weder Schiff noch Besatzung gefährden. Eine Zeit lang trieben sie vor Topp und Takel, aber das brachte wenig, denn es verringerte die Fahrt auf vier bis fünf Knoten. Gleichzeitig nahm es dem Schiff die Steuerfähigkeit, die es brauchte, um die schlimmsten Seen zu überwinden. Inzwischen wehte es mit 60 bis 70 kn und die See ging 10 bis 12 Meter hoch. Mit der erneut gesetzten Sturmfock zog das Boot mit flotten, aber beherrschbaren 10 bis 11 kn ab. Es wurde beschlossen, die Wachen zu halbieren, sodass immer zwei Personen an Deck waren und die beiden anderen sich angezogen unter Deck bereithielten. Als es gegen 21.30 Uhr dunkel wurde, beabsichtigte die Besatzung, die Sturmfock herunterzunehmen und das Boot während der Nacht treiben zu lassen. Da es gegen 3.00 Uhr wieder hell sein würde, würde man dadurch nur etwa sechs Stunden verlieren.

***

Gegen 16.30 Uhr hatte das Wetter sich stetig verschlechtert. Wie viele andere Yachten im Rennen kämpfte die B-52 gegen unberechenbare Seen von abenteuerlichen Ausmaßen. Immer wenn die Segler glaubten, die Gesetzmäßigkeit des Seegang erkannt zu haben, rollte zu ihrer Verblüffung wieder eine undurchschaubare Wellenformation an. Millar und Buckley beendeten ihre Wache und übergaben das Ruder an Mark Vickers und Russell Kingston. Wie sonst auch saßen alle vier eine Weile gemeinsam an Deck, um ein wenig zu plaudern und sich allgemein auf die Wetter- und Seegangsbedingungen einzustellen. Vickers hatte genau auf die Meldungen von den Bohrinseln geachtet und war über das, was ihn an Deck empfing, nicht besonders überrascht. Er übernahm das Ruder und gewöhnte sich schnell daran, die Fahrt für einige große Brecher wegzunehmen, um gleich darauf wieder Fahrt aufzunehmen, um anderen Brechern zu entkommen.

»Ungefähr 20 Minuten nachdem ich zu steuern begonnen hatte, liefen ein paar Wellen – eigentlich eher schneebedeckte Berge als Wellen – vor uns vorbei. Deshalb nahm ich Fahrt weg, um sie vorbeizulassen«, erinnert er sich. »Es war ein unglaubliches Bild, ein ganzer Berg weißes Wasser schoss über unseren Kurs. Oben wurden Gischtwolken von ihm abgerissen. Ich nahm schnell wieder Fahrt auf, sah nur hoch, so ungefähr über meine rechte Schulter, und brüllte: ›Festhalten, Russell! Die erwischt uns!‹ Die See war nur drei Meter entfernt – vier oder fünf Meter höher als alle anderen Wellen und mit steiler Vorderfront. Es war eine riesige hohle Sturzsee, wie man sie an einem Surfstrand sieht. Danach weiß ich nur noch, dass das Boot auf dem Kopf lag. Die Welle traf zuerst den Mast und die Takelage, dann stürzte sie sich auf uns. Ich dachte, ich wäre über Bord gegangen, denn ich war zwischen den Speichen des Steuerrades durchgerutscht, und es kam mir vor, als würde ich außenbords mitgeschleift. Es war dieser Waschmaschineneffekt, wie wenn man von einer Welle herumgeschleudert wird. Dann hörte es auf, und ich merkte, dass ich trotz offener die Augen nicht sehen konnte. Da wusste ich, dass ich unter dem gekenterten Boot war. Ich war angegurtet, konnte mich aber nicht bewegen. Deshalb tastete ich mich am Gurt entlang zum Steuerrad, das nur etwa 20 cm entfernt war.«

Vickers konnte nicht glauben, was er ertastete: Die Sorgleine seines Gurtes war zweimal um eine Radspeiche gewickelt. Das bedeutete, dass sein Körper *viermal* zwischen den weit auseinander stehenden Speichen hindurchgedrückt worden war! Erstaunt, dass das Schiff sich nicht wieder aufgerichtet hatte, griff er nach dem Gurtschloss auf seiner Brust und klinkte sich aus. Dann stieß er sich so tief hinab, wie er konnte, und schwamm seitlich unter dem Boot hinaus. Als er auftauchte und nach Luft schnappte, empfing ihn der Anblick von Russell Kingston, der sich nahe dem Heck am Rand des gekenterten Rumpfes festhielt. Auch Kingston war glücklich davongekommen. Sein erster Versuch, unter der Yacht hervorzutauchen schlug fehl, also steckte er den Kopf wieder in die Plicht hinauf, wo er eine kleine Luftblase vorfand. Er holte tief Luft und tauchte erneut ab. Diesmal schaffte er es. Beide Männer schwammen in Lee des kieloben treibenden Rumpfes.

Vickers war besorgt, dass sie sich in dem Durcheinander von Takelageteilen verfangen und unter das Heck gezogen werden könnten. Bevor er aber irgendetwas dagegen unternehmen konnte, hob ihn eine Riesensee an und trug ihn gut 20 m weit weg von der Yacht. Er trug sein vollständiges Ölzeug, aber keine Schwimmweste. Weil das Zeug so schwer und hinderlich war, musste er wie ein Hund zurück zum Schiff paddeln. Beim Schwimmen sah er, wie das Boot mit dem

Heck abzusacken begann, und war sicher, dass es sich wieder aufrichten würde. Gleichzeitig war er so vorausschauend, sich die Bereiche um Kiel und Ruder auf Schäden hin anzusehen. Als er das Boot erreicht hatte, klopfte er zweimal an den Rumpf, bekam aber keine Antwort.

»Ich schwamm zum Heck herum und packte das Achterstag. Dann hielt ich mich nur noch fest und hoffte, dass die Kiste sich wieder aufrichten würde. Russell war irgendwo am Vorschiff. Wir hatten uns beide überlegt, dass es an den Schiffsenden am sichersten sein würde, falls sich das Boot aufrichtete. An Bug und Heck würden wir nicht so sehr herumgeschleudert werden.«

***

Bevor der Mammutbrecher die nach einem Bomber benannte Yacht bombardierte, konnten die Leute unter Deck kaum mehr tun, als in ihren Kojen zu liegen. Sich im Boot zu bewegen stellte eine ernste Gesundheitsgefahr dar – es glich der Fahrt auf der schlimmsten Achterbahn der Welt. Obwohl die Segler sich hingelegt hatten, war an Schlaf kaum zu denken. John Byrne lag achtern in der Lee-Hundekoje. Alle Gespräche kreisten um das Wetter und darum, was zu tun war, um das Boot vor Unheil zu bewahren.

Als die Monsterwelle kam, fühlte es sich in der Kajüte zunächst so an, als bewege sich das Boot nicht anders als sonst. Es war, als sei das Schiff von einer stärkeren Bö gepackt worden und angeluvt. Aber zu diesem Anluven kam plötzlich ein donnerndes Krachen. Zunächst glaubte Byrne an einen Mastbruch, doch dann merkte er, dass das Boot kieloben lag und er in seiner hochgeklappten Koje lag. Segel und andere Ausrüstung waren in die Koje gefallen, sodass sie sich nicht mehr anheben ließ. Der einzige Ausweg war, wie eine Schlange an der Bordwand entlang nach vorn zu kriechen und über die Pantry hinweg, genauer gesagt unter der Pantry hindurch, auf das hinauszuklettern, was einmal das Kajütdach gewesen war. »Dort traf ich auf die anderen, die voneinander schon eine Art Bestandsaufnahme machten.«

Millar kümmerte sich schon um die Vorbereitung der Rettungsinsel und das Einschalten der EPIRB-Boje. Acht Besatzungsmitglieder waren unter Deck eingeschlossen. Byrne erinnert sich genau an das unheimliche smaragdgrüne Licht, das in die Kajüte schimmerte, und an die Grabesstille trotz des draußen herrschenden Chaos'. Verständlicherweise waren alle verwirrt und durcheinander, überall schwammen Schmutz und Trümmer herum, Rechts und Links, Oben und Unten hatten sich ins Gegenteil verkehrt.

»Selbst einfache Dinge wie der Motor wurden kompliziert, weil sie auf dem Kopf standen«, erinnert sich Byrne. »Und ich konnte mir keinen Reim darauf machen, was mit dem Kocher passiert war. Ich dachte, der runde Spiritustank des Kochers sei der Filter des Motors, aber dann merkte ich, dass die Maschine jetzt in Wirklichkeit über meinem Kopf hing. Zum Glück liefen weder Kraftstoff noch Öl aus dem Motor, und weil wir Gelbatterien hatten, floss nicht überall Batteriesäure hin.«

Vor der Regatta hatten Millar und Oxley ein Video darüber gesehen, wie der englische Segler Tony Bullimore in den Hohen Südbreiten in seiner gekenterten Yacht überlebt hatte. Das Gesehene wurde jetzt auch hier schnell Wirklichkeit, denn das Boot machte keine Anstalten, sich aufzurichten. Millar kroch ins Vorschiff, um das Vorluk zu überprüfen. Sollte die Yacht übers Heck sinken, dann wäre das wahrscheinlich der einzige Weg nach draußen. »Es ist unglaublich, was man in solchen Situationen tut«, erinnert sich John Byrne. »Ray LaFontaine nahm das Mikrofon des Funkgeräts und sagte: ›Wie wär's mit Mayday?‹ Will drehte sich zu ihm und sagte etwas wie: ›Damit werde ich mich befassen, wenn es an der Zeit ist.‹ Dann sendete Ray sein lehrbuchmäßig perfektes Mayday. Wir sahen ihn alle verwundert an, als wollten wir fragen: ›Wen rufst du, etwa Flipper, den Delfin? Mensch, wir liegen auf dem Kopf!‹« Dann unterbrach ein mächtiges *Wusch!* ohne Vorwarnung die gespenstische Stille. Noch einmal brach in der Kajüte die Hölle los. Die B-52 hatte sich wieder aufgerichtet. Sie hatte schätzungsweise vier Minuten auf dem Kopf gelegen.

Als die Yacht zur Ruhe kam, sah Byrne nach unten und bemerkte ein paar Seestiefel, die in der Kajüte gerade eben aus dem Wasser ragten. Er erkannte die Stiefel sofort, packte sie und zog daran, so stark er konnte. Keuchend und prustend kam Lindy Axe an die Oberfläche. Sie war unter Wasser unter dem Herd steckengeblieben, als er wieder in seine alte Stellung gekracht war. Anscheinend hatte sie eine böse Kopfverletzung.

***

Währenddessen klammerten sich die beiden Männer sich so gut wie möglich fest, als die B-52 sich wieder aufrichtete. Am Bug ergriff Kingston die Überreste der Sturmfock und der Schoten und gelangte mit Hilfe des Auftriebs der hohen Wellen aufs Vordeck. Vickers packte eine Relingstütze und hielt sich auf Gedeih und Verderb daran fest. Weil die Kajüte beschädigt war und sich verzogen hatte, hatten die Eingeschlossenen Schwierigkeiten, an Deck zu kommen. Erst als LaFontaine buchstäblich durch die Steckschotten ausgebrochen war, konnte jemand an Deck und nachsehen, ob Vickers und Kingston noch da waren.

Kingston sah LaFontaine und kurz danach Steve Anderson an Deck kommen. Nachdem er sich vergewissert hatte, wie viel Wasser in der Kajüte stand, ging er sofort an die Lenzpumpe und begann zu pumpen. Dann machte er sich daran, das verbogene und verhedderte Rigg zu kappen. Millar und seine Vorhut erkundeten unterdessen die Lage unter Deck. Sie waren nicht sicher, ob das Schiff stark beschädigt war und ob sie es verlassen sollten oder nicht. Die Crew teilte sich in zwei Gruppen, eine half dabei, das Rigg zu kappen, die andere war unter Deck und arbeitete daran, das Boot über Wasser zu halten. Mit zwei Mann an den Pumpen und anderen, die mit Eimern schöpften, dauerte es nicht lange, bis der Wasserspiegel zu sinken begann. Das konnte nur bedeuten, dass das Boot zwar schwer beschädigt war, aber nicht übermäßig leckte.

»Weil das Segeln des Bootes weitgehend eine Teamleistung ist, wird jeder an Bord dazu ermutigt, eigene Vorschläge zu machen«, erzählt Byrne. »Einige Leute schlugen vor, dass wir aussteigen sollten, um beim eventuellen Sinken nicht in der Falle zu sitzen. Sobald sich die Dinge aber beruhigten und die Erfahrung sich durchsetzte, änderten sich die Ansichten. Eine Überlegung war, dass wir vielleicht die Rettungsinseln an Deck bringen und auslösen sollten, um sie bereit zu haben. Auf diese Weise würden wir nicht das Aufblasen der Rettungsinseln abwarten müssen, wenn wir gezwungen sein sollten, sie in aller Eile zu besteigen. Während all das besprochen wurde und der Wasserstand im Schiff weiter fiel, verstärkte sich bei allen die Überzeugung, dass sich das Boot über Wasser halten würde. Dann hieß es, dass wir die Rettungsinseln nicht aufzublasen bräuchten, sondern sie nur festgezurrt an Deck behalten sollten. Aufgeblasen wären sie zu sehr im Weg gewesen und kreuz und quer umhergeweht worden. Schließlich griff sich Lindy, die für das Vorschiff zuständig war, ein paar Segeltaschen und tat Sachen hinein, die wir in einer Rettungsinsel vielleicht brauchen würden – Wasser in Flaschen, warme Kleidung, Behälter mit Notraketen und Signalfackeln.«

Als die EPIRB-Boje wiedergefunden wurde, entwickelte sich eine Debatte, ob man sie in Betrieb setzen sollte oder nicht.

»Also, wir haben keine Funkverbindung, weil die Geräte unter Wasser waren. Wir wissen nicht, ob die Maschine läuft. Wir haben keinen Mast. Wir wissen nicht, ob das Boot zusammenhält, und wir sind bei 50 kn Wind und verdammt hohem Seegang mitten in der Bass-Straße«, fasste Oxley, der Navigator, ihre Situation zusammen. »Ich würde sagen, das ist ernste und unmittelbare Gefahr. Ja, wir sollten die Funkboje anstellen.«

Die Decksmannschaft mit der Aufgabe, die Takelage über Bord zu werfen, war dankbar für die gründliche Vorbereitung vor dem Rennen. Man hatte besonders darauf geachtet, dass sich die Steckbolzen der Wantenspanner im Notfall leicht entfernen ließen. Daher konnte der Mast sehr schnell der See übergeben werden. Nicht lange nachdem die EPIRB-Boje aktiviert worden war, erschien auf das Funksignal hin ein Flugzeug über der Yacht. Es wurden Signalraketen abgeschossen, woraufhin das Flugzeug zur Bestätigung mit den Tragflächen wackelte. Dann verschwand es so schnell, wie es gekommen war.

Etwa zur selben Zeit glaubten einige der Leute an Deck, weit entfernt eine andere Rennyacht zu sehen, aber es war schwer, etwas zu erkennen, weil die Wellen höher waren als die Masten der meisten Yachten. Es war eine Art Versteckspiel. In der Hoffnung, dass da irgendetwas sein könnte, wurden dennoch Raketen abgefeuert. Es tat sich aber nichts mehr. Dann versuchten Millar und zwei Mitsegler die Maschine anzulassen. Sie drehten das Schwungrad durch um sicherzugehen, dass das Öl nicht über die Kolben gelaufen war, als die Yacht auf dem Kopf gelegen hatte, prüften die Elektrik und sprühten dann die Polklemmen ein, um zurückgebliebenes Wasser zu verdrängen. Gerade als der Motor ansprang, hörte die Deckswache ein weiteres Geräusch: Ein mächtiger grauer, mit großen Nummern verzierter Sea-King-Hubschrauber der Marine kam mit blinkenden weißen Lichtern aus den Sturmwolken auf das Boot zugerast.

***

Die Marinehubschrauber waren mit ihren Fähigkeiten zur nächtlichen Suche und Rettung an diesem Abend des 27. Dezember für die Aktion der AusSAR eine unschätzbare Hilfe. So war der Sea-King-Hubschrauber Shark 05 aus der 12-Stunden-Reservebereitschaft in nur zwei Stunden voll einsatzbereit und in der Luft. Als die Maschine um 19.45 Uhr in Nowra startete, war Kapitänleutnant Alan Moore Flugzeugführer. Kopilot war Korvettenkapitän George Sydney (damals Kommandeur der Sea-King-Staffel HS817). Kapitänleutnant Philip Payne (»Wacka«) war als Beobachter eingeteilt und Bootsmann Kerwyn Ballico der Bordmechaniker. Die Maschine war mit 3000 Litern Treibstoff randvoll betankt, schluckte 600 Liter pro Stunde und musste nach den Vorschriften bei der Landung noch 300 Liter in Reserve haben. Das bedeutete eine maximale Flugzeit von 4 Stunden.

Die ursprüngliche Aufgabe bestand darin, der BUSINESS POST NAIAD beizustehen, dann aber leitete die AusSAR die Flieger zur B-52 um. Dort sollten sie die Lage beurteilen, Verbindung zu den Seglern aufnehmen und sie bitten, das EPIRB-Gerät abzustellen, falls sie nicht mehr in unmittelbarer Gefahr waren. Östlich von Merimbula traf die Sea King auf heftigen Regen, äußerst starken Wind (60 kn und mehr) und eine niedrige Wolkenuntergrenze.

»Die Maschine wurde nur so durchgerüttelt und kreuz und quer durch die Luft gestoßen«, erzählt Payne. »Weil der Wind so stark war, hatten wir etwa 35° Abdrift nach links und mussten stark vorhalten, um auf unserem Südkurs zu bleiben. Nach kurzer Suche fanden wir die Segler. Wir nahmen eine Schwebeposition ein – genauer gesagt, wir versuchten es – und richteten Scheinwerfer auf das Boot. Wir sahen, dass es entmastet war, und waren froh, dass so viele Besatzungsmitglieder an Deck erschienen waren. Ich wusste auf den ersten Blick, dass es bei diesen Wetterbedingungen völlig ausgeschlossen war, die Leute von der Yacht abzubergen. Es war viel zu gefährlich. Ich kannte die Grenzen des Hubschraubers und seiner Besatzung.

Es gab keinerlei Funkverbindung, deshalb versuchten wir, eine Führungsleine mit einer Affenfaust* zum Boot zu dirigieren. Wir hatten einen Zettel geschrieben, ihn in die Affenfaust gesteckt und die

* Ein bestimmter kugelförmiger Knoten. (Anm. d. Übers.).

Leine dann hinabgelassen. Doch der Zettel tauchte unter, und die Mitteilung war nicht mehr zu lesen. Dann machten wir eine wasserfeste Notiz. Als wir diese aber hinabließen, brach die Leine. Es war äußerst schwierig, die Leine zu den Seglern zu dirigieren, denn es war ja auch dunkel und regnete. Während wir schwebten, sahen wir einmal, wie sich unsere Höhe über dem Wasser von 26 auf 3 Meter verringerte – so hoch waren die Wellen: gut 23 Meter. Offensichtlich waren wir selbst in Gefahr, denn wir hätten ins Wasser geraten können.«

Nach mehreren zermürbenden Versuchen gelang es schließlich, einen wasserfesten Zettel zur Bootsbesatzung hinabzulassen. Die Mannschaft antwortete, dass sie zwar in Seenot sei, aber nicht in unmittelbarer Gefahr. Wind und See waren so schlimm und die Yacht war in so gefährlicher Lage, dass die Rettung äußerst heikel sein würde. Es wurde entschieden, dass es allzu gefährlich wäre, einen Mann hinabzulassen und dass es schon katastrophal ausgehen konnte, die Segler in die Rettungsinseln umsteigen zu lassen. In Anbetracht dessen, dass die Yacht einigermaßen gesichert schien, wurde die schwere Entscheidung gefällt, die B-52 erst einmal allein zu lassen und zur SWORD OF ORION zu fliegen.

***

Während die Sea King oben im stürmischen Nachthimmel herumtobte, hatten die Segler an Bord der B-52 eigentlich geplant, wenn möglich Lindy Axe in einer Rettungsschlinge zum Hubschrauber hochziehen zu lassen. Sie konnte der Hubschrauberbesatzung die Lage erklären und dass Hoffnung bestand, den Motor später wieder einwandfrei zum Laufen zu bringen. Außerdem konnte Axe an Land geflogen werden, wo ihre Kopfwunde behandelt werden konnte. Alle wussten, dass es sehr gefährlich sein würde, Lindy vom Boot aus hochziehen zu lassen, aber eine Bergung aus dem Wasser hielten sie für selbstmörderisch.

Doch vorläufig gab es keine Bergung. Die Schiffbrüchigen waren auf sich allein gestellt. »Als wir den Hubschrauber wegfliegen sahen, kam es uns so vor, als wenn man nachts an einen Taxistand kommt und gerade das letzte Taxi wegfahren sieht.«

***

Nach mehreren Startversuchen sprang der Motor an. Gemeinsam wurde entschieden, dass Eden der sicherste Hafen sei. Auf dem Kurs dorthin kam der Seegang etwa 45° vorlicher als querab. Gelegentlich wurde die B-52, deren Kajütaufbau schon erheblich beschädigt war, unter dem weißen Schaum, der das Boot ständig überrollte, fast begraben. Durch zerbrochene Fenster, den nicht mehr verschließbaren Niedergang und durch Risse im Deck rauschte bei jeder überkommenden See reichlich Wasser in die Kajüte.

»Es war gegen 2.00 Uhr morgens«, erinnert sich Byrne. »Die Leute schliefen vor Erschöpfung. Sie lagen im Ölzeug auf dem Kajütfußboden, und das Wasser, das durch das Dach eindrang, ergoss sich über sie. Ich hatte das Glück gehabt, tagsüber einigermaßen Ruhe zu bekommen, deshalb wollte ich jetzt ein wenig steuern. Wir beschlossen, das EPIRB-Gerät in Betrieb zu lassen, denn weil es ein Satellitengerät war, wussten wir, dass die AusSAR in Canberra seine Bewegung verfolgen würde. Sicher würde man dort erkennen, dass wir etwas gegen den Wind und in Richtung Land vorankamen.

An Deck musste man alle paar Minuten aufstehen und sich genau umsehen. Es waren noch andere Rennyachten unterwegs, und eine Kollision konnten wir jetzt am allerwenigsten gebrauchen. Einmal sah ich mich um und bemerkte ein rotes und grünes Licht hinter uns. Nach dem Winkel, in dem die Positionslichter auftauchten, waren es anscheinend die Masttopplampen einer Yacht, die nur eine Meile hinter uns zu sein schien. Doch im selben Moment rasten die angeblichen Masttopplampen mit ungefähr 200 kn geradewegs über uns hinweg, gingen dann in eine Steilkurve und flogen in die Nacht hinein.«

Obwohl sich die Lage auf der B-52 stabilisiert hatte, wurden die Risse im Deck ständig größer. Allen Beteiligten war völlig klar, dass das nächste Wellenungetüm sie leicht noch einmal zum Kentern bringen konnte. Die Yacht war bei der ersten Durchkenterung so stark beschädigt worden, dass sie sich mit jeder Welle verwand, und bei jedem Verwinden erweiterten sich die Risse. Dann platzte ein ganzes Fenster heraus und fiel in die Kajüte. Sollte eine See überkommen, konnte ohne weiteres das Deck eingedrückt werden, das lag auf der Hand. Die B-52 würde dann volllaufen und höchstwahrscheinlich untergehen.

Oxley nahm sich des Problems an. Aus hölzernen Stauraumdeckeln der Kojen fertigte er primitive Seeschlagblenden und befestigte sie über den zerbrochenen Fenstern von außen an den Kajütseiten. Dann zurrte er sie innen quer durch die Kajüte mit Zeisingen aus Gurtband zusammen. Dadurch, und weil man in einige der Spalten Schlafsäcke gestopft hatte, drang nur noch wenig Wasser ein.

Während es weiter in Richtung Küste ging, war der Besatzung der B-52 nicht klar, dass man an Land noch ernsthaft um ihre Sicherheit fürchtete. Erst als der ABC-Hubschrauber das Schiff sichtete und meldete, dass es Kurs auf Eden habe, legten sich diese Befürchtungen.

Um 8.00 Uhr morgens kam die Küste in Sicht. Das war auf vielerlei Art eine riesige Erleichterung – ein Zeichen von Zuflucht und Sicherheit. Aber wie Byrne erklärte, war es auch eine Tortur. »Ich wünschte mir diesen Teil der Küste wirklich ganz ganz flach. Weil die Küste aber so bergig war, schienen wir ewig zu brauchen, um sie zu erreichen. Nach allem, was wir durchgemacht hatten, wollten wir Land sehen und in derselben Minute dort sein, doch wir brauchten noch fünf Stunden, um Eden zu erreichen. Als wir näher an die Küste kamen, begannen wir uns ziemlich gut zu fühlen und uns zu freuen, dass wir alles überlebt hatten. Alle fingen an, sich aus ihrem Ölzeug zu schälen. Es war ein irrer Gestank in der Plicht. Sobald wir in Handy-Reichweite waren, riefen wir die AusSAR an und teilten mit, dass wir die EPIRB-Funkboje abstellen würden. Gleich danach, sobald klar war, dass wir in Telefonreichweite waren, standen acht Leute an Deck und riefen zur gleichen Zeit Familie und Freunde an. Es sah lächerlich aus.«

***

Die Beschädigungen der B-52 waren so schwer, dass sie später von den Versicherungssachverständigen als Totalschaden abgeschrieben wurde. Erfahrene Segler, die die verwüstete Hulk sahen, staunten ehrfürchtig über ihren Weg zurück zur Küste – und das bei so grauenhaftem Wetter.

Miintinta

Für die meisten Australier ist ein »weekender« ein gemütliches kleines Häuschen, das versteckt irgendwo außerhalb der Stadt liegt – ein Wochenendhaus. Für Dr. Brian Emerson und seine Frau Pamela hingegen war der »weekender« die 39 Fuß lange Yacht Miintinta (das polynesische Wort für Seeschildkröte). Gegenüber dem üblichen Wochenendhaus hatte das Boot viele Vorteile, angefangen bei dem Rundumblick aufs Wasser. Außerdem konnte man damit jederzeit umziehen, wenn einem die Umgebung nicht mehr gefiel.

In Wirklichkeit bedeutete es den Emersons viel mehr: Es sollte ihr Altersruhesitz werden. Mit 60 Jahren freute sich Dr. Emerson auf den Ruhestand. Er war früher Universitätsdozent gewesen und erstattete gegenwärtig in Gerichtsverfahren technische Sachverständigengutachten. Seine Frau und er hatten seit langem davon geträumt, gemächlich von Hafen zu Hafen zu segeln.

1998 beschloss Emerson, mit dem »Wochenendhaus« an der Hobart-Regatta teilzunehmen. Er wusste, dass das ein harter Kurs sein konnte, wusste aber auch, dass das Schiff von Hause aus so gut wie alles meistern konnte. Es war von Ron Swanson gezeichnet worden, der als Yachtkonstrukteur in den sechziger und siebziger Jahren eine Legende gewesen war. Die Miintinta war eine Swanson 42, ein Boot mit Kanuheck. Seit ihrem Bau im Jahr 1976 hatte die Yacht eine Reise nach Amerika und zurück gemacht und an zwei Hobart-Rennen teilgenommen, 1976 und 1977. Swanson hatte den Bootstyp als Fahrtenyacht für weltweite Reisen entwickelt. Das Schiff war überwiegend aus GFK-Massivlaminat gebaut und wog über zwölf Tonnen. Emerson war erst seit gut zwölf Monaten der Eigner. Für den erfahrenen Segler, der seit über 30 Jahren von kleinen Booten bis zu Hochseerennyachten alles Mögliche gesegelt hatte, sollte die Veranstaltung 1998 das dritte Hobart-Rennen sein.

Er gab sich große Mühe, das Boot in jeder Hinsicht regattaklar zu machen, baute neue Pumpen ein, überprüfte Rigg und Elektrik und schaffte einige neue Segel an. Fünf Leute wählte er zum Mitsegeln aus: Lisa McKenzie, Uli Thiel, Bill Vukoder, Peter Volkes und Robin Gordon. Uli Thiel hatte ein Kapitänspatent, war Navigatorin, Funkerin und um die Welt gesegelt. 13 Jahre war sie beruflich zur See gefahren und gehörte zu dem exklusiven Kreis von Seglern, die das berüchtigte Kap Hoorn gerundet haben.

Wichtigstes Ziel war für alle, die Wettfahrt 1998 mit heiler Haut zu überstehen, aber natürlich hätte es ihnen auch gefallen, in der Gruppe der Fahrtenyachten des C.Y.C. als Erste durchs Ziel zu gehen. Von ihrem Typ her war die MIINTINTA eindeutig eine Fahrtenyacht und segelte von Anfang an eher wie eine Schildkröte. Nach Emersons Berechnungen war die Yacht beim Verlassen der Hafenbucht von Sydney Vorletzte. Als das Schiff aber erst einmal draußen war und der große bunte Spinnaker stand, begann sie rasch aufzuholen. Während der Wind auffrischte, lief die MIINTINTA schneller als je zuvor.

Als die Yacht sich am 27. Dezember Eden näherte, war Emerson mit der Platzierung zufrieden – 21. Platz von 38 Booten in der Gruppe – und die MIINTINTA war bei dem rauen Wetter in ihrem Element. Das einzige Problem war, dass Lisa McKenzie, die ihre reichhaltige Segelerfahrung auf geschützten Gewässern gesammelt hatte, überhaupt keine Freude an dem holperigen Ritt hatte. Schon kurz nach dem Start hatte die Seekrankheit sie gepackt. Als man an Bord während des 14.05 Uhr-Rundrufs die Funkmeldung der SWORD OF ORION hörte, begannen die Alarmglocken zu schrillen. Diese Glocken wurden im Laufe des Nachmittags noch lauter, als das Knistern und Rauschen von Notrufen und Aufgabemeldungen die Funkkanäle erfüllte.

Emerson hatte sich schon einige Stunden vorher entschlossen, das Schiff auf das schlimmstmögliche Wetter vorzubereiten. Das Großsegel wurde vollständig geborgen und festgemacht, dann wurden Sturmfock und Trysegel gesetzt. Emerson entschied, zu wenden und die Küste in der Nähe von Eden ansteuern, um dort Schutz zu suchen.

»Ich habe keine zyklonale Wetterbombe erwartet und auch keinen so gewaltigen Seegang«, sagt Emerson. »Als wir auf die Küste zuhielten – es war gegen 17.00 Uhr –, ertönte aus dem Funkgerät das totale Chaos. Notrufe kamen anscheinend von überall. Wir kämpften uns eine Weile weiter in Richtung Küste, bis ich beschloss, den Diesel anzuwerfen und zu motoren, weil das Wetter sich so sehr verschlechtert hatte. Das bedeutete zwar das Ausscheiden aus der Wettfahrt, aber wahrscheinlich auch größere Sicherheit. Bald stürzten wir von Wellen hinab, die keinen Rücken hatten, Wellen von absurden Proportionen. Sie waren mindestens 10 Meter hoch, einige wohl noch größer. Zweimal erlebten wir, dass das Boot unglaublich heftig in ein Wellental krachte und bei der Landung nur so bebte.

Trotz des Trysegels schienen wir nicht genug Vortrieb zu haben. Manchmal, wenn die übelsten Wellen uns erwischten, liefen wir Vollkreise. Zuerst hielten wir mit 270° auf die Küste zu, doch schon in der nächsten Minute lagen wir auf Gegenkurs, wieder hinaus auf See. Ich schätze, dass wir nur noch 20 Meilen bis nach Eden hatten, als der verdammte Diesel schlappmachte. Er blieb einfach stehen. Warum? Ich weiß es nicht. Ich weiß nur, dass Dampf aus dem Motorraum quoll und die Kajüte füllte, als wenn beim Auto der Kühler kocht. Ich ging sofort zur Maschine, und sobald ich den hinteren Motorraumdeckel abgenommen hatte, rief ich: ›Mein Gott, hier ist jede Menge Wasser drin!‹ Es war stickig heiß, deshalb konnte ich nicht viel ausrichten, aber ich überprüfte alle Schläuche.«

Emersons Hauptsorge war nicht das Versagen der Maschine, sondern das viele Wasser im Schiff. Zuerst glaubte er, dass vielleicht ein Seeventil gebrochen sei. Er kroch durch das ganze Boot und überprüfte jedes Ventil einzeln. Sie waren alle dicht. Einige Mitsegler gingen an die Pumpen, andere schöpften mit Eimern, aber die Eimer zerbrachen bald, und die Pumpen verstopften oder gingen einfach kaputt. Emerson konnte nicht glauben, dass eine neue, besonders robuste Lenzpumpe, die er extra für die Regatta eingebaut hatte, auseinandergefallen war. Bald schöpfte man mit zurechtgeschnittenen Plastikkanistern. Lediglich eine Pumpe funktionierte noch.

Während der ganzen Zeit versuchte Emerson das Leck ausfindig zu machen. Das Wasser schien manchmal schnell und wenige Minuten später langsamer einzudringen. Er vermutete, dass die größte Wassermenge in den Rumpf lief, wenn die See gegen die Steuerbordseite hämmerte. Daraus schloss er, dass der Rumpf einen schlimmen Schaden hatte, vielleicht in dem Bereich hinter einer festen Sofakoje in Mastnähe. Wenn das Boot mit Wind und See von Steuerbord krängte, schien sich der Riss durch das Gewicht des Ballastkiels zu erweitern. Möglich, dass die Außenhaut dort gebrochen war, wo zur Aufnahme der Mastkräfte ein stählerner Rahmenspant eingebaut war. Durch die Bauweise der Yacht war dieser Bereich aber unzugänglich, sodass Emerson keine Gewissheit erlangen konnte.

Derweil stand Uli Thiel am Ruder und hatte Schwierigkeiten, die Yacht auf Kurs zu halten. Immer wieder wurde die MIINTINTA vom Wind seewärts gedrückt. Irgendwann zwischen 23.00 Uhr und Mitternacht schickte Emerson einen Funkspruch an die Küstenwache in Eden und gab an, es seien zwar die Bilgepumpen ausgefallen und das Schiff mache eine Menge Wasser, aber es sei noch alles unter Kontrolle. Er verzichtete auf einen Mayday-Ruf und bat statt dessen um Schlepphilfe. Wie von der Küstenwache verlangt, feuerte Emerson Signalraketen ab. Don Mickleborough auf der SOUTHERLY sichtete diese Signale und bestätigte der Küstenstation die ungefähre Position der Yacht. Dann bekam Emerson die Mitteilung, dass das Containerschiff UNION ROETIGEN umgeleitet worden sei, um der MIINTINTA Beistand zu leisten.

Die Segler waren froh, das große Schiff von weitem auftauchen zu sehen. Noch glücklicher waren sie, als sie erfuhren, dass der Fischkutter JOSEPHINE JEAN ebenfalls Kurs auf ihr Boot genommen habe. Emerson meinte, dass sehr wahrscheinlich andere Yachten in noch schlimmerer Lage seien und funkte, dass die MIINTINTA einigermaßen gesichert sei und keine sofortige Hilfe benötige.

Nur 45 Minuten später hörte man ihn erneut über Funk: »Wir machen jetzt zu viel Wasser. Wir kommen nicht gegenan. Können sie noch einmal kommen und in Standby bleiben?« Zu ihrer Freude kam die UNION ROETIGEN bald zurück, um über die Yacht zu wachen. Ungefähr eine Stunde später sah die MIINTINTA-Crew dann den Fischkutter über einen Wellenkamm schießen. Ihr Schlepper war eingetroffen, aber für den inzwischen schwer leckgeschlagenen Rumpf der Yacht wurde die Zeit knapp.

***

Lockie Marshall war an diesem Abend mit dem Polizeibeamten Keith Tilman noch spät in seinem Büro, um die Rettung der TEAM JAGUAR durch den Fischkutter MOIRA ELIZABETH zu organisieren. Das Sprechfunkgerät im Büro war fast völlig blockiert, weil ununterbrochen Rettungsaktionen für so viele am Hobart-Rennen teilnehmende Yachten liefen. Die beiden hörten, wie die MIINTINTA Schlepphilfe anforderte. Sie wussten: Wenn wegen dieses Hilferufs ein Fahrzeug aus Eden auslaufen müsste, würde es einer von Marshalls Hochseekuttern sein. Die meisten waren am Kai mit doppelten Festmachern vertäut und hatten zusätzlich Anker ausgebracht, um mit dem gewaltigen Schwell fertigzuwerden, der wegen des Sturms in den kleinen Hafen hineinstand.

Zu dieser Jahreszeit fischten nur wenige Kutter, die aber verdienten in diesen Wochen in der Regel gutes Geld. Es war die sommerliche Hochsaison, die Preise waren dreimal so hoch wie sonst. In dieser Nacht war einer von Marshalls Trawlern auf See, der 70 Fuß lange Holzkutter JOPSEPHINE JEAN. Das raue Wetter hatte ihn gezwungen, dicht an der Küste zu fischen. Als der Funkspruch einging, überdachte Marshall die Lage und erkannte klar, dass es die schnellste Hilfe für die sinkende Yacht sein würde, die JOSEPHINE JEAN hinzuschicken. Marshall wusste außerdem: Wenn irgendjemand mit diesem Wetter, das das Regattafeld verwüstete, fertigwerden konnte, dann war es Ollie Hreinisson, der Kapitän dieses Kutters. Der gebürtige Isländer, ein hervorragender Seemann, war zu Hause auf großen Fischdampfern gefahren, bevor er nach Australien gekommen war. »An der Art, wie die MIINTINTA-Crew über Funk sprach, merkten wir, dass die Leute körperlich und psychisch erschöpft waren. Sie schienen ihre Lage allmählich nicht mehr rational beurteilen zu können. Dadurch kamen wir zu der Annahme, dass die Position, die sie der Küstenwache gegeben hatten, nicht stimmte«, sagt Marshall. »Nach meiner Berechnung waren sie nicht so weit draußen, wie sie glaubten. Wir ermittelten, dass es zwischen zwei und drei Stunden dauern würde, sie zu erreichen.«

Gut zwei Stunden später hatte die Besatzung der JOSEPHINE JEAN die MIINTINTA in Sicht. Es erforderte viel Mut und Können, den schwerfälligen Fischkutter im Dunkeln über riesige Brecher hinweg und um sie herum zu manövrieren. Sie mussten möglichst dicht an die MIINTINTA heranzukommen, sodass man eine Schlepptrosse hinüberwerfen konnte. Das Manöver sah einfach aus, in Wirklichkeit aber war es höchst kompliziert.

»Es war bei ihm erstklassige Seemannschaft«, erinnert sich Emerson. »Er umkreiste uns ungefähr dreimal, den großen Suchscheinwerfer auf uns gerichtet, dann kam er heran. Für uns war es eine unglaubliche Situation. Erst war der Kutter 15 m über uns, gleich danach 15 m unter uns.«

Mit viel Mühe konnten Emerson und Gordon die Schlepptrosse am Vorschiffspoller festmachen und sichern. Vorher aber steckte die

Miintinta ihren Bug in eine hohe See, und eine drei Meter hohe Wasserwand packte Emerson und schleuderte ihn über Bord. Sein Sicherheitsgurt rettete ihn. Die nächste Welle spülte ihn über die Seereling zurück an Deck. Die ganze Zeit aber war es seine größte Sorge, die Seestiefel zu verlieren.

Emerson wusste, dass sie weiter schöpfen mussten, um die Yacht über Wasser zu halten, aber er war zuversichtlich, dass sie es schaffen würden, das Boot zu retten. Volkes, ein Mann in den Fünfzigern, aß und trank, während er schöpfte.

»Er schnitt sich unheimlich dicke Scheiben Salami ab, und während er sie kaute, trank er ein Bier und schöpfte weiter«, denkt Emerson zurück. »Das war für Lisa McKenzie zuviel. Ihre Seekrankheit, die sowieso schon schlimm war, wurde unerträglich.«

Was die Segler nicht wussten: Trotz ihrer starken Maschine machte die Josephine Jean weniger als einen Knoten Fahrt auf die Küste zu. Es würde eine ungeheure Strapaze werden, das Boot bis nach Eden über Wasser zu halten. Eine Stunde nach Beginn der Schleppfahrt versagte die letzte Lenzpumpe, und die Besatzungen beider Fahrzeuge standen vor der erschreckenden Aussicht, die Yacht vielleicht trotz allem zu verlieren. Während die Miintinta mehr und mehr voll lief, wurde sie immer schwerer. Gleichzeitig wuchs die Belastung des Metallpollers am Bug, bis er sich schlicht und einfach zerlegte. Außerdem verabschiedete sich die Schlepptrosse. Hreinisson leistete erstklassige Arbeit und brachte die Trosse erneut zur Yacht hinüber, und doch wusste Emerson, dass sein Boot unausweichlich untergehen musste.

Um 3.00 Uhr rief Emerson die Küstenwache in Eden an und teilte mit, dass die Mannschaft das Boot nur noch verlassen könne. »Um Gottes Willen, machen sie keine Faxen! Aber wenn sie aussteigen müssen, dann tun sie es«, lautete die Antwort des Funkers. Dann sprach Emerson mit Hreinisson, der vorschlug, dass die Segler auf den Fischkutter springen sollten, aber der Seegang und die peitschenden Schraubenblätter verboten das. Die Rettungsinsel wurde am Heck der Yacht in die See geworfen und blies sich auf. Zuerst kletterte die Yachtbesatzung hinein, dann verließ Emerson das, was ursprünglich sein schwimmendes Heim werden sollte. Zum zweiten Mal innerhalb weniger Stunden kam er nur mit knapper Not davon, denn just als er übersteigen wollte, brach die Nabelschnur zwischen Rettungsinsel und Boot, als eine große See vorbeirauschte. Sofort warf Emerson von Bord aus einen Tampen, der von den Leuten in der Rettungsinsel gepackt wurde. Tapfer hielten sie fest, während die Leine die ganze Zeit in ihre Hände schnitt.

Es gab nur eins – einen Hechtsprung. Mit Wucht knallte Emerson auf die Insassen der Rettungsinsel – sie hatten es alle geschafft. Danach sah die Crew geduldig 45 Minuten lang zu, wie die JOSEPHINE JEAN einen langen, langsamen Bogen zurück zur Rettungsinsel fuhr, während sich die MIINTINTA die ganze Zeit wie eine halb untergetauchte Ente in der See wälzte. Der Kutter war leicht zu sehen, sein Deck war von starken Lampen hell erleuchtet. Nachdem Hreinisson unmittelbar in Lee der Rettungsinsel ankam, zeigte er erneut sein Können, indem er seinen Kutter ganz dicht heranmanövrierte. In der Sekunde, als sein Trawler in Reichweite der MIINTINTA-Besatzung war, so erinnert sich Hreinisson, kletterten die Schiffbrüchigen auch schon an Bord »wie ersaufende Ratten«.

***

Im Osten dämmerte das erste Tageslicht, als sechs erschöpfte Segler, noch immer in Ölzeug und nass bis auf die Haut, als armseliger Haufen auf dem Achterdeck des Kutters zusammenbrachen. Kurz danach hörten sie, wie Hreinisson rief: »Das geschleppte Boot hat sich losgerissen!« Während die JOSEPHINE JEAN ihre langsame, mühselige Fahrt nach Eden fortsetzte, mussten die Segler tatenlos zusehen, wie ihre Yacht, die schon sehr tief im Wasser lag, Schlagseite bekam. Als das Boot am östlichen Horizont außer Sicht kam, schwamm es noch, dürfte aber bald darauf untergegangen sein.

Gleich nach der Ankunft in Eden suchte Emerson Marshall auf und dankte ihm überschwänglich und aus ganzem Herzen dafür, was er und die Mannschaft seines Kutters getan hatten, um die Segler von der MIINTINTA zu retten.

»Sehen sie, ich bin Fischer von Beruf«, antwortete Marshall. »Wir leben von der See. Wenn ich jemals so in der Klemme sitze, wie es ihnen passiert ist, dann kann ich nur hoffen und beten, dass irgendjemand ebenso handelt und mich herausholt.«

Business Post Naiad

Wenn es ums Hochseeregattasegeln ging, betrachteten Bruce Guy und seine Mitsegler die Bass-Straße als ihr Heimatrevier und waren überzeugt, dass sie so ungefähr das Schlimmste schon mitgemacht hätten, was dieser Meeresarm auftischen konnte. Erst wenige Wochen vor der Sydney-Hobart-Wettfahrt 1998 hatte sich die BUSINESS POST NAIAD mühsam durch einen bitterkalten Sturm geboxt und damit im 120-Meilen-Rennen über die Bass-Straße von Melbourne nach Stanley in Tasmanien einen Überraschungssieg eingefahren. »Für eine Clique von Sonntagsseglern, wie manche Leute uns vielleicht nannten, waren wir nicht schlecht«, sagt Rob Matthews. »In der Stanley-Regatta kam der Wind die ganze Zeit von vorn, und es wehte ganz schön. Das erinnerte uns wieder einmal daran, dass man die Bass-Straße mit Respekt behandeln muss. Sonst springt sie hoch und beißt einen.« Matthews war vermutlich der erfahrenste Segler an Bord. In seinen 46 Lebensjahren war er seit 33 Jahren Hochseesegler und hatte dabei unglaubliche 50 000 Seemeilen zusammenbekommen. Darunter waren neun Regatten nach Hobart und eine rund um Australien.

Die BUSINESS POST NAIAD hieß ursprünglich SWUZZLEBUBBLE und gehörte einst zum neuseeländischen Admiral's-Cup-Team. Gebaut worden war die Yacht 1984 aus den neuesten Kunststoff-Kompositwerkstoffen in einer Bauweise, die hohe Festigkeit mit geringem Gewicht verband. 1994 kaufte Bruce Guy das Schiff von einem Eigner aus Sydney. 1998 wurden Guy und ein Teil seiner jetzigen Hobart-Regattacrew bekannt, als sie Tasmaniens bedeutendste Wettfahrt gewannen, die »Three Peaks« (»Drei Gipfel«). Dabei handelt es sich um ein mörderisches Sportereignis in der Art der »Ironman«-Wettbewerbe, eine Wettfahrt, die jede Yacht zu drei Häfen führt, die wegen ihrer Nähe zu einem Berg ausgesucht sind. Nach der Ankunft im Hafen müssen zwei Besatzungsmitglieder den Gipfel besteigen und an Bord zurückkehren. Danach segelt man zum nächsten Hafen – ein strapaziöses Vergnügen.

Guy war für seine akribische Wettfahrtvorbereitung bekannt. »Der Mast war von Bord genommen worden, um lackiert und neu getakelt zu werden«, erklärt Matthews. »Jede Mastschiene war in Ordnung, alles funktionierte, wie es sollte. Nichts wurde dem Zufall überlassen, nicht einmal bei der Sicherheitsausrüstung. Durch diese Einstellung machten wir uns wegen der Hobart-Regatta keine Sorgen, ganz gleich, wie das Wetter sein würde. Wir waren überzeugt, dass das Schiff schon jedes Wetter durchgemacht hatte und damit fertigwerden konnte.«

***

24 Stunden nach dem Start stand die BUSINESS POST NAIAD 40 Meilen vor der Küste und hatte mit Unterstützung des Südstroms bereits stolze 230 sm geschafft. Die Besatzung war zu Recht aus dem Häuschen vor Begeisterung. Kurz nach Mittag wehte der Wind beständig mit 20 bis 30 kn und der Himmel war wunderbar tiefblau. Das Boot zog unter doppelt gerefftem Großsegel und Fock 4 gut ab.

»Wir hatten die Vorhersage gehört, 45 bis 55 kn Wind, und wir wussten alle, was eine Sturmwarnung bedeutet«, sagt Matthews, »doch es gab keinerlei Besorgnis. Wir hatten auch die von der Telstra-Wettfahrtleitung auf der YOUNG ENDEAVOUR gesendete Warnung gehört, die jeden Skipper daran erinnerte, dass die Entscheidung über Weitermachen oder Ausscheiden in seiner eigenen Verantwortung lag. Bruce, Keatsy, Steve Walker und ich waren so eine Art Braintrust, aber wir hatten uns noch nicht zusammengesetzt und über die Entscheidung diskutiert. Wir dachten nur: Na ja, 45 bis 55 kn. Wir sind alle schon mal hier gewesen. Wenn es 55 werden, dann müssen wir es wohl vorsichtig angehen, vielleicht sogar lenzen, möglicherweise sogar vor Topp und Takel. Wir werden uns dann nur so rumdrücken, abwarten, bis es vorbei ist, und danach wieder ins Rennen gehen. Wir redeten auch über die Leute, die die Bass-Straße noch nicht bei solchem Wetter erlebt hatten. Da waren welche, mit denen wir in Sydney gesprochen hatten. Sie hatten gesagt, dass es ihr erstes Hobart-Rennen sei und dass sie ein bisschen nervös seien. Wir hingegen hatten alles schon vorher mitgemacht – das glaubten wir jedenfalls.«

Am 27. Dezember band die Mannschaft gegen 12.30 Uhr das dritte Reff ins Großsegel. 30 Minuten später kam der Regen, und die

Bedingungen verschlechterten sich weiter. Um 14.00 Uhr hatte der Wind 35 bis 45 kn und frischte allem Anschein nach noch auf. Der Seegang war schlimmer als alles, was Matthews je gesehen hatte. Bald würde die BUSINESS POST NAIAD zur falschen Zeit am falschen Ort sein.

»Die Wellen waren bis dahin noch gar nicht allzu hoch, aber sehr steil, hinten ebenso wie vorn«, erinnert er sich. »Das Segeln ging noch einigermaßen. Wir liefen immer bis auf den Wellenkamm und ließen den Bug dann über den Wellenrücken abkippen. Das Schiff wurde ganz passabel damit fertig, aber das Ganze fing an, etwas ungemütlich zu werden. Als der Wind auf ungefähr 45 kn zugelegt hatte, nahmen wir die Fock 4 weg und liefen nur noch unter dem dreifach gerefften Großsegel weiter. Das war der Zeitpunkt, als Wind und See schlimmer und schlimmer wurden. Der Wind ging auf etwa 55 kn, aber das Schiff schien noch klarzukommen. Ganz hinten im Westen sahen wir eine Lücke in den Wolken und dachten: Na ja, vielleicht war es das schon. Bald ist alles überstanden. Dann kam Keatsy vom Kartentisch an Deck und verkündete: ›Diesen Mist behalten wir jetzt 24 Stunden lang‹.«

Gegen 15.30 Uhr an diesem Nachmittag sprang die oberste Latte aus dem Großsegel. Die Segler bargen das Groß, tuchten es auf dem Baum auf und machten es so gut fest, wie sie konnten, dann setzten sie die Sturmfock. Die See wurde rauer, und die ungeheuren Wellen brachen in kurzen Abständen. Matthews steuerte und hatte ziemliche Schwierigkeiten, vor den Wellenkämmen anzuluven, um sie mit dem Bug richtig zu nehmen. Er machte sich Sorgen, dass das Boot, wenn es vor einer besonders großen See hinabrauschte, über Kopf gehen könnte – mit dem Bug unterschneiden und koppheister gehen.

»Ab und zu wurde das Schiff von einem dieser Riesenbrecher beharkt, es lag dann jedes Mal surfend auf der Backe, während die Sturmfock den Bug herunterdrückte. Der Regen peitschte. Das Gesicht fühlte sich dadurch an, als würde es gleich bluten. Einige Male bekam ich ein paar Regentropfen ins Auge – sie machten mich schier blind. Es dauerte mindestens eine halbe Minute, bis ich wieder ein wenig sehen konnte. Und dann die Gischt! Sogar in den Wellentälern wurde sie vom Wasser weggerissen, nicht nur auf den Kämmen. Sie wurde aus den Tälern gerissen und hochgetrieben, bis alles weiß war wie im Schneesturm. Das Spritzwasser traf das Gesicht so heftig, dass man um Nichts in der Welt hineinsehen konnte.

Natürlich wussten wir, dass wir etwas unternehmen mussten, um das Boot zu verlangsamen und es uns dabei hoffentlich ein wenig bequemer zu machen. Ich würde nicht sagen, dass wir besorgt waren, nur vorsichtig. Wir wollten den Sturm sich auswehen lassen. Es gab keine Panik an Deck. Jeder wusste genau, was der andere konnte.

Einmal, als das Boot von einer hohen Welle vom Kurs geschleudert wurde, riss der Wind die Sturmfock aus dem Kunststoffprofil des Vorstags. Steve ging an Deck und führte das Segel wieder ein. Etwa 10 Minuten später passierte wieder dasselbe. Nach dem dritten Mal gingen Steve und Phil aufs Vorschiff und brachten eine Stunde damit zu, das Segel um das Vorstag herum anzubändseln. Eine unglaubliche Leistung bei dieser See.«

In nur wenigen Stunden war ein schnelles, erfreuliches Rennen für die Besatzung der BUSINESS POST NAIAD zum Kampf ums nackte Überleben geworden. Steve Walker erinnert sich daran, dass er beim Aufblicken Wellen gesehen hat, die den 17 Meter hohen Mast beträchtlich überragten. Gelegentlich betrug die Sicht nur noch 20 Meter. Und doch, von Aufgeben war keine Rede. Am späten Nachmittag aber, als der Wind in Spitzen 75 kn erreichte, hielt man selbst das kleinste Segel, die Sturmfock, für zu groß. Die BUSINESS POST NAIAD musste solche Prügel einstecken und wurde so heftig herumgestoßen, dass selbst die Leute unter Deck in Gefahr waren, sich zu verletzen, weil sie wahllos aus ihren Kojen geschleudert wurden. Die Segler sahen ein, dass es bei diesem Wetter Unheil bringen würde, vor der See zu lenzen, denn früher oder später würde das Schiff dabei über Kopf gehen. Man dachte daran, am Bug einen Seeanker oder Fallschirm-Treibanker auszubringen. Walker, der Segelmacher an Bord, überlegte, wie er mit Bordmitteln etwas Passendes herstellen könnte. Es wurde beschlossen, unter nackten Masten zu laufen und das Boot von den Seen, die von Steuerbord achtern kamen, mitnehmen und beschleunigen zu lassen, um es, sobald es Fahrt voraus machte, rechtzeitig gegen den nächsten Wellenkamm zu drehen.

Die BUSINESS POST NAIAD lief an diesem Nachmittag sehr schnell und erreichte über 25 kn, schien aber trotzdem, selbst quer zur See, recht stabil zu liegen. Die Besatzung war alles andere als glücklich darüber, in einer Regatta vor Topp und Takel laufen zu müssen, aber es war ihnen klar, dass sie keine andere Wahl hatten. Mitten in dem Tohuwabohu beschloss Tony Guy, der das Ruder gerade an Matthews übergeben hatte, an Deck zu sitzen und eine Zigarette zu rauchen. Zu jedermanns Erstaunen wurde seine Beharrlichkeit belohnt. Er brachte es fertig, bei 70 kn Sturm und Regentropfen wie Gewehrkugeln die Zigarette anzuzünden.

»Festhalten, hier kommt wieder eine!«, rief Matthews, als eine turmhohe Welle aus dem Nichts anrollte. Die Mitsegler merkten an seiner erschrockenen Stimme, dass es eine schlimme See sein musste. Sie war so hoch wie ein fünfstöckiges Gebäude und begann etwa 12 m über ihnen zu brechen. Sie waren dieser See auf Gedeih und Verderb ausgeliefert. Im Nu ragte der gigantische Sturzbrecher über der 8-Tonnen-Yacht, packte sie, warf sie auf die Seite und schleuderte sie ins Wellental. Instinktiv klammerten sich die fünf Segler an Deck fest, wo sie konnten – ein aussichtsloser Versuch, sich zu retten.

»Das Schiff landete auf dem Kajütdach und kenterte sehr schnell durch, fast im Handumdrehen«, erinnert sich Matthews. »Der Pinnenausleger wurde mir aus der Hand gerissen. Ich dachte, Steuern sei sowieso sinnlos, wenn das Boot auf dem Kopf lag. Gleich danach lag ich neben der Yacht im Wasser, an der Luvseite. Es herrschte Grabesstille, weil die Welle verschwunden war und die nächste noch nicht da war. Als erste Reaktion blickte ich nach oben, um zu sehen, ob das Rigg gehalten hatte. Es war nicht mehr da. Der Mast war abgeknickt und über die Luvseite des Bootes gebogen. Ich schaute mich um, um zu sehen, wer zusammen mit mir im Wasser lag, und entdeckte fünf von uns, die alle mit angelegten Sicherheitsgurten im Wasser herumschaukelten. Keatsy war an Deck geeilt. Nach dem, was er unten gesehen hatte, machte er sich echte Sorgen um uns. Er half uns wieder an Bord, dann machten wir uns alle daran, das Rigg loszuwerden, bevor es ein Loch in den Rumpf stoßen konnte. Der Mast war in drei Teile zerbrochen. Trocken kommentierte Phil Skeggs unsere Situation: ›Das stand aber nicht im Prospekt‹.«

***

Während der Kenterung befand sich Steve Walker unter Deck und erinnert sich daran, dass sich der Herd samt Backofen aus seiner Befestigung gerissen hatte und quer durch die Kajüte schoss. Die Eisbox spuckte 50 gefrorene Fertiggerichte aus. Teller, Tassen und Untertassen sprangen aus den Staufächern und verteilten sich überall.

Einige Bodenbretter flogen heraus, und die Ankerkette und Ankerleinen kullerten aus den Stauräumen, die sich mir nichts, dir nichts in umgedrehte Kojen verwandelten. Auch die beiden Lotsenkojen mit Aluminiumrahmen waren gebrochen.

»Eines der Fenster, sie waren ziemlich klein, war zerbrochen, ein anderes gesprungen«, erzählt Walker. »Die Schotten um den Niedergang herum hatten sich von Deck und Außenhaut gelöst, und die Unterseite des Decks war delaminiert. Durch das zerbrochene Fenster lief auch dann noch Wasser ins Boot, als es sich wieder aufgerichtet hatte. Deshalb stopften wir ein paar Kissen in die Löcher. Zum Glück hatten wir die an Bord. Soviel zu den Leuten, die über uns lachten, als wir Kissen mitnahmen.«

»Ich hörte dieses Brüllen – dieses ungeheure Brüllen – und schon lagen wir kieloben«, berichtet Peter Keats. »In der Kajüte wurde alles schwarz, absolut pechschwarz. Ich dachte: Das war's wohl, das Boot ist hinüber. Wir sind erledigt. Gleichzeitig hat man aber erstaunlicherweise keine Zeit zur Panik. Es passierte einfach, und dann richtete sich das Schiff auch schon wieder auf. Ich fand mich auf dem Fußboden wieder, über mir ein ganzer Haufen Segel. Ich hörte die Leute um Hilfe rufen, deshalb raste ich nach oben und sah sie alle außenbords hängen. Ich erinnere mich noch an den Lärm des Sturms, als ich an Deck war. Er hörte sich an wie ein Schnellzug, der auf einen zukommt, man hätte auch hinter einem startenden Jumbo-Jet stehen können. Es war einfach ein unglaubliches Brüllen.«

***

20 Minuten nach der Durchkenterung, etwa um 17.50 Uhr, war der größte Teil des zerknüllten Mastes versenkt und das Deck aufgeklart. Regelmäßig schlugen die mächtigen brechenden Kämme 18 m hoher Wellen auf das Boot ein, das jetzt kaum noch mehr als eine Hulk war. Jedes Mal, wenn sich ein Brecher näherte, klammerten sich die Leute an Deck fest, vertrauten einerseits ihren Sicherheitsgurten, wussten aber andererseits, dass vielleicht das Ende gekommen war. Das Wetter schien nicht die geringste Absicht zu haben, sich zu bessern, anscheinend verschlimmerte es sich sogar noch.

Die EPIRB-Boje war in Betrieb. Keats griff nach dem Funkgerät und sendete Mayday. Zum Glück lag das Achterstag, das der Yacht als

Antenne diente, an Deck und funktionierte, wenn auch mit erheblich verringerter Sendeleistung. Die Bénéteau 53 YENDYS von Geoff Ross bestätigte den Empfang des Notrufs und leitete ihn an Lew Carter auf der YOUNG ENDEAVOUR weiter. Die BUSINESS POST NAIAD stand südlich von Gabo Island, 42 Meilen weit in der Bass-Straße. Danach kümmerte sich Keats um die Maschine. Nach einigen entmutigenden Minuten gelang es ihm, sie zum Leben zu erwecken. Die Segler bekamen ihr Fahrzeug jetzt zumindest ein wenig in die Gewalt und nahmen gleich Kurs auf Gabo Island. Nach wie vor ergoss sich ständig Wasser ins Schiff. Die Mannschaft wechselte sich beim Schöpfen ab.

»Wir machten etwa fünf oder sechs Knoten durchs Wasser, aber nach dem GPS nur ungefähr zwei Knoten über Grund. Das lag zum Teil am Strom, zum Teil mit Sicherheit an dem Seegang«, denkt Matthews zurück. »Jedes Mal, wenn die Schraube in Gischt oder Wellenkämmen drehte, heulte die Maschine auf wie verrückt, weil der Propeller dann Luft schlug. Wir wurden immer noch oft von Brechern zur Seite geworfen, und manchmal surfte das Boot tatsächlich an die 200 m weit auf der Seite liegend. Es war beängstigend, wirklich beängstigend. Wir konnten die Telstra-Wettfahrtleitung auf der YOUNG ENDEAVOUR mit der TEAM JAGUAR sprechen hören, aber sie hörten uns nicht. Wir forderten über die YENDYS weitere Hilfe an und baten um Beistand durch ein Boot. Keatsy forderte auch einen Hubschrauber an, um drei Leute abbergen zu lassen. Ich gehörte anscheinend dazu, denn aus irgendeinem Grund konnte ich meine Arme nicht bewegen.«

Nachdem Telstra-Control sich ziemlich lange um die TEAM JAGUAR gekümmert hatte, wandte sie sich wieder der BUSINESS POST NAIAD zu. Matt Sherriff litt unter heftiger Übelkeit. Die Besatzung machte sich Sorgen um ihn, verpasste aber gleichzeitig nicht die Gelegenheit, Keats Kochkunst dafür verantwortlich zu machen. Keats hatte Schmerzen, als er darüber lachte, denn er hatte sich zwei Rippen gebrochen, als er durch einen plötzlichen Satz des Bootes von den Niedergangsstufen in die Kajüte gestürzt war.

»Ich habe das Mayday nicht widerrufen«, sagt Keats. »Man hatte mich gefragt, ob der Notruf noch gelte, und ich habe gesagt: ›Ja, die Lage hat sich stabilisiert. Wir versuchen unter Motor irgendwo an die Küste zu kommen, nach Gabo oder Eden. Bestenfalls kann es zum Dringlichkeitsruf heruntergestuft werden, aber mehr nicht. Und ich würde darum bitten, dass irgendjemand kommt und im Standby bleibt, falls irgendwelche Boote in der Nähe sind.‹ Dass sich jemand in unserer Nähe bereithalten solle, war uns für den Fall einer erneuten Kenterung wichtig. Ich bekam aber eigentlich keine Antwort. ›Hey Bruce, bei dem Zustand hier freue ich mich überhaupt nicht auf die Nacht, ich mache mir Sorgen.‹, sagte ich zu meinem Kameraden. Er stimmte mir zu. Noch einmal versuchte ich, Telstra-Control zu erreichen, um zu sehen, ob wir einen Hubschrauber bekommen konnten, erhielt aber keine Antwort. Vielleicht hat man uns nicht gehört.« Also beriet die Besatzung darüber, was man mit den Rettungsinseln tun sollte, und beschloss, sie erst einmal zu lassen, wo sie waren. – Telstra-Control indes hatte inzwischen wahrhaftig alle Hände voll zu tun.

***

Später in dieser Nacht, irgendwann zwischen 22.00 und 23.00 Uhr, dröhnte ein Sportflugzeug aus dem Nachthimmel und kreiste in geringer Höhe. Das Flugzeug, das offenbar auf das EPIRB-Signal zugeflogen war, hat, wie man sagt, der AusSAR gemeldet, dass die »Breakfast Toast Naiad« gefunden sei.

An diesem Abend steuerte Steve Matthews einige Zeit. Dabei kam er aus dem ehrfürchtigen Staunen über die Wildheit des Sturms nicht heraus. Seit 37 Jahren segelte er und hatte etwas Derartiges noch nie gesehen. Als er das Ruder übernahm, versuchte er sich sofort mit den Verhältnissen und den Bootsbewegungen vertraut zu machen. Er stellte fest, dass er den Kurs nur nach dem Winkel einschätzen konnte, in dem der Wind auf sein Gesicht traf. Hinter ihm, in Luv des Cockpits, war der Baum mit dem darumgewickelten Großsegel verzurrt und bot ein Minimum an Schutz. Obwohl es nahezu unmöglich war, versuchte Matthews auch den schwach beleuchteten Kompass im Auge zu behalten, der nur etwas über einen Meter entfernt war. Dabei kniff er gegen die stechende, salzige Gischt ständig die Augen zusammen. Dann stieg Phil Skeggs an Deck, um Matthews als Kompasswache abzulösen. Der Sturm tobte so laut, dass Skeggs den Kompasskurs herausschreien musste.

Die Business Post Naiad hatte 20 Meilen motort, war der Küste aber nicht nähergekommen. Der Kurs war genau Nord. Einen kurzen Augenblick rissen die Wolken auf, und der Mond warf ein gespenstisches Licht auf die Szene der Verwüstung. Dann verschwand er so schnell, wie er gekommen war, und die Segler wünschten sich, dass er das unablässige Brüllen des Sturms mitgenommen hätte. Matthews rief Skeggs, wenn sich Wellen näherten, immer wieder zu, er solle sich festhalten. Aber bei der Monstersee, die plötzlich auftauchte, konnte man sich noch so sehr festhalten – es war zwecklos. Alles lief so schnell ab, dass Matthews sich nur noch erinnern kann, wie er plötzlich unter Wasser am hinteren Ende der Plicht gefangen war und sich nicht bewegen konnte. Ein kolossale Brecher war aus der Nacht herangerollt und hatte die gut 40 Fuß lange Yacht wie einen Kieselstein vornüber und auf den Kopf geworfen.

»Es herrschte eine Grabesstille, äußerst unwirklich, denn man spürte, dass das Boot noch immer seitwärts glitt«, sagt Matthews. »Die ganze Zeit wurde ich von unten ans Boot geknallt, und mein Kopf schlug an den Plichtboden. Meine Rettungsweste und meine Schwimmjacke drückten mich hoch und hielten mich fest. Ich wusste genau, wo ich war, denn ich konnte nach hinten fassen und das Heck erreichen. Ich war unter Wasser und außerhalb der Heckreling, die etwa einen Meter vor dem Spiegel ist. Am Anfang machte ich keinerlei Versuche, meinen Gurt auszupicken oder hinauszutauchen. Als ich schließlich doch daran ging, den Karabinerhaken meines Gurtes auszuklinken, bekam ich sofort Schwierigkeiten. Das Boot rutschte noch immer seitwärts weg, und mein Kopf wurde ständig an den Plichtboden über mir geschlagen. Die Sicherheitsleine meines Gurtes war fast zur vollen Länge gestreckt. Sie hatte gerade eben Lose genug zum Ausklinken. Aber immer, wenn ich den Haken zu lösen versuchte, verhakte er sich mit seiner Aussparung an der Niroplatte meines Gurtschlosses. Er klemmte einfach fest, und ich bekam ihn nicht los.«

Matthews hatte fast keinen Sauerstoff mehr und wäre höchstwahrscheinlich ertrunken, wenn ein weiteres Wellenungetüm das Heck nicht gerade eben weit genug angehoben hätte, um einen Stoß frische Luft unter den Cockpitboden schießen zu lassen. Er presste die Nase an den Plichtboden und sog so viel Luft in seine Lungen, wie er bekommen konnte. Erschöpft aber atmend schaffte er es endlich, sich von der Sorgleine zu lösen und sich zum Heck und an die Wasseroberfläche zu ziehen. Seine größte Sorge war, dass Skeggs in ähnlicher Weise durch seinen Gurt gefangen sein konnte, und er war verzweifelt entschlossen, noch einmal unter das Boot zu tauchen und nachzusehen. Aber es war dunkel, und er war durch seinen eigenen Überlebenskampf erschöpft. Außerdem würde er seine Auftriebshilfen ablegen müssen. Abgesehen davon, dass das lange dauern würde, bestand durchaus die Möglichkeit, sie dabei ganz zu verlieren. Auch wusste er nicht, wo er zuerst nachsehen sollte und hätte ohne weiteres selber wieder in die Falle geraten können.

Er erinnerte sich daran, von dem Teilnehmer einer Einhandregatta um die Welt gehört zu haben, der überlebt hatte, indem er auf seine kieloben treibende Yacht geklettert war und sich an das Ruder gebunden hatte. Matthews entwickelte einen Plan. Er würde zur Seite des Bootes herumschwimmen, dort hoffentlich auf einem der Seerelingsdrähte stehen können und sich irgendwie in Richtung auf sein Ziel abstoßen. Das Gelingen war höchst unwahrscheinlich, aber er musste es versuchen. Während er zur Seite des Bootes schwamm, blieb er so dicht wie möglich an der Bordwand, um nicht fortgespült zu werden. Unter Wasser fühlte er irgendetwas an seinem Bein entlangstreichen. Es war ein Stück des gebrochenen Mastes, das an Deck festgezurrt worden war. Matthews setzte sich zunächst zum Ausruhen darauf, dann versuchte er sich darauf zu stellen und sich zum Sprung vorzubereiten, aber er war zu erschöpft und konnte nur dasitzen, sich nach Kräften festhalten und beten. Der Ozean war unerbittlich. Vier oder fünf Minuten nachdem die Yacht umgeworfen worden war, stürzte erneut eine titanische See auf die BUSINESS POST NAIAD. Zuerst hörte Matthews im Dunkeln das Grollen der Welle, dann sah er ihren brodelnden, weißen Kamm von oben herabstürzen. Das Ungetüm deckte das Boot völlig ein, übte aber zugleich eine solche Kraft auf den nach oben ragenden Kiel aus, dass die Yacht zuerst auf die Seite gekippt wurde und sich dann blitzschnell aufrichtete, sobald der Kiel seine volle Hebelwirkung entfaltet hatte.

»Ich weiß nicht, woran ich mich festgehalten hatte, möglicherweise an einer Relingstütze, aber plötzlich fand ich mich auf den Füßen in der Hocke kauernd am Ausgangspunkt wieder: auf dem Teil des Cockpitbodens, der sich über meinem Kopf befunden hatte, als ich unter dem Boot gefangen war. Ich kann nur vermuten, dass ich durch die Luft geschleudert worden und nach einer anständigen Rolle rückwärts wieder an Deck gelandet war. Meine Sorgleine, die ich ausgehakt hatte, hing vor mir über der Seereling. Ich pickte mich ein und stieg über die Reling nach innen.«

Noch während Matthews allmählich zur Besinnung kam, sah er Phil Skeggs, der mit dem Gesicht nach unten in der Plicht lag. Seine Beine hingen schlaff über dem gebrochenen Baum und ragten über die Reling hinaus. Skeggs' Körper wurde nicht nur von seinem Sicherheitsgurt gehalten, sondern war auch in Tauwerk verwickelt. Matthews schrie in die Kajüte hinein nach Helfern. Andere Besatzungsmitglieder stürzten an Deck, kappten in aller Eile Skeggs' Gurt und die verhedderten Leinen und machten Wiederbelebungsversuche mit Herzmassage und Mund-zu-Mund-Beatmung.

Vergebens. Phil Skeggs war tot.

***

Die mächtige Welle hatte auch unter Deck Verwüstungen angerichtet. Steve Walker hörte im Halbschlaf ein lautes Rauschen, dann ein ungeheures Brüllen, noch lauter als das Geräusch des Dieselmotors. Beim matten Schein ihrer Bergmannsstirnlampen hatten Bruce Guy und er die Steckschotten aus der Niedergangsöffnung geschlagen. Dadurch konnte noch mehr Wasser eindringen, aber nur bis zum Druckausgleich. Zum Glück zeigte eine schnelle Untersuchung des Kiels nur geringfügige Schäden. Im gespenstisch trüben Licht schien aus dem Nichts eine schwarze Gestalt aufzutauchen. Es war der völlig ölgetränkte Jim Rogers. Um sich aufzuwärmen, hatte er neben der Maschine geschlafen, und als das Boot durchgekentert war, hatte sich das Öl aus dem Motor über Jim ergossen.

In der Kajüte stand das Wasser fast kniehoch, und alles Mögliche schwappte darin herum – Proviant, Kleidung, Flaschen, Dieselkraftstoff, Motoröl, Segel und Müll. Die sieben eingeschlossenen Segler hörten trotz des Sturmgetöses, wie Matthews draußen verzweifelt nach Skeggs rief. Bruce Guy schlug vor, eine Rettungsinsel durch den Niedergang hinauszustoßen, damit sie wenigstens draußen war, falls das Boot sinken sollte. Diese Idee wurde aber bald verworfen, weil die Rettungsinsel sehr wahrscheinlich im Niedergang oder in der Plicht stecken bleiben würde.

»Ich dachte allmählich, das Schiff würde sich nicht wieder aufrichten«, erinnert sich Keats. »Wegen des breiten, flachen Decks schwamm es ganz bequem auf dem Kopf. Ich war besorgt, weil ich keine Ahnung hatte, wie wir hinauskommen sollten. Sollte das Boot untergehen, würde es uns mit ins Grab reißen.«

Als die BUSINESS POST NAIAD sich schließlich aufrichtete, stand das Wasser meterhoch in der Kajüte.

»Während sich das Schiff aufrichtete, schien Bruce einfach so ins Wasser zu rutschen und beinahe unterzugehen. Er mühte sich ab, aufzustehen, und ich kam ihm zur Hilfe. Als ich ihn packte, sah ich, dass er furchtbare Schmerzen hatte, vor allem links in der Brust. Seine Augen verdrehten sich und er starb auf der Stelle, in meinen Armen. Es war ein schwerer Herzanfall. Ich konnte ihn nirgendwo hinlegen, denn er hätte überall unter Wasser gelegen. Ich konnte nicht mehr tun als auf dem Rand einer Koje zu sitzen und ihn im Schoß zu halten – seinen Kopf über Wasser zu halten und nach Möglichkeit seine Atemwege freizuhalten. Ich prüfte seinen Puls und seinen Atem, aber da war nichts. Instinktiv wusste ich, dass er tot war, aber ich wollte ihn nicht aufgeben. Jim und ich hielten ihn fest und taten, was wir konnten. Dabei war uns nicht klar, dass die anderen an Deck versuchten, Phil wiederzubeleben.«

Das Wasser im Rumpf schoss bei jeder Welle ins Vorschiff und drohte es hinunterzudrücken. Nur wenige Zentimeter trennten die BUSINESS POST NAIAD vom Untergehen und noch immer flutete Wasser in den Rumpf, es schwappte aus der Plicht in die Kajüte hinein. Endlich wurde ein Steckschott aufgetrieben und eingesetzt – bestenfalls ein Notbehelf in dieser schlimmen Lage.

***

Inmitten des Durcheinanders wurde eine Rettungsinsel aus der Kajüte ins Cockpit geschafft. Dabei blies sie sich unbeabsichtigt auf, und die Segler schlugen sich mit ihr herum, bis sie schließlich über Bord geschoben war und mit einer Leine an der Yacht hing. Auch Signalraketen und -fackeln wurden an Deck gegeben, aber von den Mitseglern, die sofort greifbar waren, hatte niemand Erfahrung mit dem Abfeuern von Raketen. Peter Keats versuchte verzweifelt, durch seine salzverkrustete Brille die Gebrauchsanweisung zu lesen, aber seine Hände waren ölverschmiert, und selbst als er ein Notsignal aus der Packung bekam, schaffte er es nicht, die Verschlusskappe zu lösen.

»Endlich bekam es jemand fertig, das erste Signal zu zünden – eine orangefarbene Rauchfackel – und gab sie mir zum Festhalten«, erinnert sich Keats. »Ich bekam dann drei Fallschirmraketen zu fassen und schoss sie ab. Das hätte ich mir auch sparen können. Sie stiegen gut auf und erstrahlten, dann verschwanden sie durch den starken Wind mit unglaublicher Geschwindigkeit nach Osten. Sie schienen mit über 100 Knoten wieder über uns hinwegzurasen.«

Die Funkgeräte wurden ausprobiert, doch die Batterien hatten unter Wasser gestanden und sich dabei kurzgeschlossen, sodass nichts mehr funktionierte. Dann brachte Hansen an einer Leine ein paar Segel als primitiven Treibanker am Bug aus. Die zweite Rettungsinsel, die eingepackt an Deck lag, wurde wieder in die Kajüte geschoben, weil sie dort besser geschützt war. Auf dem Weg nach unten jedoch wurde auch diese Rettungsinsel aus Versehen ausgelöst. Vier Segler kämpften mit dem sich rapide aufblähenden Gummimonstrum, konnten die Rettungsinsel aber schließlich an Deck schaffen und voll aufgeblasen neben der anderen längsseits der Yacht festmachen.

Rob Matthews erinnerte sich, dass die Belüftungsöffnung auf dem Vorschiff zwischen Ankerkasten und Vorderkajüte offen war. Er watete nach vorn, öffnete mit Gewalt die Toilettentür und brachte die Lüfterkappe an. Danach stürzte er zurück zur Rettungsinsel. »Wir hatten alles, von dem wir glaubten, dass wir es gebrauchen könnten, in eine der Rettungsinseln geworfen – zusätzliches Wasser, Isoliermatten, etwas Proviant, Notsignale und so etwas«, berichtet er. »Doch als ich wieder an Deck ging, lag die Rettungsinsel auf dem Kopf, und alles war verlorengegangen.«

Da beide Lenzpumpen verstopft oder beschädigt waren, nahm eine Eimerkette den Kampf mit dem unablässig steigenden Wasser im Boot auf. Drei Stunden lang schöpften zwei Leute unten mit den Eimern, während zwei andere an Deck den Inhalt über Bord kippten. Auch Peter Keats schöpfte fieberhaft an Deck, er war nass bis auf die Haut und fror. Er rief nach einer Jacke, aber die einzige, die zu finden war, hatte Bruce Guy gehört. Sobald klar war, dass die Eimerkette gegen die Flut ankam, legte ein Mitsegler Guys Leiche achtern in eine Hundekoje. Bis dahin wussten weder Rob Matthews noch Peter Keats, dass Guy tot war.

Der Wasserstand in der Kajüte wurde auf etwa einen Meter gedrückt, womit man fertigwerden konnte. Dadurch hatte man die Yacht erst einmal gesichert. Eine erneute Durchkenterung war jedoch immer noch alles andere als unmöglich, doch durch den Wasserballast schien das Boot dem Anprall der Wellen etwas besser standzuhalten. Der Wind war auf 50 bis 55 kn abgeflaut, was den Seglern nach dem, was sie gerade durchgemacht hatten, wie eine angenehme Nachmittagsbrise vorkam. Die »Treibsegel« am Bug halfen, das Vorschiff der BUSINESS POST NAIAD die meiste Zeit gegen die See zu halten. Es gab für niemanden einen Grund, an Deck zu bleiben, deshalb versuchten alle, die nicht schöpften, sich auszuruhen. Gegen 3.00 Uhr fegte wieder eine hohe Welle über das Boot und drückte es unter Wasser, diesmal aber blieb es aufrecht liegen. Einmal, lange vor dem Hellwerden, steckte ein Besatzungsmitglied den Kopf aus dem Niedergang, um nach dem Wetter zu schauen und sah etwas weitaus Erschreckenderes: Beide Rettungsinseln waren verschwunden. Ihre Fangleinen waren entweder durchgescheuert oder gebrochen.

»Einige der Jungs, besonders Keatsy, regten sich ziemlich über den Verlust der Rettungsinseln auf«, erinnert sich Rob Matthews, »aber wir konnten nichts dagegen tun. Wir wussten alle, dass man nur dann in eine Rettungsinsel geht, wenn man dabei hinaufsteigen muss und nicht hinab. Unsere Yacht war unser Rettungsfloß geworden und schwamm ganz gut. Bei Morgengrauen gingen Steve und ich an Deck, um einen roten Segelbezug über das Kajütdach zu spannen und unser Boot auffälliger zu machen, denn es war weiß mit einem grauen Deck, und das auf einer grauen See mit weißen Wellenkämmen – nicht gerade leicht auszumachen. Wir wollten die V-Plane benutzen, die orangefarbene Notsignalplane, aber sie war aus ihrem Stauraum herausgespült worden und verloren gegangen. Es wehte immer noch kräftig und auch die Gischt wurde wie vorher vom Wasser weggerissen, deshalb schätzte ich den Wind auf 45 kn. Ich versetzte mich in frühere Zeiten zurück und hängte eine Öldose über Bord, in die ich ein Loch gestochen hatte. Das half tatsächlich. Das Öl, das sich in Luv auf der Wasseroberfläche verteilte, trug in gewissem Umfang dazu bei, die anstürmenden Seen zu glätten. Es funktionierte, aber es genügte nicht.

Während ich oben saß, um nach Flugzeugen oder sonst etwas Ausguck zu halten, ging Steve wieder unter Deck. Gegen 6.00 Uhr kam Matthews hoch und ich sagte zu ihm: ›Ich habe Bruce lange nicht gesehen.‹ Während der Nacht hatte ich Steve schon einmal gefragt, wo Bruce sei, und er hatte geantwortet: ›Ach, wir haben ihn in eine

Koje gelegt.‹ Damals sagte ich: ›Ja, gut‹, und dachte nicht weiter daran. Jetzt sah Matthews mich ein wenig überrascht an und sagte: ›Oh, Mensch, verdammt, wusstest du das nicht? Bruce ist letzte Nacht gestorben.‹ Ich war am Boden zerstört, denn ich hatte angenommen, dass er da unten todmüde in seiner Koje schlief. Erst sieben Stunden nach seinem Tod hatte ich davon erfahren. Da wurde ich wirklich wütend, fluchte und schrie Gott weiß was.«

***

Am 28. Dezember gegen 7.30 Uhr kam nordwestlich der BUSINESS POST NAIAD ein Sportflugzeug in Sicht. Eine rote Fallschirmrakete wurde abgefeuert und zog ihren Bogen durch den Himmel, während an Deck ein orangefarbenes Rauchsignal gezündet wurde, um den Ausgangspunkt der Signalrakete genau zu kennzeichnen. Das Flugzeug drehte ab, begann die havarierte Yacht zu umkreisen und blieb eine Stunde lang als Anlaufpunkt für einen Rettungshubschrauber in der Luft.

Dann endlich traf der in Sydney stationierte NRMA-Careflight-Hubschrauber ein. Am Steuerknüppel saß der altgediente Pilot Dan Tyler, Bordmechaniker war Graeme Fromberg und Murray Traynor war der Rettungssanitäter vom SCAT (Special Casualty Access Team), der Einsatzgruppe für Unglücksfälle an unzugänglichen Stellen. Die Hubschrauberbesatzung hatte am Vortag in Canberra noch spät einen Krankenflug ausgeführt, als sie von der AusSAR »requiriert« und aufgefordert wurde, sich am folgenden Tag so früh wie möglich am Sydney-Hobart-Rettungseinsatz zu beteiligen. Die einzige Übernachtungsmöglichkeit, die die vier zu so später Stunde noch finden konnten, war im Hauptquartier der SouthCare auf dem Flughafen von Canberra. Sie verschafften sich zwei Stunden unruhigen Schlaf, zwei Leute auf dem Fußboden und zwei in Betten, bevor sie um 4.30 Uhr mit dem Ziel Merimbula starteten. Dort wurde die Careflight-Mannschaft zunächst gebeten, sich um die MIDNIGHT SPECIAL, eine Jarkan 40, zu kümmern und dort beim Rettungseinsatz zu helfen.

»Auf dem Weg dahin hörten wir, dass ein Sicherungsflugzeug herumflog und meldete, es habe gerade eine Signalrakete von einem der Boote gesichtet«, erinnert sich Murray Traynor. »Sie wussten nicht, wer es war, gaben uns aber die Position. Wir hörten auch, dass die

Polizeiflieger von Victoria den Einsatz MIDNIGHT SPECIAL abgeschlossen hatten. Da wir nur sieben bis zehn Minuten vom Ausgangspunkt der Rakete entfernt waren, änderten wir den Kurs und trafen auf die BUSINESS POST NAIAD. Die Leute an Deck winkten uns zu. Von Anfang an gefiel mir die Sache überhaupt nicht. Die Yacht wurde von einer gewaltigen Welle einfach so auf die Seite geworfen. So eine große Welle hatte ich im Leben noch nicht gesehen.

Graeme und ich brachten einige Zeit nur damit zu, aus dem Tor zu schauen und uns verschiedene Arten zu überlegen, die Leute da unten aus ihrer Lage zu befreien. Zuerst stellten wir fest, dass wir sie nicht direkt vom Boot hochziehen konnten, denn es wurde kreuz und quer herumgeworfen. Wir konnten nie wissen, wohin sich das Boot in der nächsten Sekunde bewegen würde. Einer von uns schlug vor, wir sollten sehen, ob wir sie dazu bringen könnten, hinten vom Boot abzuspringen und wegzuschwimmen. Dann sollte ich herunter und wir würden sie direkt aus dem Wasser fischen. Wir gingen in eine Schwebeposition in der Nähe der Yacht und spielten ihnen mit Gesten vor, was wir von ihnen wollten: Ich würde am Draht herunterkommen und diese Schlinge dabeihaben. Dann schob ich sie Graeme über den Kopf und zeigte den Seglern, was sie tun sollten. Anscheinend verstanden und akzeptierten sie es.«

Zu allem bereit klinkte Murray Traynor sich an den Windendraht und nahm die Seerettung in Angriff, die erst seine zweite und gewiss gefährlichste werden sollte. Er wusste, dass ein einziger Fehler dazu führen konnte, dass der Draht sich um einen Arm, ein Bein oder sogar seinen Hals wickelte. Die Aktion erforderte eine außerordentlich gute Zusammenarbeit zwischen dem Piloten, dem Mann an der Winde und dem Sanitäter.

»Wir beschlossen, zur Sicherheit eine der Spinnakerschoten durch meinen Gurt zu ziehen und wie bei einem Jolltau oder einem auf Slip gelegten Festmacher beide Enden an Bord zu belegen«, erinnert sich Rob Matthews an Bord des Wracks. »Ich schätzte, dass die anderen mich wieder zurück an Bord winschen konnten, falls der Hubschrauber mich nicht kriegen sollte. Jedenfalls sprang ich achtern vom Boot, und dieser Froschmann kam herunter und schwamm auf mich zu. Ich pickte meinen Gurt aus, hob die Arme und bekam den Rettungsstropp über den Kopf geschoben. Und dann *zack!* Schon reißt es mich mit 150 km/h aus dem Wasser und hinauf in diesen Hub-

Die YOUNG ENDEAUVOUR, *das Funk-Relaisschiff der Regatta.*

47

48

47 H.M.A.S NEWCASTLE vor Sydney. Das Kriegsschiff NEWCASTLE ist die modernste Lenkraketenfregatte der australischen Flotte. Sie wurde 1993 in Dienst gestellt, läuft etwa 30 kn, hat 192 Mann Besatzung und kann zwei Hubschrauber mitführen.

48 Ein Sea-Hawk-Hubschrauber beim Start. Der Sea Hawk ist ein U-Boot-Jagdhubschrauber mit drei Mann Besatzung, 333 km/h Geschwindigkeit und 700 sm Aktionsradius.

49 Neben einem Sea-King-Hubschrauber ruht sich die Besatzung aus. Der Sea King ist ein Mehrzweckhubschrauber mit vier Mann Besatzung, fliegt 250 km/h und hat einen Aktionsradius von 1000 sm.

50 An Bord der NOKIA auf dem Höhepunkt des Sturms. Beinahe hätte eine See 16 Besatzungsmitglieder über Bord gewaschen. Am Ruder: Marty Malka.

51 Die tobende See schleudert einen Wasserschwall auf den Kajütniedergang der NOKIA. Auf den meisten Booten mussten die Segler solche Verhältnisse über 30 Stunden lang ertragen.

50

51

52 *Furcht und Erschöpfung zeichnen sich auf den Gesichtern dieser beiden Segler ab, die auf der* STAND ASIDE *auf Rettung warten. Das Foto, aufgenommen von einem Mitsegler, zeigt das zerborstene Kajütdach. Eine haushohe See hatte das Boot überrollt und durchkentern lassen.*

53 *Nachdem die* TEAM JAGUAR *den Mast verloren hatte, begann die Crew in Richtung Küste zu motoren. Kurz danach schoss die Yacht von einer Welle hinab und schnitt fast bis mittschiffs unter, um dann beinahe durchzukentern. Am Ende wurde das Schiff nach Eden eingeschleppt.*

52

53

54

55

Hier ist die STAND ASIDE hilflos der See ausgeliefert. Hinter dem Heck hängt bereits ihre Rettungsinsel. Diese Yacht ist immerhin gut 12 m lang, ein Anhaltspunkt für den gewaltigen Seegang.

55 Zwischen Himmel und Hölle wartet die Besatzung der STAND ASIDE auf Rettung. Jeweils zwei Segler wurden in die Rettungsinsel gesetzt, die man dann an einer Leine vom Boot wegtreiben ließ, sodass die Hubschraubersanitäter die Insassen einigermaßen ungefährdet erreichen konnten.

56 *Die verlassene BUSINESS POST NAIAD, der Mast umgeknickt wie ein Streichholz. Die Leichen des Eigners Bruce Gay und des Mitseglers Phil Skeggs liegen noch an Bord. Vom Bug aus sind Segel als Treibanker ausgebracht, ein Versuch, das Vorschiff zur größeren Sicherheit gegen die See zu halten.*

57 *Das Unwetter verschonte keine Yacht, nicht einmal die kräftige ZEUS II, die das Rennen 1981 gewonnen hatte. Auch sie wurde entmastet. Mit einem Spinnakerbaum als Mast und einem verkehrt herum gesetzten Segel riggte die Besatzung eine Nottakelung, um das Land zu erreichen.*

57

56

58 *Vom Himmel hoch… In einer nie dagewesenen Such- und Rettungsleistung bargen Sanitäterinnen und Sanitäter insgesamt 55 Segler.*

59 *Rettung für die Segler auf der MIDNIGHT SPECIAL, deren halb vollgelaufene Yacht tief im Wasser liegt. Zwei Sanitäterinnen bargen allein von dieser Yacht vier Männer ab.*

58

59

60 *In den Fängen des 80-Knoten-Sturms und zerstörerischer Seen, die manchmal an die 25 m hoch waren, wartet die 12-köpfige Besatzung der* VC OFFSHORE STAND ASIDE *auf Rettung. Genau diese Welle hätte die Yacht beinahe noch einmal zum Kentern gebracht.*

61 Der erschütternde Gesichtsausdruck von Richard Winning, Eigner und Skipper der WINSTON CHURCHILL, zeigt den Schock über das, was er und seine Mitsegler in den vorangegangenen 24 bis 30 Stunden in den Rettungsinseln durchgemacht haben. Zu diesem Zeitpunkt ahnt er noch nicht, dass drei seiner Mitsegler umgekommen sind.

62 Jim Rogers (vorn) verlässt mit anderen Besatzungsmitgliedern der BUSINESS POST NAIAD einen Rettungshubschrauber. Er weiß, dass die Leichen seiner Freunde noch an Bord des Bootes sind. Als die Yacht kieloben lag, ergoss sich das gesamte Motoröl über ihn.

61

63

64

Ein Boot der Wasserschutzpolizei von Neusüdwales fand die BUSINESS POST NAIAD, als der Sturm nachließ, und schleppte sie nach Eden. Die Leichen von Bruce Gay und Phil Skeggs waren noch an Bord.

64 Zu einer der wunderbarsten Rettungen kam es, als der Amerikaner John Campbell aus dem Wasser gezogen wurde – 40 Minuten nachdem er auf der KINGURRA bewusstlos über Bord gefallen war. Bei 80 kn Rückenwind kam der Hubschrauber der Polizeiflugstaffel von Victoria mit einer Geschwindigkeit von annähernd 200 kn über Grund zu ihm. Campbells Retter waren David Key (links), Barry Barclay (Mitte) und Darryl Jones (rechts).

65

65 *Ein Ehemann ist wohlbehalten wieder zu Hause. Sue Dickson, die Chris Dickson, den ersten Rudergänger der SAYONARA, erst eine Woche vor dem Regattastart geheiratet hatte, nimmt ihn glücklich wieder in die Arme.*

66

66 *Sie sind zurück. Eine der vielen Szenen reiner Freude am Hafen von Hobart, als die kampfesmüden Segler das Ziel erreichen.*

67 *Der Polizist Garry Schipper aus Victoria (links), hier zusammen mit dem Skipper der CHALLENGE AGAIN, Lou Abrahams. Schipper benutzte die Lampe, um auf sich zu zeigen, als er in der ersten Nacht auf See über Bord geschleudert worden war.*

68

69

Der blinde Paul Borg und der jüngste Regattateilnehmer, der 12-jährige Travis Foley, gingen an Bord der ASPECT COMPUTING gemeinsam durch dick und dünn. Der Junge Foley half Borg, mit den Umständen fertigzuwerden, als beide während des Sturms unter Deck waren.

69 Graeme Freeman, Besatzungsmitglied der SAYONARA, war begeistert, als sein sechs Monate alter Sohn Lewis ihn in Hobart begrüßte. Freeman, einer der geachtetsten Hochseeregattasegler Australiens, sagte, dass er nach dieser 98er Wettfahrt ein für allemal vom Sydney-Hobart-Rennen kuriert sei.

70 *Mike Bannister,*
WINSTON CHURCHILL

71 *John Dean,*
WINSTON CHURCHILL

72 *Jim Lawler,*
WINSTON CHURCHILL

73 *Glyn Charles,*
SWORD OF ORION

74 *Phil Skeggs,*
BUSINESS POST NAIAD

75 *Bruce Gay,*
BUSINESS POST NAIAD

70-76 *Die sechs Segler, die umkamen. Bei einem Gedenkgottesdienst am Hafen von Hobart wurden ihnen zu Ehren Blumenkränze ins Wasser geworfen.*

TRA SYDNEY TO HOBART

77

77 Alles ist anders. Dieses Mal lag keine Freude in der Luft, als die SAYONARA den Derwent hinaufsegelte, um in der klassischen Regatta als erstes Schiff über die Ziellinie zu gehen (Sieg nach gesegelter Zeit).

78 Larry Ellison, der Eigner dieses Schiffes, befürchtete unterwegs mehr als einmal, dass seine Yacht wie die vielen anderen ebenfalls ein Opfer des Sturms werden könnte.

schrauber. Sie knallten mir einen Kopfhörer auf und begannen mich mit Fragen zu bombardieren. Sie wollten alles wissen. Vor allem aber machten sie mit mir Rechenübungen, wie viele Leute an Bord seien und wie viele davon tot. Sie sahen Phil im Cockpit liegen. Sie fragten: ›Ist der Mann, der auf dem Plichtboden liegt, verstorben?‹ Ich sagte: ›Ja, und unten ist noch einer.‹ Es kam mir vor wie eine Art Zählappell. Ich hörte den Piloten auch sagen: ›Ich glaube, ich habe nur noch genug Treibstoff, um vier heraufzuholen. Wir müssen die anderen später holen.‹ Die Wellen waren immer noch enorm, und es kam mir noch immer so vor, als könne das Boot jederzeit kentern.

Dann kamen nach und nach die anderen in den Hubschrauber. Ich muss sagen, dass von der Hubschrauberbesatzung gerade der Mann an der Winde am wenigsten Anerkennung bekommt. Da ist der Pilot, der einfach Unglaubliches leistet, und der Froschmann, Wahnsinn, und dann der Mann an der Winsch, ohne den gar nichts geht. Er ist Auge und Ohr des Hubschrauberpiloten. Die Sache lief anscheinend gut, denn nachdem wir zu viert im Hubschrauber waren, hörte ich den Piloten sagen: ›Diese Leute sind gut. Es läuft alles bestens. Wir werden sie alle rausholen.‹ Mir fiel ein Stein vom Herzen. Es war ein großartiges Gefühl.«

Obwohl der Rettungseinsatz zufriedenstellend verlief, war er für die Helikopterbesatzung dennoch ein höllisches Erlebnis. Tyler hatte die Aufgabe, die Maschine bei 45 bis 50 kn Gegenwind in der Schwebeposition zu halten – niemand beneidete ihn darum. Traynor hingegen spielte jedes Mal, wenn er abgewinscht wurde, mit dem Tode und wurde zweimal von hohen Wellen erwischt. Einmal hatte er einen Schiffbrüchigen fertig zum Aufwinschen in der Rettungsschlinge, als eine Mammutsee aus dem Nichts heranrollte und genau über den beiden brach. Er geriet zwei Meter unter Wasser, kam dann wie wild mit den Armen rudernd wieder an die Oberfläche und blies das Wasser aus seinem Schnorchel, aber bevor er Luft holen konnte, drückte ihn schon die nächste Welle unter Wasser. Er versuchte sich zu entspannen, und glücklicherweise sausten er und der Segler innerhalb der nächsten Sekunde himmelwärts.

»Während wir die ersten Leute hochwinschten, war mir nicht klar, dass zwei Tote an Bord der Yacht lagen, deshalb bedrängte mich dieser Gedanke nicht«, erzählt Traynor. »Wahrscheinlich wurde mir erst beim vierten Winscheinsatz bewusst, dass unten jemand tot sein könne, denn ich sah jemanden flach auf dem Boot liegen. Ich fragte Graeme ein paar Mal, als ich wieder im Hubschrauber war: ›Was ist mit dem Kerl an Deck?‹ Er antwortete: ›Das ist momentan nicht so wichtig, mach du nur weiter‹. Er dachte einfach, ich wüsste, dass der Mann tot war. Ich glaube, es war beim vierten Abstieg, als ich auf halber Höhe einfach stoppte und diesen Kerl an Deck betrachtete. Ich blickte zu Graeme hoch, schloss meine Augen und kreuzte die Arme über der Brust. Damit signalisierte ich die Frage, ob er wolle, dass ich den Mann hole. Er signalisierte: ›Mach dir darüber keine Gedanken.‹ Da erst wurde mir bewusst, dass der Mann tot war. Noch immer wusste ich nicht, dass noch ein weiterer Verstorbener an Bord war.

Meine schlimmste Befürchtung war damals, dass ich an Bord gehen müsse, um diese Person zu bergen. Dabei hätte ich mich ausklinken müssen und das hätte bedeutet, meine lebenswichtige Rettungsleine aufzugeben. Wenn der Hubschrauber dann gezwungen gewesen wäre wegzufliegen, hätte ich da draußen festgesessen – und ich bin alles andere als ein Bootsmensch.«

Etwa 35 Minuten nach Beginn der Rettungsaktion befanden sich sieben deprimierte und schwer angeschlagene Männer an Bord des Careflight-Hubschraubers. Dan Tyler drehte mit der Maschine auf die Küste zu, und am 28. Dezember um 9.00 Uhr hatten alle sieben festen Boden unter den Füßen. Am nächsten Tag lief ein Polizeiboot aus, fand die BUSINESS POST NAIAD und schleppte sie mit den Leichen von Bruce Guy und Phil Skeggs an Bord in den Hafen.

SOLO GLOBE CHALLENGER

Am 26. Dezember wurde Tony Mowbray, der Eigner der SOLO GLOBE CHALLENGER, nachts von einem Fernsehreporter aus seiner Heimatstadt Newcastle angerufen. Es war ein Bericht darüber in Arbeit, wie der bekannteste Regattateilnehmer aus dieser Region vorankam. Während der Unterhaltung erwähnte der Reporter, dass Mowbray sich wegen der für den folgenden Tag vorhergesagten Südwestwinde mit 50 kn anscheinend »ziemlich wenig Sorgen« mache. Mowbray, der schon Tausende von Seemeilen mit Yachten auf hoher See zurückgelegt hatte, erzählte: »Ach, wissen Sie, 50 kn habe ich schon oft erlebt. Auch da unten in der Bass-Straße bin ich schon gewesen und habe sie vielleicht dreißigmal überquert.« 24 Stunden später schüttelte Mowbray ungläubig den Kopf und konnte kaum fassen, womit er und seine Cole 43 konfrontiert waren.

Die SOLO GLOBE CHALLENGER ist eine verhältnismäßig schlanke Yacht, aber Mowbray betrachtete sie als starke und sehr seetüchtige Konstruktion, die ihm auf seiner für 1999 geplanten Weltumsegelung gute Dienste leisten würde. Seine sieben Mitsegler hatten ähnlich großes Vertrauen zu dem Boot. Bis zum Mittag des 27. hatten sie das Gefühl, noch gut im Rennen zu liegen. Sie hatten Segel gewechselt, wie es notwendig war, und führten jetzt nur noch eine Sturmfock. Inzwischen waren sie 30 Meilen weit in die Bass-Straße gekommen und standen nicht weit von der WINSTON CHURCHILL. Wetter und See waren dort nach Mowbrays Ansicht »ziemlich gefährlich«.

»Wir hatten wohl 60 kn Wind, es wurde langsam bösartig. Die Seen waren ziemlich kurz und steil und folgten dicht aufeinander. Ihre Höhe lag wahrscheinlich zwischen sechs und neun Metern. Schon der Lärm von Wind und Seegang war unglaublich, es kreischte und brüllte nur so. Man musste so laut rufen, wie man konnte, damit einen jemand hörte, selbst wenn er dicht neben einem stand. Dann nahmen wir die Sturmfock ganz weg und liefen vor Topp und Takel weiter. Unser Boot gehört zu den Schiffen, mit denen man sogar unter nacktem Mast noch einen Kurs halten kann. Wir kletterten auf die Wellen und über sie hinweg. Wir hatten nicht die Absicht, platt vor der See abzulaufen.«

Mowbray hatte seit dem Start des Rennens vor etwa 24 Stunden nicht mehr geschlafen. Als der 14.05-Uhr-Rundruf begann, ging er deshalb unter Deck, kletterte in die Backbord-Hundekoje und stellte das Funkgerät auf die richtige Frequenz ein. Der altgediente Mitsegler Bob Snape meldete dann die Position der Yacht und achtete darauf, wie sich die Lage entwickelte. Er hörte aufmerksam zu, als die SWORD OF ORION genau angab, welches Wetter man dort gerade erlebte. Noch immer vertraute er aber darauf, auf einem soliden Boot mit einer erstklassigen Besatzung zu segeln. Am Ruder blieb Glen »Cyril« Picasso, ein fähiger Rudergänger. Mit ihm waren drei weitere Segler an Deck.

Die neu an Deck gekommene Wache staunte darüber, wie schnell das Wetter in den Keller ging. In nur 90 Minuten war der Wind, den manche Segler vielleicht »frisch« genannt hätten, erst »beängstigend« geworden und dann ganz und gar entsetzlich. Anscheinend nahm die Windstärke alle 15 Minuten in Schritten von fünf Knoten zu, während die Wellen im gleichen Zeitraum um das Doppelte anwuchsen. Gegen 16.00 Uhr kam ein 18-Meter-Monstrum tosend auf die Yacht zu, packte sie und warf sie auf die Backbordseite. Beim Brechen stürzte diese See über und krängte das Boot auf etwa 145° bis 150° um es dann ungefähr 20 Sekunden lang an der Wellenfront hinabrauschen zu lassen.

Mowbray lag unter Deck in seiner Koje und wurde völlig überrascht. »Es war ausgesprochen unwirklich. Ich sagte mir: Was für ein Scheiß passiert hier? Es ist eine Situation, an der man nicht das Geringste ändern kann. Man steckt in einer Waschmaschine, irgendjemand stellt einen verflucht schnellen Waschgang an und das war's dann.« Fast augenblicklich brach der Mast knapp oberhalb des Baums, als die See die Yacht überflutete und das PVC-Skylight eindrückte, das sich im Schutz eines Plichtsülls direkt über Mowbrays Koje befand. Wasser ergoss sich in die Navigationsecke am vorderen Ende der Hundekoje und überschwemmte alles – GPS, Funkgeräte, Satcom-C und Mobiltelefon. Bob Snape, der dort saß, war nur noch ein durchnässtes, verdutztes Bündel von Armen und Beinen.

»Ich konnte mich zum Luk durchkämpfen und es öffnen«, erinnert sich Mowbray. »Ich hatte vier Mann an Deck. Einer war durch einen

Schlag bewusstlos geworden, kam aber schon wieder zu sich. Der Mast war nach Backbord achtern gefallen und hing hinten an Backbord neben der Plicht über Bord. Der Mann war mit den Beinen unter dem Mast eingeklemmt, und weil das Boot in den Wellen auf und ab ging, sägte das Rigg an seinen Beinen. Plötzlich begann er so zu schreien – man glaubt es nicht.«

Blitzartig wurde Mowbray dann auf die Wasserfläche hinter der Yacht aufmerksam. Dort wurde Picasso, der noch immer an seinem Sicherheitsgurt hing, unter Wasser mitgeschleift. Wie er später erzählte, lief dabei sein Leben blitzschnell vor ihm ab. Er sagte sich: »Um Gottes Willen, dieser Gurt muss einfach halten.« Doch plötzlich erschlaffte der Gurt, und Picasso wurde nicht mehr mitgezogen. Er streckte die Hand aus, bekam das Heck des Bootes zu fassen und hielt sich am Heckkorb fest. Unter dem Druck des Geschehens sagte Mowbray »bestimmt das Dämlichste, was ich jemals gesagt habe: ›Cyril, um Gottes Willen, lass den Scheiß und komm wieder an Bord.‹ Ich drehte mich einfach um und wollte den anderen helfen. Dabei sah Cyril mich an und sagte: ›Sonst nichts?‹ Dann kletterte er trotz seiner gebrochenen Rippen und anderen Verletzungen zurück an Bord.«

Keir Enderby war von der Takelage festgeklemmt. Auch Tony Purkiss lag in der Plicht, er hatte ein gebrochenes Bein und eine schreckliche Kopfwunde. Die unverletzten Besatzungsmitglieder taten, was sie konnten, um es den Verletzten im Cockpit möglichst bequem zu machen, aber sie mussten sich auch um das Schiff kümmern. Es war vom Kurs abgekommen, sodass der zertrümmerte Mast jetzt in Luv lag. Jede Welle schlug die gebrochene, scharfkantige Aluminiumspiere an die Bordwand. Das Boot machte eine Menge Wasser und schien übers Heck wegsacken zu wollen. Das Rigg zu kappen, war jetzt vorrangig. Mowbray und drei Mitsegler gingen zum Mastfuß und begannen mit der Arbeit an der Takelage. Innerhalb von 15 Minuten war sie über Bord. Zum Glück war nichts davon am Ruder hängen geblieben.

Snape hatte die beiden an Bord mitgeführten EPIRBs eingeschaltet und dann zu schöpfen begonnen. Zwei andere Leute arbeiteten an den Handpumpen, und nach etwa einer Dreiviertelstunde war die Wasserflut im Rumpf erheblich zurückgegangen. Man bemühte sich, die Maschine zu starten, aber sie reagierte nur sporadisch. Immer wieder lief der Motor an, um gleich darauf erneut stehen zu bleiben.

Anscheinend war über die Tankentlüftung Wasser ins Kraftstoffsystem eingedrungen, und aus den Kraftstofffiltern waren Ablagerungen aufgewirbelt worden. Als die Segler schließlich die Lage einigermaßen unter Kontrolle hatten, schafften sie einige der Verletzten unter Deck in Kojen. Der Mann mit dem gebrochenen Bein konnte nicht ohne unerträgliche Schmerzen bewegt werden. Er wollte lieber in der Plicht bleiben.

Mowbray war der einzige einsatzfähige Schwerwetter-Rudergänger und übernahm das Ruder, um das Schiff vor der See zu steuern. Es war inzwischen etwa 17.00 Uhr. Ohne jede Funkverbindung waren die Segler in ihrem kleinen Kokon völlig von der Außenwelt abgeschnitten. Nur ihre EPIRB-Funkbojen würden Informationen zur AusSAR in Canberra jagen. Bis dahin waren die Rettungsinseln noch nicht klargemacht worden. Das, so meinte Mowbray, sollte erst der letzte Ausweg sein. Auch während der Nacht hämmerten Mammutwellen auf die Yacht ein und warfen das 43 Fuß lange, 9 Tonnen schwere Fahrzeug wie einen Korken umher. Das Schiff lag an der Nordseite des Tiefs, lief vor dem Wind und mit der Zugrichtung des Sturmzentrums, sollte aber die nächsten 15 Stunden grobes Wetter behalten.

»Als die Nacht kam, verließ uns nie der Gedanke, dass uns schon die nächste Welle erledigen könnte«, erinnert sich Mowbray. »Die Lage war sehr, sehr beängstigend. Ich selbst spürte den Tod ganz nahe, gleich neben uns im Wasser. Man konnte ihn fast mit Händen greifen. Ich dachte: Wenn ich das hier überstehe, kann ich von Glück sagen. Wir hatten nichts besonderes unternommen, um die Rettungsinsel vorzubereiten. Sie lag noch an ihrem Platz an Deck in der Nähe des Mastes. Ich bin auch nie ein richtiger Anhänger des Umsteigens in eine Rettungsinsel gewesen, es hat so etwas von Selbstverstümmelung. Es ist der absolut letzte Ausweg. Während wir in die Nacht hineinrauschten, begegneten uns mehrere Seen, die uns fast auf die Seite warfen. Ja, die Wellen sprangen in dieser Nacht übel mit uns um. Ein Monstrum erhob sich hinter uns einfach so und brandete über uns vier in der Plicht hinweg. Wir spürten das Ungetüm kommen und die anderen warfen sich zum Schutz einfach auf den Boden. Ich war am Ruder, sodass mich die brodelnde Gischt nach vorn gegen das Steuerrad warf. Die Welle war schlicht unfassbar.

Das ganze Schiff war vollständig in der kochenden See begraben. Ich stand bis zur Brust im Wasser. Während das Boot am Vorderhang dieser Welle hinabraste, ganz und gar unter Wasser eigentlich, blickte ich über das weiß schäumende Inferno. Ich konnte nur noch den oberen Rand des Bugkorbs erkennen und schrie so laut ich konnte: ›Das war's! Das ist sie. Wir sind erledigt.‹ Als wir unten in dem verdammten Wellental ankamen, dachte ich, der Bug geht einfach weiter runter und gleich gehen wir über Kopf. Aber irgendwie wurde das Schiff abgestoppt, als wir unten ankamen, und kam wie ein Korken wieder hoch. Es gab noch eine Welle, die ich nie vergessen werde. Sie war riesig, und als sie uns traf, drehte sie uns 90° aus dem Kurs. Sie nahm uns einfach mit. Vor dem Kamm legte das Schiff los wie ein Surfbrett. Wir rasten quer an der Wellenfront entlang, ich meine, wir glitschten wie mit einer Rennjolle buchstäblich über das Wasser.

Aber wir sind auf einer 43-Fuß-Yacht von 9 Tonnen. Es macht Zing, Zing, Zing, quer vor der Welle entlang mit 15, vielleicht 20 kn. Ich klammere mich geduckt ans Rad und warte darauf, dass die Welle uns völlig überrollt. Im Bruchteil einer Sekunde denke ich: Was mache ich? Versuche ich, vor die See zu drehen? Lasse ich das Schiff geradeaus laufen und versuche die Richtung zu halten? Sollte ich lieber anluven und durch den Wellenrücken stoßen – oder was? Dann wurde mir klar, dass das Boot seinen eigenen Willen hatte. Ich beschloss einfach, geradeaus zu steuern und das Schiff laufen zu lassen, wie es wollte. All das tut sich in Sekundenbruchteilen. Ich ducke mich und warte darauf, dass das Wasser uns buchstäblich verschlingt – so groß war dieses Mistding – und dann denke ich plötzlich: Mein Gott, kein Wasser. Ich halte Mund und Augen geschlossen und da ist kein Wasser. Was ist los?

Ich öffnete die Augen, blickte nach oben und sah den hohlen Sturzbrecher über uns. Wir waren wahrhaftig im Wassertunnel. Die Situation war einfach unbeschreiblich, ein Phänomen. Man sah die See über uns brechen und wir blieben verschont. Gleich danach holte es uns natürlich ein und *wumm* brach alles über uns zusammen. Genauso schnell war es vorbei. Ich blickte mich nach hinten gegen den Wind um und sah 400 m weit weißen Schaum. Danach gelobte ich mir einiges. Falls ich überleben sollte, so beschloss ich, würde ich das Vorhaben, um die Welt zu segeln, aufgeben. Ich hatte meiner Frau und meinen Kindern, meiner Familie und meinen Freunden damit zu viel zugemutet. Man sollte seiner Leidenschaft nachgeben, muss aber auch die Zeit zum Rückzieher erkennen.«

Kurzfristig wurde an Bord überlegt, ob man einen Seeanker ausbringen sollte, um das Boot langsamer zu machen, aber die Erfahrungen, die Mowbray einige Jahre zuvor im Kampf mit Stürmen von 50 bis 60 kn in den hohen Südbreiten gemacht hatte, gaben ihm die Gewissheit, dass die gegenwärtige Taktik sicherer war.

»Während der ganzen Nacht sagte ich mir immer wieder, dass ich die Sterne sehen wollte. Am Anfang sahen wir kleine Fetzen des Sternenhimmels da oben und ich dachte: Gut, bitte bleibt da, öffnet euch weiter. Aber die Stellen zogen sich wieder zu. Wir mussten einfach geduldig sein. Ich hatte das Boot seit 17.00 Uhr am Sonntagnachmittag und die ganze Nacht hindurch gesteuert. Am frühen Montagmorgen war ich völlig im Eimer. Doch weil mein guter Rudergänger verletzt war, musste ich weitermachen. Einmal begann ich zu halluzinieren und sah einen Affen auf dem abgebrochenen Maststumpf sitzen. Als ich wusste, dass es Einbildung war, erzählte ich den anderen, was ich sähe. Ich sagte: ›Ich sehe einen Affen auf dem Maststumpf.‹ Apathisch antworteten sie: ›Ach, wirklich? Ja, da ist er.‹«

Die beiden EPIRBs sendeten noch, aber die Crew wusste nicht, ob die Signale bei der AusSAR empfangen wurden. Ergebnislos wurde darüber diskutiert, wie man von Bord kommen könne. Es war einfach zu dunkel, der Seegang zu gnadenlos, und die Yacht wurde herumgeschleudert wie ein bockendes Wildpferd. Beim Aussteigen würde so gut wie sicher irgendjemand ums Leben kommen. Mowbray hatte nie daran gedacht, seine geliebte Yacht aufzugeben, aber in dieser Nacht gestand er sich ein, dass er natürlich das Boot verlassen würde, wenn er damit sein Leben retten könnte.

»Gegen 1.00 Uhr war ich völlig hinüber, unglaublich müde. Ich sagte zu den Jungs: ›Habt ihr irgendwas, das mich wach halten kann?‹ Da hatten sie die Idee, mir eine Tasse Kaffee zu machen. Zwischen 1.00 Uhr und ungefähr 4.30 Uhr morgens kochte Bob Snape mir drei Tassen. Der Kaffee war so stark, dass ein Löffel darin stehengeblieben wäre, ungefähr wie Bitumen. Ich hatte in den vergangenen sechs Jahren keinen Kaffee gemocht, aber jetzt trank ich ihn. Jedes Mal, wenn ich einen Schluck nahm, stammelte ich: ›Mann oh Mann‹, und mein Mund nahm die Form eines Katzenhinterns an. Aber ich trank die Tassen – ganz schwarz. Irgendwie hielt es mich in Gang.«

Als der Morgen anbrach, als aus der Schwärze im Osten allmählich ein grauer Schimmer wurde, bemerkte Mowbray Anzeichen für ein

Nachlassen des Windes. Er wehte jetzt nur noch mit rund 45 kn und die 15- und 18-Meter-Seen, die die Segler die ganze Nacht gehetzt hatten, waren auf etwa 12 m zurückgegangen.

Während es heller wurde, suchten müde Augen erneut den Himmel nach irgendwelchen Zeichen von Hilfe ab. Erst gegen 7.00 Uhr drang den Seglern das beglückende Geräusch des Helimed-Hubschraubers ans Ohr. Sie schossen Signalraketen ab. Sofort drehte die große rot-weiße Bell 412 auf das Boot zu. Da kein Funkverkehr möglich war, machten die Flieger mit Handzeichen deutlich, dass sie die ganze Yachtbesatzung abbergen wollten. Doch Mowbray war anderer Ansicht. Er war überzeugt, dass man die SOLO GLOBE CHALLENGER behutsam zur Küste zurück und in einen Hafen bringen konnte. Allerdings bestand er darauf, dass die Mitsegler mit den schwersten Verletzungen abgeborgen wurden.

Bei diesem Flug war Cam Robertson der Rettungssanitäter. Der Hubschrauber war um 6.00 Uhr von Mallacoota ausgeschickt worden, um dem EPIRB-Signal der SOLO GLOBE CHALLENGER nachzugehen, das bei der AusSAR auflief. Trotz der riesigen Seen und des heftigen Sturms betrachtete Robertson alle drei Bergungen als »ziemlich einfach«. Er wurde stets in der Nähe der Yacht ins Wasser gelassen, der betreffende Segler sprang über Bord, der Retter schwamm heran, legte die Rettungsschlinge um den Segler, gab das Zeichen mit dem Daumen nach oben und entschwand mit dem Schiffbrüchigen gen Himmel. Dennoch wurde es noch einmal dramatisch, als in all der Verwirrung, dem Lärm und der Ungewissheit, wie viel Treibstoff der Hubschrauber an Bord hatte, ein Segler übereilt und ohne Rettungsweste ins Wasser sprang.

»Es war Tony Purkiss, der Mann mit dem gebrochenen Bein«, berichtet Mowbray. »Er glaubte daran, dass man fünf Minuten lang über Wasser gehalten wird, wenn man sein Ölzeug an den Knöcheln und Handgelenken wirklich zuzieht und die Kapuze fest zubindet, weil dann unter dem Ölzeug genug Luft eingeschlossen ist. Also probierte er es aus – und es funktionierte. Als er gerade springen wollte, sah ich, dass er noch seine Seestiefel trug. Deshalb rief ich: ›Seestiefel ausziehen!‹ Aber wegen seines Beinbruchs konnte er es nicht. Wir dachten alle, dass er sofort absaufen würde, aber es war nicht so. Während der Vorbereitung zu einer der Bergungen sah ich den Hubschrauber wie eine Rakete in die Luft schießen. Im nächsten

Augenblick zog diese riesige See durch. Sie hätte die Flieger wahrscheinlich vernichtet. Das überzeugte mich noch mehr, dass diese Kerle absolute Helden waren. Die Leute in den Hubschraubern und Flugzeugen und besonders die, die von den Hubschraubern aus in den Bach gehen um andere zu retten. Sie sind alle Superhelden.«

Zwei Mitsegler mit Knochenbrüchen blieben an Bord. Aus Furcht vor weiteren Verletzungen zögerten sie, sich abbergen zu lassen. Glen Picasso war bereit dazu, aber dann gewann die »mateship«, die typisch australische Auffassung von Kameradschaft und gegenseitigem Einstehen, die Oberhand. »Glen erschien tatsächlich mit seiner Rettungsweste und machte sich auf den Weg zum Heck«, erzählt Mowbray. »Er war bereit, über Bord zu springen und sich hochziehen zu lassen. Dann blieb er stehen, sah mich an, schüttelte den Kopf und sagte: ›Ich kann es nicht. Ich kann euch nicht im Stich lassen, Jungs.‹ Dann drehte er sich um, ging wieder unter Deck und schloss die Luke.«

Mit drei geretteten Seglern in seinem Bauch nahm der Hubschrauber Kurs auf die ca. 60 Meilen entfernte Küste. Die SOLO GLOBE CHALLENGER driftete weiter. Die restliche Besatzung war entschlossen, das Schiff zurück zur Küste zu bringen. Mowbray war stark erschöpft, aber irgendwie brachte er die Energie auf, den Bau einer Nottakelage zu organisieren. Picasso übernahm das Ruder, sodass Mowbray, Keith Molloy und der 66-jährige Snape sich an die Arbeit machen konnten. Enderby blieb wegen seiner schweren Verletzungen unter Deck.

Der Spinnakerbaum wurde zum Behelfsmast, und als primitive Besegelung wurden Sturmfock und Trysegel gesetzt. Die von Südwesten anrollenden Seen waren noch immer zu groß und gefährlich, um sie breitseits zu nehmen, deshalb wurde ein leicht östlicher Nordkurs gesegelt. Die beiden EPIRB-Funkbojen blieben in Betrieb und zeigten an, dass die Yacht noch schwamm.

***

Im Laufe des Montagnachmittags besserte sich das Wetter entscheidend, sodass die SOLO GLOBE CHALLENGER einen günstigeren Kurs Richtung Küste anliegen konnte. Unter Deck arbeiteten Picasso und Enderby trotz ihrer Verletzungen unermüdlich, um den Motor zum Leben zu erwecken. Durch Schmutzablagerungen und Wasser gab es so viele Probleme in der Kraftstoffanlage, dass die beiden die

Maschine Stück für Stück auseinander nahmen, alles überprüften, säuberten und wenn nötig reparierten.

Währenddessen hatte die EPIRB-Boje während der Nacht unbemerkt aufgehört zu senden, anscheinend war die Antenne beschädigt. Die Behörden in Canberra befürchteten, dass die Yacht gesunken sein könnte, also wurde flugs eine neue Suchaktion eingeleitet. Selbst die Lokalnachrichten in Newcastle vermuteten, dass die Segler auf die Liste der Regattaopfer geraten sein könnten.

Kurz nach Sonnenaufgang donnerte eine Orion der Air Force über die Yacht und kreiste in geringer Höhe, wobei die Flieger das Boot zu identifizieren versuchten. Dann warfen sie Rauchbomben ab, um die Windrichtung und -stärke abzuschätzen, bevor sie einen Notbehälter direkt vor dem Boot in den Ozean fallen ließen. Er enthielt Beutel mit Süßwasser und ein Handsprechfunkgerät. Die Restbesatzung der SOLO GLOBE CHALLENGER nahm Verbindung mit dem 26-jährigen Flight Lieutenant Paul Carpenter auf, der ihnen mitteilte, dass H.M.A.S. NEWCASTLE etwa 36 Meilen entfernt sei und Kurs auf die Yacht halte.

***

Die NEWCASTLE hatte den größten Teil der Nacht mit der Suche nach der SOLO GLOBE CHALLENGER zugebracht. Als das EPIRB-Gerät der Yacht zu senden aufhörte, war die Besatzung des Kriegsschiffs äußerst besorgt. Fregattenkapitän Steve Hamilton verlangte von allen auf seinem unterbemannten Schiff verfügbaren Kräften besondere Anstrengungen, um den Ozean während der systematischen Suche 100 Meilen vor der Küste genau beobachten.

»Wir wussten, dass die Satelliten bei ihren Überflügen die Verbindung mit der EPIRB-Boje verloren hatten. Deshalb wuchs unsere Entschlossenheit, die Yacht zu finden«, erinnert sich Hamilton. »Die Suche wurde jedoch dadurch behindert, dass die See noch sieben bis acht Meter hoch ging, hoch genug, um das Boot vor unseren Augen und unserem Radar zu verbergen. Wir gingen von der letzten bekannten Position der Yacht aus ohne zu wissen, dass die Segler eine Nottakelung aufgebracht hatten und nach Norden vorankamen. Kurz nach Tagesanbruch überflog uns eine Orion und teilte uns mit, dass sie die Yacht 30 Meilen weiter nördlich gesichtet habe.«

***

In der Annahme, dass die Marine beabsichtigen würde, ihn und Enderby abzubergen, verdoppelte Picasso seine Anstrengungen um den Motor. Er wollte alles tun, um Mowbray und den beiden übrigen Mitseglern bessere Chancen zu verschaffen. Und tatsächlich, wenige Minuten bevor die NEWCASTLE am südlichen Horizont auftauchte, erwachte der Motor lautstark wieder zum Leben.

»Wir hatten das Handsprechfunkgerät auf Empfang gestellt«, erinnert sich Mowbray. »Dann drangen Worte aus dem Walkie-Talkie, die ich nie vergessen werde: ›SOLO GLOBE CHALLENGER, hier ist das Kriegsschiff NEWCASTLE‹. Ich dachte, meine Güte, wenn diese Halunken uns nicht retten können, wer dann? Das Schiff kam dicht heran und nahm Fahrt weg. Dann wurden zwei Leute – ein Mann und eine Frau – in einem Schlauchboot zu uns geschickt. Sie kamen längsseits. Der junge Mann, der das Schlauchboot steuerte, sagte: ›Guten Morgen, Sir‹, und ich antwortete: ›Guten Morgen allerseits.‹

›Ich habe den Auftrag, die gesamte Besatzung von diesem Fahrzeug zu entfernen.‹

›Also, mein Freund, vielen Dank fürs Kommen, aber ich möchte mein Boot wirklich nicht verlassen.‹

›Warten Sie einen Augenblick.‹

Dann quatschte er ein bisschen in sein Mikrofon, offenbar redete er mit seinem Kommandanten, danach wandte er sich wieder an mich und fragte: ›Was möchten sie denn?‹

›Nun, wir haben zwei Verletzte. Die würden wir gern von Bord schaffen, wenn es geht.‹

›Klar, das geht in Ordnung.‹

Picasso und Enderby stiegen vorsichtig in das Boot, das dann mit ihnen zum Schiff raste. Man half ihnen an Deck und brachte sie in das kleine, aber eindrucksvolle Bordlazarett, wo der Arzt mit ihrer Behandlung begann. Als die NEWCASTLE sich entfernte und Kurs auf Sydney nahm, machte die SOLO GLOBE CHALLENGER unter Nottakelung und Motor etwa fünf Knoten in Richtung Ulladulla. Als das Kriegsschiff verschwand, teilte es noch mit, dass eine Versicherungsgesellschaft einen Fischkutter ausgeschickt habe, der die Yacht nach Eden einschleppen solle.

***

Am nächsten Morgen um 4.30 Uhr traf die SOLO GLOBE CHALLENGER im Schlepp in Eden ein. Tony Mowbray hatte sein Schiff behalten und – vielleicht – auch seinen Traum von der Non-Stop-Weltumsegelung.

»Ich glaube, das ist so ähnlich wie für eine Frau die Geburt. Man neigt dazu, das Schlimme zu vergessen und will es wieder. Eines werde ich aber mit Sicherheit nicht vergessen, nachdem ich durch Himmel und Hölle gegangen bin: Ich bin kein Mensch, der schlecht vorbereitet in See geht – ich bin immer auf das Schlimmste vorbereitet –, das dachte ich zumindest bisher. Vor diesem Erlebnis glaubte ich zu wissen, wo das Ende der Fahnenstange ist. Jetzt aber weiß ich, dass es noch etwa 50% höher liegt.«

Winston Churchill – Die Rettung

Am 27. Dezember herrschte in der Nordostecke der Bass-Straße sechs Stunden lang die Hölle. Verletzungen oder Seekrankheit in der Besatzung oder Schäden an Rumpf und Rigg hatten viele der 115 Yachten zum Ausscheiden gezwungen. Manche Crews entschieden sich die Regeln guter Seemannschaft anzuwenden und das Rennen aufzugeben. Wieder andere suchten Schutz auf sicheren Ankerplätzen, bis der Sturm vorübergezogen war. Eine winzige Minderheit blieb weiter im Rennen nach Hobart, entweder absichtlich oder durch die Umstände dazu gezwungen.

Zwei Yachten, die die Besatzung der Winston Churchill liebend gern geschlagen hätte, Don Mickleboroughs Southerly und Ian Kiernans Canon Maris, waren am späten Nachmittag unter den ausscheidenden Schiffen. Zwei weitere sehr seetüchtige Rennyachten, Hugh Treharnes Bright Morning Star und Stephen Ainsworths Loki schlossen sich ihnen bald an. Die Southerly schied aufgrund eines Versehens aus, das im Rückblick vielleicht ein Glücksfall war. Mickleborough und seine Mitsegler wussten nicht, dass sie nur noch etwa 48 Meilen von Eden entfernt waren, als sie beschlossen, dass das Rennen für sie gelaufen sei. Hätten sie geahnt, dass sie schon so weit südlich standen, wären sie vielleicht weiter in das Schlachtfeld der Bass-Straße hineingesegelt.

Hugh Treharne war während der tragischen Fastnet-Regatta 1979 an Bord der australischen Yacht Impetuous gewesen und denkt mit Grausen an die damaligen Verhältnisse zurück. »Verglichen mit diesem Rennen war es beim Fastnet wie im Kühlschrank. Als jetzt jedoch eine große Welle über die Bright Morning Star wusch, war es wie ein warmes Bad. Drüben in England war man sehr viel stärker der Unterkühlung ausgesetzt, das ist sicherlich einer der Gründe, warum damals so viele Menschen umkamen. Wind und Seegang waren aber vergleichbar. Der einzige echte Unterschied bestand darin, dass der Seegang in der Bass-Straße viel schlimmer durcheinanderlief. Meine Taktik bestand darin, genügend Fahrt zu behalten, sodass ich den Bug

gegen die Seen richten und sie durchstoßen konnte. Wir segelten unter stark gerefftem Großsegel und ohne Fock. Wir hatten die Wahl, vor dem Wind abzulaufen und dazu entweder das Trysegel oder die Sturmfock zu setzen, oder unter Motor nach Eden zurückzukehren.

Während ich mich zu entscheiden versuchte, rollte diese Riesensee an. Ich musste zu ihrem Kamm sehr hoch aufsehen, so richtig den Hals recken. Es kam sehr viel Gischt auf mich zu, eine Unmenge weißes Wasser, und die Welle wurde noch immer steiler und steiler. Ich stützte mich ab, indem ich das Steuerrad festhielt und mich darüberlehnte. Gegen diese See konnte ich nichts ausrichten. Als sie das Schiff traf, wurde es bis 90° auf die Seite gelegt, der Mast war im Wasser. Mehrere Sekunden lang konnte ich nichts sehen. Über mir war grünes Wasser. Es war nicht bloß Gischt oder Schwallwasser, sondern ungeheuer grün. Das Wasser drückte ins Großsegel und ließ das Boot nicht hochkommen. Wir hätten ebenso gut 10 Meter unter Wasser sein können.«

Als die BRIGHT MORNING STAR sich aufrichtete, hatten drei Segler in der Kajüte Rippenbrüche erlitten. Treharnes Bruder Ian stürzte an Deck und half ihm, das Großsegel zu bergen. Die Maschine wurde angeworfen. Das neue Ziel der BRIGHT MORNING STAR sollte Eden sein.

***

Michael Bell, genannt »Zapper«, gehörte zu den drei Besatzungsmitgliedern, die auf Stephen Ainsworths LOKI, einer Swan 44, an Deck waren. Das Boot stand etwa 70 Meilen von der Küste entfernt und segelte unter Sturmfock, als das Windmessgerät schwindelerregende 74 kn anzeigte. Eine heimtückische See, ein Kaventsmann von titanischen Ausmaßen, stürzte sich aus dem Nichts heran und brach genau über der LOKI. Die Yacht lief auf die senkrechte Wasserwand zu, wurde dann zurückgeworfen und landete auf dem Kopf.

»Was darauf folgte, war die unglaublichste Erfahrung, die ich je auf See gemacht habe. Da lag ich nun unter dieser gekenterten Yacht – und es war unerhört friedlich. Ich hätte auch zu Hause im Fischteich schwimmen können. Für mich war es wie Baden in der Karibik – klar und warm. Alles war ruhig und schön«, erinnert er sich. »Als mir die Brille von der Nase gespült wurde, hatte ich Zeit genug, einfach den Arm auszustrecken und sie zu greifen. Ich erinnere mich, dass die farbigen Schoten und anderen Leinen sich wie Seeschlangen im Wasser wanden. Ich staunte, dass ich keine Panik verspürte. Ich wusste, dass ich meinen Sicherheitsgurt an der Brust lösen musste um hinauszukommen. Es gab kein Schnappen nach Luft, keine Panik, nur absichtsvolle Bewegungen, um zu entkommen. Dann richtete das Schiff sich ganz plötzlich wieder auf, das Rigg und alles andere war unbeschädigt. Sofort brach wieder die Hölle los. Wir waren zurück in der Wirklichkeit. Wir beschlossen, dass wir genug hatten – kein Wunder. Wir brachten einen Seeanker aus und trieben vor Topp und Takel, wobei wir noch immer sieben Knoten machten. Einige an Bord wollten, dass wir Kurs auf Eden nehmen – 70 Meilen luvwärts. ›Scheiß drauf‹, erwiderte ich, ›wir halten auf Neuseeland zu. Das sind vielleicht 1200 Meilen, aber ich weiß, dass ich von dort zurück nach Australien fliegen kann. Bei diesem Wetter gehen wir nicht gegenan‹.«

Als sich der Wind später legte und die See sich beruhigte, erreichte die LOKI doch noch den Hafen Narooma südlich von Sydney.

***

Anfangs gab dem Wettkampf zwischen der CANON MARIS und der WINSTON CHURCHILL ein bisschen Rivalität zwischen Vater und Sohn zusätzliche Würze. John Gibson, 65, segelte auf der WINSTON CHURCHILL, während sein Sohn Jonathan, 31, bei Ian Kiernan an Bord war. Sobald die beiden Yachten aber die Bass-Straße erreicht hatten und den Sturm über sich ergehen lassen mussten, begann sich jede ehrgeizige Konkurrenz zu verflüchtigen.

Kiernan zögerte zunächst, auszuscheiden – er vertraute darauf, dass sein Schiff sich gut schlagen würde. Die Windrichtung erschreckte ihn allerdings, denn der Wind drehte allmählich auf West, während der ganze südliche Ozean sich gegen einen sehr starken nach Süden schießenden Strom durch die Bass-Straße zu zwängen versuchte. Dieses Zusammentreffen war tödlich. Kiernan stand im Niedergang, als eine riesige See von neun Metern oder mehr überkam und die Spritzkappe vom Boot riss. Eines war klar: Er wollte nicht einfach ruhig zusehen, wie sein Boot in Stücke ging. Ebenso wenig wollte er die Sicherheit seiner Mitsegler aufs Spiel setzen. Deshalb fasste er den schweren Entschluss, auszuscheiden. Die Yawl stand zu diesem Zeitpunkt etwa 60 Meilen von Eden entfernt, die Segler wollten aber lieber Kurs auf einen nördlicheren Hafen nehmen – Ulladulla oder sogar Sydney. Gegen 18.10 Uhr setzten sie die kleinste Sturmfock, legten den neuen Kurs fest und begannen sich aus dem schlimmsten Teil des Sturms zurückzuziehen.

Sie hatten den Mayday-Ruf der WINSTON CHURCHILL gehört, kannten aber keine Einzelheiten. »Als ich über Funk hörte, wie Lew Carter erwähnte, dass eine Suchaktion im Gange sei und ein EPIRB-Signal fehle, begann ich zu glauben, dass das Schiff untergegangen sei und dabei die Rettungsinsel und die ganze Besatzung mitgerissen habe«, erinnert sich Kiernan. »Das musste ich aber für mich behalten. Wir mussten nach außen eine sehr zuversichtliche Haltung bewahren – wegen Gibbo. Natürlich hörte er ebenfalls all diese Meldungen. Zwar schien er alles stoisch wegzustecken, aber er machte sich sehr, sehr große Sorgen. Immer wieder versicherten wir ihm: ›Deinem Vater wird nichts passiert sein. Sie werden alle wohlauf sein. Keinem ist etwas passiert.‹ Aber im Grunde meines Herzens hielt ich sie alle schon für tot.«

***

Während einige Rennyachten sich weiterhin ihren Weg über die Bass-Straße und nach Hobart erkämpften, begann für die neun Segler, die sich in die beiden Rettungsinseln der WINSTON CHURCHILL gezwängt hatten, in einer Nacht, die erschütternd werden sollte, der Überlebenskampf. In der Vier-Mann-Rettungsinsel befanden sich zusammen mit Richard Winning und Bruce Gould der 19-jährige Michael Rynan, ein Neuling im Hobart-Rennen, sowie Paul Lumtin. Stanley, Lawler und Gibson sowie Mike Bannister und John Dean saßen im anderen Rettungsfloß. In Winnings Rettungsinsel lag zudem die einzige EPIRB-Funkboje der Yacht – nach den Wettfahrtbestimmungen brauchte nur eine an Bord zu sein. Die beiden Rettungsinseln waren mit einer dünnen Sicherheitsleine verbunden, die aber bald brach. Stanleys Insel besaß einen Treibanker, der ausgebracht wurde, um die Drift zu verlangsamen, aber beim Ausbringen verhedderte er sich. Plötzlich jedoch fasste er. Verzweifelt versuchte John Gibson, die Leine festzuhalten, doch das dünne Tauwerk schnitt ihm bis auf die Knochen in die Finger.

»Ich spürte sofort eine betäubende Wirkung«, erinnert er sich. »Ich wusste gleich, dass es etwas Ernstes war. Die Finger bluteten, aber ich machte mir keine Gedanken über den erheblichen Blutverlust. Wir hatten nichts zum Verbinden dabei, also ließ ich die Wunden einfach offen und hoffte, dass Seewasser das richtige Mittel sei.«

Schließlich wurde der Treibanker richtig ausgebracht, hielt aber nur eine Viertelstunde. Die starke Beschleunigung, wenn die Rettungsinsel die Wellenhänge hinabrauschte, hielt er nicht aus und riss sich los. »Plötzlich traf uns eine hohe Welle und hob meine Seite der Rettungsinsel an«, berichtet Stanley. »Dumm war daran nur, dass mein Körper angehoben wurde, aber meine Füße noch unter den Beinen der anderen eingeklemmt waren. Dabei brach ich mir den Fußknöchel. ›Oh Gott, mein Knöchel ist gebrochen. Das ist gar nicht gut‹, stöhnte ich. Jetzt waren schon zwei, John und ich, außer Gefecht.«

Ohne dass Stanley es wusste, hatte er zudem Bänderrisse an beiden künstlichen Hüftgelenken erlitten.

Wie bei der anderen Rettungsinsel riss auch bei Winnings Floß der Treibanker ab, schon wenige Minuten nachdem die Segler die WINSTON CHURCHILL verlassen hatten. Die vier Schiffbrüchigen nahmen es sich als erste Aufgabe vor, die Zeltklappe des Schutzdachs zu reparieren, um mehr Schutz vor den Elementen zu haben. Es goss noch immer in Strömen, und der 70-Knoten-Weststurm machte keine Anstalten, abzuflauen. Nachdem die Insassen die Einstiegklappe der Rettungsinsel repariert hatten, durchwühlten sie die Notausrüstung. Es war eine Art Jahrmarktswundertüte und enthielt eine kleine Menge Proviant sehr einfacher Art, Wasser, Verbandszeug, Medikamente und weitere Rettungs- und Überlebensausrüstung – eine Notpumpe für die Rettungsinsel, ein Messer, Signalfackeln und -raketen sowie einen Signalspiegel, um sich bemerkbar zu machen.

Unterdessen war die YOUNG ENDEAVOUR unterwegs zum Seenotgebiet. Sie war die ganze Strecke platt vor dem Wind gelaufen – ein Alptraum. Mindestens dreimal war die massige Brigantine völlig außer Kontrolle geraten und wie eine Jolle von den Wellen hinabgeglitten. Einmal drückte das Wasser, das von Backbord über das Schiff donnerte, das immerhin 25 mm starke Glas eines stahlgefassten Bullauges ein. Der größte Teil der Besatzung war seekrank. Audrey Brown war schmerzhaft von einem nicht identifizierbaren »Flugobjekt« getroffen worden. Die Sicht an Deck war kümmerlich, sie betrug nur noch 100 m. Die YOUNG ENDEAVOUR meldete der A.M.S.A., dass von der WINSTON CHURCHILL nichts zu sehen war.

***

Zurück zu Bruce Goulds Rettungsinsel: Auch sie wurde von der See nicht geschont. Als es dunkelte, wurde sie auf den Kopf geworfen. Die Insassen versuchten die Zeltklappe des Einstiegs zu öffnen, es gelang ihnen aber nicht, weil sie fest zugebunden war. Sie hatten keine andere Wahl, als sich den Weg nach draußen freizuschneiden. Danach nahm Winning seine Rettungsweste ab und schwamm an die Oberfläche. Es gab nichts, mit dem er sich anleinen konnte, deshalb tauchte er hinaus und hielt sich nur fest. Er packte eine Greifleine und schaffte es mit Unterstützung des Windes, das Rettungsfloß wieder aufzurichten. Schnell wurde er wieder hineingezogen. Während der Kenterung war die Antenne des EPIRB-Gerätes in zwei Teile zerbrochen, aber trotz der widrigen Umstände und der ständigen Rückschläge hatte die Crew einen immensen Durchhaltewillen.

Etwa um Mitternacht brach um die Rettungsinsel herum erneut eine schwere See und brachte sie noch einmal zum Kentern. Wieder wurde sie aufgerichtet, aber bei Morgengrauen begann die untere der beiden Luftkammern Luft zu verlieren. Die Segler machten sich Sorgen, dass auch das Dach anfangen würde zusammenzusacken, sobald die untere Luftkammer erschlaffte. Sie zogen die Gebrauchsanweisung zu Rate, wie sich die Rettungsinsel von Hand aufpumpen ließ, aber das benötigte Zwischenstück war während einer der Kenterungen verlorengegangen. Als Notbehelf zogen sie ein Kunststoffstück aus dem Ende des Pumpenschlauchs heraus, konnten es ins Ventil stopfen und mit Klebeband abdichten. Es funktionierte. Die Rettungsinsel wurde nach wie vor herumgeschleudert und umhergeworfen, aber zum Glück für die vier dichtgedrängten Insassen kenterte sie nicht noch einmal. Dann entdeckten sie die nächste Katastrophe: Als hätten die Schiffbrüchigen noch nicht genug durchgemacht, hatte sich im Boden der Rettungsinsel ein fünf Zentimeter langer Riss gebildet. Bald saßen sie wie in einem Kinderplanschbecken.

»Wir kennen die Ursache des Lochs nicht«, berichtet Gould. »Es könnte die Druckflasche gewesen sein, die an der Rettungsinsel hing, oder die gebrochene EPIRB-Antenne. Wir konnten kein Ösfass zum Ausschöpfen finden, deshalb hielten wir es für das Beste, einen Schwamm in den Riss zu stopfen. Wir hatten nichts zum Schöpfen, aber 16 Schwämme. Die waren verdammt nutzlos – den Rest der Zeit saßen wir 15 bis 60 cm tief im Wasser. Der Wasserstand hing davon ab, wie groß die Wellen waren, die uns überspülten. Nach einer Weile schrie jemand: ›Jungs, hier ist der verflixte Reparaturbeutel!‹ Froh über diesen Fund rissen wir ihn auf und lasen die Gebrauchsanweisung: ›Gummifläche aufrauen, dann den Flicken auf die saubere und trockene Fläche kleben.‹ – Was soll man dazu noch sagen? Wir schmissen das ganze unnütze Zeug aus der Rettungsinsel.«

Dann probierten die Schiffbrüchigen aus, wie sie mit ihren Seestiefeln und mit einer Plastiktüte am besten schöpfen konnten. Einer der Segler hatte sich beim Verlassen der Yacht ein WINSTON-CHURCHILL-T-Shirt geschnappt. Dass dieses T-Shirt an Bord der Rettungsinsel war, brachte den Insassen eine andere Art Erleichterung – einen Anflug von Humor. Alle vier redeten darüber, ob das T-Shirt von einer inzwischen gesunkenen Yacht Glück oder Pech brachte. Man beschloss, es der Tiefe zu übergeben, als Versuch zur Beschwichtigung der Wettergötter. Es wurde ebenfalls über Bord geworfen.

***

In der anderen Rettungsinsel waren die fünf Männer indes in noch ernsterer Gefahr: Wie Sardinen lagen sie auf dem Boden der quadratischen Rettungsinsel, ständig durch den heftigen Seegang herumgeschleudert. »Niemand schien beunruhigt zu sein«, erinnert sich Gibson. »Die Moral in der Rettungsinsel war ausgezeichnet. Wir machten uns aber große Sorgen wegen der Qualen, die John offenbar litt. Nicht dass er sich beklagte, aber jedes Mal, wenn wir umhergeworfen wurden, merkten wir es daran, dass er völlig unbeabsichtigt stöhnte. Wir versuchten es ihm so bequem wie möglich zu machen und uns von seinen Beinen fernzuhalten. Wir durchsuchten die Wundertüte, die wir gefunden hatten, und redeten über das Zeug darin. Wir fanden ein paar Angelhaken – ich erinnere mich an einige Witzeleien darüber, wen wir wohl als Köder benutzen sollten. Deanie und ich alberten herum, wie schön es wäre, wenn wir etwas Scotch hätten, um ihn mit dem Wasser in den kleinen Plastikfläschchen zu mischen. Als es Nacht wurde, wurde uns bewusst, dass eine Rettung vor Tagesanbruch höchst unwahrscheinlich war.«

Immer noch schüttelten die Wellen die Rettungsinsel gnadenlos durch, bis das Unvermeidliche geschah: Eine Monstersee warf das Rettungsfloß auf den Kopf. Plötzlich standen die Schiffbrüchigen auf dem aufgeblasenen Bügel, dem Teil der Rettungsinsel, der das Schutzdach hält. Der ehemalige Boden der Insel bildete jetzt das Dach.

»Es kam uns überraschend bequem vor, aber wir wussten, dass uns die Luft ausgehen würde«, erinnert sich Stanley. »Man merkte schon, dass die Luft ein wenig schlechter wurde. Jim Lawler befand sich am dichtesten beim Einstieg. Er wollte seine Weste ausziehen, hinausgehen und etwas unternehmen, um uns wieder aufzurichten. Aber draußen tobte es. Wir beschlossen gemeinsam, dass es zu gefährlich sei, einzeln rauszugehen um das Ding aufzurichten. Wenn jemand von uns draußen gewesen wäre, hätte eine einzige schlimme See genügt, um ihn fortzureißen.«

»Es war eine sehr ruhige Diskussion, die etwa 20 Minuten dauerte«, denkt Gibson zurück. »Sicher hieß es: ›Was soll's, das verdammte Ding ist so herum viel stabiler als anders herum.‹ Auf jeden Fall war es sehr viel ruhiger. Schließlich äußerte sich Michael: ›Wir müssen raus und das Ding aufrichten, sonst bekommen wir fürchterliche Schwierigkeiten‹. Ich erinnere mich, dass ich zu ihm sagte – und die Worte haben sich mir unauslöschlich eingeprägt – ›Michael, draußen ist es tödlich‹. Als ich das sagte, dachte ich bei mir: Mein Gott, das ist eine sehr dramatische Aussage, vielleicht etwas übertrieben. Aber ich war wirklich sehr besorgt deswegen, denn es war rabenschwarz und es zogen sehr, sehr große Wellen durch. Draußen hätte jeder die allergrößten Schwierigkeiten gehabt, sich an irgendetwas festzuhalten.«

Unentschlossen standen die fünf im Stockdunkeln hüfthoch im Wasser. Dann wurden Taschenlampen hervorgeholt, und es begann eine Inspektion der auf dem Kopf stehenden kleinen Welt.

»So herum war es auf jeden Fall sicherer. Deshalb beschlossen wir, um Luft zu bekommen, ein kleines Loch in den Boden der Rettungsinsel zu schneiden, der jetzt zum Dach geworden war«, erklärt Stanley. »Der Boden hatte einen Griff, und beiderseits davon war das Material verstärkt. Wir schlitzten die Verstärkung der Länge nach 10 cm weit auf. Quer wäre besser gewesen, aber dann wären es nur 5 cm geworden und das hätte nicht genug Luft durchgelassen. Als wir schnitten, sackte die Rettungsinsel 2 bis 3 cm tiefer ins Wasser. Das war uns egal, wichtiger war genug Atemluft.«

In der umgedrehten Rettungsinsel hatten es die fünf bequem und waren ganz zufrieden. Das neue »Dach« bewegte sich wie ein riesiger Gummiblasebalg und ließ die Luft in der Rettungsinsel zirkulieren. Die Segler trieben nach ihrer Erinnerung mehrere Stunden auf diese Weise, bis sie einen neuen Kaventsmann auf sich zustürzen hörten. Es war, als wenn man in einem Eisenbahntunnel eingesperrt ist und eine Lokomotive ohne Licht auf einen zurast. Der Brecher donnerte heran, packte die Rettungsinsel wie einen Spielball und warf sie wieder auf die richtige Seite. Die Insassen purzelten kreuz und quer herum und fielen aufeinander, dann war die See weitergezogen. Sofort wurde durchgezählt – niemand fehlte.

Während der ganzen Nacht wurde die Rettungsinsel von den marodierenden Wellen ungefähr dreißigmal zum Kentern gebracht, herumgeworfen und umgedreht. Der Boden hatte an dem Schnitt aufzureißen begonnen, sodass sich das Loch zusehends vergrößerte. Zu allem Überfluss ging auch noch das Schutzdach nach und nach in Fetzen. Am Ende hielten sich die Insassen an den Innengriffen der Rettungsinsel fest, und als das Dach völlig zerfetzt war, legten sie die Hände außen an die Luftkammern und hielten sich dort an den Griffen fest. Gibson hatte beim Verlassen der Yacht vollständiges Segelzeug mit Seestiefeln und dem kompletten Sicherheitsgurt getragen und hatte den Gurt jetzt am Dachbügel der Insel befestigt. Andere trugen klobige Rettungswesten um den Hals. Immerhin war keiner von ihnen seekrank.

Irgendwann in den sehr frühen Morgenstunden des 28. Dezember kam die Mutter aller Wellen.

»Normalerweise wurden wir gewarnt, wir hörten sie kommen wie rauschende Brandung«, erzählt Stanley. »Aber diese allmächtige Welle kündigte sich nicht an. Plötzlich fielen wir alle fünf nur so durcheinander. Das Rettungsfloß wurde vom Wellenkamm geschleudert und stürzte 12, 15, 18 m die schäumende Wellenfront hinab. Ich konnte nur ans Festhalten denken. Ich schlang meine Arme um den Dachbügel, klammerte mich fest und hielt die Luft an, bis der Brecher vorbei war. Ich wusste, wenn ich mich nicht festhielt, würde ich sterben. Gott weiß, wie lange es gedauert hat, aber es war eine ganze Weile. Als die Insel schließlich liegen blieb und ich hochkam, um Luft zu holen, hielt ich noch den Dachbügel fest, aber ich war außerhalb der Rettungsinsel. Ich schrie ›Wer ist hier?‹ Die einzige Antwort kam von Gibson.«

Panisch blickte Stanley sich um und sah einen breiten weißen Schaumteppich, der sich an die 350 m erstreckte. Inmitten des Gebrodels sah er ziemlich weit entfernt zwei Leute.

»Ich bin nicht sicher, wer sie waren«, berichtet er mit bewegter Stimme. »Ich konnte nicht mehr tun, als unter die Rettungsinsel zu tauchen und wieder hineinzuklettern, um den Dachbügel wieder zu fassen zu bekommen und mich daran festzuklammern. Ich sagte zu Gibson: ›Mein Junge, wir sind hier ganz allein. Wir können für die anderen nichts tun. Der Wind treibt uns schneller, als sie schwimmen können, und wir können nicht zurück. Wir können nur hoffen, dass sie bis Tagesanbruch durchhalten und dann von einem Suchflugzeug entdeckt werden.‹«

Auch John Gibson kann sich lebhaft an die Ereignisse jener Nacht erinnern. »Die Gespräche während der Nacht waren optimistisch, aber inzwischen waren alle im Halbschlaf«, erzählt er. »Wir schwammen so im Wasser und hielten uns fest. Die nächste Erinnerung ist, dass mein Gurt hart einruckte und dann der Teufel los war. Ich begann den außergewöhnlichsten Wellenritt meines Lebens, anders kann ich es nicht beschreiben. Ich bewegte mich offensichtlich in weiß brodelndem Wasser, und das mit großer Geschwindigkeit und bei ungeheurem Lärm. Mein Gurt schleifte mich wahnwitzig schnell durch das schäumende Wasser, und ich wurde kreuz und quer herumgeworfen. Ich konnte mich an nichts mehr festhalten, mein Körper wurde hierhin und dorthin gewirbelt. Ich erinnere mich nicht an Angst. Ich weiß nur noch, dass ich das Ganze als höchst ausgefallenes Erlebnis empfand. Ich erinnere mich auch nicht an Atemschwierigkeiten und ebenso wenig an Panik. Aber ich erinnere mich deutlich, dass dieses Erlebnis nicht aufhören wollte und ich es einfach nicht glauben konnte.

Ich ließ mich einfach mitreißen und kämpfte nicht dagegen an. Es hielt lange an, erstaunlich lange. Es war auch ein Gefühl des Fallens dabei, ich wusste, dass ich fiel. Ich wusste, dass um mich herum wild jagendes weißes Wasser war, und doch hatte ich nicht das Gefühl, zu ertrinken. Ich hatte keine Ahnung, was passieren würde. Ich versuchte nur, mich auf die eine oder andere Weise mittragen zu lassen und nicht dagegen anzukämpfen, aber gleichzeitig wollte ich wissen, was zum Teufel als nächstes passieren würde. Doch nie dachte ich daran, dass ich umkommen würde. Dann hörte das Ganze auf. Es hörte einfach so auf, und es war dunkel. Um mich herum war weißer Schaum, und auch die Rettungsinsel war glücklicherweise noch da. Es war kein Ton zu hören. Ich sah mich um – da war niemand. Dann hörte ich eine Stimme. Sie kam von außerhalb der Rettungsinsel. Es war John. Er sagte: ›Wer ist da?‹, und ich antwortete: ›Ich bin's, Gibbo.‹ Plötzlich war John wieder in der Rettungsinsel. Offenbar war er hinausgeschleudert worden, hatte sich aber festgehalten. Wie er das geschafft hat, weiß ich nicht.

Wir drehten uns um und versuchten zu erkennen, was los war. Ich dachte dabei, dass ich meine beiden Kontaktlinsen verloren hätte, denn ich konnte nur eingeschränkt sehen. Ich erkannte Gischt, aber wenn ich zurückdenke, muss ich meine rechte Kontaktlinse noch im Auge gehabt haben, denn ich konnte eine Blitzlampe aufleuchten sehen. Ich wusste genau, wer es war – Jim Lawler, denn von den anderen hatte er als Einziger so eine Lampe. Auch ich hatte eine, also schaltete ich sie ein und hielt sie hoch. Ich dachte, er sieht, dass ich noch am Leben bin, aber er war weit zurückgeblieben. Dann hörte ich Stimmen. Ich verstand nicht, was sie sagten, aber ich nehme an, dass es so etwas gewesen sein kann wie: ›Wo bist du?‹, oder ›Wer ist da?‹, ...so etwas ähnliches. Ich bin sicher, dass ich gehört habe: ›Wer ist da?‹, oder ›Wo bist du, Mike?‹ Genau weiß ich es nicht mehr. Es waren menschliche Stimmen im Dunkeln, weiter hinten in der Gischt.«

Durch ein Wunder, durch göttliche Fügung oder einfach durch Zähigkeit und Entschlossenheit boten Stanley und Gibson in jener Nacht dem Schicksal weiter die Stirn und hielten durch. Stanley erzählt, die Rettungsinsel sei bis Tagesanbruch noch mindestens fünfmal gekentert.

***

Auch am Vormittag des 28. Dezember waren die Wetterbedingungen für die beiden Rettungsinseln noch immer entsetzlich.

Nachdem die Überlebenden der WINSTON CHURCHILL aber während der Nacht gegen so viel meteorologische Bösartigkeit angekämpft hatten, begann das Bild sich jetzt zu bessern. Wie Bruce Gould sich erinnert, ließ der Wind bis auf etwa 30 kn nach und drehte auf Südwest. Die Seen waren zwar noch immer gewaltig und brachen regelmäßig, waren aber kleiner geworden. Das ständige Aufpumpen der Rettungsinsel und das Ausschöpfen des Wassers hielt die Schiffbrüchigen während eines ziemlich ereignislosen Tages auf Trab. Die meiste Zeit war es Winning, der an der kleinen Einstiegöffnung des Schutzdachs saß und den Himmel nach den geringsten Anzeichen von Suchflugzeugen absuchte. »Den ganzen Tag sah ich immer wieder Schiffe und U-Boote und hörte Flugzeuge. Es waren keine Halluzinationen, sondern einfach nur Wunschdenken, glaube ich.«

Gegen 15.00 Uhr war ein Flugzeug zu hören, danach zu sehen. Als man endlich eine Signalrakete gefunden, ausgepackt und abgefeuert hatte, war die Maschine weg. Die ohnehin niedergeschlagenen Insassen der Rettungsinsel konnten nur zusehen, wie das Flugzeug in Richtung Horizont verschwand. Dann, etwa 20 Minuten später, kehrte es zurück. Es flog systematische Suchkurse. Eine rote Leuchtrakete, Goulds und Winnings letzte, schoss in den grauen Himmel. Angsterfüllte Sekunden vergingen, während beide Augenpaare verzweifelt nach einem Zeichen Ausschau hielten, dass das Signal gesichtet worden war. Die zweimotorige Maschine, ein ziviles Suchflugzeug der AusSAR, ging in eine leichte Kurve, die allmählich immer deutlicher wurde. Sie kehrte zurück. Aber sie kam nicht heran, sondern kreiste weiter und überflog die Position der Rettungsinsel zweimal.

Ohne dass die Schiffbrüchigen es wussten, versuchten die Beobachter im Flugzeug fieberhaft, auszumachen, woher die Rakete gekommen war. Es war ein kleiner schwarzer Fleck mit einem Stich Orange irgendwo in der tobenden See, einige hundert Fuß unter dem Flugzeug. Den Beobachtern schmerzten die Augen und dann – da war es. Eine Rettungsinsel. Daumen zeigten nach oben, und das Flugzeug drehte zum Anflug. Die Flieger sendeten eine Nachricht an die AusSAR, auf die Frauen, Familien, Segelfreunde und die Medien in ganz Australien seit fast 24 Stunden gehofft hatten: Etwa 80 Meilen vor der Küste war eine besetzte Rettungsinsel gesichtet worden. Ungefähr 20 Minuten nachdem das Flugzeug die vier Überlebenden ausgemacht hatte, hörten sie »das schönste Geräusch, das man sich wünschen konnte – ein verdammt großer Hubschrauber, der auf uns zukam.«

***

Wenn man das Retten von Menschen mit einem guten Arbeitstag im Betrieb gleichsetzt, dann wurden der Sanitäter Cam Robertson und die übrige Besatzung des Helimed-1-Hubschraubers aus La Trobe zu Akkordbrechern. Sie hatten an jenem Vormittag schon die SOLO GLOBE CHALLENGER gefunden und diesen Einsatz erfolgreich abgeschlossen. Später hatten sie den Auftrag erhalten, einen Teil der zahlreichen EPIRB-Bojen anzufliegen, die noch sendeten, und die Objekte zu identifizieren. Dann nahm die AusSAR Verbindung mit dem Hubschrauber auf und bat die Flieger darum, sich um ein Ein-Mann-Rettungsfloß zu kümmern, von dem ungefähr 80 Meilen vor der Küste eine Signalrakete abgeschossen worden war. Der Pilot Stef Sincich bestätigte den Auftrag und nahm mit dem kräftigen rot-weißen Hubschrauber Kurs auf das Objekt.

»Wir fanden es ohne Probleme«, sagt Robertson. »Wir betrachteten die Rettungsinsel und sprachen darüber, dass es keine Ein-Mann-Insel war, sondern größer, aber nach wie vor wussten wir nicht, woher sie kam und wer an Bord sein könnte. Ich wurde abgewinscht, schwamm mit meinen Flossen zur Rettungsinsel und steckte den Kopf hinein. Ich traute meinen Augen nicht. Drinnen waren vier Leute, die sich sehr freuten, mich zu sehen. Der Hubschrauber machte solchen Lärm, dass ich schreien musste, um sie nach Verletzungen zu fragen. Alle schienen unverletzt zu sein. Ich sagte dem Kerl direkt am Einstieg – wie sich herausstellte, war es Richard Winning -, dass ich ihn als Ersten mitnehmen würde. Ich fragte ihn, ob er einverstanden sei, ins Wasser zu springen, damit ich ihm die Schlinge umlegen könne. Er war einverstanden. Ich sagte den anderen, dass sie das Schutzdach zusammendrücken und sich daraufsetzen sollten, um die Rettungsinsel stabiler zu machen, falls sie in den Downwash des Hubschraubers geraten sollte.

Alles lief wie am Schnürchen«, erinnert sich Robertson. »Als wir gerade aus dem Wasser heraus waren, fragte ich den ersten Burschen schreiend, ob mit ihm alles in Ordnung sei. Er bejahte. Ich fragte ihn auch, von welcher Yacht sie seien, und er sagte ›WINSTON CHURCHILL‹.

Ich konnte es nicht glauben und war geschockt. Das war ein ganz besonderer Augenblick für mich, denn viele, die mit der Suche zu tun hatten, glaubten die WINSTON CHURCHILL verloren, und es wurde sehr bezweifelt, ob wir irgendwelche Überlebenden finden würden. Im Handumdrehen hatten wir alle vier im Hubschrauber. Ich muss sagen, es war ein großartiges Gefühl zu wissen, dass wir diese Jungs herausgeholt hatten. Manchmal glaube ich, Menschen retten zu dürfen ist ein Privileg, und das war es damals wirklich.«

»Erst als wir im Hubschrauber waren und die See von oben sahen, konnten wir wirklich beurteilen, was wir durchgemacht hatten«, erzählt Gould. »Da war nichts als eine weiße Masse von Wellen, das absolute Tohuwabohu. Wir begriffen auch, wie schwer es die armen Kerle im Suchflugzeug gehabt hatten, uns zu finden.«

Die vier Überlebenden erkundigten sich, ob ihre fünf Mitsegler in Sicherheit seien. Sie mussten erfahren, dass man sie noch nicht gefunden hatte – eine beunruhigende Nachricht. Zugleich bedeutete die Tatsache, dass die vier gerettet worden waren, dass die anderen irgendwo in der Nähe wohlbehalten in einer Rettungsinsel treiben mussten.

***

John »Steamer« Stanley und John Gibson hatten am 28.12. den ganzen Vormittag vezweifelt nach Suchflugzeugen Ausschau gehalten. Ihre Rettungsinsel hatte sich inzwischen so weit aufgelöst, dass sie kaum noch mehr war als ein schwarzer Ring, der auf einem wilden, schwarzen Ozean trieb. Seit dem Untergang der Yacht waren viele Stunden vergangen, daher war das Suchgebiet jetzt riesig. Die Wolken hingen so tief, dass die Sicht bestenfalls wenige Kilometer betrug. Außerdem waren während der zahlreichen Kenterungen Signalraketen, Handfackeln und andere Notausrüstung verloren gegangen. Nach ihrer eigenen Schätzung waren die Überlebenden mindestens 50 Meilen von der Stelle entfernt, wo ihre Yacht gesunken war. Während der Tag sich hinzog, begannen sie zu fürchten, dass die anderen drei Besatzungsmitglieder unmöglich überlebt haben könnten. Die beiden hatten noch immer die Hoffnung, gerettet zu werden. Sie wussten, dass an Bord der anderen Rettungsinsel ein EPIRB-Gerät war, das die Suchdienste alarmiert haben musste. Sie wussten jedoch nicht, dass die Antenne gebrochen war und das Gerät nicht richtig sendete.

»Es war so weit gekommen, dass wir ernsthaft etwas unternehmen mussten, um bei der Rettungsinsel zu bleiben, denn uns war davon nur noch ein Ring geblieben«, erinnert sich Gibson. »Wenn man sich irgendwo auf den Ring lehnte, tauchte er unter, und das ganze Ding schlug um. Wir mussten immer genau auf unsere Bewegungen achten. Wir mussten ein Verfahren entwickeln, mit dem wir das Geschehen unter Kontrolle behalten konnten, und dabei berücksichtigen, dass John sich nur sehr eingeschränkt bewegen konnte. Die Rettungsinsel hatte jegliche Stabilität verloren. Anscheinend verformte sie sich, wie sie wollte. Man konnte nicht von einer Seite auf die andere treten. Wir bekamen heraus, dass wir die Schultern über den Rand des Rettungsfloßes heben und uns fest einklemmen konnten, wenn wir einander gegenübersaßen und John seinen unverletzten Fuß bei mir in den Schritt drückte. Dabei saßen wir parallel zum Stützbügel, sodass wir uns auch daran festhalten konnten, um mehr Halt zu haben. Den Rücken an das Gummi gedrückt, gaben unsere Körper uns etwas Auftrieb. Wir nahmen diese Stellung in den frühen Morgenstunden ein und behielten sie bei, bis wir in jener Nacht um 23.00 Uhr herausgezogen wurden.

Ich kann dazu nur sagen, dass John mir jetzt ein paar Bier schuldet, weil er den besseren Teil erwischt hatte. Sein Fuß war fest gegen meine Eier gedrückt, und ich kann Ihnen sagen, dass mein Schritt blau und grün war, als alles vorüber war. Meine Eier waren ganz weit oben, gleich unter den Augen. Wir halluzinierten dauernd. Wie ich mich erinnere, dachte ich, ein Teil der Rettungsinsel habe bestimmt einen weichen Boden und ich könne dort hingehen und die Füße draufstellen. Dann hatte ich Halluzinationen über einen festen Fußboden. Es gab einen Flur, den ich entlangging, und ich konnte dort einfach so stehen. Es war ein äußerst beglückendes Gefühl. Wir beide sahen massenweise Schiffe und Segelboote – Kutter und Schoner. An mir zogen Millionen von ihnen vorbei.

John erzählte mir genau dasselbe. Er sah beleuchtete Schiffe an uns vorbeiziehen. Ich verbrachte auch sehr viel Zeit mit Gedanken an das Schöne in meinem Leben, besonders die Romanzen. Ich besuchte in Gedanken alle Mitglieder des schönen Geschlechts, die ich je kennen gelernt hatte. Ich verbrachte viele Stunden mit ihnen. Es brachte Spaß und half auf jeden Fall, die Zeit totzuschlagen. Ich brauche wohl nicht näher zu erläutern, dass es erheblich besser war, als Schäfchen zu zählen. Ich dachte auch an Jane, mit der ich seit drei Jahren verheiratet war – es waren wunderschöne Gedanken. Ich unterhielt mich auch ein wenig mit John, aber obwohl er sehr redselig ist, gab es lange Stunden des Schweigens. Ich hielt es für wichtig, das Gespräch nicht abreißen zu lassen. Ich wusste, dass John starke Schmerzen hatte und machte mir seinetwegen große Sorgen.«

Irgendwann während des Nachmittags landete ein schöner Albatros nahe der Rettungsinsel im Wasser und betrachtete die beiden einsamen Segler traurig. Dann flog er heran und schwamm direkt neben Gibson. Beide waren sich einig, dass es ein Glückszeichen sei.

»Wir lagen lange nur herum und schwiegen. Ich erinnere mich, dass ich bei mir dachte: Mein Gott, ich sollte es lieber mit etwas Aufmunterung versuchen, deshalb sagte ich zu John: ›Meinst du, wir sind hier auf einem Dampferweg, auf einer Schiffsroute?‹ Doch er verneinte. Dann lagen wir wieder nur im Wasser, und die Rettungsinsel machte plitsch, platsch, pitsch, patsch.

Nach einer Weile versuchte ich es erneut: ›Steamer, meinst du, dass irgendeine von den Hobart-Rennyachten hier vorbeikommen könnte?‹

›Nein.‹

›Steamer, was meinst du, wo wir sind?‹

›Ich schätze, wir sind ungefähr 90 Meilen östlich von Eden.‹

›Also, Steamer, hier sind keine Boote.‹

›Nein, Gibbo.‹

›Keine Yachten.‹

›Nein, Gibbo.‹

›Wir sind 90 Meilen weit draußen.‹

›Richtig, Gibbo.‹

›Und – wer soll wen zuerst aufessen?‹

Keine Antwort, nicht einmal ein Grunzen.

Wir drifteten weiter durch die Gegend, und ich betrachtete meine Hände. Aus beiden sickerte Blut. Dann sah Steamer sie an und danach sahen wir uns gegenseitig an. Wir sagten nichts, dachten aber beide dasselbe: Haie – von allen Seeleuten gehasst – konnten sich an unsere Blutspur heften. Noch ein Faktor in der Gleichung, auf den wir nicht vorbereitet waren. Das hatten wir überhaupt nicht berücksichtigt. Die Kälte begann durch meinen Körper zu ziehen. Ich hatte Muskelkrämpfe, zitterte und bebte. Ich erinnere mich genau, wie ich versuchte, meine Schultern wieder höher zu schieben – um den Oberkörper so weit wie möglich aus dem Wasser zu heben – und dass die Anstrengung, mich gegen John zu drücken um mich hoch zu hebeln ständig größer wurde. Es wurde immer schwerer.«

»Gibbo wollte dauernd quatschen, wahrscheinlich weil er Anwalt ist«, berichtet Stanley. »Aber er klagte nie wegen seiner Hände, nicht ein einziges Mal. Ich nehme an, dass ich auch nicht über meinen Knöchel klagte. Gibbo hatte seine Kontaktlinsen verloren und sah kaum etwas, deshalb musste ich für ihn Ausguck nach Flugzeugen halten.«

Gegen 16.00 oder 17.00 Uhr waren Stanley und Gibson überzeugt, dass sie ein Fischereifahrzeug gesehen hätten, einen großen Trawler. Sie hörten auch Flugzeuge. Dann endlich, über 24 Stunden nachdem die WINSTON CHURCHILL gesunken war, kam die erste echte Hoffnung auf Rettung: Erst hörte Stanley nördlich der Rettungsinsel ein Flugzeug, dann sah er es. Er winkte verzweifelt, wurde aber nicht gesehen. Etwa 20 Minuten später kam das Flugzeug zurück, verfehlte die Rettungsinsel jedoch erneut. Doch einige Zeit später wurden Stanleys Anstrengungen belohnt. Er sah ein großes Flugzeug in geringer Höhe direkt auf sie zukommen und brüllte Gibson an, ihm die gelbe Schwimmweste zu geben. Stanley packte sie und schwenkte sie weit ausholend über seinem Kopf. Er hoffte verzweifelt, dass die Weste sich besser von der See abheben würde als die schwarze Rettungsinsel. Er winkte verbissen weiter, als das Flugzeug vorüberflog und war außer sich vor Freude, als das Licht an der Tragflügelspitze blinkte.

Die beiden waren kaum mehr als zwei gelbe Nadelspitzen in der endlosen Weite der brodelnden See, aber ungefähr eine Stunde später kehrte das Flugzeug zurück, diesmal in Begleitung eines Hubschraubers – beide flogen geradewegs vorbei. Stanley und Gibson waren gar nicht gesichtet worden. Der Helikopter war auf dem Weg, die vier anderen zu retten.

***

Für Stanley und Gibson brach die zweite Nacht herein. Sie hatten weder Proviant noch Wasser, und doch schafften sie es noch irgendwie, durchzuhalten. In diesem Augenblick brach neue Hoffnung aus dem Himmel hervor. Die beiden erwachten aus ihrem fast komatösen

Zustand, als sie ein Suchflugzeug hörten. Dann sahen sie es mit hell blinkenden Positionslichtern aus der Schwärze hervorkommen. Gibson hatte eine Blitzleuchte und Stanley eine Stablampe, die beide funktionierten. Sie richteten die Lampen auf das Flugzeug, das dann etwa 10 Minuten über ihnen flog und anzeigte, dass sie gesichtet worden waren. So beruhigend das war, hatten Stanley und Gibson doch noch immer keine Ahnung, wie und wann sie gerettet würden.

Durch das Sturmgebrüll hindurch begannen Steamer und Gibson das dumpfe Dröhnen der Triebwerke eines herannahenden großen Hubschraubers zu hören. Es wurde immer lauter. Und endlich erschienen aus den Wolken mit gleißenden Suchscheinwerfern ein klotziger Sea-Hawk-Hubschrauber der Marine.

***

Die Tatsache, dass die nur mit einer Rumpfbesatzung bemannte Fregatte NEWCASTLE in der Nähe war, erwies sich für Stanley und Gibson als Sprungbrett zurück in die Zivilisation. Für die von Kapitänleutnant Nick Trimmer geflogene Sea Hawk bot das Schiff eine Möglichkeit zur Betankung auf hoher See. Er und seine Besatzung, Korvettenkapitän Rick Neville, Kapitänleutnant Aaron Abbott, genannt »Wal«, und Leading Seaman Shane Pashley hatten den ganzen Tag weit vor der Küste nach havarierten Yachten und nach dem vermissten Glyn Charles von der SWORD OF ORION gesucht.

»Es war dunkel und wir waren auf dem Rückflug nach Merimbula«, erinnert sich Pashley, »da hörten wir über Funk eine PC-3 Orion der Luftwaffe. Die Maschine suchte anscheinend mit Infrarot die See ab. Wir hörten die Orion-Flieger der AusSAR melden, dass sie ein Licht gesehen hätten, eine Blitzleuchte im Wasser, und dass jemand das Flugzeug mit einer Taschenlampe anleuchte. Offenbar handelte es sich nicht bloß um eine aufgegebene Rettungsinsel, sondern dort war jemand im Wasser und am Leben. Die Besatzung der Orion konnte das Objekt per Infrarot nicht genau genug identifizieren und hatte einige Fackeln in der Nähe ins Wasser geworfen. Wir ermittelten, dass das Objekt etwa 20 Meilen südlich querab von unserem Kurs nach Merimbula lag. Wir warteten, um zu hören, ob irgendwelche anderen Flugzeuge in der Nähe waren. Als dann feststand, dass keine Maschine verfügbar war, teilten wir der

PC-3 mit, dass wir herunterkommen und uns die Sache ansehen würden. Als wir uns dem Suchgebiet näherten, warf die PC-3 für uns ganz dicht bei der Rettungsinsel ein paar Fackeln ins Wasser. In der Finsternis sahen wir allmählich die Taschenlampe. Sie war noch einige hundert Meter entfernt und schwer zu erkennen. Aber sie war da.«

Nun musste sich die Hubschrauberbesatzung das wirkungsvollste Vorgehen bei der Rettung überlegen. Die Flieger wussten, dass die beiden schiffbrüchigen Segler seit einiger Zeit im Wasser trieben, eventuell verletzt und ganz bestimmt erschöpft waren. Damit kam es nicht in Frage, die Schlinge einfach ins Wasser zu lassen und alles Weitere den Seglern zu überlassen. Die einzige Möglichkeit war, Pashley hinabzulassen. Er klatschte ins Wasser und tauchte sofort unter, bevor er wieder hochkam und in die Rettungsinsel sprang. Natürlich wusste er nicht, dass sie keinen Boden hatte und ging sofort wieder unter. Für Pashley war es überhaupt die erste Seerettung bei Nacht, und das bei Wetterbedingungen, über die man gar nicht reden mag. Er machte sich auch Sorgen wegen der Gefahr von Haiangriffen.

»Es war ein gewandter Bursche und er sprang über den Rand in die Rettungsinsel hinein – geradewegs ins Wasser«, erinnert sich Stanley. »Ich musste ihm zurufen: ›Aufpassen, wir haben keinen Boden. Vorsicht.‹ Ich forderte ihn auf, Gibbo zuerst mitzunehmen, wegen seiner Hände, und schon waren die beiden weg. Plötzlich sah ich sie zur Seite losjagen, blitzschnell durchstarten. Ich dachte, der Pilot hätte es so gewollt, um sie wegzuziehen, bevor er mit dem Hieven begann. Auf jeden Fall muss ich sagen, dass der Bursche, der Gibbo festhielt, und der Pilot großartige Arbeit geleistet haben.«

»Gerade als ich dem ersten Mann die Schlinge angelegt hatte, versagte im Hubschrauber das Auto-Hover-System (das automatisch eine feste Schwebeposition hält) und er wurde etwas versetzt«, erinnert sich hingegen Pashley. »Der Draht kam plötzlich steif und riss uns buchstäblich seitwärts aus der Rettungsinsel. Es fühlte sich an, als hätte man sich ein Seil umgelegt, es an einem Auto befestigt und den Wagen dann mit Vollgas losfahren lassen. Gibson wurde irgendwie rückwärts und seitwärts weggerissen, ich dagegen vorwärts und über ihn hinweg. Dabei blieb das Messer am Bein meines Neoprenanzugs am Rand der Rettungsinsel hängen und schnitt so tief in mein Knie, dass es später operiert werden musste. Damals jedoch hätte ich wahrscheinlich das ganze Bein verlieren können, ohne es zu merken. Wenn der Draht in diesem Augenblick bei einem von uns um irgendeinen Körperteil gewickelt gewesen wäre, dann wäre dieser Körperteil verloren gewesen, das wusste ich. Es ist starker, dünner Draht. Er hätte ziemlich schnell Gliedmaßen abtrennen können.«

Während die Maschine jetzt per Handsteuerung auf Schwebeposition gehalten wurde, wurden Gibson und Pashley aus dem Wasser gezogen. Gibson wurde auf den Boden des Hubschraubers gelegt und mit einer Wärmeisolierfolie bedeckt. Man gab ihm etwas Wasser und untersuchte ihn flüchtig. Dann war John Stanley an der Reihe. Als Pashley sich aber zum Abwinschen fertig machte, sagte man ihm, dass der Plan geändert worden sei. Die Flieger meinten, es würde zu gefährlich werden, Pashley noch einmal hinunterzulassen, und glaubten, dass zwei Mann an der Winsch besser wären. Pashley bediente die Winde, während Abbott den Helikopter mit dem kleinen Joystick, der neben dem Seitentor angebracht ist, in Position brachte. »Ich war überrascht zu sehen, dass der Mann nicht wieder am Draht herunterkam, um mich zu holen«, erzählt Stanley. »Sie ließen nur einen Ring zu mir herab. Sie dachten wohl, ich sei unverletzt. Der Ring wurde direkt neben mir ins Wasser dirigiert und ich zog ihn über. Ich bekam die Arme und Schultern hindurch, aber dabei muss ich eine Leine von der Rettungsinsel mit in den Ring bekommen haben. Der Mann an der Winde begann zu hieven und ganz plötzlich blickte ich hinab und sagte mir: Die Rettungsinsel kommt mit hoch. Eine Leine muss sich verheddert haben. Ich kam sieben, acht Meter hoch und dachte: Lieber nicht, das wird gefährlich. Also streckte ich die Arme nach oben und stieg aus, senkrecht zurück ins Wasser. Gleich danach ließ der Mann den Ring gut einen halben Meter neben mir landen. Ich kletterte wieder hinein und erinnerte mich, dass ich solche Rettungsaktionen schon als Vorführungen beobachtet hatte: Man fasst den Draht nicht an, sondern verschlingt die Hände unterhalb des Gurtes.«

Stanley und Gibson hatten sich, wenn man ihr dreißigstündiges Martyrium bedenkt, erstaunlich gut gehalten. Sie berichteten den Marinefliegern so viel sie darüber wussten, was ihren drei Mitseglern in der vorangegangenen Nacht zugestoßen war, alles in der Hoffnung, dass man sie noch lebend finden würde. Auch Pashley und Abbott redeten unaufhörlich auf die beiden Geretteten ein, weil sie wussten, dass es lebenswichtig war, sie wach und bei klarem Bewusstsein zu halten, um die Gefahr eines Schocks zu vermindern, bevor sie in ärztlicher Obhut waren.

***

Mallacoota, ein winziges Städtchen gleich südlich der Grenze zwischen Neusüdwales und Victoria, ist, wie die ersten vier Überlebenden der WINSTON CHURCHILL feststellen sollten, eine Stadt mit außergewöhnlichem Gemeinsinn und großer Hilfsbereitschaft für Menschen in Not. Von dem Augenblick an, als man den Schiffbrüchigen, nass und verdreckt wie sie waren, aus dem Hubschrauber half, sorgte man dafür, dass sie sich geborgen fühlten und machte es ihnen bequem. Jedem Überlebenden wurde ein Ortsbewohner zugewiesen, der ihm Mut zusprechen und für ihn sorgen sollte. Auch das Rote Kreuz und die örtliche Abteilung der Freiwilligen Küstenwache waren mit Hilfe bei der Hand.

»Es war einfach unglaublich«, sagt Gould. »Die Gastfreundschaft, die Art, in der diese Gemeinschaft an einem Strang zog, einfach fantastisch. Sie notierten unsere Namen und Telefonnummern, um unsere Familien anzurufen und ihnen zu versichern, dass wir wohlauf waren, während wir noch untersucht und unter die Dusche gesteckt wurden. Dann traf für jeden von uns trockene Kleidung ein. Es war alles kein Problem.«

Zu der Freude, mit den Lieben zu telefonieren, kam später am Abend die gute Nachricht, dass die zweite Rettungsinsel gefunden worden sei.

»Es lag auf der Hand, dass wir nach unserer Rettung optimistisch waren, also nahmen wir an, dass alle fünf an Bord der Rettungsinsel sein würden«, erinnert sich Gould. »Wir wussten nicht, wann oder wie man sie bergen und wohin man sie bringen würde, also feierten wir es mit einem Bier und gingen dann schlafen, weil wir kaum noch die Augen offen halten konnten. Das Wunderbarste auf Erden war, dass ich meine vollen 1,90 m in einem verdammt großen Bett ausstrecken konnte, nachdem ich so lange mit drei anderen in einer Rettungsinsel eingepfercht gewesen war.«

***

Am nächsten Morgen stand Richard Winning früh auf, um ein landesweit gesendetes Fernsehinterview zu geben. Als die Sendung begann, fragte man ihn, wie er den Verlust dreier Segelkameraden von der WINSTON CHURCHILL empfinde. Diese erschreckende Nachricht war neu für ihn. Mike Bannister und John Dean, zwei seiner engsten Freunde, seitdem die drei als Zehnjährige vor Vaucluse im Hafen von Sydney Jollen gesegelt hatten, waren nicht mehr. Auch Jim Lawler, mit dem er sich in späteren Jahren angefreundet hatte, war tot. Winning neigte den Kopf, tief bestürzt und von Gefühlen überwältigt, stand auf und ging.

Dritter Teil

Das Rennen bis zum Ziel

Viele Menschen haben Mühe gehabt, zu verstehen, wie die 54. Sydney-Hobart-Regatta sich nach einem so harmlosen Beginn innerhalb von 36 Stunden zu einer der schlimmsten Hochseesegelkatastrophen der Welt verwandeln konnte. Als der Orkan seine unheilvolle Schneise durch die Nordostecke der Bass-Straße gezogen hatte, wurden Beobachter von Tasmanien bis Grönland Zeugen, wie sich eine Horrorgeschichte entwickelte. Anschauliche Fernsehbilder, Zeitungsfotos und Interviews mit Überlebenden verdeutlichten die Gefahren des Hochseerennsegelns wie nie zuvor.

Während all dies geschah, lief der groß angelegte Rettungseinsatz auf vollen Touren weiter, und auch die Regatta wurde fortgesetzt – sehr zur Überraschung derjenigen, die die Dynamik dieses Sports nicht kennen. Schlecht informierte Teile der Medien forderten den Abbruch der Wettfahrt. Wie es schien, bedachten nur wenige von denen, die hinter diesen Vorschlägen standen, was tatsächlich ablief. Vielleicht glaubten sie, dass es so ähnlich sei wie im Motorsport, bei dem Flaggen geschwenkt werden und die Rennwagen an den Boxen halten, wenn es zu stark regnet und die Strecke zu rutschig wird. Die Wirklichkeit aber sah anders aus: Selbst wenn man die Regatta abgebrochen hätte, wären viele Yachten noch 50 bis 100 Meilen vom sicheren Hafen entfernt gewesen. Sie hätten so oder so einen ganzen Tag oder länger gegen lebensgefährlichen Seegang und tobenden Sturm ankämpfen müssen, um einen Hafen zu erreichen. Für einige Boote lag freundlicheres Wetter einfach voraus, nicht achteraus.

***

Die gewissenhaften Mitarbeiter in der Rettungsleitstelle der A.M.S.A. in Canberra funktionierten mit Kaffee und Adrenalin. Am zweiten Einsatztag verschwamm ihnen alles vor den Augen. Die normalerweise fünfköpfige Nachtschicht hatte sich rasch auf 20 vervierfacht. Sofort beim Eintreffen wurde jeder Mitarbeiter eingewiesen und dort eingesetzt, wo sich gerade wieder eine Lücke in der Rettungskoordination aufgetan hatte. Einige blieben die nächsten 14 bis 16 Stunden auf ihrem Posten. Unter normalen Verhältnissen hätte die Leitstelle es mit nicht mehr als zwei Notfällen gleichzeitig zu tun gehabt. Jetzt waren es bis zu 17.

Auch die Abteilung Öffentlichkeitsarbeit der A.M.S.A. stand stark unter Druck, weil zahllose Anrufe von Familien und Freunden der Regattateilnehmer eingingen und dazu noch eine Flut von Medienanfragen aus der ganzen Welt. David Gray, Bryan Hill und Robin Poke sprachen innerhalb von 48 Stunden mit circa 300 Anrufern. Sie ließen sich live im australischen und amerikanischen Fernsehen befragen und selbst von fernen europäischen Ländern aus interviewen. Die ungewisse und verworrene Lage war ihr schlimmster Feind: Zu den meisten Yachten war jede Funkverbindung abgerissen, und manchmal waren die Schiffe nur äußerst schwer ausfindig zu machen. Oft war die Leitstelle allein auf analoge Mobiltelefone an Bord von Flugzeugen angewiesen.

Steve Francis, der stellvertretende Einsatzleiter, hatte bei der rasanten Entwicklung des Einsatzes Schwierigkeiten, sich ein Bild von der Lage zu machen und auf dem Laufenden zu bleiben. Einmal hatte die Leitstelle, das Rescue Control Centre (RCC), mit fünf Funkbojenalarmen gleichzeitig zu tun! Sobald ein zum Funkzielflug fähiger Hubschrauber losgeschickt wurde, war sein Bordsystem auch schon überlastet und außerstande, die Menge der Notrufe zu bewältigen. Der Such- und Rettungseinsatz erstreckte sich über etwa 10 000 Quadratmeilen. Beteiligt waren daran fünf zivile Hubschrauber, 38 zweimotorige Flächenflugzeuge, zwei Sea-King-Hubschrauber der australischen Marine, zwei Sea-Hawk-Helikopter und dazu die H.M.A.S. NEWCASTLE. Die australische Luftwaffe war mit zwei Langstreckenflugzeugen Orion-PC-3 und zwei Hercules-C-130-Maschinen dabei. Am zweiten Einsatztag besserte sich das Wetter zwar, dennoch blieb auch dieser Tag nicht ohne Zwischenfälle. Einmal wurden Hubschrauber und Flugzeuge alarmiert, um einen

Flieger zu retten: Der Hubschrauber von der N.R.M.A. CareFlight hatte 80 Meilen vor der Küste eine Triebwerksstörung. Terry Sommers, der Pilot, meldete dem SAR-Überwachungsflugzeug, dass er Schwierigkeiten habe und zur Küste zurückkomme. Sofort wurde Hilfe organisiert, sodass die Hubschrauberbesatzung wohlbehalten zurückkehren konnte.

***

Da der Kommodore des C.Y.C., Hugo van Kretschmar, auf der Yacht ASSASSIN an der Regatta teilnahm, war der frühere Kommodore Peter Bush zum offiziellen Sprecher des Clubs ernannt worden. Bush, der selbst schon 14 Sydney-Hobart-Rennen mitgemacht hatte, stand von seinem Haus in Sydney aus in ständiger Verbindung mit den Vereinsfunktionären und hielt sich über den Fortgang der Regatta während der ersten Seenacht auf dem Laufenden. Er vermutete bereits, dass das Feld einiges an schwerem Wetter über sich ergehen lassen müsse. Nach kurzem Schlaf begab er sich nachts um 2.30 Uhr in den Club, um die 3.00-Uhr-Positionsmeldungen abzuhören. – Er verließ die Räume erst über 40 Stunden später. Am 27. hörte er gegen 12.30 Uhr am SSB-Funkgerät im Wettfahrtbüro die RAGER melden, dass die Yacht äußerst heftigen Sturm habe, so um die 70 kn. Schon bald wurde der Club durch Anrufe von Verwandten und Freunden der Regattateilnehmer überschwemmt. Medienvertreter rückten in hellen Scharen an, jeder einzelne fest entschlossen, eine zugkräftigere Story zu bringen als die Konkurrenz. Bush kam allmählich ins Schwitzen, deshalb sorgte er dafür, dass alle zwei Stunden eine kurze Pressekonferenz abgehalten wurde, auf der die neuesten Entwicklungen bekannt gegeben wurden. Australien und die Welt dürsteten nach Neuigkeiten.

Gegen Mittag des 28. kehrte die ASSASSIN nach Sydney zurück, nachdem sie die Wettfahrt aufgegeben hatte. Bush hatte van Kretschmar über die Entwicklungen unterrichtet, während dieser noch auf See war, um ihn ein wenig auf das »Erschießungskommando« aus Medienvertretern vorzubereiten, das ihn am Hafen erwartete. Van Kretschmar merkte bald, dass er sich nach Hobart begeben sollte, um dort für den Club die Dinge in die Hand zu nehmen. Die Reporter folgten ihm und verlangten ständig Antworten. Er hielt Pressekonferenzen ab, um die Medien über jedes einzelne Drama auf dem Laufenden zu halten. Gleichzeitig musste er den Regattasport allgemein und den C.Y.C. im Besonderen verteidigen.

***

Als es am 27. Dezember Mitternacht wurde, waren schon 39 Yachten ausgeschieden, die meisten davon hatten Kurs auf Eden genommen. Schwer beschädigte Boote, manche nur noch mit den verbogenen und verdrehten Überresten eines einstmals stolzen, hoch aufragenden Mastes, boten ein trauriges Bild. Zeitweise schienen Krankenwagen im ständigen Pendelverkehr zu fahren, um die Verletzten abzuholen. Im Laufe der Nacht kreuzten noch weitere Yachten auf den Hafen zu und liefen ein, während andere, die der explosivsten Gewalt des Orkans entkommen waren oder es wie durch ein Wunder geschafft hatten, dem Sturm standzuhalten, weiter im Rennen nach Hobart lagen.

Den beiden schnellsten Yachten, der SAYONARA und der BRINDABELLA, gelang es dem Toben des Sturms weitgehend zu entkommen, aber auch sie blieben von haarsträubenden Augenblicken nicht verschont. Inmitten von Schrecken und Tragödie gab es auch lustige Momente.

»Paddy Broughton, unser Mastmann, trug eine automatische Rettungsweste, die sich selbsttätig aufbläst, wenn sie ein paar Sekunden unter Wasser gerät«, erinnert sich Andrew Jackson, ein Besatzungsmitglied der BRINDABELLA. »Weil so viel Wasser über Deck spülte, beschloss er, dass es das Beste sein würde – um das Wasser von der Aufblasautomatik fernzuhalten –, die Weste unter der Ölzeugjacke und dem Sicherheitsgurt anzuziehen. Als wir in der Bass-Straße waren, ging Paddy einmal aufs Vorschiff, um die Fock 5 herunterzuholen. Gleich darauf steckte das Schiff die Nase durch diese verflixt hohe See und die wurde über Bord gewaschen. Die Welle war so groß, dass Paddy untertauchte.

Als sich das Wasser verzogen hatte, war Paddy noch da. Er lag auf dem Vordeck, mit dem Rücken flach über dem Spinnakerbaum und hing an seinem Gurt. Als Nächstes griff er sich an die Brust, anscheinend vor Schmerzen, und bevor wir etwas tun konnten, hatte er sein Messer herausgezogen und begann sich damit zu erdolchen – zumindest kam es uns so vor. Was war geschehen? Es war so viel Wasser unter seine Öljacke gedrungen, dass die Automatik der Schwimmweste angesprochen und die Weste aufgeblasen hatte. Wegen des Sicherheitsgurts konnte die Weste sich nicht ausdehnen und presste Paddys Brust zusammen. Er hatte das Messer genommen, um die Schwimmweste aufzustechen und die Luft herauszulassen.«

Aufgrund von Funkproblemen war man auf der BRINDABELLA über das Schlachtfeld hinter der Yacht nicht voll im Bilde. Die Crew der SAYONARA wusste einigermaßen Bescheid, hatte aber noch immer mit eigenen Schwierigkeiten zu kämpfen. Larry Ellison und seine 22 Mitsegler bekamen unerwartete Probleme, als sie die Nordostecke Tasmaniens erreichten. Dort füllte sich im Gegensatz zum Tief gerade ein Hochdruckgebiet auf – die See war schon wieder haushoch geworden. Fast ohne Vorwarnung brach das innere Vorstag, und Relingsstützen wurden losgerissen – das Boot fiel nach und nach auseinander. Segler wurden wie Spielbälle umhergeworfen und mussten sich zusätzlich zur Erschöpfung noch mit Verletzungen plagen. Einmal wurde der Mitsegler Phil Kieley durch die Luft geschleudert und blieb dabei mit dem Fuß hängen. »Als ich gelandet war und an mir hinabblickte, dachte ich, ich hätte einen Seestiefel verloren, denn er hing unter dem Bein meiner Ölhose seitlich heraus. Dann wurde mir klar, dass mein Fuß noch drinsteckte. Um mich herum war soviel los, dass ich eine Weile brauchte um zu merken, dass mein Fußgelenk gebrochen war.« Schließlich wendete die SAYONARA und segelte einen Schlag auf die tasmanische Küste zu, wobei sie die Wellen in einem günstigeren Winkel nehmen und geschickt der völligen Vernichtung entgehen konnte.

***

Die FOXTEL-TITAN FORD war mit ihrer Mannschaft mehr als 60 Meilen von der Küste entfernt, als sie gezwungen wurde, über fünf Stunden lang vor Topp und Takel zu laufen. Kurs auf das schützende Festland zu nehmen war möglicherweise gefährlicher, als über die Bass-Straße weiterzusegeln. Den Seglern war schmerzhaft bewusst, dass das Boot noch unerprobt war, nachdem das ganze Unterwasserschiff erneuert und der Kiel wieder montiert worden waren. Als »Versicherung« segelte der Bootsbauer Andrew Miller mit, der auf dem Höhepunkt des Sturms immer wieder die Bodenbretter hochnahm um »die Güte der Handwerksarbeit zu überprüfen«. Miteigner Peter Sorensen hätte schwören können, dass das Boot keine Wellen erkletterte, sondern schneebedeckte Berge.

In all dem Aufruhr sendete ein anderer der Miteigner, der Rundfunk-Showmaster Stan Zemanek, live Rundfunkberichte, obwohl er mit gebrochenen Rippen und weiteren Verletzungen an seine Koje gefesselt war. Zwar segelte er schon seit 42 Jahren, war im Hobart-Rennen aber ein Debütant und gelobte seinen Hörern, dass er kein zweites Mal mitmachen würde.

»Wir hatten nur wenige Leute an Deck, und die ganze Zeit konnten diejenigen von uns, die unter Deck waren, die Decksbesatzung rufen hören: ›Deckung, Deckung!!‹, als seien wir in Vietnam«, erinnert sich Zemanek. »Wir konnten unter Deck nur in diesem beengten Raum sitzen und zuhören, wie die See auf das Schiff einhämmerte. Es gab ganz sicher einen Zeitpunkt, als ich glaubte: Das war's, es ist vorbei, wir sterben. Ich begann über meine Frau und die Kinder und die ganze Familie nachzudenken und hatte Angst, dass ich sie vielleicht nie wiedersehen würde. Ich bin nicht zu stolz, zuzugeben, dass ich gebetet habe und bin sicher, dass alle anderen an Bord genau dasselbe getan haben. Wenn man da draußen schlicht und einfach hilflos ist, nicht mehr als ein Korken in der Brandung, ist man auf diesen religiösen Glauben angewiesen. Wir neigen alle dazu, zu glauben, dass wir tolle Kerle und harte Segler sind, die mit allem fertigwerden, aber wenn es zum Hauen und Stechen kommt, wenn du der Wirklichkeit des Lebens gegenüberstehst, wenn du weißt, dies könnte dein letzter Augenblick auf Erden sein, dann fängst du an über Familie, Freunde und über Gott nachzudenken. Du sagst dir auch, dass du schleunigst anfangen solltest, Wiedergutmachung zu leisten.«

Bei Julie Hodder, dem dritten Mitglied der Eignergemeinschaft und gleichzeitig Navigatorin der FOXTEL-TITAN FORD, wurde die Angst davor, von den Wellenkämmen zu fliegen, natürlich auch durch das beeinflusst, was anderen Regattateilnehmern zugestoßen war. Darüber hinaus erinnert sie sich lebhaft daran, wie der Wind innerhalb weniger Minuten von 70 bis 80 kn auf Null abflaute, als das Boot durch das Auge des Orkans segelte. Es war ein unheimliches Erlebnis. Im Ungewissen, was sie tun sollten, warteten die Segler einige Minuten, dann setzten sie das Großsegel mit einem Reff, danach ganz schüchtern die Sturmfock. 20 Minuten später zwinkerte das »Auge«, und der Sturm schlug erneut zu, diesmal aber nur mit 40 bis 50 kn. Julie Hodder war unter Deck für das Funkgerät und die »Krankenstation« zuständig und teilte Seekrankheitstabletten, Verbandszeug und alles andere aus, was die drei Verletzten Mitsegler benötigten. Zudem schöpfte sie wie wild, worin sie nur von Tony Poole übertroffen wurde, und gab über Funk Nachrichten an Telstra-Control an Bord der YOUNG ENDEAVOUR weiter.

Julie und die anderen machten sich Sorgen über die Position und den Zustand der WINSTON CHURCHILL. Sie kannten fast alle an Bord jener Yacht. Auch Ian Kiernan und seine Mitsegler auf der CANON MARIS, die an der Küste entlang zurück nach Sydney lief, waren beunruhigt. Alle erdenklichen Funkkanäle wurden in der verzweifelten Hoffnung abgehört, dass man Jonathan Gibsons Vater John, der an Bord der WINSTON CHURCHILL gewesen war, gefunden habe. Als die Meldung eintraf, dass John am Leben war, griff der junge Gibbo sich die Whiskyflasche aus dem Schapp und stürzte etwa ein Viertel des Inhalts in einem Zug hinunter.

***

Als die größte Maxiyacht der Welt, die SAYONARA, am 29. Dezember gegen 8.00 Uhr morgens schneidig den Derwent hinaufkreuzte, war Hobart eine Stadt in Trauer. 53 Jahre lang hatte die große Regatta nationale und internationale Aufmerksamkeit auf die Hauptstadt dieser australischen Inselprovinz gelenkt, in diesem Jahr aber war die Aufmerksamkeit durch Kummer und Sorge getrübt. Es sollte Hochsommer sein, aber an diesem Morgen lag ein deutliches Frösteln in der Luft, als die Slup mit ihrem weißen Rumpf die Ziellinie vor Battery Point, dicht am Hafenviertel der Stadt, durchbrach. Zwar hatte sich die übliche Flotte von Booten eingefunden, um die erste Yacht in den Hafen zu begleiten, die Hochstimmung aber, die meist mit diesem Augenblick verbunden ist, fehlte. Die geplanten offiziellen Begrüßungsfeierlichkeiten einschließlich Tagesfeuerwerk und Preisverleihung waren abgeblasen worden – ein Zeichen der Hochachtung für diejenigen, die das Leben verloren hatten. Auf der SAYONARA schüttelten einige der erfahrensten Segelprofis der Welt ungläubig die Köpfe. Manche von ihnen brachen einfach an Deck zusammen.

An die 5000 Menschen drängten sich entlang der Kais, um die erste der davongekommenen Yachten eintreffen zu sehen. Dennoch schien die Menge unentschieden, ob es richtig war, die Ankunft der SAYONARA zu feiern. Als das Schiff an dem Ponton anlegte, der eigens für die Begrüßung vorbereitet war, trat Ellison an Land und wurde von den wartenden Journalistenscharen begrüßt. Unmittelbar über ihm hingen bunte Flaggen auf halbmast. Die Augen von Tränen und salziger Gischt gerötet, sprach Ellison über seine Erlebnisse:

»Nie wieder. Nicht einmal, wenn ich 1000 Jahre alt werde, werde ich noch einmal an einem Hobart-Rennen teilnehmen. Das ist nicht der Sinn der Sache. Schwierig soll es sein, ja, aber nicht gefährlich und schon gar nicht lebensbedrohlich.« Nachdem er angedeutet hatte, dass er den Hochseeregattasport vielleicht ganz aufgeben würde, sagte er, es gebe nur ein Wort um das Rennen zu beschreiben: »Ein Alptraum. Es war bei weitem das härteste Rennen meines Lebens. Es war furchtbar. Die Mannschaft hat mitreißend gearbeitet. Da draußen hätte uns viel Schlimmes passieren können, aber diese Jungs haben uns da durchgebracht. Leute wurden niedergeschmettert, kamen aber immer wieder hoch und gingen an die Arbeit. Unermüdlich taten sie alles Nötige, um das Boot zusammen und uns alle am Leben zu halten. Es war wahrhaft außergewöhnlich. Jeder, der für diese Regatta anheuert, rechnet mit einem schwierigen Rennen, aber niemand erwartet eine derartige Gefahr. Der Seegang war gigantisch, und der Wind machte Geräusche, wie ich sie vorher noch nie gehört hatte.«

Derweil saß Chris Dickson, ein Segelweltmeister, auf dem Decksrand, starrte in die Ferne und hörte zu, was Ellison sagte. Sue, seit einer Woche Dicksons Ehefrau, tröstete ihn. »Schwerer kann es kaum sein«, sagt Dickson. »Als Erste hier zu sein ist sicher ganz nett, aber überhaupt hier zu sein ist das einzig Wichtige. Jeder von uns denkt an diejenigen, die noch draußen sind und macht sich nicht viele Gedanken darüber, wie wir abgeschnitten haben.«

Lachlan Murdoch war ebenso nachdenklich. »Ich glaube, viele von dieser Besatzung haben schon bei dem Gedanken daran, dass wir überhaupt durchs Ziel gegangen sind, sehr, sehr gemischte Gefühle. Man muss draußen gewesen sein um zu wissen, wie schlimm es wirklich war. Wenn man an einen beliebigen Katastrophenfilm denkt, den man irgendwann gesehen hat, muss man sich den Schrecken verdoppelt oder verdreifacht vorstellen.«

Der Navigator Mark Rudiger, der mit der Mannschaft unter dem Amerikaner Paul Cayard die vorangegangene Whitbread-round-the-World-Regatta gewonnen hatte, stimmte in die Gefühle ein, die Murdoch ausgedrückt hatte. »Die Sydney-Hobart-Regatta hat all meine Befürchtungen erfüllt und übererfüllt. Ich hatte gehofft, mit einem leichten Rennen davonzukommen, aber es kam anders. Manchmal war es schlimmer als das Whitbread. Zum Glück dauerte es nicht so lange, aber auf dem Höhepunkt waren der Sturm und der Seegang, den wir über die Bass-Straße laufen sahen, das Schlimmste, was mir je begegnet ist.«

***

Von der Ankunft der SAYONARA bis zum Zieldurchgang der letzten Yacht in der Abenddämmerung des 1. Januar herrschte am Hafen von Hobart statt des üblichen lärmenden Trubels respektvolle Stille. Am meisten tat sich rund um die Übertragungswagen, Satellitenschüsseln und Scheinwerfer, mit denen die großen Fernsehanstalten in die Stadt eingefallen waren.

Die BRINDABELLA ging fast zwei Stunden nach der SAYONARA durchs Ziel, danach die zerzausten Überbleibsel eines einstmals starken Feldes von 115 Yachten. Jede eintreffende Mannschaft konnte Unglaubliches vom Überleben, von grenzenlosem Mut und davon erzählen, wie das Schicksal eingegriffen hatte. Erst als diese Segler festgemacht hatten und an Land gegangen waren, ihre Familien und Freunde wiedergesehen und von Tod und Verderben im Kielwasser ihrer Boote gehört hatten, konnten sie die Wucht der Ereignisse vollends begreifen.

Eine der bemerkenswertesten Leistungen hatte David Pescud mit seiner Mannschaft von behinderten Seglern auf der ASPECT COMPUTING gezeigt. Sie hatten nicht nur bis zum Ziel durchgehalten, sondern in ihrer Gruppe den ersten Platz belegt. Das Motto dieser Mannschaft lautete: »Carpe Diem« – Nutze den Tag. Durch die Ereignisse in der Bass-Straße wurden Freundschaften besiegelt. Keine davon war enger als diejenige zwischen zwei Seglern der ASPECT COMPUTING, dem jüngsten Wettfahrtteilnehmer Travis Foley, einem 12-jährigen Legastheniker aus Mudgee in Neusüdwales, und seinem blinden Mitsegler Paul Borg aus Mooloolaba.

Die Bindung war offensichtlich, als die beiden zum Podium gingen, um gemeinsam mit Pescud den Preis für den ersten Platz in der PHS-Gruppe in Empfang zu nehmen. An Land war der junge Foley sozusagen Borgs »Auge«, und so traten die beiden vor und wurden von der großen Menschenmenge am Hafen gefeiert. Borg hatte in dem 28-jährigen Danny Kane, der ihn an Bord der Yacht während der vorangegangenen 12 Monate unterstützt hatte, einen weiteren Helfer. Kane war seit einem vier Jahre zurückliegenden Schlaganfall teilweise gelähmt. Während der Regatta wurde Foley zum Mitglied dieses besonderen Teams. »Ich habe Paul geholfen, so oft ich konnte«, sagt der junge Foley, »habe ihm gezeigt, wo Sachen waren, und ihm geholfen, sein Ölzeug anzuziehen. Diese ganze Mannschaft, das sind jetzt meine besten Freunde.« Foley, für den es die erste Hochseeregatta gewesen war, gab zu, Angst gehabt zu haben, fügte aber auch hinzu, dass er wieder mitmachen würde.

Am anderen Ende der Bandbreite gab es den 81-jährigen Papa Tom – Sir Thomas Davis –, den ehemaligen Premierminister der Cook-Inseln. Er hatte in der 26-köpfigen Besatzung der gut 25 m langen NOKIA den Ehrenplatz. Trotz der Schrecken, die er durchgemacht hatte und trotz der Proteste seiner Freunde war Papa Tom mehr als froh, dass er die Einladung des Skippers David Witt zum Mitsegeln angenommen hatte. Seine medizinische Ausbildung hatte es ihm ermöglicht, die Funktion des Bordarztes zu übernehmen. Auf dem Höhepunkt des Sturms war er unter Deck ständig mit der Versorgung der Verletzten beschäftigt. Er erwähnte, dass er keinesfalls vom Hochseerennsegeln kuriert sei, wohl aber vom Sydney-Hobart-Rennen.

***

Die Tragödien, die das Rennen zunichte gemacht hatten, überschatteten auch die unglaubliche Leistung der Gesamtsieger Ed Psaltis und Bob Thomas mit der 33-Fuß-Yacht AFR MIDNIGHT RAMBLER. Dieses verhältnismäßig kleine und leichte Schiff kam als zehntes Boot in Hobart an und schlug damit viele größere Yachten schon nach gesegelter Zeit. Die MIDNIGHT RAMBLER wurde nach berechneter Zeit zum Sieger der Regatta erklärt und war damit seit einem Jahrzehnt die kleinste Yacht, die diesen bedeutenden Preis errang. Für Psaltis war es der 17. Versuch gewesen, die klassische Wettfahrt zu gewinnen. Die beste Platzierung vorher hatte er 1991 durch den 8. Platz mit der noch kleineren NUZULU erreicht.

»Wenn Glück eine Rolle gespielt hat, dann bestand es darin, dass wir das gröbste Wetter bei Tageslicht hatten«, sagt er. »Dadurch konnten wir die gefährlichsten Seen auf uns zukommen sehen und hatten die denkbar besten Chancen, das Boot über die Wellen zu führen. Ich glaube, man kann sagen, dass uns nicht ›*die* Welle‹ erwischte, ein Ungetüm, wie es so viele andere erledigte. Wäre es dunkel gewesen, dann hätte es anders ausgehen können.«

***

Am 1. Januar 1999 sah eine vielköpfige trauernde Menschenmenge schweigend zu, wie sechs Blumengebinde in Hobart ins Wasser des Constitution-Dock geworfen wurden: zum Gedenken an diejenigen, die an keiner Regatta mehr teilnehmen werden.

Nachwort

Das Segeln ist schon immer meine Leidenschaft gewesen und seit dem Schulabschluss auch zum Gegenstand meines Berufs geworden. Die Sydney-Hobart-Regatta 1998 war die dreißigste, von der ich berichtet habe. In diesem Zeitraum konnte ich in der klassischen Wettfahrt auch dreimal starten und dreimal das Ziel erreichen. Als ich 1998 in Hobart war, um für das Fernsehen und für Zeitungen vom Zieldurchgang zu berichten, wurde ich – wie so viele der Teilnehmer – emotional aufs Äußerste beansprucht. Plötzlich waren mein Sport und mein Leben mit Todesopfern konfrontiert.

Es war für mich keine angenehme Erfahrung: Ich stand an Land, wusste durch einige eigene harte Segelerlebnisse, wie schrecklich es in der Bass-Straße zuging, und versuchte, das Ganze gefasst der Welt zu vermitteln. Einige waren bereits umgekommen, und ich wusste, dass es noch mehr werden würden. Zugleich musste ich mit meiner eigenen Gefühlsbelastung fertigwerden. Freunde von mir waren zum Gegenstand von Suchaktionen geworden. Waren sie tot oder am Leben?

Zu all diesem kam eine Flut von Anrufen besorgter Ehefrauen und Freunde. Stets versicherte ich ihnen, dass alles gutgehen würde, dass sie zuversichtlich sein sollten. Das war fast so schwer wie am Rennen teilzunehmen. Diese Menschen waren verzweifelt auf Nachrichten angewiesen, ob ihr Ehemann, ihr Vater, ihre Schwester, ihr Sohn oder ihr Bruder nach Hause komme.

Das Telefongespräch mit Robyn Rynan in der dritten Nacht, bei dem ich ihr bestätigte, dass ihr Sohn Michael, der an Bord der WINSTON CHURCHILL mitgesegelt war, lebendig in einer Rettungsinsel gefunden worden war, war eine bittersüße Erfahrung. Niemals werde ich ihren Tränenstrom, ihre zitternde Stimme und ihr erleichtertes Seufzen vergessen. Mir wurde dabei klar, was Familienbande bedeuten. Gleichzeitig dachte ich daran, was andere Familien durchmachen mussten – diejenigen, die das Schicksal ihrer Lieben nicht kannten.

Nach dieser Tragödie bin ich immer wieder gefragt worden, warum wir Hochseeregatten segeln. Für mich findet sich die passendste Antwort in Sharon Greens großartigem Buch »Ultimate Sailing«, das ihre Segelfotos enthält:

> *»Es ist ein romantischer Sport... Er wird nicht gegen die Elemente ausgetragen, sondern wegen der Elemente.«*

Ehrentafel

AUSTRALIAN MARITIME SAFETY AUTHORITY (A.M.S.A.)

Etwa 50 Mitarbeiter waren bei der Australian Search and Rescue (AusSAR) in Canberra, bei der ACT einschließlich der Rettungskoordinatoren in der Leitstelle, der Behördenleitung und der Öffentlichkeitsabteilung der A.M.S.A. mit der Koordination der gesamten Such- und Rettungsaktion beschäftigt. Diese Ehrentafel ist nach bestem Wissen zusammengestellt worden. Dennoch ist es unvermeidlich, dass viele Beteiligte dieses mutigen Rettungseinsatzes unerwähnt geblieben sind. Der ganz besondere Dank gilt jedem einzelnen von diesen Menschen*.

AIR SERVICES AUSTRALIA

HELIMED 1 AIR AMBULANCE

Captain Peter Leigh
Captain Howard Bosse
Captain Stefan Sincich
Aircrewman Steve Collins
Aircrewman Stephen Simpson
Aircrewman David Sullivan
Paramedic (Sanitäter) Cam Robertson
Paramedic Peter Davidson
Paramedic Terry Houge
Observer (Bebachter) John Sloyan
Observer John Bailey
Senior Base Engineer Russell Gallattly
Operational Logistics Officer Wendy Civetta
SAR Observer Eddie Wright
Aviation Manager Ken Laycock

NRMA CAREFLIGHT

Pilot Dan Tyler
Pilot Terry Summers
Pilot Richard Nest
Aircrewman Graeme Fromberg
Aircrewman Steve Johnston
Dr. Richard Cracknell
Dr. Ken Harrison
Dr. Arthas Flabouris
SCAT Paramedic Murray Traynor
SCAT Paramedic Steve Martz
SCAT Paramedic Ian Spencer
Engineer Mark Cruse
Co-ordinator John Hoad
Co-ordinator Ian Badham

VICTORIA POLICE AIR WING

Senior Constable David Key (Rescue Crewman – Rettungsmann)
Senior Constable Darryl Jones (Pilot)
Senior Constable Barry Barclay (Winch Operator – Windenmann)
Senior Constable Trevor Rim (Rescue Crewman)
Senior Constable Keith Fisher (Winch Operator)
Constable Chris Jameson (Pilot)

* In diesem Anhang sind die Eigennamen der Organisationen, die Amtsbezeichnungen und Dienstgrade sowie die Abkürzungen dafür weitgehend unübersetzt geblieben, da sich einige von selbst erklären, während es für viele keine genauen Entsprechungen gibt. (Anm. d. Übers.).

WESTPAC LIFESAVER RESCUE HELICOPTER

Illawarra Branch (Abteilung Illawarra)

Chief Pilot Jon Klopper
Rescue Crewman Peter Mangles
Air Crewman Douglas Smith
Air Crewman Matt Scott
Air Crewman Roger Graham

ACT AMBULANCE SERVICE SOUTHCARE

Pilot Ray Stone
Pilot Simon Lovell
Acting Base Manager Pilot Ron Maurer
Crewman Mark Delf
Crewman Matthew Smith
Crewman George Casey
Base Engineer Colin Hobbs
Paramedic Michael Abigail
Paramedic Paul Bibo
Paramedic Michelle Blewitt
Paramedic Paul Brooke
Paramedic David Dutton
Paramedic Grant Hogan
Paramedic Kristy McAlister
Paramedic Stephen Mitchell
Duty Superintendent David Foot
Duty Superintendent David Holdom
Acting Superintendent Andrew Edwards
Director of ACT Ambulance Service Ken Paulsen
Chief Executive Officer Emergency Services Bureau Mike Castle

YOUNG ENDEAVOUR

Marinebesatzung von der Royal Australian Navy (RAN)
LCDR Neil Galletly Royal Australian Navy (Commanding Officer)
LEUT Brenton Witt RAN
LEUT Ian Heldon RAN
LEUT Nathan Jacobsen RAN
LEUT Debra Dunne RAN
CPOCSM (AC) John Crawford
CPOMT Gregory Goddard
POMT Paul Baker
LSCK Angela Miranda
ABWTR Sally Kingston
Verstärkungskräfte
LCDR Ron Matsen RANR (Reserve der RAN)
LSPH Stephen Coates
Kirsty Boazman (C.Y.C.A.- Funker)
Lew Carter
Michael Brown
Audrey Brown
Jugendliche Besatzung:
Benita Ainsworth
Kathy Baker
Meretta Boyer
Katy Glenda
Catherine Habermann
Louise Keogh
Amelia Mills
Alethea Mouhtouris
Clare Omodei
Michelle Redden
Desiree Wilson
Timothy Davies
Richard Evans
Steven Hammond
Benjamin Harzer
Matthew Hosie
Jason Ives
John Moir
Steven Roberts
Angus Stevenson
Chris Daley

THE NEW SOUTH WALES, VICTORIA & TASMANIA POLICE FORCES

Eden

Sergeant Keith Tillman
Senior Constable Bradley Ross
Senior Constable Craig Baker
Senior Constable Nick Markulin

Merimbula

Sergeant Colin Bell

Bega

Sergeant Mark Welsby

Batemans Bay

Superintendent John Ambler
Inspector Rick Mawdsley

POLIZEIBOOT NEMESIS UND BESATZUNG

SEA-KING-Hubschrauber der Royal Australian Navy (HS817 SQUADRON/ Staffel HS817)

Shark 05

LEUT Alan Moore – Aircraft Captain and First Pilot (Pilot)
COMMANDER George Sydney – Commanding Officer HS 817 squadron, Second pilot (Kopilot)
LEUT Philip »Wacka« Payne – Observer (Tactical Navigator)
Petty Officer Kerwyn Ballico – Aircrewman

Shark 20

LCDR Paul »Tanzi« Lea – Aircraft Captain and First Pilot (Pilot)
LEUT Chris »Ox« Money – Second Pilot (Kopilot)
LEUT David Hutchinson – Observer (Tactical Navigator)
Petty Officer Brian »Dixie« Lee – Aircrewman Duty Officer at HS 817
LEUT Scott Booker – Royal Navy (Exchange Pilot / Austauschpilot)
Instandhaltungspersonal der Staffel HS817
LEUT Andrew Watson (Observer)
CPOATA Mario Cinello
CPOATA Tony Bouckaert
POATA Rohan Denman
LSATA Edson Flores (Observer)
LSATV William Miles (Observer)
ABATA Kieran Molloy
ABATV Jonathan Kick (Observer)

Sea-Hawk-Hubschrauber der Royal Australian Navy

Tiger 75 (H.M.A.S. MELBOURNE)

LCDR Richard Neville
LEUT Nick Trimmer
LEUT Aaron »Wal« Abbott
LEUT Richard Allen
POA Shane Pashley (HS816 Squadron)
CPOATV David John Larter
POATA Laurie Tomasinni
LSATV Zoran Dimow

Tiger 70 (H.M.A.S. NEWCASTLE)

LCDR Adrian Lister
LEUT Mick Curtis
LEUT Marc Pavillard
LSA David Oxley
POATV Jamie Edwards
POATV Henry Wakeford
ABATA Anthony Devenish-Meares

PC-3 Orion der RAAF (Royal Australian Air Force / Australische Luftwaffe)

(NO. 92 WING / 92. Gruppe)

FLTLT Paul Carpenter
FLTLT Mark Ellis
PLTOFF Mathew Taylor
FSGT Mark Wilson
FSGT Michael Makin
SGT Mark Koschenow
FLTLT Richard Wolf
PLTOFF Cecelia O'Leary
FLGOFF Andrew Gerkens
WOFF Mark Styles
FSGT Murray Walters
SGT Scot Bugg
SGT Shaun McConville
FLTLT Christopher Gall
CAPT Christian Martin
WOFF Christopher Kennedy
WOFF Andrew Ortlepp
FLTLT John Flynn
FLGOFF Simon Van Der Wijngaart
FLTLT Kevin Mulgrew
FLGOFF Colin Gray
SGT Andrew Kassebaum
WOFF Adam Tucker
WOFF Wayne Newberry
SQNLDR V Ludwig
SQNLDR G Roberts
SQLDR G Zidicky
FLTLT P Hay
FSGT Larry McLoud
SGT Jamie Burgess
SGT Peter Drury
SGT Gordon Tusti
CPL Ralph Bobart
CPL Paul Bonnar

CPL Scott Brady
CPL Barry Ramsbotham
LAC Michael Horner
LAC Adam Pannel
WOFF Pete Harte
SGT Garry Wood
SGT Mark Borchard
SGT Kim Nagel
CPL Vaughan Wilds
CPL Antony Hawkes
CPL Shane Drew
CPL Mark Bridewell
LAC Aaron Agnew

C – 130 Hercules der RAAF (37th SQUADRON / 37. Staffel)
FLTLT Paul Long (Captain)
FLTLT Michael Rosenthal (Navigator)
FLTLT Michael Bannermann (Kopilot)
WOFF Joe Moellers (Engineer)
SGT Kevin Reid (Loadmaster)
SGT Scott Willacott (Loadmaster)
FLTLT Mike Mayfield (Captain)
FLTLT Andrea Harman (Kopilot)
SGT Brad Horton (Engineer)
SGT David Helmore (Loadmaster)
WOFF Graeme Clark (Loadmaster)

H.M.A.S. Newcastle
CMDR SR Hamilton (Commanding Officer)
LCDR BJ Wheeler (Executive Officer)
LCDR M Richardson (Marine Engineering Officer)
LEUT LD Van Stralen
LEUT C Dummett
LEUT L Brick
LEUT N Brett
LEUT M Harris
LEUT A Cox
LEUT NN Marshall
SBLT A Banks
CPOB PR Kiely
CPOET DA Stratford
CPOSN DJ Russell
CPOMT AE Vernon
CPOMT PT O'Keefe
POB PL Wood
POSY RMH Tadin
PORS SB Dummett
POCSS P Hassall
POSN M Hancock
POET RM Glover
POET GL Cruickshank
POMT AW Sims
POMT A Bowman
POMT DB McCelland
POMT MJ Jakes
LDBM SA Nesbitt
LSBM(SE) MJ Golding
LSBM (FF) SR Cannan
LSPT DA Hunt
LSCSO RP Pringle
LSSIG K Viant
LSRO SD Golder
LSRO DC McLeod
LSMED GJ Davis
LSET D Fielding
LSET JG Seguin
LSET MP Weidenhoffer
LSET D Levett
LSMT G Santini
LSMT J Strange
LSMT G Criado
LSMT P Armour
LSMT D Plummer
ABBM DA Low
ABBM DJ Brearly
ABBM RL Fealy
ABBM PW Beckwith
ABCSO CW Woodland
SMNCSO PA Keitly
ABCS DA Wruck
ABCSO JD Allen
ABCSO DC Seaman
SMNCSO SS Allan
ABSIG J Upton
ABSIG G Jud
ABSIG L Hillier
ABRO MT Dwyer
ABRO PA Hunter
ABWTR P Aldridge
ABSN A Corr
ABSTD R Furner
ABSTD M Walker
ABCK J Holmes

ABCK G Janes
ABET GA O'Connor
ABET S Sandwell
ABMT P Marriott
ABMT A Walsh
ABMT G Beech
ABMT P Williams
ABMT N Thomas
SMNMT D Goodbun
ABMT S Atkins

ABC-Fernsehhubschrauber
Gary Ticehurst
Peter Sinclair

IBIS AIR

AIR SAPPHIRE

AIR AMBULANCE VIC

SOUTHERN REGION SLSA

DIRECT AIR

TASMANIAN AERO CLUB

NATION WIDE
JOYCE AVIATION

AUSTRALIASIAN JET

AUSTRALIAN AERIAL PATROL

GENERAL FLYING SERVICES

SOUTH EAST AVIATION

BRINDABELLA AIRLINES

AIRTEX

TASAIR

VEE H AVIATION

Schiff JOSEPHINE JEAN
Eigner Lockie Marshall
Kapitän Olli Hreinisson und Besatzung

Schiff MOIRA ELIZABETH
Eigner Joe Pirrello
Kapitän Tom Bibby und Besatzung

Danksagung

Ein Buch dieses Umfangs in nur 16 Wochen Zustande zu bringen, war eine gewaltige Anstrengung, die ich nicht allein bewältigt hätte. Es gibt viele Menschen, denen ich großen Dank schulde, am allermeisten den vielen Seglern, Such- und Rettungskräften, ihren Familien und Freunden, sowie den Wettfahrtfunktionären, die ihre Zeit opferten, um mir zu berichten.

Bei der Produktion nahm niemand mehr Mühe auf sich als meine Assistentin Nicky Ronalds. Sie unterstützte mich unermüdlich bei der Koordinierung von Interviews, Recherchen und Lektüre – und sie half mir, Ordnung zu halten. Mein Medienkollege Mark Rothfield hielt mich beim Schreiben auf Kurs, während Carmel Paterson ungeheuer viele Stunden am Computer damit zubrachte, Interviews niederzuschreiben. John Ferguson vom Verlag Harper Collins war mit seiner nie nachlassenden Begeisterung eine unerschütterliche Stütze des Ganzen, während Rod Morrison Großartiges leistete, indem er mich bei der Wandlung vom Journalisten zum Schriftsteller anleitete. Auch die Fotografen Richard Bennett und Ian Mainsbridge waren von großer Bedeutung für das Vorhaben. Im persönlichen Bereich muss ich Lindsay Walker, genannt »The Duck« dafür danken, dass er ein so großartiger Kumpel war und mir in seinem Haus am Wasser, »The Duck Pond«, die ideale Umgebung zum Schreiben, zur Verfügung stellte. Peter Sutton gab wertvolle Ratschläge, als ich den Rat am dringendsten brauchte, und eine Menge anderer Freunde gaben mir in dieser sehr anstrengenden Zeit meines Lebens außerordentliche moralische Unterstützung.

Anhang

Anmerkung des Übersetzers

Mit Meilen sind immer Seemeilen gemeint. Eine Seemeile entspricht 1,85 Kilometern. Geschwindigkeiten und Windstärken werden in Knoten (kn), also Seemeilen pro Stunde, angegeben. Zum Orkan (Windstärke 12) wird der Wind (wetter-)amtlich, wenn er mit über 64 Knoten, d. h. 118 Stundenkilometern, bläst.

Zur besseren Verständlichkeit folgt eine Umrechnungstabelle für die in Deutschland gebräuchlichere Beaufort-Skala.

Windstärke nach Beaufort	Windgeschwindigkeit min/max		Bezeichnung der Windstärke (nach Beaufort)
	m/s	Knoten	
0	0,0– 0,2	1	Stille
1	0,3– 1,5	1– 3	leiser Zug
2	1,6– 3,3	4– 6	leichte Brise
3	3,4– 5,4	7–10	schwache Brise
4	5,5– 7,9	11–15	mäßige Brise
5	8,0–10,7	16–21	frische Brise
6	10,8–13,8	22–27	starker Wind
7	13,9–17,1	28–33	steifer Wind
8	17,2–20,7	34–40	stürmischer Wind
9	20,8–24,4	41–47	Sturm
10	24,5–28,4	48–55	schwerer Sturm
11	28,5–32,6	56–63	orkanartiger Sturm
12	32,7–36,9	über 64	Orkan

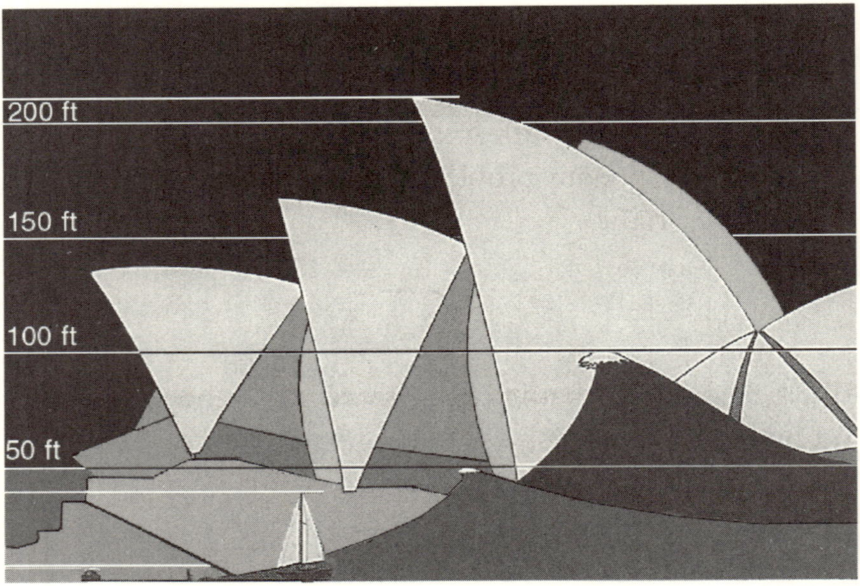

Rettungsinsel 1,5 m   Mensch 1,8 m   Yacht 12 m   Welle 15 m   Welle 30 m   Opernhaus von Sydney 67 m

Bitte beachten Sie auch die folgenden Seiten.

Lese-Faszination Extremsport

Die Vendée Globe, eine nonstop Einhand-Regatta um die Welt, gilt als das härteste Segelrennen überhaupt. Die Regeln sind so einfach wie brutal: ein Schiff, ein Mann, kein Stop, keine Hilfe, und wer das Ziel zuerst erreicht, ist der Sieger.

Am 3. November 1996 gehen vor der Südküste der Bretagne die 16 Teilnehmer auf ihren hochgezüchteten Rennmaschinen an den Start: 25.000 sm durch die entlegensten und gefährlichsten Gewässer der Welt: zur Umrundung der Antarktis südlich der „drei stürmischen Kaps".

Der Autor Derek Lundy empfängt die Informationen während des Rennens per E-mail, Fax, Satellitentelefon und Funk von den Teilnehmern aus erster Hand und gestaltet sie zu einem hautnahen, atemberaubenden Miterleben des Rennverlaufs.

336 Seiten, 17 Fotos, 3 Karten, 1 Tabelle, gebunden
ISBN 3-7688-1146-8

Die atemberaubende Story dieser Regatta der Extreme ist im Buch- und Fachhandel erhältlich.

DELIUS KLASING

Whyalla
Wallaroo
Port Lincoln
Adelaide
Victor Harbor
Kangaroo Island
A U S
Kingston Southeast
Portland
134° O
140° O